普通高等教育经管类专业"十三五"规划教材·用友ERP实训互动系列

财务业务一体化实训教程

(用友 U8 V10.1) (微课版)

李吉梅　丛书主编

刘大斌　李吉梅　万新焕　编　著

清华大学出版社

北　京

内 容 简 介

本书是一本以商业企业的日常经营活动为原型设计的、适用于移动学习的互动图书，它突出"利用碎片时间学习、利用虚拟机掌握操作"的理念，基于用友 ERP-U8 V10.1 软件，以"强化实践实训、突出技能培养"为目标，将企业的购销存和财务等内容的一体化业务活动案例贯穿始终，力争使读者在虚拟现实中可视化地学会使用信息化手段处理企业业务的技能，更好地理解企业财务与业务的关系(业务驱动财务、财务反映业务)，并能更深入地理解企业的业务流、资金流和信息流的集成性、实时性和共享性的内涵。

本书可用作高等院校(含高职)会计、管理、物流、电子商务、信息管理与信息系统等相关专业的企业财务业务综合管理类课程的教学用书，也可用作用友 ERP 认证系列和相关技能竞赛的实验用书，还可用作企业财务人员、业务人员、管理人员了解企业信息系统实务的参考读本和参与微学习的在线资料。

本书封面贴有清华大学出版社防伪标签，无标签者不得销售。
版权所有，侵权必究。举报：010-62782989，beiqinquan@tup.tsinghua.edu.cn。

图书在版编目(CIP)数据

财务业务一体化实训教程(用友 U8 V10.1)(微课版) / 李吉梅　丛书主编；刘大斌，李吉梅，万新焕编著. —北京：清华大学出版社，2018(2024.2重印)
(普通高等教育经管类专业"十三五"规划教材·用友 ERP 实训互动系列)
ISBN 978-7-302-49900-8

Ⅰ. ①财… Ⅱ. ①李… ②刘… ③李… ④万… Ⅲ. ①财务软件—高等学校—教材 Ⅳ. ①F232

中国版本图书馆 CIP 数据核字(2018)第 053489 号

责任编辑：刘金喜
封面设计：周晓亮
版式设计：思创景点
责任校对：曹　阳
责任印制：丛怀宇

出版发行：清华大学出版社
　　　　网　　址：https://www.tup.com.cn，https://www.wqxuetang.com
　　　　地　　址：北京清华大学学研大厦 A 座　　邮　　编：100084
　　　　社 总 机：010-83470000　　邮　　购：010-62786544
　　　　投稿与读者服务：010-62776969，c-service@tup.tsinghua.edu.cn
　　　　质 量 反 馈：010-62772015，zhiliang@tup.tsinghua.edu.cn
印 装 者：三河市铭诚印务有限公司
经　　销：全国新华书店
开　　本：185mm×260mm　　印　张：27　　字　数：673 千字
版　　次：2018 年 4 月第 1 版　　印　次：2024 年 2 月第 8 次印刷
定　　价：69.00 元

产品编号：075406-02

本书编委会

新道科技股份有限公司	刘大斌
北京语言大学	李吉梅
琼台师范学院	万新焕
青岛酒店管理职业技术学院	崔 婧
徽商职业学院	陆培中
无锡科技职业技术学院	徐 颖
徐州工业职业技术学院	陆 群
山东淄博职业学院	耿丽君
山东日照职业技术学院	卜艳艳
浙江金融职业技术学院	张 亮
湖南工业职业技术学院	胡春秀
河北女子职业技术学院	高丽英
北京劳动保障职业学院	王 巍
山东商业职业技术学院	杨 毅
浙江商业职业技术学院	孔国军
无锡商业职业技术学院	曹海萍
江苏常州轻工业技术学院	程 竹
江苏财经职业技术学院	王 浩
山东理工职业学院	杨晓星
湖南财经工业职业技术学院	刘 洋
河北廊坊职业技术学院	赵素娟
重庆城市管理职业学院	黄菊英
北京农业职业技术学院	梁瑞智
重庆工程职业技术学院	蒋丽鸿
上海东海职业技术学院	吕 薇
黑龙江职业学院	王 欢
广东工商职业学院	白 晶
厦门华天涉外职业技术学院	周英珠
广州城市职业技术学院	焦 烜
海南省南海现代渔业集团有限公司	郝向丽
海南职业技术学院	彭 帆
海南大学	谢达理
北京顺泽博创科技有限公司	鄢莉莉
北京顺泽博创科技有限公司	朱雪丹

前　　言

　　本书是以商业企业的日常经营活动为原型设计的，将企业的购销存和财务等内容的一体化业务活动案例贯穿始终，重点讲解在信息化管理环境下，商业企业供应链和财务会计的典型业务，在用友 ERP-U8 V10.1 中的处理方法和处理流程，涉及总账、应收、应付、采购、销售、库存、存货核算、固定资产、薪资管理和 UFO 报表 10 个功能模块。

　　由于用友 ERP 软件体现了业务流程的思想，在进行各项任务的信息化处理时，会涉及多个模块和多项功能命令的使用，而且融入了权限管理和岗位分工，所以本书模拟现代商业社会环境中企业的经营与管理，对典型业务进行了设计，并将企业业务在用友 ERP 产品中的应用操作，按知识点和业务场景录制了微视频(按章节号命名)，以分解业务处理流程和降低学习难度。

　　为了更好地支持教与学活动和移动学习，本书还提供了配套的可在笔记本电脑上运行的实验环境和按章存放的账套备份文件，以提高读者的实验环境搭建效率和业务操作的效率与效果。

　　本书由 14 章组成，划分为四个部分。第一部分是实验准备，包括第 1~3 章，主要讲解实验环境的搭建、案例企业的管理体系与制度、案例企业的基础档案和案例企业对用友 ERP 软件中各个业务模块的初始设置；第二部分是日常业务，包括第 4~11 章，第 4 章是总账月初业务，第 11 章是总账的月末业务，第 5~10 章讲解企业的采购、销售、应收、应付、库存存货、薪资业务和固定资产等业务；第三部分是月末处理与报表，由第 12 章和第 13 章组成，讲解案例企业的各个模块月末处理方法，以及企业的会计报表编制；第四部分是管理会计，由第 14 章组成，讲解管理会计在企业中的应用。

　　本书中的业务操作任务，按岗位分工进行，共设计了 7 个岗位 7 个操作员，包括财务总监、财务经理、会计、出纳、销售员、采购员和库管员，以仿真企业实际。

　　本书的主体写作模式为：业务描述与分析、虚拟业务场景、预备知识，以及操作指导。以第 4.1 节(计算并缴纳上一季度和上月代扣代缴的税费)为例，其业务描述为：

7 月 1 日，以网上电子缴税方式交缴上月企业所得税(137 500 元)，向税务部门缴纳上月代扣代缴个人所得税(2130.96 元)，缴纳上月的增值税(9000 元)、城市维护建设税(630 元)、教育费附加(270 元)和地方教育费附加(180 元)。相关的缴税单据可参见图 4-1 和图 4-2。

　　4.1 节的业务分析包括：

本笔业务是缴纳上季度的企业所得税、上月的企业未交增值税，以及上月的个人所得税、城市维护建设税、教育费附加和地方教育费附加，可以先通过"自定义转账"计算税费，然后网上缴纳并通过"转账生成"生成凭证，也可以直接在总账中填制凭证。最后进行凭证的出纳签字、主管签字与审核，以及凭证的记账。注意该笔业务的结算方式为 6(其他)。

　　预备知识部分讲解本笔业务中涉及的专业术语，如代扣代缴与代收代缴、应交所得税、个人所得税等相关概念。

操作指导中，首先给出本笔业务的操作流程图，然后按场景给出操作任务说明，以及按岗位切分的操作任务和操作步骤。以第 4.1 节的场景为例，其相关内容如下。

4.1.3 操作指导

1. 操作流程

图 4-3 所示是本业务的操作流程。

请确认系统日期和业务日期为 2017 年 7 月 1 日。

2. 凭证填制操作步骤

任务说明：财务部会计张兰进行税费缴纳凭证的填制。

(请以张兰的身份，登录进入"企业应用平台"，下同，从略)

(1) 打开"凭证填制"窗口。在"企业应用平台"的"业务工作"页签中，依次单击"财务会计/总账/凭证/填制凭证"菜单项，系统打开"填制凭证"窗口。

(2) 新增凭证。单击工具栏中的"增加"按钮，系统打开一张空白的记账凭证。

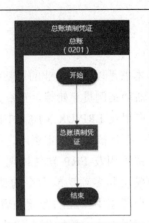

图 4-3 代扣代缴税费的操作流程

(3) 编辑地税凭证分录。在第 1 行的"摘要"栏参照生成或录入"缴纳税费(地税)"，在"科目名称"栏参照生成或录入 222112(应交税费/应交城市维护建设税)，在"借方金额"中输入 630，然后按 Enter 键；在第 2 行的"科目名称"栏参照生成或录入 222113(应交税费/应交教育费附加)，在"借方金额"中输入 270，然后按 Enter 键；在第 3 行的"科目名称"栏参照生成或录入 222114(应交税费/应交地方教育费附加)，在"借方金额"中输入 180，然后按 Enter 键；在第 4 行的"科目名称"栏参照生成或录入 222111(应交税费/应交个人所得税)，在"借方金额"中输入 2130.96，然后按 Enter 键；在第 5 行的"科目名称"栏参照生成或录入 100201(银行存款/工行存款)，单击其他区域系统将弹出"辅助项"对话框，在其"结算方式"编辑框参照生成为"其他"，然后单击"确定"按钮，返回"填制凭证"窗口，再在"贷方金额"栏按"="键，系统自动填充贷方金额(3210.96)。

(4) 保存地税凭证。单击工具栏中的"保存"按钮，系统提示保存成功，退出信息提示框，结果如图 4-4 所示。

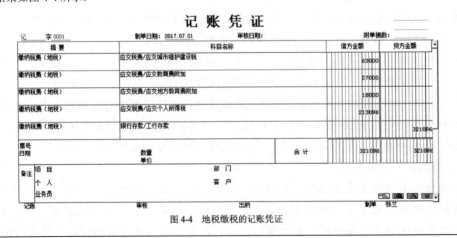

图 4-4 地税缴税的记账凭证

由上例可知，本书的每个步骤，还都提炼了主要功能或目标(如打开"…"窗口、保存、审核、退出)，以利于读者快速了解本步骤的目标。

总之，本书突出"利用碎片时间学习、利用虚拟机掌握操作"的理念，以"强化实践实训、突出技能培养"为目标，注重提高读者的使用效率与效果。

本书的授课时间建议 48～72 课时，业余时间与课堂的学时比例至少为 2:1，建议进行混合模式教学，即学生业余时间通过微视频学习操作，课堂进行理论讲解、实操经验交流和完成作业与测验。

本书由新道科技股份有限公司的刘大斌高级会计师、北京语言大学信息科学学院的李吉梅教授、琼台师范学院的万新焕副教授编著，参与本书编写的人员还有：崔婧、陆培中、徐颖、陆群、耿丽君、卜艳艳、张亮、胡春秀、高丽英、王巍、杨毅、孔国军、曹海萍、程竹、王浩、杨晓星、刘洋、赵素娟、黄菊英、梁瑞智、蒋丽鸿、吕薇、王欢、白晶、周英珠、焦烜、郝向丽、彭帆、谢达理。本书的微视频后期制作由北京神州明灯教育科技有限公司完成。全书最后由李吉梅教授统稿和审定。

限于作者水平，书中难免会有不妥和错误之处，敬请同行与读者不吝指正。联系方式如下。

E-mail：ljm@blcu.edu.cn 或 290105757@qq.com。

QQ 群：147553102(ERP 微学习之 U8②)。

李吉梅
2018 年 1 月于北京

教辅资料使用说明

欢迎使用《财务业务一体化实训教程(用友 U8 V10.1)(微课版)》！
为便于教学，本教程提供如下教学资源：
- 实验账套
- 微课视频
- PPT 课件
- U8 V10.1 虚拟机实验环境

上述资源存放在百度网盘中，读者可根据需要有选择地下载相应内容。地址如下：
https://pan.baidu.com/s/1P0pEU-PngLu7QQwSUQ8CcQ

为避免链接地址输入错误，读者可通过扫描下方二维码，将邮件附件推送到个人邮箱，来获得资源链接地址。

1. 用友 U8 V10.1 实验环境

用友 U8 V10.1 实验环境可以由以下 2 种方式搭建：
- 安装用友 U8 V10.1 教学版软件。
- 安装虚拟机软件，然后在虚拟机中导入用友 U8 V10.1 教学版的数据文件。

一般学校的用友 ERP 实验室中教学用机上都安装有此软件，在此不再赘述。若需要在个人计算机上使用，因用友 U8 V10.1 的安装步骤和所需要的组件较多，而且对计算机上的其他软件限制较多，所以本教程给出了利用虚拟机软件搭建实验环境的方法(详见第 1 章)，百度网盘空间中的"U8 V101 虚拟机"文件夹中包括以下 3 个文件：
- VirtualBox.exe　虚拟机软件，V5.0.22 绿色版。
- VirtualBoxHelp.pdf　虚拟机软件的安装说明和帮助手册。
- seentao101.ova　用友 U8 V10.1 教学版的虚拟机数据文件。

2. 数据账套使用方法

本书所提供的账套备份文件均为"压缩"文件。

使用前，需要首先将相应的压缩文件从网盘中下载到本地硬盘上，再用解压缩工具进行解压(建议用 WinRAR 3.42 或以上版本)，得到相应可以引用的账套数据文件。

可以在做实验前引入相应的账套，然后在引入的账套上进行业务操作；或者将实验的结果与备份账套核对,以验证实验的正确性。

3. 微视频观看方法

书中每一个业务都提供了一个完整的业务操作视频(格式为mp4),读者可使用常用视频播放器将其打开,通过观看视频掌握相关业务操作。

读者若因链接问题出现资源无法下载等情况,请致电 010-62784096;也可发邮件至服务邮箱476371891@qq.com。

目　　录

第1章　实验环境搭建与建账 …… 1
1.1　实验环境搭建 …………… 2
- 1.1.1　VirtualBox 虚拟机软件 …… 2
- 1.1.2　导入虚拟电脑 …………… 3
- 1.1.3　设置虚拟电脑 …………… 5

1.2　案例企业情况简介 ………… 5
- 1.2.1　基本情况 ………………… 5
- 1.2.2　企业会计制度 …………… 6
- 1.2.3　操作员及权限 …………… 8

1.3　建账与账套备份 …………… 8
- 1.3.1　添加操作员 ……………… 8
- 1.3.2　建立案例企业账套 ……… 10
- 1.3.3　设置操作员权限 ………… 12
- 1.3.4　修改账套信息 …………… 14
- 1.3.5　账套备份 ………………… 14

第2章　企业基础档案编辑 …… 17
2.1　部门与人员档案设置 ……… 17
2.2　地区分类及供应商、客户档案设置 ………………………… 20
2.3　存货与仓库档案设置 ……… 25
2.4　采购和销售类型设置 ……… 30
2.5　费用项目设置 ……………… 31
2.6　收发类别与发运方式设置 … 32
2.7　凭证类别与外币设置 ……… 34
2.8　收付结算设置 ……………… 35
2.9　项目目录设置 ……………… 38
2.10　会计科目设置 …………… 39
- 2.10.1　编辑与新增会计科目 … 43
- 2.10.2　设置科目的项目目录 … 44
- 2.10.3　指定科目 ……………… 44

2.11　常用摘要 ………………… 44

第3章　子系统的期初设置 …… 46
3.1　采购管理与应付款管理 …… 47
- 3.1.1　系统参数与核算规则设置 …… 47
- 3.1.2　单据设置 ………………… 50
- 3.1.3　期初数据录入与记账 …… 52
- 3.1.4　供应商存货调价表 ……… 55

3.2　销售管理与应收款管理 …… 56
- 3.2.1　系统参数与核算规则设置 …… 56
- 3.2.2　单据设置 ………………… 61
- 3.2.3　期初数据录入与对账 …… 62
- 3.2.4　销售存货调价单 ………… 63

3.3　库存管理与存货核算管理 … 63
- 3.3.1　系统参数与核算规则设置 …… 63
- 3.3.2　期初数据录入与记账 …… 67

3.4　固定资产管理 ……………… 69
- 3.4.1　系统参数与折旧科目设置 …… 70
- 3.4.2　类别与增减方式设置 …… 72
- 3.4.3　固定资产原始卡片录入 … 73

3.5　薪资管理 …………………… 75
- 3.5.1　参数设置 ………………… 75
- 3.5.2　工资类别主管设置 ……… 76
- 3.5.3　人员档案设置 …………… 76
- 3.5.4　工资项目设置 …………… 77
- 3.5.5　工资的代扣设置 ………… 79
- 3.5.6　期初工资数据录入 ……… 80

3.6　总账管理 …………………… 82
- 3.6.1　系统参数设置 …………… 82
- 3.6.2　总账期初余额设置 ……… 82
- 3.6.3　期初余额引入与对账 …… 86

第4章　总账月初业务 ………… 88
4.1　缴纳上月税费 ……………… 89
- 4.1.1　业务概述与分析 ………… 89
- 4.1.2　预备知识 ………………… 90
- 4.1.3　操作指导 ………………… 92

4.2　缴纳上月社会保险费和住房公积金 ……………………… 95

		4.2.1 业务概述与分析 ………… 95
		4.2.2 预备知识 …………………… 96
		4.2.3 操作指导 …………………… 96
	4.3	预支差旅费 …………………………… 97
		4.3.1 业务概述与分析 ………… 98
		4.3.2 操作指导 …………………… 98
	4.4	银行放贷业务 ………………………… 99
		4.4.1 业务概述与分析 ……… 100
		4.4.2 操作指导 ………………… 100
	4.5	代发上月工资 ……………………… 101
		4.5.1 业务概述与分析 ……… 101
		4.5.2 操作指导 ………………… 102
	4.6	总经理预支房租费用 ……………… 103
		4.6.1 业务概述与分析 ……… 103
		4.6.2 操作指导 ………………… 103

第5章 采购与应付业务 ………………… 105
  5.1 请购与采购订货 …………………… 106
    5.1.1 业务概述与分析 ……… 106
    5.1.2 操作指导 ………………… 107
  5.2 询价与采购订货(有订金) ………… 109
    5.2.1 业务概述与分析 ……… 109
    5.2.2 操作指导 ………………… 110
  5.3 有运费和赠品的采购商品业务
      (有应付票据和运费管理) ………… 115
    5.3.1 业务概述与分析 ……… 115
    5.3.2 操作指导 ………………… 117
  5.4 采购商品到货与现付业务 ………… 126
    5.4.1 业务概述与分析 ……… 126
    5.4.2 操作指导 ………………… 127
  5.5 在途物资到货与汇票付款
      业务 ………………………………… 131
    5.5.1 业务概述与分析 ……… 131
    5.5.2 操作指导 ………………… 132
  5.6 暂估结算与付款业务 ……………… 137
    5.6.1 业务概述与分析 ……… 138
    5.6.2 操作指导 ………………… 139
  5.7 到货拒收业务
      (有预付冲应付转账) ……………… 143
    5.7.1 业务概述与分析 ……… 143

  5.7.2 操作指导 ………………… 144
  5.8 采购退货业务(分开制单) ………… 149
    5.8.1 业务概述与分析 ……… 150
    5.8.2 操作指导 ………………… 152
  5.9 受托代销业务(收取手续费方式下
      收到代销商品) ……………………… 163
    5.9.1 业务概述与分析 ……… 163
    5.9.2 操作指导 ………………… 163
  5.10 受托代销业务(视同买断方式下
       收到代销商品) …………………… 167
    5.10.1 业务概述与分析 ……… 168
    5.10.2 操作指导 ………………… 168
  5.11 受托代销业务(收取手续费
       方式下开具代销清单) …………… 172
    5.11.1 业务概述与分析 ……… 172
    5.11.2 操作指导 ………………… 173
  5.12 受托代销业务(视同买断方式下
       开具代销清单) …………………… 179
    5.12.1 业务概述与分析 ……… 179
    5.12.2 操作指导 ………………… 180
  5.13 采购赠品业务 …………………… 183
    5.13.1 业务概述与分析 ……… 183
    5.13.2 操作指导 ………………… 183

第6章 库存与存货核算 ………………… 188
  6.1 调拨业务 …………………………… 189
    6.1.1 业务概述与分析 ……… 189
    6.1.2 操作指导 ………………… 189
  6.2 存货盘点工作 ……………………… 193
    6.2.1 业务概述与分析 ……… 194
    6.2.2 操作指导 ………………… 194

第7章 销售与应收业务 ………………… 198
  7.1 先发货后开票(分批发货和
      全额收款) …………………………… 199
    7.1.1 业务概述与分析 ……… 199
    7.1.2 操作指导 ………………… 201
  7.2 先发货后开票(有定金和
      代垫运费) …………………………… 206
    7.2.1 业务概述与分析 ……… 206
    7.2.2 操作指导 ………………… 208

7.3 开票直接发货
    (有报价和折扣) ·················· 216
    7.3.1 业务概述与分析 ········· 217
    7.3.2 操作指导 ················· 218
7.4 分期收款业务(现结) ········· 223
    7.4.1 业务概述与分析 ········· 223
    7.4.2 操作指导 ················· 225
7.5 委托代销业务 ···················· 231
    7.5.1 业务概述与分析 ········· 232
    7.5.2 操作指导 ················· 233
7.6 销售收款与转账业务 ········· 239
    7.6.1 业务概述与分析 ········· 239
    7.6.2 操作指导 ················· 240
7.7 销售退货业务(现结) ········· 243
    7.7.1 业务概述与分析 ········· 243
    7.7.2 操作指导 ················· 244
7.8 售后回购的销售业务
    (融资性质) ·················· 248
    7.8.1 业务概述与分析 ········· 248
    7.8.2 操作指导 ················· 249
7.9 直运业务 ·························· 250
    7.9.1 业务概述与分析 ········· 250
    7.9.2 操作指导 ················· 254
7.10 零售日报业务(有赠品) ······ 260
    7.10.1 业务概述与分析 ········· 260
    7.10.2 操作指导 ················· 261
7.11 对外捐赠处理 ···················· 265
    7.11.1 业务概述与分析 ········· 265
    7.11.2 操作指导 ················· 265
7.12 售后回购的回购业务
    (支付回购款) ·················· 268
    7.12.1 业务概述与分析 ········· 268
    7.12.2 操作指导 ················· 269
7.13 销售代销商品业务
    (收取手续费方式下) ······ 270
    7.13.1 业务概述与分析 ········· 270
    7.13.2 操作指导 ················· 271
7.14 销售代销商品业务
    (视同买断方式下) ·········· 274

7.14.1 业务概述与分析 ········· 274
7.14.2 操作指导 ················· 275

第8章 应收其他业务 ··············· 279
8.1 坏账发生与收回 ················ 280
    8.1.1 业务概述与分析 ········· 280
    8.1.2 操作指导 ················· 281
8.2 上月销售的到款及核销 ······ 284
    8.2.1 业务概述与分析 ········· 284
    8.2.2 操作指导 ················· 285
8.3 现金折扣处理 ···················· 288
    8.3.1 业务概述与分析 ········· 288
    8.3.2 操作指导 ················· 289
8.4 委托代销手续费与货款处理
    (应付冲应收) ·················· 290
    8.4.1 业务概述与分析 ········· 291
    8.4.2 操作指导 ················· 291
8.5 债务重组业务 ···················· 296
    8.5.1 业务概述与分析 ········· 296
    8.5.2 操作指导 ················· 296
8.6 计提坏账准备金 ················ 299
    8.6.1 业务概述 ················· 299
    8.6.2 操作指导 ················· 299

第9章 薪资业务 ······················ 301
9.1 新员工的薪资处理 ············ 301
    9.1.1 业务概述与分析 ········· 301
    9.1.2 操作指导 ················· 302
9.2 工资数据变动与计算工资 ······ 303
    9.2.1 业务概述与分析 ········· 303
    9.2.2 操作指导 ················· 304
9.3 工资分摊设置和计提工资
    总额 ······························ 306
    9.3.1 业务概述与分析 ········· 306
    9.3.2 操作指导 ················· 306
9.4 计提单位承担社会保险费与
    住房公积金 ···················· 308
    9.4.1 业务概述与分析 ········· 308
    9.4.2 操作指导 ················· 309
9.5 计提工会经费和职工教育
    经费 ······························ 311

		9.5.1 业务概述与分析 311
		9.5.2 操作指导 312
9.6	计提个人三险一金和代扣	
	个人所得税 314	
		9.6.1 业务概述与分析 314
		9.6.2 操作指导 315
9.7	查询并输出工资信息 319	
		9.7.1 业务概述与分析 319
		9.7.2 操作指导 319

第 10 章 固定资产业务 321

10.1	购置固定资产业务 321
	10.1.1 业务概述与分析 321
	10.1.2 操作指导 323
10.2	固定资产调配业务 329
	10.2.1 业务概述与分析 329
	10.2.2 操作指导 329
10.3	计提本月固定资产折旧 330
	10.3.1 业务概述与分析 330
	10.3.2 操作指导 330
10.4	固定资产报废处理
	(有残值收入) 332
	10.4.1 业务概述与分析 332
	10.4.2 操作指导 332

第 11 章 总账月末业务 336

11.1	支付本月贷款利息 336
11.2	总经理报销房租费用 338
	11.2.1 业务概述与分析 338
	11.2.2 操作指导 338
11.3	报销差旅费 339
	11.3.1 业务概述与分析 339
	11.3.2 操作指导 341
11.4	存货清查结果的账务处理 344
	11.4.1 业务概述与分析 344
	11.4.2 操作指导 344
11.5	计提并结转增值税 346
	11.5.1 业务概述与分析 346
	11.5.2 操作指导 346
11.6	计提并结转相关税费 348
	11.6.1 业务概述与分析 349

		11.6.2 操作指导 349
11.7	期间损益结转 352	
		11.7.1 业务概述与分析 352
		11.7.2 操作指导 352
11.8	计提并结转本月企业	
	所得税 354	
		11.8.1 业务概述与分析 355
		11.8.2 操作指导 355
11.9	银行对账 358	
		11.9.1 业务概述与分析 358
		11.9.2 操作指导 359

第 12 章 企业业务活动月末处理 363

12.1	各业务模块的月末处理 364
	12.1.1 业务概述与分析 364
	12.1.2 操作指导 364
12.2	各财务模块的月末处理 367
	12.2.1 业务概述与分析 367
	12.2.2 操作指导 367

第 13 章 企业会计报表编制 372

13.1	利用 UFO 报表模板制作资产
	负债表 373
	13.1.1 业务概述与分析 373
	13.1.2 操作指导 373
13.2	利用 UFO 报表模板制作
	利润表 376
	13.2.1 业务概述与分析 376
	13.2.2 操作指导 377
13.3	利用自定义报表功能编制企业
	财务指标分析表 379
	13.3.1 业务概述与分析 379
	13.3.2 操作指导 380

第 14 章 管理会计 385

14.1	管理会计概念 385
	14.1.1 管理会计的定义 385
	14.1.2 我国管理会计基本架构 386
14.2	管理会计概况 387
	14.2.1 CMA 概况 387
	14.2.2 MAT 概况 388

14.3 管理会计题型……389
　　14.3.1 CMA 考试题型……389
　　14.3.2 MAT 考试题型……393
14.4 利用 UFO 报表模板制作预算表……396
　　14.4.1 业务概述与分析……396
　　14.4.2 操作指导……397
14.5 利用 UFO 报表模板制作本量利分析表……401
　　14.5.1 业务概述与分析……402
　　14.5.2 操作指导……402
14.6 利用 UFO 报表模板进行决策分析……407
　　14.6.1 业务概述与分析……408
　　14.6.2 操作指导……408

参考文献……414

第 1 章 实验环境搭建与建账

本教程是在用友 ERP-U8 V10.1 软件中操作的,所以必须要有实验环境才能完成本教程中的实验任务。该实验环境可以用两种方式搭建:一是安装用友 ERP-U8 V10.1 新道教学版软件;二是安装虚拟机软件,然后在虚拟机软件中导入用友 ERP-U8 V10.1 新道教学版的数据文件,以虚拟电脑的方式运行。

由于一般学校的用友 ERP 实验室中的教学用机上都安装有此软件,在此不再赘述。若需要在个人计算机上使用,因用友 ERP-U8 V10.1 的安装步骤和所需要的组件较多,而且对计算机上的其他软件限制较多,所以第 1.1 节将给出利用虚拟机软件 VirtualBox 搭建实验环境的方法,相应的软件和数据文件存放在百度网盘空间(地址见文前所述),可随时使用。

用友 ERP-U8 软件产品,是由多个产品组成,各个产品之间相互联系、数据共享,共同实现财务业务一体化的管理。为企业资金流、物流、信息流的统一管理提供了有效的方法和工具。由于用友 ERP-U8 软件所含的各个产品是为同一个主体(如企业、事业单位或独立核算部门)的不同层面服务的,因此要求这些产品具备如下特点:①具备公用的基础信息;②操作员和操作权限集中管理,并且进行角色的集中管理;③业务数据共用一个数据库。

第 1.2 节将简单介绍本教程案例公司(北京伊莱特电器有限公司)的基本情况、公司所采用的内部会计制度,以及企业员工的岗位分工情况。

第 1.3 节的主要任务是建立企业账套的公用基本信息以及对账套信息进行管理,并在"系统管理"功能模块中进行相关操作。系统管理的主要功能包括新建账套、新建年度账、账套修改和删除、账套备份,根据企业经营管理中的不同岗位职能建立不同角色、新建操作员,以及权限的控制与分配等。第 1.3 节的主要内容包括:

(1) 账套建立。账套指的是一组相互关联的数据,每个企业或每个独立核算部门的数据,在 ERP-U8 中都表现为一个账套。一个账套的基本信息包括账套信息、单位信息、核算类型、基础信息、编码方案、数据精度 6 个方面。可以根据企业的基本情况、内部会计制度及企业员工信息建立账套。

(2) 用户及权限设置。为了保证系统数据的安全与保密,系统管理提供了用户及其功能权限的集中管理功能。但在进行权限设置之前,首先要添加系统用户信息,然后企业管理者可以根据用户的不同岗位分工来设置其操作权限。这样一方面可以避免与业务无关的人员进入系统进行非法操作，另一方面可以按照企业需求对各个用户进行管理授权，以保证各负其责，使得工作流程清晰顺畅。

(3) 账套管理。账套建立后，可以根据实际情况进行修改完善，灵活地对账套进行引入、输出等备份操作。

本章实验操作完成的基本账套备份压缩文件(01 新建账套.rar)，存放在百度网盘空间的"实验账套数据"文件夹中，可随时下载使用。

1.1　实验环境搭建

1.1.1　VirtualBox 虚拟机软件

VirtualBox 是一款开源的虚拟机软件，是由德国 Innotek 公司开发、Sun Microsystems 公司出品，在 Sun 被 Oracle 收购后正式更名为 Oracle VM VirtualBox。使用者可以在 VirtualBox 上安装并执行 Solaris、Windows、DOS、Linux、OS/2Warp、BSD 等系统作为客户端操作系统。

1. VirtualBox 的特点

VirtualBox 简单易用，可虚拟的系统包括 Windows(从 Windows 3.1 到 Windows 10、Windows Server 2012，所有的 Windows 系统都支持)、Mac OS X、Linux、OpenBSD、Solaris、IBM OS2，甚至 Android 等操作系统，使用者可以在 VirtualBox 上安装并运行上述操作系统。

与同类的 VMware 及 Virtual PC 相比，VirtualBox 还包括对远端桌面协定(RDP)、iSCSI 及 USB 的支持。其主要特点如下：

- 在主机端与客户端间建立分享文件夹(需安装客户端驱动)。
- 能够在主机端与客户端共享剪贴簿(需安装客户端驱动)。
- 无缝视窗模式(需安装客户端驱动)。
- 支持 64 位客户端操作系统，即使主机使用 32 位 CPU。
- 支持 SATA 硬盘 NCQ 技术。
- 虚拟硬盘快照。
- 内建远端桌面服务器，实现单机多用户。
- 支持 VMware VMDK 磁盘文档及 Virtual PC VHD 磁盘文档格式。
- 3D 虚拟化技术支持 OpenGL(2.1 版后支持)、Direct3D(3.0 版后支持)、WDDM(4.1 版后支持)。
- 最多虚拟 32 颗 CPU(3.0 版后支持)。
- 支持 VT-x 与 AMD-V 硬件虚拟化技术。
- iSCSI 支持。
- USB 与 USB 2.0 支持。

目前 VirtualBox 软件已更新到 5.0.6 正式版，本次更新后支持配置 HTTP 代理及快捷键重新分配，增强对各种 Linux 发行版的支持，支持 Linux kernel 4.3 内核。

2. VirtualBox 的安装

VirtualBox 的安装文件,可以从其官方网站(https://www.virtualbox.org/)下载与你使用的计算机(以下简称"主机")的操作系统对应的安装文件。

运行 VirtualBox 的安装文件,将开启一个简单的安装向导,允许用户定制 VirtualBox 特性,选择任意快捷方式并指定安装目录。

安装成功之后,桌面上会增加 Oracle VM VirtualBox 图标,双击该图标,系统将打开"Oracle VM VirtualBox 管理器"窗口(参见图 1-1)。

1.1.2 导入虚拟电脑

在 VirtualBox 中创建虚拟电脑,可以按照用户个人的应用情况选择配置。由于篇幅的限制,虚拟电脑的创建步骤将不再赘述,在此仅讲解虚拟电脑的导入和设置。

在导入 seentao101 虚拟电脑前,请首先将百度网盘空间中"seentao101 虚拟机"文件夹下的 seentao101.ova 下载到主机。seentao101.ova 数据文件是编者通过 Oracle VM VirtualBox 管理器的"导出虚拟电脑"功能导出的已安装用友 ERP-U8 V10.1 新道教学版的虚拟电脑数据文件,它本身不可直接运行,但将其导入 VirtualBox 软件后,便可直接使用用友 ERP-U8 V10.1 软件了。

导入虚拟电脑的操作步骤如下:

(1) 打开"Oracle VM VirtualBox 管理器"窗口。双击桌面上的 Oracle VM VirtualBox 图标,系统打开"Oracle VM VirtualBox 管理器"窗口(参见图 1-1)。

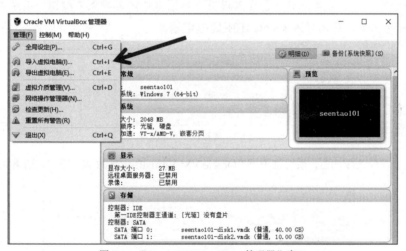

图 1-1 "Oracle VM VirtualBox 管理器"窗口

(2) 单击"管理/导入虚拟电脑"菜单项,系统弹出"要导入的虚拟电脑"对话框,请浏览找到主机上的 seentao101.ova 数据文件。

(3) 单击"下一步"按钮,系统弹出"虚拟电脑导入设置"对话框,如图 1-2 所示,其中默认虚拟电脑的"名称"为 seentao101,"内存"为 2048MB,"虚拟硬盘"有 2 个,其默认的路径为 C:\Users\lijimeiBlcu\VirtualBox VMs\seentao101\seentao101-disk1.vmdk 和 C:\Users\ lijimeiBlcu\ VirtualBox VMs\seentao101\seentao101-disk2.vmdk。

图1-2 "虚拟电脑导入设置"对话框

(4) 设置虚拟电脑的内存。在"虚拟电脑导入设置"对话框中,双击"内存"所在行,可录入拟建的虚拟电脑的内存大小。因为 VirtualBox 不支持内存过量使用,所以不能给一个虚拟电脑分配超过主机内存大小的内存值,建议分配给虚拟电脑的内存不超过主机内存的一半,但至少有 1024MB,否则用友 ERP-U8 V10.1 软件无法运行。

(5) 设置"虚拟硬盘"的位置。在"虚拟电脑导入设置"对话框中,双击"虚拟硬盘"所在行,可修改系统默认的虚拟电脑文件存放的位置,可以根据主机存储空间分布情况,设置该路径。

(6) 开始导入。单击"虚拟电脑导入设置"对话框中的"导入"按钮,系统弹出如图 1-3 所示的导入进度条,开始导入 seentao101 虚拟电脑。

图1-3 虚拟机导入进度条

(7) 完成。导入成功后,系统将返回"Oracle VM VirtualBox 管理器"窗口,结果如图1-4所示。

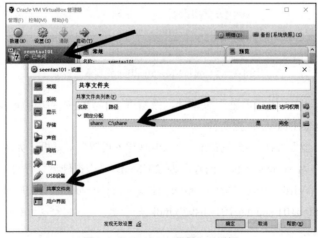

图1-4 "seentao101-设置"对话框

1.1.3 设置虚拟电脑

虚拟电脑关闭时，可以编辑虚拟电脑的设置并更改硬件。虚拟电脑与主机的数据交换，最便捷的方式是通过"共享文件夹"。

设置共享文件夹的操作步骤如下：

(1) 在"Oracle VM VirtualBox 管理器"窗口中，在 seentao101 虚拟电脑关闭的情况下，先单击左侧的 seentao101 虚拟机，再单击工具栏中的"设置"按钮，系统弹出"seentao101-设置"对话框(参见图1-4)。

(2) 在"seentao101-设置"对话框中，单击其左侧的"共享文件夹"，右侧显示已有的共享文件夹，在此可单击已有的文件夹进行修改，也可单击右上角的"+"按钮，以增加一个共享文件夹。

(3) 单击"确定"按钮，退出该对话框，系统返回"Oracle VM VirtualBox 管理器"窗口，设置完成。

VirtualBox 虚拟机的参数有以下5类，可以根据需要自主设置。

(1) 虚拟电脑名称：虚拟电脑名称(如 seentao101)是虚拟电脑的唯一标识，用来区分虚拟电脑的硬件配置、操作系统、软件等数据。

(2) 内存：指定虚拟电脑可用内存大小，系统会自动分配，也可自行设置。

(3) 虚拟硬盘：选择一个虚拟硬盘作为主硬盘，也可以新建一个。

(4) 硬盘存储类型：分为动态扩展和固定大小两种，其中动态扩展类型最初只需占用非常小的物理硬盘空间，然后根据虚拟电脑的实际需求动态分配；固定大小类型是指建立时就分配指定的大小给虚拟电脑使用。后者在性能上有一定优势，但建立时间较长。

(5) 摘要：显示虚拟电脑的各项数据情况。

小贴士：

若在 VirtualBox 管理器中运行虚拟电脑时，出现如图1-5所示的错误提示，可单击"明细"前的箭头以展开并根据说明修改主机或虚拟机的相关设置，或直接单击"确定"按钮返回，再次打开，一般就能正常开机了。若一直出现问题，可删除已导入的虚拟机后再次"导入虚拟电脑"。

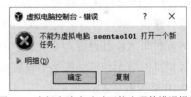

图1-5　虚拟电脑启动时可能出现的错误提示

1.2　案例企业情况简介

本节的内容包括案例企业的基本情况、公司所采用的内部会计制度，以及企业员工的岗位分工情况。

1.2.1　基本情况

1. 公司简介

北京伊莱特电器有限公司(简称伊莱特公司)，是专门从事电视机、空调、洗衣机、电饭煲和手机等电子产品批发和零售的商贸企业，位于北京市昌平区。该公司的开户银行为中国工商银行北京市昌平支行，账号为 1102020526782987908，该公司为一般纳税人，机构代码为 168306659，纳税登记号为 210019995461202，电话为 010-60228226，邮箱为 yilaite@163.com。

2．组织结构

公司的注册类型为有限责任公司，股东由三个自然人组成。其中，李吉棕出资额占 70%，由其出任公司董事长兼总经理，是公司的法人代表；赵飞和刘静各占 15%，均为董事会成员。总经理下设四位部门主管，其中赵飞担任销售主管，刘静担任采购主管，曾志伟担任财务主管，陈虹担任行政主管。案例企业组织结构图如图 1-6 所示。

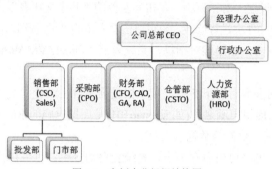

图 1-6 案例企业组织结构图

1.2.2 企业会计制度

1．会计科目设置规定

(1) 会计科目编码。会计科目编码采用 4-2-2 方式，即一级科目 4 位字长，二级科目 2 位字长，三级科目 2 位字长。

(2) 会计科目设置要求。"库存现金"科目是现金日记账科目；"应付账款"科目下设"一般应付账款"和"暂估应付账款"两个二级科目，其中一般应付账款设置为受控于应付款系统，暂估应付账款科目设置为不受控于应付款系统。类似地，其他一级科目的辅助账类型设置要求、二级科目的增加和辅助账类型设置要求，以及三级科目的增加和辅助账类型设置要求(详见第 2 章 2.10 节的表 2-22)。

(3) 项目核算。设置成本、公允价值变动、应计利息和利息调整为项目核算科目。项目的大类名称为"可供出售金融资产"，项目分类定义为债券投资、股票投资，项目目录分为运通公司债券、华飞公司债券、中坚公司股票和茂林公司股票(详见第 2 章 2.9 节的表 2-21)，该项目由上述 4 个科目进行核算。

2．内部会计政策

(1) 会计核算的基本规定。企业采用科目汇总表账务处理程序，每月月末编制科目汇总表并登记一次总账；公司采用复式记账，按单一格式填制凭证。会计凭证按月连续编号；公司开设总分类账、明细分类账、现金和银行存款日记账及银行结算票据备查簿；公司按规定编制资产负债表、利润表、现金流量表和所有者权益变动表。

(2) 货币资金的核算方法。每日终了，对库存现金进行实地盘点，确保现金账面余额与实际库存相符。银行存款每月根据银行对账单进行核对清查。若发现不符，及时查明原因，做出处理。公司采用的结算方式包括现金、现金支票、转账支票、银行承兑汇票、商业承兑汇票、电汇、同城特约委托收款等。

(3) 存货的核算方法。企业存货包括各种电器(如电视机、空调、洗衣机、电饭煲和手机等)、包装物，以及办公用品类的低值易耗品；各类存货采用永续盘存制，按照实际成本核算；在核算过程中，存货采用移动平均法计算成本。

(4) 固定资产的核算方法。公司的固定资产包括房屋及建筑物、交通运输设备和电子设备，均为正在使用状态；按照企业会计准则规定，按月计提折旧，当月增加的，自下月开始计提折旧，当月减少的，当月照提折旧；公司采用平均年限法计提折旧，净残值率按不同类别设置为2%、3%和5%，使用年限依据税法规定设置。

(5) 职工薪酬的核算方法。公司按照有关规定，由单位承担并缴纳的养老保险、医疗保险、失业保险、工伤保险、生育保险和住房公积金，分别按照本月职工五险一金计提基数的20%、10%、1%、1%、0.8%和12%计算；职工个人承担的养老保险、医疗保险、失业保险和住房公积金分别按照本人五险一金计提基数的8%、2%、0.2%和12%计算；按照国家有关规定，单位代扣个人所得税，按本月职工应发工资总额的2%计提工会经费，按2.5%计提职工教育经费。

(6) 税务的会计处理。本公司为增值税一般纳税人，购销货物税率为17%，食用油税率为11%，运费税率为11%，手续费税率为6%，按月缴纳；企业所得税采用资产负债表债务法，除应收账款外，假设资产、负债的账面价值与其计税基础一致，未产生暂时性差异。企业所得税的计税依据为应纳税所得额，税率为25%，按月预计，按月预缴，全年汇总清缴。按当期应交增值税的7%、3%和2%，计算城市维护建设税、教育费附加和地方教育费附加。

(7) 利润分配规定。根据公司章程，公司税后利润按以下顺序及规定分配：弥补亏损→按10%提取法定盈余公积→提取任意盈余公积→向投资者分配利润。

(8) 财产清查的要求。公司每月上旬对存货进行清查，年末对固定资产进行清查，根据盘点结果编制"盘点表"，并与账面情况进行比较，报经主管领导审批后进行处理。

(9) 坏账损失的核算方法。除应收账款外，其他的应收款项不计提坏账准备。每年年末，按应收账款余额百分比法计提坏账准备，提取比例为期末余额的0.5%。对于可能成为坏账的应收账款应当报告有关决策机构，由其进行审查和确认；发生的各种坏账应查明原因，及时做出会计处理；注销的坏账应当进行备查登记，做到账销案存，已注销的坏账又收回时应当及时入账。

(10) 月末将各损益类账户余额转入本年利润账户，收入和支出分别制单。

3. 会计岗位职责

(1) 主管会计。在董事会和总经理的领导下，总管公司会计、报表和预算工作，负责对各项财务、会计工作的布置检查；组织初始建账工作，各种原始凭证、记账凭证和会计报表的审核；负责编制资产负债表、利润表、现金流量表和所有者权益变动表等会计报表的工作；负责财务分析工作；负责总账的编制和档案管理。

(2) 出纳。保管库存现金、有价证券，并保管财务专用章；负责空白支票和支票、银行结算票据备查簿、有价证券、借款的备查簿的编写和管理；负责登记现金、银行存款日记账。

(3) 记账会计。负责往来账款的管理，各种明细表的登记工作；负责财务资产的清查、银行对账工作；负责编制各种税收申报表和养老保险申报表，并缴纳各种税费；负责开具发票，固定资产、无形资产的卡片账记录和保管。

1.2.3 操作员及权限

账套使用人员岗位分工及权限设置，详见表1-1。

表 1-1 财套使用人员岗位分工及权限设置

编码	姓名	隶属部门	职务	功能权限
0100	李吉棕	经理办公室	财务总监	账套主管权限
0200	曾志伟	财务部	财务经理	记账凭证的审核、查询、对账、总账结账、编制UFO报表
0201	张兰	财务部	会计	总账(凭证处理、查询凭证、账表、期末处理、记账)、应付款和应收款管理(不含收付款填制单及选择收付款)固定资产、薪资管理、存货核算的所有权限、银行对账
0202	罗迪	财务部	出纳	收付款单填制、选择收付款、票据管理、出纳签字
0300	赵飞	销售部	销售员	销售管理的所有权限
0400	刘静	采购部	采购员	采购管理的所有权限
0500	李莉	仓管部	库管员	库存管理的所有权限

备注：
- 操作员的初始密码均为空，用户类型均为"普通用户"。
- 操作员的数据权限：
  - 在"数据权限控制设置"窗口，在"记录级"选项卡中不勾选"是否控制"栏的"用户"复选框，单击"确定"按钮，则单据不按用户控制，操作步骤详见1.3.3节。
  - 在"数据权限分配"窗口，设置张兰为"工资类别主管"，则张兰若登录"企业应用平台"即可操作薪资模块。此设置在薪资账套建立后才可设置成功，操作步骤详见第3章3.5.2节。

1.3 建账与账套备份

本账套建立时间为2017年7月1日，各子系统启用时间为2017年7月1日。本案例企业发生业务活动的时间均为2017年7月。

需要说明的是：

(1) 本教程的所有业务实验操作都有配套的微视频，可以通过扫描二维码或者到指定的网页地址去下载观看。

(2) 本节的实验操作因其是基础数据且比较简单，没有做相应的视频录制，已经完成的基本账套数据(01 新建账套.rar)，存放在百度网盘空间的"实验账套数据"文件夹中。

(3) 实验操作前，需要将系统时间调整为2017年7月1日。如果没有调整系统时间，则在建账过程中和启用子系统时，注意修改时间为2017年7月1日。

1.3.1 添加操作员

本案例企业的操作员，详见表1-1。本任务是按照表1-1的资料，在系统管理中添加操作员。在操作之前，请确认系统日期为2017-7-1。

操作步骤如下：

(1) 启动系统管理，以系统管理员(admin)身份注册。

① 双击桌面中的"系统管理"快捷方式，系统打开"系统管理"窗口，结果如图 1-7 所示。

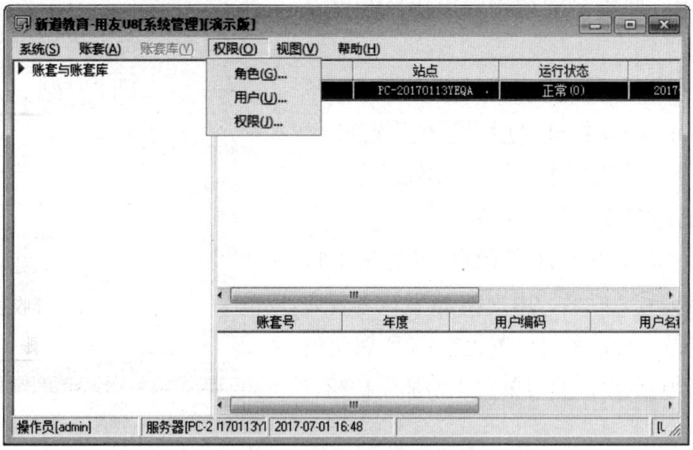

图 1-7 "系统管理"窗口

② 在"系统管理"窗口中，单击"系统/注册"菜单项，打开系统管理"登录"对话框，结果如图 1-8 所示。

图 1-8 系统管理"登录"对话框

③ 以系统管理员(admin)身份注册：编辑或确认"操作员"为 admin，密码为空，然后单击"登录"按钮，系统退出对话框返回"系统管理"窗口(参见图 1-7)。

提示：
- "系统管理"窗口的使用者为企业的信息管理人员，包括系统管理员 admin、安全管理员 Sadmin、管理员用户和账套主管。
- 系统管理员 admin 的密码默认为空，若需要修改，则在登录时，在密码栏中先输入正确的密码，然后在"修改密码"栏中选中"√"，单击"确定"按钮，在提示窗口输入并确定新密码。

(2) 增加操作员。注意，由于还未建账套，所以无法录入功能权限，此步只增加相应操作员并设置角色。

① 在"系统管理"窗口中，单击"权限/用户"菜单项(参见图1-7)，系统打开"用户管理"窗口。

② 在"用户管理"窗口中，单击"增加"按钮，系统打开"操作员详细情况"对话框。

③ 在对话框中增加"李吉棕"用户：根据表1-1，输入"李吉棕"的编号、姓名、用户类型(默认为普通用户)、口令(即密码，初始密码设置为空)和所属角色等信息(结果如图1-9所示)，然后单击"增加"按钮。

提示：

只有"账套主管"需要此时设置角色，其他操作员将在1.3.3节中设置。

④ 重复步骤③，按照表1-1，完成其他操作员(即用户)的编辑工作，其"所属角色"为空。

⑤ 退出。单击对话框中的"取消"按钮，系统退出对话框返回"用户管理"窗口，再单击"退出"按钮，返回"系统管理"窗口。

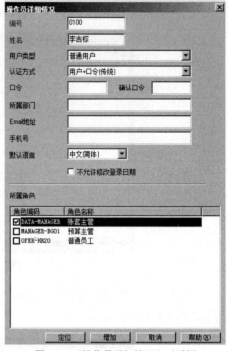

图1-9 "操作员详细情况"对话框

1.3.2 建立案例企业账套

本任务是依据1.2节的资料，在用友ERP-U8中建立案例企业的账套，并启用相应的功能模块，包括采购管理、销售管理、库存管理、存货核算、固定资产、薪资管理、应收款管理、应付款管理、总账系统。

具体地，本案例企业账套的账套号为"918"，账套名称为"北京伊莱特电器有限公司"，账套路径默认为C:\u8soft\admin\，启用会计期为2017-07。

操作步骤如下：

(1) 打开"创建账套"向导。在"系统管理"窗口(参见图1-7)中，单击"账套/建立"菜单项，系统打开"创建账套"对话框，然后根据向导操作完成账套资料的录入。

(2) 在打开的"创建账套"对话框之"建账方式"中，默认为"新建空白账套"并单击"下一步"按钮，然后在系统打开的"创建账套"对话框之"账套信息"中，编辑"账套号"为"918"，"账套名称"为"北京伊莱特电器有限公司"，确认"启用会计期"为2017-7，其他项为默认，结果如图1-10所示。

(3) 单击"下一步"按钮，在"创建账套"对话框之"单位信息"中，编辑"单位名称"为"北京伊莱特电器有限公司"(在此应录入企业的全称，以便打印发票时使用)，"机构代码"为168306659，"单位简称"为"伊莱特公司"，"单位地址"为"北京市昌平区昌平路78号"，"法人代表"为"李吉棕"，"邮政编码"为100022，"联系电话"为010-60228226，"电子邮箱"为yilaite@163.com，"税号"为210019995461202，"备注一"为"电器批发与零售"。

图 1-10 "账套信息"对话框

(4) 单击"下一步"按钮,在"创建账套"对话框之"核算类型"中,编辑"本币代码"为 RMB(人民币),"企业类型"为"商业","行业性质"为"2007 年新会计制度科目","账套主管"为"[0100]李吉棕",并勾选"按行业性质预置科目"复选框,结果如图 1-11 所示。

图 1-11 "核算类型"对话框

(5) 单击"下一步"按钮,在"创建账套"对话框之"基础信息"中,增加勾选"有无外币核算",确认选中"存货是否分类""客户是否分类"和"供应商是否分类",然后单击"下一步"按钮,系统打开"创建账套"对话框之"开始"页面。

(6) 单击"完成"按钮,系统弹出"可以创建账套了吗?"提示框,单击"是"按钮,系统开始创建账套,初始创建完成之后打开"编码方案"对话框,结果如图 1-12 所示。

(7) 在"编码方案"对话框中,对"会计科目编码级次"进行设置,录入第 2 级和第 3 级的位长为 2,其他的编码分类采用系统默认值。

(8) 单击"确定"按钮,系统保存编码设置,再单击"取消"按钮,系统打开"数据精度"对话框。

(9) 数据精度全部采用默认值,所以直接单击"取消"按钮,系统退出"数据精度"对话框,此时系统创建账套成功,并弹出"现在进行子系统启用的设置吗?"信息提示框。

(10) 单击"是"按钮,系统打开"系统启用"对话框。在该对话框中依次启用总账、应收款管理、应付款管理、固定资产、销售管理、采购管理、库存管理、存货核算、薪资管理,启用时间均为"2017-07-01",结果如图 1-13 所示。

图 1-12 "编码方案"对话框

图 1-13 "系统启用"对话框

(11) 单击"系统启用"和"创建账套"对话框中的"退出"按钮,系统返回"系统管理"窗口。

提示:

若在系统弹出"现在进行子系统启用的设置吗?"信息提示框时,单击"否"按钮,则系统直接返回"系统管理"窗口。如果需要启用或修改启用结果,请以账套主管李吉棕的身份登录"企业应用平台",然后依次单击"基础设置/基本信息/系统启用"菜单项,在系统打开的"系统启用"窗口进行编辑。

1.3.3 设置操作员权限

本任务是依据表 1-1 的资料,设置操作员的功能权限和数据权限。用友 ERP-U8 中可做三个层次的权限管理,即功能级权限管理、数据级权限管理和金额级权限管理。

- 功能级权限管理,提供了划分更为细致的功能级的权限管理功能,包括各功能模块相关业务的查看和分配权限。
- 数据级权限管理,可以通过两个方面进行权限控制与分配,即字段级和记录级。
- 金额级权限管理,主要用于完善内部金额控制,实现对具体金额数量划分级别,对不同岗位和职位的操作员进行金额级别控制,限制他们制单时可以使用的金额数量。

1. 设置操作员的功能权限

操作步骤如下:

(1) 打开"操作员权限"窗口。在"系统管理"窗口中,单击"权限/权限"菜单项,系统打开"操作员权限"窗口。

(2) 在打开的"操作员权限"窗口中,在左窗格选择操作员"曾志伟",单击窗口工具栏中的"修改"按钮,然后在窗口右侧先选择或确认账套为"[918]伊莱特公司"和年度"2017—2017",然后依据表 1-1 中的"功能权限"列,增加选中需要的功能项目。曾志伟的功能权限设置结果如图 1-14 所示。

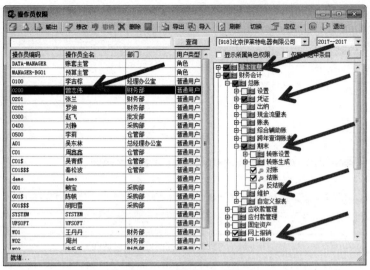

图 1-14 "操作员权限"窗口

(3) 单击"保存"按钮，然后重复步骤(2)，依据表 1-1，完成其他操作员的功能权限修改。

(4) 退出。单击"操作员权限"窗口工具栏中的"退出"按钮，退出该窗口返回"系统管理"窗口。

提示：

- 账套主管拥有所有模块的权限。由于在建立账套时已经指定"李吉棕"为账套主管，所以无须再设置。
- 功能级权限分配，在"系统管理"窗口中完成。在为用户赋予权限时，一次性勾选大的模块即可实现所有的下属模块权限。
- 数据权限和金额权限在"企业应用平台"的"系统服务"页签下的"数据权限"中进行分配。对于数据级权限和金额级的设置，必须是在系统管理的功能权限分配之后才能进行。

2. 操作员的数据权限控制设置

操作步骤如下：

(1) 打开"企业应用平台"窗口。双击桌面中的"企业应用平台"快捷方式，在系统打开的"登录"对话框中，设置"操作员"为 0100，"密码"为"空"，"账套"为"[918]"，然后单击"登录"按钮，系统打开"企业应用平台"窗口。

(2) 在"企业应用平台"的"系统服务"页签下，依次单击"权限/数据权限控制设置"菜单项，系统打开"数据权限控制设置"窗口。

(3) 在"记录级"选项卡中，不勾选"是否控制"栏的"用户"复选框，结果如图 1-15 所示。

(4) 单击"确定"按钮，则数据不做用户控制，例如：财务部会计张兰在登录企业应用平台后，就可以查阅和审核赵飞填制的销售发票。

提示：

数据权限控制设置，是设置"业务对象"(如用户、业务员、货位)是否被控制，而数据权限分配，是分配一个操作员对另一个操作员的数据(如填制的单据)的操作权限(如查看、审核、编辑)，账套主管不参加数据权限分配。

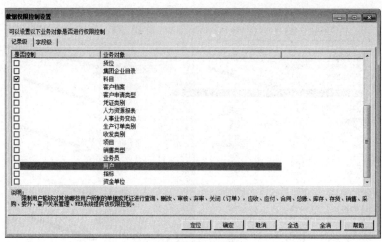

图 1-15 "数据权限控制设置"对话框

1.3.4 修改账套信息

修改账套信息的工作，应由"账套主管"在"系统管理"中完成。操作步骤如下：

(1) 以账套主管"李吉棕"的身份注册系统管理。

① 在"系统管理"窗口中，单击"系统/注销"菜单项以注销系统管理员身份的注册。

② 单击"系统/注册"菜单项，打开系统管理的"登录"界面。

③ 编辑"操作员"为 0100 或"李吉棕"，"密码"为"空"，选择"账套"为"[918]"，"操作日期"为当前系统日期 2017-07-01。

④ 单击"登录"按钮，系统退出对话框返回"系统管理"窗口，窗口菜单中显示为黑色字体的部分为账套主管可以操作的功能。

(2) 修改账套信息。

① 在"系统管理"窗口中，单击"账套/修改"菜单项，系统打开"修改账套"对话框，可以修改的账套信息以白色显示，不可修改的以灰色显示。

② 类似于创建账套，在此按照向导逐步完成账套信息的修改，然后单击"完成"按钮，系统弹出提示"确认修改账套了？"。

③ 单击"是"按钮，并在"分类编码方案"和"数据精度"对话框中直接单击"取消"按钮，完成账套修改。

1.3.5 账套备份

1. 设置系统自动备份计划

注意：

该工作可由"账套主管"或"系统管理员"在"系统管理"中完成。

操作步骤如下：

(1) 在 E 盘上新建"账套备份"文件夹。

(2) 打开"备份计划详细情况"对话框。在"系统管理"窗口中，单击"系统/设置备份计划",打开"备份计划设置"对话框,然后单击工具栏中的"增加"按钮,打开"备份计划详细情况"对话框。

(3) 编辑备份计划。编辑"计划编号"为2017-918,"计划名称"为"918伊莱特电器有限公司",选择"发生频率"为"每周",录入"开始时间"为00:00:00,"发生天数"为1(表示每周日0点开始备份)。

(4) 选择保存路径。单击对话框中间的"增加"按钮,系统弹出"请选择账套备份路径"对话框,选择"E:\账套备份"文件夹为备份路径,然后单击"确定"按钮返回,此时在"请选择备份路径"区中增加了一行,其右侧出现"浏览"按钮(单击它可打开"请选择账套备份路径"对话框)。

(5) 选择备份账套。在"请选择账套和年度"区域,选中918账套,结果如图1-16所示。

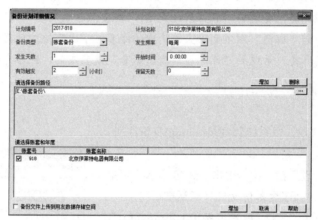

图1-16 "备份计划详细情况"对话框

(6) 单击对话框底部的"增加"按钮,完成该备份计划的设置。

(7) 退出。单击"取消"按钮退出"备份计划详细情况"对话框,返回"备份计划设置"窗口;再单击"退出"按钮返回"系统管理"窗口。

2. 账套输出

为能让每次实验具有连续性,以完成完整的流程操作,建议每完成1节或1章的实验之后,将实验结果备份保存在虚拟机的E盘,然后复制到自己的U盘或上传到网盘。

为此,需要在每次实验之后,先进行企业账套的输出,并将输出的结果压缩后保存。然后在下次实验前,再将上次的操作结果引入系统。

操作步骤如下:

(1) 以系统管理员身份注册并打开"系统管理"窗口。若"系统管理"窗口没有打开,请双击桌面上的"系统管理"图标打开该窗口;若已经打开,则单击"系统管理"中的"系统/注销"菜单项;然后单击"系统/注册"菜单项,打开"登录"对话框,最后以系统管理员(admin)身份注册并打开"系统管理"窗口。

(2) 在"系统管理"窗口中,单击"账套/输出"菜单项,打开"账套输出"对话框;选定"账套号"和"输出文件位置"后,确认没有勾选"删除当前输出账套"复选框,结果如图1-17所示。

图1-17 "账套输出"对话框

(3) 单击"确认"按钮，一般等待 3 分钟左右，系统自动完成账套输出的任务并弹出信息提示框，单击"确定"按钮完成账套输出。

(4) 在资源管理器中，打开"账套备份"文件夹，将列出 UFDATA.BAK(1.5GB 左右)和 UfErpAct.Lst(1KB)两个文件，将这两个文件压缩成一个包(150MB 左右)，并发送到 U 盘或网盘。

提示：
- 只有系统管理员(admin)才能"输出"账套。
- 账套输出只是做了账套备份，现有的账套还在 ERP 系统中，可继续操作；但若删除了账套，则下次必须"引入"账套后才能继续操作。
- 账套删除和账套输出的操作基本一样，区别只是在"账套输出"对话框中，需要勾选"删除当前输出账套"复选框，且在系统提示："真要删除该账套吗？"时，单击"确认"按钮即可，若"取消"则不删除当前输出的账套，下次可继续使用该账套。
- 正在使用的账套，系统的"删除当前输出账套"是置灰的，即不允许选中。

3. 引入(恢复)账套

操作步骤如下：

(1) 启动系统管理，以系统管理员(admin)身份注册。

(2) 引入账套。

① 在"系统管理"窗口中，单击"账套/引入"菜单项，系统弹出"请选择账套备份文件"对话框。

② 在该对话框中，选择"E:\账套备份\UfErpAct.Lst"，然后单击"确定"按钮，系统弹出"系统管理"信息提示框，提示账套引入的默认路径。

③ 单击"确定"按钮，系统弹出"请选择账套引入的目录"对话框，选择 C:\U8SOFT 文件夹，结果如图 1-18 所示。

④ 单击"确定"按钮，系统弹出"账套引入"信息提示框。

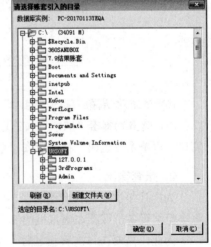

图 1-18 账套引入目录选择对话框

⑤ 一般等待 3 分钟左右，系统弹出信息提示框，提示账套"引入成功"。

⑥ 单击"确定"按钮，退出该信息提示框，返回"系统管理"窗口。

提示：

只有系统管理员(admin)才能"引入"账套。

第 2 章

企业基础档案编辑

企业基础档案是在"企业应用平台"中进行操作的。"企业应用平台"是用友 ERP-U8 系统的集成应用平台,它是进行企业账套管理的唯一入口,可以实现企业基础档案和基础数据的设置与维护、信息的及时沟通和传输、信息的统计分析等。

本章的主要内容是设置企业的基础档案信息和会计科目。

企业的基础档案设置,是设置用友 ERP-U8 各个子系统公用的基础档案信息,主要包括企业部门及人员档案、客商信息、存货档案、财务信息、收付结算信息等。

会计科目设置,是编辑一级科目的科目属性(如辅助账类型、受控系统),以及新增二级、三级科目,如在应付账款科目下,增加一般应付账款和暂估应付账款。

本章的操作是在系统日期为 2017-07-01、由账套主管"李吉棕"登录"企业应用平台",并在第 1 章完成的账套中进行。所以在实验操作前,需要将系统时间调整为 2017 年 7 月 1 日。如果没有调整系统时间,则在登录"企业应用平台"时需要修改"操作日期"(即业务时间)为 2017 年 7 月 1 日;如果业务日期与账套建账时间之间的跨度超过 3 个月,则该账套在演示版状态下不能执行任何操作。

如果没有完成第 1 章的建账和设置权限的任务,可以到百度网盘空间的"实验账套数据"文件夹中,将"01 新建账套.rar"下载到实验用机上,然后"引入"(操作步骤详见第 1 章 1.3 节中的 1.3.5 小节)ERP-U8 系统中。

需要说明的是:

因网盘中的账套备份文件均为"压缩"文件,所以在下载完成后引入前,需要用解压缩工具进行解压(建议用 WinRAR 3.42 或以上版本),得到相应可以引入的账套数据文件。而且,本章完成的账套,其"输出"压缩的文件名为"02 基础档案.rar"。

2.1 部门与人员档案设置

企业一般对其人员类别进行分类设置和管理,本案例企业是按树形层次结构分类的(详见表 2-1)。根据企业各部门的实际情况,案例企业已经设置了各职位具体人员的职责。

1. 人员类别设置

表 2-1 列示的是本案例企业的人员类别设置情况。本任务是按照表 2-1 完成案例企业在用友 ERP-U8 中"正式工"人员类别的子类设置(新建账套时,系统已预置正式工、合同工、实习生 3 个人员类别)。

表 2-1 人员类别

人员类别	档案编码	档案名称
101 正式工	1011	企管人员
	1012	采购人员
	1013	销售人员
102 合同工		
103 实习生		

操作步骤如下:

(1) 打开"企业应用平台"窗口。双击桌面中的"企业应用平台"快捷方式,在系统打开的"登录"对话框中,设置"操作员"为 0100,"密码"为"空","账套"为"[918]",然后单击"登录"按钮,系统打开"企业应用平台"窗口。

(2) 打开"人员类别"窗口。在"企业应用平台"的"基础设置"页签下,依次单击"基础档案/机构人员/人员类别"菜单项,系统打开"人员类别"窗口。

(3) 打开"增加档案项"对话框。先单击左窗格中的"正式工",然后单击工具栏中的"增加"按钮,系统弹出"增加档案项"对话框。

(4) 编辑"企管人员"类别。编辑"档案编码"为 1011、"档案名称"为"企管人员",再单击"确定"按钮。

(5) 完成人员类别设置。重复步骤(4),录入完成表 2-1 中的 1012 和 1013 后,单击"取消"按钮,返回"人员类别"窗口。

(6) 退出。先单击"增加档案项"对话框中的"取消"按钮,再单击工具栏中的"退出"按钮,返回"企业应用平台"窗口。

2. 部门档案与人员档案设置

ERP-U8 中的"部门",是指账套主体(如案例企业)下设的需要进行独立的财务核算或业务管理要求的单元体,可以是实际中的部门机构,也可以是虚拟的核算单元。

ERP-U8 中的"人员",是指企业各职能部门中需要进行独立财务核算和业务管理的职员信息,必须先设置好部门档案才能在这些部门下设置相应的职员档案。除了固定资产和成本管理产品外,其他产品均需使用职员档案。如果企业不需要对职员进行核算和管理要求,则可以不设置职员档案。

表 2-2 列示的是本案例企业的部门档案与人员档案。本任务是按照表 2-2 完成案例企业的部门档案和人员档案在用友 ERP-U8 中的设置。

表 2-2　部门档案与人员档案

一级部门	二级部门	人员类别	人员编码及姓名	性别	雇佣状态	银行及银行账号	是否操作员	是否业务员
1 公司总部	101 经理办公室	企管人员	0100 李吉棕	女	在职	工行 6222020220332016001	是	否
	102 行政办公室	企管人员	0101 陈虹	女	在职	工行 6222020220332016002	否	否
2 财务部		企管人员	0200 曾志伟	男	在职	工行 6222020220332016003	是	否
		企管人员	0201 张兰	女	在职	工行 6222020220332016004	是	否
		企管人员	0202 罗迪	女	在职	工行 6222020220332016005	是	否
3 销售部	301 批发部	销售人员	0300 赵飞	男	在职	工行 6222020220332016006	是	是
	301 批发部	销售人员	0301 夏于	男	在职	工行 6222020220332016007	是	是
	302 门市部	合同工	0302 李华	男	在职	工行 6222020220332016008	否	是
4 采购部		采购人员	0400 刘静	女	在职	工行 6222020220332016009	是	是
		采购人员	0401 张新海	男	在职	工行 6222020220332016010	否	是
5 仓管部		企管人员	0500 李莉	女	在职	工行 6222020220332016011	否	是
		企管人员	0501 赵林	男	在职	工行 6222020220332016012	否	否
		企管人员	0502 李东	男	在职	工行 6222020220332016013	否	否
6 人力资源部		企管人员	0600 王军	男	在职	工行 6222020220332016014	否	否
		企管人员	0601 梁京	女	在职	工行 6222020220332016015	否	否
		企管人员	0602 刘正	男	在职	工行 6222020220332016016	否	否
		企管人员	0603 李江	男	在职	工行 6222020220332016017	否	否

操作步骤如下：

(1) 打开"部门档案"窗口。在"企业应用平台"的"基础设置"页签下，依次单击"基础档案/机构人员/部门档案"菜单项，系统打开"部门档案"窗口。

(2) 编辑"公司总部"。单击工具栏中的"增加"按钮，录入"部门编码"为 1、"部门名称"为"公司总部"，然后单击"保存"按钮。

(3) 完成部门编辑。重复步骤(2)，按照表 2-2 的第 1 列和第 2 列，将部门档案全部录入，完成后单击"部门档案"窗口右上角的"关闭"按钮，退出该窗口并返回"企业应用平台"窗口。

(4) 打开"人员档案"窗口。双击"人员档案"菜单项，系统打开"人员档案"窗口。

(5) 新增一张人员档案单据。单击"增加"按钮，系统进入新增状态并新增一张人员档案表。

(6) 编辑人员档案。编辑"人员编码"为 0100、"人员姓名"为"李吉棕"、"性别"为"女"、"人员类别"为"企管人员"、"行政部门"为"101 经理办公室"、"银行"为"中国工商银行"、"账号"为 6222020220332016001，同时勾选"是否操作员"复选框，结果如图 2-1 所示。

(7) 保存。单击"保存"按钮，若该人员已经是用友 ERP 软件的操作员，则系统弹出提示框"人员信息已改，是否同步修改操作员的相关信息？"，单击"是"按钮，系统保存人员信息并新增一张人员档案表。

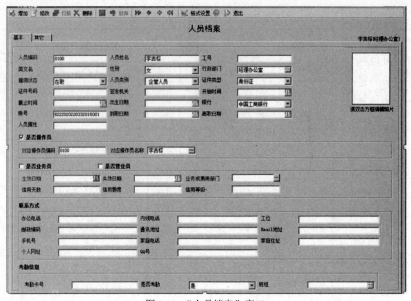

图 2-1 "人员档案"窗口

(8) 完成人员档案编辑。重复步骤(6)和(7)，依据表 2-2 将人员档案全部录入完成后，单击工具栏中的"退出"按钮，返回"人员档案"窗口。

(9) 退出。单击"人员档案"窗口右上角的"关闭"按钮，关闭并退出该窗口。

提示：

- 人员编码不能修改，人员的名称可随时修改。
- 如果新增的人员设置为操作员，则将操作员的所属行政部门、E-mail 地址、手机号录入用户档案中(可在"系统管理"窗口的用户列表中查看)。对于关联的操作员或修改人员时，系统将提示：人员信息已改，是否同步修改操作员的相关信息？如果选择"是"，则将关联的操作员或修改人员的所属行政部门、E-mail 地址、手机号录入用户档案中。
- 如果部门人员"是"操作员，则同时保存到操作员表中，其密码默认为操作员编码，角色默认为"普通用户"角色。
- 如果修改人员为"业务员"，则需要添加"业务或费用部门"；若在增加时设置为"业务员"，则有与其"行政部门"相同的默认部门。
- 业务及费用归属部门：指此人员作为业务员时所属的业务部门，或当他不是业务员但其费用需要归集所设置的业务部门。该栏目参照部门档案生成，只能输入末级部门。

2.2 地区分类及供应商、客户档案设置

本节是按照表 2-3～表 2-7 完成案例企业在用友 ERP-U8 中的地区分类、供应商分类、供应商档案、客户分类和客户档案的设置。

1. 地区分类

企业可以根据自身管理需求对客户、供应商的所属地区进行相应的分类，建立地区分类体

系，以便对业务数据的统计、分析。使用用友 ERP-U8 产品中的采购管理、销售管理、库存管理和应收应付款管理系统都会用地区分类。地区分类最多有五级，企业可以根据实际需要进行分类。例如：可以按区、省、市进行分类，也可以按省、市、县进行分类。

表 2-3 列示的是本案例企业的地区分类。本任务是按照表 2-3 完成案例企业在用友 ERP-U8 中的地区分类的设置。

表 2-3 地区分类

分类编码	分类名称
01	华北地区
02	华东地区
03	华南地区

操作步骤如下：

(1) 打开"地区分类"窗口。在"企业应用平台"的"基础设置"页签下，依次单击"基础档案/客商信息/地区分类"菜单项，打开"地区分类"窗口。

(2) 新增一个地区类别。单击工具栏中的"增加"按钮，录入分类编码为 01、分类名称为"华北地区"，并单击"保存"按钮。

(3) 完成地区分类编辑。重复步骤(2)，依据表 2-3，完成地区分类信息的录入工作。

(4) 退出。单击"地区分类"窗口中的"退出"按钮，退出。

2．供应商分类与客户分类

企业可以根据自身管理的需要对供应商进行分类管理，建立供应商分类体系。可将供应商按行业、地区等进行划分，设置供应商分类后，根据不同的分类建立供应商档案。

同理，企业可以根据自身管理的需要对客户进行分类管理，建立客户分类体系。可将客户按行业、地区等进行划分，设置客户分类后，根据不同的分类建立客户档案。

表 2-4 列示的是本案例企业的供应商和客户分类。本任务是按照表 2-4 完成案例企业在用友 ERP-U8 中的供应商和客户分类的设置。

表 2-4 供应商和客户分类

类别名称	一级分类编码与名称	二级分类编码与名称
供应商	01 商品供应商	01001 一般供应商
		01002 重要供应商
	02 固定资产	
	03 代销商	
	04 其他供应商	
客户	01 代销商	
	02 批发商	02001 一般批发商
		02002 重要批发商
	03 零售商	
	04 其他客户	

操作步骤如下:

(1) 打开"供应商分类"窗口。在"企业应用平台"的"基础设置"页签下,依次单击"基础档案/客商信息/供应商分类"菜单项,系统打开"供应商分类"窗口。

(2) 新增一个供应商分类。单击工具栏中的"增加"按钮,录入"分类编码"为01、"分类名称"为"商品供应商",并单击"保存"按钮。

(3) 完成供应商分类编辑。重复步骤(2),依据表2-4录入供应商分类信息,完成后单击"退出"按钮。

(4) 打开"客户分类"窗口。双击"客户分类"菜单项,系统打开"客户分类"窗口。

(5) 新增一个客户分类。单击工具栏中的"增加"按钮,录入"分类编码"为01、"分类名称"为"代销商",并单击"保存"按钮。

(6) 完成客户分类编辑。重复步骤(5),依据表2-4录入客户分类信息完成后,单击"退出"按钮。

3. 供应商档案

企业设置往来供应商的档案信息,有利于对供应商资料管理和业务数据的统计与分析。ERP-U8 中建立供应商档案,主要是为企业的采购管理、委外管理、库存管理、应付账管理服务的。在填制采购入库单、采购发票和进行采购结算、应付款结算和有关供货单位统计时都会用到供货单位档案,因此必须先设立供应商档案。在输入单据时,如果单据上的供货单位不在供应商档案中,则必须在此建立该供应商的档案。如果在建立账套时选择了供应商分类,则必须在设置完成供应商分类档案的情况下才能编辑供应商档案。

表2-5 列示的是本案例企业的供应商档案。本任务是按照表2-5 完成案例企业在用友 ERP-U8 中的供应商档案的设置。

表 2-5 供应商档案

供应商编码与名称	供应商简称	所属地区	所属分类	税号	开户银行与账号	邮编与地址	电话
001 北京海信电器有限公司	海信公司	01	01001	200106653865211	工行朝阳支行 1102020526782987123	100045 北京朝阳十里堡8号	010-82282263
002 广东珠海格力电器股份有限公司	格力公司	03	01002	310115549876477	工行珠海港湾支行 1102020526782987135	519070 珠海前山金鸡西路1号	0756-2282666
003 北京松下电器有限公司	松下公司	01	01002	200106756865001	招行昌平支行 6225880126782987908	100046 北京昌平区大新路33号	010-80228229
004 广东佛山美的电器股份有限公司	美的公司	03	01001	100106539465724	工行佛山支行 1102020526782985703	528310 广东佛山顺德区6号	0757-2655666
005 山东青岛海尔股份有限公司	海尔公司	01	01002	300106224160365	工行青岛支行 1102020526782987351	266101 山东青岛海尔路8号	0532-88965668
006 广东深圳华为技术有限公司	华为公司	03	01002	200106653865885	工行深圳支行 6227000526782987908	518100 广东深圳龙岗区坂田1号	0755-82812000
007 河北极速商贸公司	极速公司	01	02	300106224160389	工行燕郊支行 1102020526782987379	100050 河北省燕郊经济开发区25号	010-61598228

(续表)

供应商编码与名称	供应商简称	所属地区	所属分类	税号	开户银行与账号	邮编与地址	电话
008 上海顺风速递有限公司	上海顺风速递	02	04	310125549876478	工行浦东支行 1102020526782987155	200332 上海浦东新区东方路11号	021-54658233
009 北京家乐福超市	家乐福	01	04	200108856865922	建行海淀支行 2202020626882685616	100045 北京海淀区中关村广场	010-56716168
010 北京鑫凯家电公司	鑫凯公司	01	03	200121554863995	光大银行海淀支行 6227000526782987973	100088 北京海淀成府路3号	010-82338278

备注：
- 所有供应商的结算币种均为"人民币"。
- 供应商属性(采购/委外/服务/国外)均为"采购"。
- 在录入"开户银行"时，其"所属银行"为"开户银行"所在银行，如"工行海淀支行"的"所属银行"为"中国工商银行"。

操作步骤如下：

(1) 打开"供应商档案"窗口。在"企业应用平台"的"基础设置"页签下，依次单击"基础档案/客商信息/供应商档案"菜单项，打开"供应商档案"窗口。

(2) 新增一个供应商。单击"增加"按钮，增加一张供应商档案，编辑供应商档案的"基本"和"联系"信息，包括编码、名称、简称、分类、币种、所属地区等。以表2-5第1行为例，其"基本"选项卡的结果如图2-2所示。

(3) 保存并新增。单击"保存并新增"按钮，系统保存该供应商信息并增加一张供应商档案。

(4) 完成编辑。重复步骤(2)和(3)，将表2-5中所有供应商档案全部录入后，单击"退出"按钮退出该窗口。

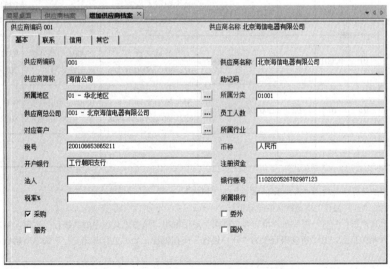

图2-2 供应商档案"基本"选项卡示意图

4. 客户级别及档案

建立客户档案主要是为企业的销售管理、库存管理、应收账管理服务的。ERP-U8中，客户档案功能用于设置往来客户的档案信息，以便于对客户资料管理和业务数据的录入、统计、分析，例如在填制销售发货单、销售发票和进行应收款结算时，都会用到客户档案。在输入单据时，如果单据上的采购单位不在客户档案中，则必须在此建立该客户的档案。

如果在建立账套时选择了客户分类，则必须在设置完成客户分类档案的情况下才能编辑客户档案。表 2-6 列示的是本案例企业的客户级别，表 2-7 列示的是客户档案。本任务是按照表 2-6 和表 2-7 完成案例企业在用友 ERP-U8 中的客户级别及档案的设置。

表 2-6　客户级别

客户级别编码	名称
01	VIP 客户
02	重要客户
03	一般客户

表 2-7　客户档案

客户编码与名称	客户简称	所属地区	所属分类	客户级别编码	税号	开户银行与账号	邮编与地址	电话	信用额度
001 北京跃辉电器商贸公司	跃辉公司	01	02002	01	200106653865885	工行海淀支行 6227000526782987908	100077 北京海淀学院路 1 号	010-62338229	250 万元
002 上海万达电器公司	万达公司	02	02002	02	310104712121774	工行徐汇支行 1102020526782987158	200032 上海徐汇天平路 8 号	021-84658236	50 万元
003 北京鑫凯家电公司	鑫凯公司	01	02001	03	200121554863995	光大银行海淀支行 6227000526782987973	100088 北京海淀成府路 3 号	010-82338278	170 万元
004 山西华飞电器公司	华飞公司	01	02001	03	411135871135557	光大银行太原支行 6227000526782987984	250001 山西太原天桥区成府路 3 号	0351-4019813	50 万元
005 山西太原贸易公司	太原公司	01	02001	03	411135871135687	工行晋城支行 6227000526030287586	250001 山西晋城汉王路 8 号	0351-7019816	50 万元
006 北京松下电器有限公司	松下公司	01	01	02	200106756865001	招行昌平支行 6225880126782987908	100046 北京昌平区大新路 33 号	010-80228229	50 万元
900 零散客户	零散客户			03					

备注：
- 所有客户的结算币种均为"人民币"，属性均为"国内"。
- 表 2-7 中的"开户银行"均是默认的结算银行。
- 在录入"开户银行"时，需要在"增加客户档案"对话框中，单击工具栏中的"银行"按钮，然后在打开的对话框中录入相关信息，其"所属银行"为"开户银行"所在银行，如"工行海淀支行"的"所属银行"为"中国工商银行"。

操作步骤如下：

(1) 打开"客户级别分类"窗口。在"企业应用平台"的"基础设置"页签下，依次单击"基础档案/客商信息/客户级别"菜单项，系统打开"客户级别分类"窗口。

(2) 新增 VIP 客户类别。单击工具栏中的"增加"按钮，编辑客户级别的相关信息，以表 2-6

第 1 行为例,在表体中录入客户级别编码为 01、客户级别名称为"VIP 客户",并单击"保存"按钮。

(3) 完成客户类别编辑。重复步骤(2),客户级别全部录入完成后,单击"退出"按钮退出该窗口。

(4) 打开"客户档案"窗口。单击"客户档案"菜单项,打开"客户档案"窗口。此时左窗口中显示已经设置的客户分类,单击选中某一客户分类,右窗口中显示该分类下的所有客户列表。

(5) 新增一个客户并编辑基本信息。单击"增加"按钮,打开"增加客户档案"对话框,在"基本"选项卡中编辑客户档案相关信息,包括客户编码、客户名称、客户简称等。表 2-7 第 1 行的客户基本信息编辑结果如图 2-3 所示。

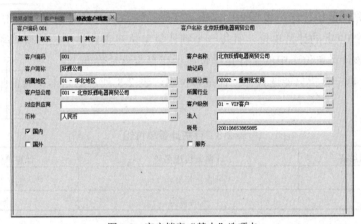

图 2-3 客户档案"基本"选项卡

(6) 编辑客户的信用信息。在"增加客户档案"对话框的"联系"选项卡中编辑邮政编码和地址,在"信用"选项卡中编辑信用额度。

(7) 编辑客户的银行信息。在"增加客户档案"对话框中,单击工具栏中的"银行"按钮,弹出"客户银行档案"对话框,单击"增加"按钮,以表 2-7 第 1 行为例,选择所属银行为"中国工商银行"并录入开户银行为"工行海淀支行"、银行账号为 6227000526782787908、"默认值"为"是",然后"保存"并"退出"该对话框。

(8) 保存并新增。单击工具栏中的"保存并新增"按钮,保存该客户信息并新增一张客户档案单据。

(9) 完成客户信息编辑。重复步骤(5)~(8),依据表 2-7,完成客户档案的录入。

(10) 退出。单击"关闭"按钮,关闭并退出"客户档案"窗口。

2.3 存货与仓库档案设置

ERP-U8 中的存货功能主要用于设置企业在生产经营中使用到的各种存货信息,以便对这些存货进行资料管理、实物管理和业务数据的统计、分析。企业的存货需要有计量单位和存放的仓库,而且多数会有存货分类。

需要指出的是，在编辑计量单位时，应先通过"分组"定义计量单位组，即先增加计量单位组，再增加组下的具体计量单位内容。

1. 存货计量单位组

计量单位组分无换算、浮动换算、固定换算三种类别，每个计量单位组中有至少一个主计量单位、一个或多个辅助计量单位，可以设置主辅计量单位之间的换算率。

- 无换算计量单位组：在该组下的所有计量单位都以单独形式存在，各计量单位之间不需要输入换算率，系统默认为主计量单位。
- 浮动换算计量单位组：设置为浮动换算率时，可以选择的计量单位组中只能包含两个计量单位。此时需要将该计量单位组中的主计量单位、辅计量单位显示在存货卡片界面上。
- 固定换算计量单位组：设置为固定换算率时，可以选择的计量单位组中可包含两个(不包括两个)以上的计量单位，且每一个辅计量单位对主计量单位的换算率不为空。此时需要将该计量单位组中的主计量单位显示在存货卡片界面上。

存货档案中每一存货只能选择一个计量单位组，表2-8列示的是本案例企业使用的存货计量单位组。

表2-8 存货计量单位组

计量单位组编码	计量单位组名称	计量单位组类别
01	固定换算组	固定换算率
02	无换算组	无换算率

操作步骤如下：

(1) 打开"计量单位"窗口。在"企业应用平台"的"基础设置"页签下，依次单击"基础档案/存货/计量单位"菜单项，打开"计量单位"窗口。

(2) 打开"计量单位组"对话框。单击工具栏中的"分组"按钮，系统弹出"计量单位组"对话框。

(3) 新增计量单位组"固定换算组"。单击"增加"按钮，录入"计量单位组编码"为01、"计量单位组名称"为"固定换算组"，选择"计量单位组类别"为"固定换算率"，然后单击"保存"按钮。

(4) 完成计量单位组编辑。重复步骤(3)，录入表2-8中的第2行，保存后单击"退出"按钮，系统返回"计量单位"窗口。

提示：
- 计量单位组保存后，只可对计量单位组的名称和类别进行修改。
- 已经使用过的计量单位组，不能修改其已经存在的计量单位信息。
- 已经有数据的存货，不允许修改该存货的计量单位组。

2. 存货计量单位

表2-9列示的是案例企业的存货计量单位，其中"换算率"是辅计量单位和主计量单位之间的换算比，如一箱啤酒为24听，则24就是辅计量单位"箱"和主计量单位"听"之间的换算比。

- 主计量单位的换算率自动置为1。
- 无换算计量单位组中不可输入换算率。
- 固定换算的计量单位组，辅单位的换算率必须录入。
- 浮动换算的计量单位组，可以录入，可以为空。
- 数量(按主计量单位计量)=件数(按辅计量单位计量)×换算率，例如1盒手机10部，则10是辅计量单位"盒"和主计量单位"部"之间的换算比。

本任务是按照表2-9完成案例企业在用友ERP-U8中的存货计量单位的设置。

表2-9 存货计量单位

计量单位编码	计量单位名称	计量单位组	主计量单位标志	换算率
01	部	01 固定换算组	是	1
02	盒	01 固定换算组	否	10
03	部	02 无换算组		
04	台	02 无换算组		
05	个	02 无换算组		
06	公里	02 无换算组		
07	桶	02 无换算组		
08	元	02 无换算组		

操作步骤如下：

(1) 打开"计量单位"窗口。

(2) 打开计量单位组"固定换算组"的"计量单位"对话框。首先选中左窗格的"计量单位组"为"固定换算组"，然后单击工具栏中的"单位"按钮，系统弹出"计量单位"对话框。

(3) 编辑计量单位组"固定换算组"的主计量单位。单击"增加"按钮，新增一张表单，此时"计量单位组编码"默认为01(不可修改)，然后在表头录入"计量单位编码"为01、"计量单位名称"为"部"，确认勾选"主计量单位标志"复选框，然后单击"保存"按钮。

(4) 编辑计量单位组"固定换算组"的副计量单位。在"计量单位"对话框中，单击"增加"按钮，然后在表头录入"计量单位编码"为02、"计量单位名称"为"盒"，确认没有勾选"主计量单位标志"复选框，换算率为10，然后单击"保存"按钮，再单击"退出"按钮，返回"计量单位"窗口。

(5) 编辑计量单位组"无换算组"的所有计量单位。重复步骤(2)~(4)，依据表2-9录入第2~8行的计量单位后，单击"计量单位"对话框中的"退出"按钮，返回"计量单位"窗口。

(6) 退出。单击"计量单位"窗口中的"退出"按钮，退出该窗口。

3. 仓库档案设置

存货一般是用仓库来保管的，对存货进行核算管理，首先应对仓库进行管理，因此进行仓库设置是供销链管理系统的重要基础准备工作之一。

表2-10列示的是案例企业的仓库档案，其"计价方式"用友ERP系统提供了6种，商业企业的有计划价法、全月平均法、移动平均法、先进先出法、后进先出法、个别计价法，每个

仓库必须选择一种计价方式。

表 2-10　仓库档案

仓库编码	仓库名称	部门	计价方式	仓库属性	参与 MRP 运算 参与 ROP 计算	计入成本	资产仓
0010	商品仓库	5 仓管部	移动平均法	普通仓	否、否	是	否
0020	固定资产仓库		个别计价法	普通仓	否、否	否	是
0030	赠品仓库		移动平均法	普通仓	否、否	是	否
0040	代销商品库		移动平均法	普通仓	否、否	是	否

注：MRP 运算是指物料需求规划计算，ROP 计算是指再订货点计算，详见本系列教程的《企业生产制造应用——基于用友 ERP 产品微课教程》。

- 计划价：期末处理计算差异率时，要根据此仓库的同种存货的差异、金额计算的差异率计算出库成本。
- 全月平均：期末处理计算出库成本时，要根据该仓库同种存货的金额和数量计算的平均单价计算出库成本。
- 移动平均：计算出库成本时要根据该仓库的同种存货按最新结存金额和结存数量计算的单价计算出库成本。
- 先进先出、后进先出：出库单记账时(包括红字出库单)，计算出库成本，只按此仓库的同种存货的入库记录进行先进先出或后进先出选择成本，只要存货相同、仓库相同则将入库记录全部大排队进行先进先出或后进先出选择成本。
- 个别计价：计算成本的方法不变。

"仓库属性"可选择普通仓、现场仓、委外仓，默认为普通仓。普通仓用于正常的材料、产品、商品的出入库、盘点的管理；现场仓用于生产过程的材料、半成品、成品的管理；委外仓用于管理发给委外商的材料的管理。

操作步骤如下：

(1) 打开"仓库档案"窗口。在"基础档案"功能模块，依次单击"业务/仓库档案"菜单项，打开"仓库档案"窗口。

(2) 新增一个仓库。单击工具栏中的"增加"按钮，在弹出的"增加仓库档案"窗口中，录入"仓库编码"为 0010、"仓库名称"为"商品仓库"，选择"部门编码"为"5 仓管部"、"计价方式"为"移动平均法"、"仓库属性"为"普通仓"，不勾选"参与 MRP 运算""参与 ROP 计算""资产仓"复选框，然后单击"保存"按钮。

(3) 完成仓库编辑。重复步骤(2)，完成表 2-10 中所有仓库档案的录入，然后单击"增加仓库档案"窗口右上角的"关闭"按钮，返回"仓库档案"窗口。

(4) 退出。单击"仓库档案"窗口右上角的"关闭"按钮，关闭并退出该窗口。

4. 存货分类设置

存货分类用于设置存货分类编码、名称及所属经济分类，以便于对业务数据的统计和分析。表 2-11 列示的是案例企业的存货分类。本任务是按照表 2-11 完成案例企业在用友 ERP-U8 中存货分类的设置。

表2-11 存货分类

一级分类编码与名称	二级分类编码与名称
01 商品	0101 电视机
	0102 空调
	0103 洗衣机
	0104 电饭煲
	0105 手机
	0106 赠品
02 劳务	
03 固定资产	
04 费用	

操作步骤如下:

(1) 打开"存货分类"窗口。在"基础档案"功能模块,依次单击"存货/存货分类"菜单项,打开"存货分类"窗口。

(2) 新增一个存货分类。单击"增加"按钮,在其右窗格中输入"分类编码"为01、"分类名称"为"商品",然后单击"保存"按钮。

(3) 完成存货分类的编辑。重复步骤(2),录入并保存表2-11中所有的存货分类。

(4) 退出。单击"存货分类"窗口中的"退出"按钮,退出该窗口。

5. 存货档案设置

表2-12列示的是案例企业的存货档案。在用友ERP-U8中,"存货属性"有18种。如"内销",具有该属性的存货可用于销售,发货单、发票、销售出库单等与销售有关的单据参照存货时,参照的都是具有销售属性的存货。类似地,具有"外购"属性的存货可用于采购,到货单、采购发票、采购入库单等与采购有关的单据参照存货时,参照的都是具有外购属性的存货。开在采购专用发票、普通发票、运费发票等票据上的采购费用,也应设置为"外购"属性,否则开具采购发票时无法参照。

同一存货可以设置多个属性,但当一个存货同时被设置为自制、委外和(或)外购时,MPS/MRP系统默认自制为其最高优先属性而自动建议计划生产订单;而当一个存货同时被设置为委外和外购时,MPS/MRP系统默认委外为其最高优先属性而自动建议计划委外订单。具体的含义和使用,可参见"生产制造"类的图书。

表2-12 存货档案

存货编码	存货名称	基本			存货属性	成本		主要供货单位	默认仓库
		主计量组/单位	税率/%	存货分类		参考成本	参考售价		
00001	海信电视机	02/台	17	0101	内销、外购	6000	8000	海信公司	商品仓库
00002	格力空调	02/台	17	0102	内销、外购	3500	5000	格力公司	商品仓库
00003	松下电视机	02/台	17	0101	内销、外购	7000	9000	松下公司	商品仓库
00004	松下空调	02/台	17	0102	内销、外购	4000	6000	松下公司	商品仓库
00005	松下洗衣机	02/台	17	0103	内销、外购	3200	4800	松下公司	商品仓库

(续表)

存货编码	存货名称	基本			存货属性	成本			
		主计量组/单位	税率/%	存货分类		参考成本	参考售价	主要供货单位	默认仓库
00006	松下电饭煲	02/台	17	0104	内销、外购、受托代销	2000	2800	松下公司	商品仓库
00007	美的空调	02/台	17	0102	内销、外购	3800	5000	美的公司	商品仓库
00008	美的电饭煲	02/台	17	0104	内销、外购	600	800	美的公司	商品仓库
00009	海尔空调	02/台	17	0102	内销、外购	3000	3800	海尔公司	商品仓库
00010	海尔洗衣机	02/台	17	0103	内销、外购	2800	3800	海尔公司	商品仓库
00011	华为手机	01/部	17	0105	内销、外购、受托代销	1500	2500	华为公司	商品仓库
00012	运输费	02/公里	11	02	外购、应税劳务				
00013	联想电脑	02/台	17	03	外购、资产	6000		极速公司	固定资产仓库
00014	鲁花 5S 压榨一级花生油 3.68L	02/桶	11	0106	内销、外购	100		家乐福超市	赠品仓库
00015	手续费	02/个	6	02	内销、外购、应税劳务				
00016	折扣	02/元	11	04	内销、折扣				

备注：联想电脑的规格型号为"天逸5050 台式机"。

另外，随同发货单或发票一起开具的应税劳务，也应设置在存货档案中。

操作步骤如下：

(1) 打开"存货档案"窗口。在"存货"功能模块，双击"存货档案"菜单项，打开"存货档案"窗口。

(2) 新增一张存货档案。单击工具栏中的"增加"按钮，系统打开"增加存货档案"窗口，新增一张存货档案单据。

(3) 编辑存货档案。在新增的单据中，做如下编辑。

① 在"基本"选项卡中，根据表 2-12 编辑存货档案相关信息，包括存货编码、存货代码、存货名称、主计量单位组、主计量单位、存货分类和存货属性，其他值默认。

② 单击"成本"选项卡，在打开的页签中录入参考成本、参考售价、主要供货单位和默认仓库，其他值默认。

(4) 保存并新增。单击工具栏中的"保存并新增"按钮，系统保存该存货信息，并新增一张表单。

(5) 完成存货档案编辑。重复步骤(3)和(4)，依据表 2-12 将存货档案全部录入并保存。

(6) 退出。单击"存货档案"窗口右上角的"关闭"按钮，关闭并退出该窗口。

注意，手机的主计量单位默认为"01-部"，其采购、库存等的默认单位为辅助计量单位"02-盒"。

2.4 采购和销售类型设置

如果企业需要按采购类型进行统计，那就应该建立采购类型项目。采购类型是由用户根据企业需要自行设定的项目，用户在使用用友采购管理系统，填制采购入库单等单据时，会涉采购类型栏目。采购类型不分级次，企业可以根据实际需要进行设立。如：从国外购进、国内纯购进、从省外购进、从本地购进、从生产厂家购进、从批发企业购进，为生产采购、为委托加工采购、为在建工程采购，等等。

用户在处理销售业务时，可以根据自身的实际情况自定义销售类型，以便于按销售类型对销售业务数据进行统计和分析。

表 2-13 列示的是本案例企业的采购类型和销售类型。本任务是按照表 2-13 在用友 ERP-U8 中设置案例企业的采购类型与销售类型。

表 2-13 采购与销售类型

采购类型编码	采购类型名称	入库类别	是否默认值	销售类型编码	销售类型名称	出库类别	是否默认值
01	商品采购	11(采购入库)	是	01	批发销售	31(销售出库)	是
02	受托代销	12(受托代销入库)	否	02	门市零售	31(销售出库)	否
03	采购退回	13(采购退货)	否	03	销售退回	33(销售退货)	否
04	资产采购	11(采购入库)	否	04	委托代销	31(销售出库)	否
05	直运采购	11(采购入库)	否	05	直运销售	31(销售出库)	否

操作步骤如下：

(1) 打开"采购类型"窗口。在"业务"功能模块，双击"采购类型"菜单项，系统打开"采购类型"窗口。

(2) 新增一个采购类型。单击工具栏中的"增加"按钮，编辑采购类型相关信息，包括采购类型编码、名称及入库类别。以表 2-13 左侧第 1 行为例，在表体中填制"采购类型编码"为 01、"采购类型名称"为"商品采购"，选择"入库类别"为"11(采购入库)"、"是否默认值"为"是"，单击"保存"按钮。

(3) 完成采购类型编辑。重复步骤(2)，依据表 2-13 将采购类型全部录入并保存。

(4) 退出。单击"采购类型"窗口中的"退出"按钮，退出该窗口。

(5) 打开"销售类型"窗口。在"业务"功能模块，双击"销售类型"菜单项，打开"销售类型"窗口。

(6) 新增一个销售类型。单击工具栏中的"增加"按钮，编辑销售类型相关信息，包括销售类型编码、名称及出口类别。以表 2-13 右侧的第 1 行为例，在表体中填制"销售类型编码"为 01、"销售类型名称"为"批发销售"，选择"出库类别"为"31(销售出库)"、"是否默认值"为"是"，单击"保存"按钮。

(7) 完成销售类型编辑。重复步骤(6)，依据表 2-13 将销售类型全部录入并保存。

(8) 退出。单击"销售类型"窗口中的"退出"按钮，退出该窗口。

2.5 费用项目设置

用户若需处理销售业务中的代垫费用、销售支出费用，则应先设定这些费用项目。费用项目分类是将同一类属性的费用归集成一类，以便统计和分析。

表 2-14 列示的是本案例企业的费用项目分类和费用项目。本任务是按照表 2-14 在用友 ERP-U8 中设置案例企业的费用项目分类和费用项目。

表 2-14 费用分类及其项目

分类编码	分类名称	费用项目编码	费用项目名称
1	购销	01	运输费
		02	装卸费
		03	包装费
2	管理	04	业务招待费

1. 费用项目分类设置

操作步骤如下:

(1) 打开"费用项目分类"窗口。在"企业应用平台"的"基础设置"页签下,依次单击"基础档案/业务/费用项目分类"菜单项,打开"费用项目分类"窗口。

(2) 新增一个费用项目分类。单击"增加"按钮,然后编辑费用项目分类相关信息,包括分类编码和名称。以表 2-14 第 1 行为例,在右窗格中输入"分类编码"为 1、"分类名称"为"购销",单击"保存"按钮。

(3) 完成费用项目分类编辑。重复步骤(2),完成表 2-14 中"管理"分类的录入与保存。

(4) 退出。单击"费用项目分类"窗口中的"退出"按钮,退出该窗口。

2. 费用项目设置

操作步骤如下:

(1) 打开"费用项目"窗口。在"业务"功能模块,双击"费用项目"菜单项,打开"费用项目"窗口。

(2) 新增一个费用项目。单击"增加"按钮,然后编辑费用项目相关信息,包括费用项目编码、名称及分类名称。以表 2-14 第 1 行为例,在右窗格的费用项目表体输入"费用项目编码"为 01、"费用项目名称"为"运输费",选择"费用项目分类名称"为"购销",再单击"保存"按钮。

(3) 完成费用项目的编辑。重复步骤(2),依据表 2-14 将费用项目全部录入并保存。

(4) 退出。单击"费用项目"窗口的"退出"按钮,退出该窗口。

2.6 收发类别与发运方式设置

1. 收发类别设置

收发类别设置,是为了对材料的出入库情况进行分类汇总统计而设置的,表示材料的出入库类型。用友 ERP-U8 规定:收发类型只有两种,即收和发,编辑时单选确定。请注意入库的"收发类别标志"为"收",出库的"收发类别标志"为"发"。

本任务是按照表 2-15 完成案例企业在用友 ERP-U8 中的仓库收发类别的设置。

表 2-15　收发类别

收发类别编码	收发类别名称	收发类别标志	收发类别编码	收发类别名称	收发类别标志
1	正常入库	收	3	正常出库	发
11	采购入库		31	销售出库	
12	受托代销入库		32	赠品出库	
13	采购退货		33	销售退货	
14	调拨入库		34	调拨出库	
16	其他入库		36	其他出库	
2	非正常入库		4	非正常出库	
21	盘盈入库		41	盘亏出库	
22	其他入库		42	其他出库	

操作步骤如下：

(1) 打开"收发类别"窗口。在"企业应用平台"的"基础设置"页签下，依次单击"基础档案/业务/收发类别"菜单项，打开"收发类别"窗口。

(2) 新增一个收发类别。单击"增加"按钮，在右窗格中编辑收发类别相关信息。以表 2-15 第 1 行为例，录入"收发类别编码"为 1、"收发类别名称"为"正常入库"，并选择"收"，然后单击"保存"按钮。

(3) 完成收发类别的编辑。重复步骤(2)，将表 2-15 中所有的收发类别录入并保存。

(4) 退出。单击"收发类别"窗口中的"退出"按钮，退出该窗口。

2. 发运方式设置

用户在处理采购业务或销售业务中的运输方式时，应先设定这些运输方式。表 2-16 列示的是本案例企业的发运方式。本任务是按照表 2-16 完成案例企业在用友 ERP-U8 中的发运方式的设置。

表 2-16　发运方式

发运方式编码	发运方式名称
01	公路
02	铁路
03	航空
04	水运

操作步骤如下：

(1) 打开"发运方式"窗口。在"业务"功能模块，双击"发运方式"菜单项，打开"发运方式"窗口。

(2) 新增一个发运方式。单击工具栏中的"增加"按钮，录入发运方式编码 01、发运方式名称"公路"，然后单击"保存"按钮。

(3) 完成发运方式编辑。重复步骤(2)，将表 2-16 中的发运方式全部录入并保存。

(4) 退出。单击"发运方式"窗口中的"退出"按钮，退出该窗口。

2.7 凭证类别与外币设置

许多单位为了便于管理或登账，会对记账凭证进行分类编制，但各单位的分类方法不尽相同，所以用友 ERP-U8 中提供了"凭证类别"功能。

汇率管理是专为外币核算服务的，用友 ERP-U8 中提供了"外币设置"功能。

1. 凭证类别设置

如果是第一次进行凭证类别设置，可以按以下几种常用分类方式进行定义。

- 记账凭证。
- 收款、付款、转账凭证。
- 现金、银行、转账凭证。
- 现金收款、现金付款、银行收款、银行付款、转账凭证。
- 自定义凭证类别。

"限制科目"(参见表 2-17)是某些类别的凭证在制单时，对科目有一定限制，用友 ERP-U8 系统有以下 7 种"限制类型"供选择。

- 借方必有：制单时，此类凭证借方至少有一个限制科目有发生。
- 贷方必有：制单时，此类凭证贷方至少有一个限制科目有发生。
- 凭证必有：制单时，此类凭证无论借方还是贷方至少有一个限制科目有发生。
- 凭证必无：制单时，此类凭证无论借方还是贷方不可有一个限制科目有发生。
- 无限制：制单时，此类凭证可使用所有合法的科目限制科目由用户输入，可以是任意级次的科目，科目之间用逗号分隔，数量不限，也可参照输入，但不能重复录入。
- 借方必无：即金额发生在借方的科目集必须不包含借方必无科目。可在凭证保存时检查。
- 贷方必无：即金额发生在贷方的科目集必须不包含贷方必无科目。可在凭证保存时检查。

表 2-17 列出的是本案例企业的凭证类别信息。由表 2-17 可知，本案例账套中只使用一种凭证类别(即记账凭证)，每张凭证上没有科目的限制。

表 2-17 凭证类别

类别字	类别名称	限制类型	限制科目
记	记账凭证	无限制	无

操作步骤如下：

(1) 打开"凭证类别"选择对话框。在"企业应用平台"的"基础设置"页签下，依次单击"基础档案/财务/凭证类别"菜单项，系统弹出"凭证类别"选择对话框。

(2) 打开"凭证类别"编辑对话框。选择该对话框中的"分类方式"为"记账凭证"，然后单击"确定"按钮，系统打开"凭证类别"编辑对话框。

(3) 确认并退出。确认该对话框表体中的"类别字"为"记"、"类别名称"为"记账凭证"，"限制类型"为"无限制"，最后单击"退出"按钮，退出该对话框。

2. 外币设置

在用友 ERP-U8 的"外币设置"功能模块，可以对本账套所使用的外币进行定义(设置界面

如图2-4所示),其中:

- 外币折算方式分为直接汇率与间接汇率两种,直接汇率即"外币×汇率=本位币",间接汇率即"外币/汇率=本位币"。
- 汇率分为固定汇率与浮动汇率,选择"固定汇率"即可录入各月的月初汇率,选择"浮动汇率"即可录入所选月份的各日汇率。
- 记账汇率是在平时制单时,系统自动显示此汇率。如果用户使用固定汇率(月初汇率),则记账汇率必须输入,否则制单时汇率为零。
- 调整汇率即月末汇率,在计算汇兑损益时用,平时可不输入,等期末可输入期末时汇率,用于计算汇兑损益,本汇率不作其他用途。

在用友ERP-U8的"填制凭证"中所用的汇率应先在此进行定义,以便制单时调用,减少录入汇率的次数和差错。当汇率变化时,应预先在此进行定义,否则制单时不能正确录入汇率。对于使用固定汇率(即使用月初或年初汇率)作为记账汇率的用户,在填制每月的凭证前,应预先在此录入该月的记账汇率,否则在填制该月外币凭证时,将会出现汇率为零的错误。对于使用浮动汇率(即使用当日汇率)作为记账汇率的用户,在填制当天的凭证前,应预先在此录入该天的记账汇率。

本案例企业需要增加美元($)外币,按固定汇率设置2017.07的"记账汇率"为6.5。

操作步骤如下:

(1) 打开"外币设置"对话框。在"财务"功能模块,双击"外币设置"菜单项,打开"外币设置"对话框,结果如图2-4所示。

(2) 设置外币的币符和币名。将"币符"设置为"$","币名"设置为"美元",单击对话框右下角的"确认"按钮。

(3) 设置汇率。选中窗体中部的"固定汇率"单项按钮,然后在"2017.07"的"记账汇率"栏录入6.50000,结果如图2-4所示。

(4) 退出。单击"退出"按钮退出该对话框。

图2-4 "外币设置"对话框

提示:

此处仅供用户录入固定汇率与浮动汇率,并不决定在制单时使用固定汇率还是浮动汇率,在"选项"中的"汇率方式"的设置决定制单使用固定汇率还是浮动汇率。

2.8 收付结算设置

收付结算设置包括结算方式、付款条件、银行档案和开户银行设置。

1. 结算方式设置

结算方式,即财务结算方式,如现金结算、支票结算等。用友ERP-U8中,结算方式最多可以分为2级。表2-18列示的是本案例企业的结算方式。本任务是按照表2-18在用友ERP-U8中完成案例企业的结算方式的设置。

表2-18 结算方式

结算方式编码	结算方式名称
1	现金
2	支票
201	现金支票
202	转账支票
3	商业汇票
301	银行承兑汇票
302	商业承兑汇票
4	电汇
5	委托收款
6	其他

操作步骤如下：

(1) 打开"结算方式"窗口菜单项。在"企业应用平台"的"基础设置"页签下，依次单击"基础档案/收付结算/结算方式"菜单项，打开"结算方式"窗口。

(2) 新增一个结算方式。单击"增加"按钮，在其右窗格中录入"结算方式编码"为1、"结算方式名称"为"现金"，然后单击"保存"按钮。

(3) 完成结算方式的编辑。重复步骤(2)，依据表2-18将结算方式全部录入并保存。

(4) 退出。单击"结算方式"窗口中的"退出"按钮，退出该窗口。

2. 付款条件

付款条件也叫现金折扣，是指企业为了鼓励客户偿还贷款而允诺在一定期限内给予的规定的折扣优待。这种折扣条件通常可表示为"4/10,2/20,n/30"，即：客户在10天内偿还贷款，可得到4%的折扣，只付原价的96%的货款；在20天内偿还贷款，可得到2%的折扣，只要付原价的98%的货款；在30天内偿还贷款，则须按照全额支付货款；在30天以后偿还贷款，不仅要按全额支付贷款，还可能要支付延期付款利息或违约金。付款条件将主要在采购订单、销售订单、采购结算、销售结算、客户目录、供应商目录中引用。

表2-19列示的是本案例企业的付款方式。本任务是按照表2-19在用友ERP-U8中完成案例企业的付款方式的设置。

表2-19 付款条件

付款条件编码	付款条件名称	信用天数	优惠天数1	优惠率1	优惠天数2	优惠率2	优惠天数3	优惠率3
01	4/10,2/20,n/30	30	10	4	20	2	30	0
02	n/60	60						

操作步骤如下：

(1) 打开"付款条件"窗口。在"收付结算"功能模块，双击"付款条件"菜单项，打开

"付款条件"窗口。

(2) 新增一个付款条件。单击工具栏中的"增加"按钮,在表体中填制"付款条件编码"为 01、"信用天数"为 30、"优惠天数 1"为 10、"优惠率 1"为 4、"优惠天数 2"为 20、"优惠率 2"为 2、"优惠天数 3"为 30、"优惠率 3"为 0,单击"保存"按钮,此时付款条件名称自动填写为"4/10,2/20,n/30"。

(3) 完成付款条件编辑。重复步骤(2),完成表 2-19 中第 2 行的录入并保存。

(4) 退出。单击"付款条件"窗口中的"退出"按钮,退出该窗口。

3. 银行档案设置

本案例企业的开户银行是中国工商银行,设置其账号定长为 19 位,录入时自动带出账号 17 位。

操作步骤如下:

(1) 在"企业应用平台"的"基础设置"页签下,依次单击"基础档案/收付结算/银行档案"菜单项,进入"银行档案"窗口,双击"中国工商银行"所在行,打开"修改银行档案"窗口。

(2) 选中"个人账户规则"区域的"定长"复选框,并修改"账号长度"为 19,"自动带出账号长度"为 17,同时修改"企业账户规则"区域的"账号长度"为 19。

(3) 单击"退出"按钮,系统提示"是否保存对当前档案的编辑?",单击"是"按钮完成设置,退出"修改银行档案"窗口;在"银行档案"窗口中,单击"退出"按钮退出。

4. 本单位开户银行设置

ERP-U8 支持企业具有多个开户行及账号的情况。"本单位开户银行"功能用于维护及查询使用单位的开户银行信息。开户银行一旦被引用,便不能进行修改和删除操作。表 2-20 列示的是本案例企业的开户银行信息。本任务是按照表 2-20 在用友 ERP-U8 中完成案例企业的单位开户银行的设置。

表 2-20 本单位开户银行

编码	银行账号	账户名称/币种	开户银行	所属银行编码	签约标志
01	1102020526782987908	人民币	中国工商银行昌平支行	01 中国工商银行	检查收付款账号
02	1102020526782987337	美元	中国工商银行昌平支行	01 中国工商银行	检查收付款账号

操作步骤如下:

(1) 打开"本单位开户银行"窗口。在"收付结算"功能模块,双击"本单位开户银行"菜单项,打开"本单位开户银行"窗口。

(2) 编辑本单位人民币开户行信息。单击"增加"按钮,系统弹出"增加本单位开户银行"窗口,录入"编码"为 01、"银行账号"为 1102020526782987908、"币种"为"人民币"、"开户银行"为"中国工商银行昌平支行",并且选择"所属银行编码"为"01 中国工商银行"、"签约标志"为"检查收付款账号",然后单击"保存"和"退出"按钮,系统返回"本单位开户银行"窗口。

(3) 重复步骤(2),编辑本单位美元开户行信息。

(4) 退出。单击"退出"按钮,退出"本单位开户银行"窗口。

2.9 项目目录设置

企业在实际业务处理中会对多种类型的项目进行核算和管理,例如在建工程、对外投资、技术改造项目、项目成本管理、合同等。因此本产品提供项目核算管理的功能。可以将具有相同特性的一类项目定义成一个项目大类。一个项目大类可以核算多个项目,为了便于管理,还可以对这些项目进行分类管理。可以将存货、成本对象、现金流量、项目成本等作为核算的项目分类。

使用项目核算与管理的首要步骤是设置项目档案。项目档案设置包括:增加或修改项目大类,定义项目核算科目、项目分类、项目栏目结构,并进行项目目录的维护。表 2-21 列示的是本案例企业的项目目录设置。

本任务是按照表 2-21 在用友 ERP-U8 中设置案例企业的项目大类、项目分类和项目目录设置,以利于在会计科目编辑时对可供出售金融资产进行项目核算设置。

表 2-21 项目目录

项目设置步骤	设置内容
项目大类	可供出售金融资产
核算科目	成本
	公允价值变动
	应计利息
	利息调整
项目分类	1 债券投资
	2 股票投资
项目目录	101 运通公司债券
	102 华飞公司债券
	201 中坚公司股票
	202 茂林公司股票

操作步骤如下:

(1) 打开"项目档案"窗口。在"企业应用平台"的"基础设置"页签下,依次单击"基础档案/财务/项目目录"菜单项,系统打开"项目档案"窗口。

(2) 定义项目大类。在"项目档案"窗口中,单击工具栏中的"增加"按钮,系统打开"项目大类定义_增加"对话框,输入"新项目大类名称"为"可供出售金融资产",单击"下一步"按钮,其他设置均采用系统默认值,最后"完成"返回"项目档案"窗口。

(3) 指定核算科目(因还没有做科目设置,故此时科目为空)。在"项目档案"窗口中选择"核算科目"选项卡,选择"项目大类"为"可供出售金融资产",单击">>"按钮将左边所有的科目转到右边,最后单击"确定"按钮。

(4) 定义项目分类。在"项目档案"窗口中选择"项目分类定义"选项卡,单击右下角的"增加"按钮,输入"分类编码"为 1、"分类名称"为"债券投资",然后单击"确定"按钮;继续定义项目分类,参数为 2、"股票投资"。

(5) 定义项目目录。在"项目档案"窗口中选择"项目目录"选项卡,单击右下角的"维护"按钮,进入"项目目录维护"窗口,单击"增加"按钮,输入"项目编号"为101、"项目名称"为"运通公司债券"、选择"所属分类码"为1;同理,录入其他的项目目录,结果如图 2-5 所示(201 中坚公司股票的"所属分类码"为 2)。

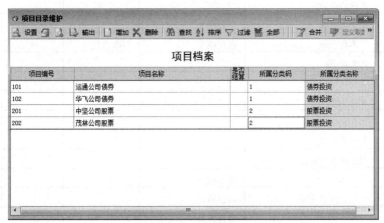

图 2-5 项目目录设置

(6) 退出。连续单击"退出"按钮,退出"项目目录维护"和"项目档案"窗口。

2.10 会计科目设置

会计科目是填制会计凭证、登记会计账簿、编制会计报表的基础。会计科目是对会计对象具体内容分门别类进行核算所规定的项目。会计科目是一个完整的体系,它是区别于流水账的标志,是复式记账和分类核算的基础。会计科目设置的完整性影响会计过程的顺利实施,会计科目设置的层次深度直接影响会计核算的详细、准确程度。

表 2-22 列示的是本案例企业的会计科目,包括系统默认的部分一级科目、需要增加的二级和三级科目。

本任务是按照表 2-22 在用友 ERP-U8 中设置案例企业的会计科目,包括新增所有的二级三级科目并设置相应的辅助账类型和受控系统,以及指定现金科目和银行科目。

表 2-22 会计科目设置

科目编码	科目名称	辅助核算	受控系统	计量单位	余额方向
1001	库存现金	日记账			借
1002	银行存款				借
100201	工行存款	银行账、日记账			借
100202	中行存款	银行账、日记账			借
1121	应收票据				借
112101	银行承兑汇票	客户往来	应收系统		借
112102	商业承兑汇票	客户往来	应收系统		借

(续表)

科目编码	科目名称	辅助核算	受控系统	计量单位	余额方向
1122	应收账款	客户往来	应收系统		借
1123	预付账款	供应商往来	应付系统		借
1221	其他应收款				借
122101	个人往来	个人往来			借
122102	单位往来	客户往来	应收系统		借
1231	坏账准备				贷
1321	受托代销商品				借
1402	在途物资				借
1405	库存商品				借
1406	发出商品				借
1503	可供出售金融资产				借
150301	成本	项目核算			借
150302	公允价值变动	项目核算			借
150303	应计利息	项目核算			借
150304	利息调整	项目核算			借
1601	固定资产				借
1602	累计折旧				贷
1901	待处理财产损溢				借
190101	待处理流动资产损溢				借
190102	待处理非流动资产损溢				借
2201	应付票据				贷
220101	银行承兑汇票	供应商往来	应付系统		贷
220102	商业承兑汇票	供应商往来	应付系统		贷
2202	应付账款				贷
220201	一般应付账款	供应商往来	应付系统		贷
220202	暂估应付账款	供应商往来			贷
2203	预收账款	客户往来	应收系统		贷
220301	预收款	客户往来	应收系统		贷
220302	销售定金	客户往来			贷
2211	应付职工薪酬				贷
221101	工资				贷
221102	职工福利				贷
22110201	货币性福利				贷
22110202	非货币性福利				贷
221103	养老保险				贷
22110301	企业部分				贷
22110302	个人部分				贷
221104	医疗保险				贷
22110401	企业部分				贷

(续表)

科目编码	科目名称	辅助核算	受控系统	计量单位	余额方向
22110402	个人部分				贷
221105	失业保险				贷
22110501	企业部分				贷
22110502	个人部分				贷
221106	工伤保险				贷
221107	生育保险				贷
221108	住房公积金				贷
22110801	企业部分				贷
22110802	个人部分				贷
221109	工会经费				贷
221110	职工教育经费				贷
2221	应交税费				贷
222101	应交增值税				贷
22210101	进项税额				贷
22210102	进项税额转出				贷
22210103	销项税额				贷
22210104	已交税金				贷
22210105	出口退税				贷
22210106	销项税额抵减				贷
22210107	转出未交增值税				贷
222102	未交增值税				贷
222103	预交增值税				贷
222104	待抵扣进项税额				贷
222105	待认证进项税额				贷
222106	待转销项税额				贷
222107	转让金融商品增值税				贷
222108	代扣代交增值税				贷
222109	简易计税				贷
222110	应交企业所得税				贷
222111	应交个人所得税				贷
222112	应交城市维护建设税				贷
222113	应交教育费附加				贷
222114	应交地方教育费附加				贷
2241	其他应付款				贷
224101	个人往来				贷
224102	单位往来				贷
2314	受托代销商品款	供应商往来			贷
4001	实收资本				贷
4101	盈余公积				贷

(续表)

科目编码	科目名称	辅助核算	受控系统	计量单位	余额方向
410101	法定盈余公积				贷
410102	任意盈余公积				贷
4103	本年利润				贷
4104	利润分配				贷
410401	提取法定盈余公积				贷
410402	提取任意盈余公积				贷
410403	应付现金股利或利润				贷
410404	转作股本的股利				贷
410405	盈余公积补亏				贷
410406	未分配利润				贷
6001	主营业务收入				贷
6301	营业外收入				贷
6401	主营业务成本				借
6601	销售费用				借
660101	职工薪酬				借
660102	折旧费				借
660103	包装费				借
660104	广告促销费				借
660105	差旅费				借
660106	其他				借
660107	手续费				借
6602	管理费用				借
660201	职工薪酬				借
660202	折旧费				借
660203	办公费				借
660204	业务招待费				借
660205	差旅费				借
660206	房租费				借
6603	财务费用				借
660301	利息收入				借
660302	利息支出				借
660303	现金折扣				借
660304	汇兑损益				借
6711	营业外支出				借
671101	债务重组损失				借
671102	盘亏支出				借
671103	捐赠支出				借
671104	处理非流动资产损溢				借

提示：

若设置会计科目时，系统弹出"与某台电脑冲突，操作被锁定"的信息提示框，而且多次"重注册"企业应用平台均无效时，可以登录"系统管理"窗口，进入"视图/清除单据锁定"，并在弹出的窗口中单击"确定"按钮，再重新注册到企业应用平台，就可以进行会计科目的修改和增加了。

2.10.1 编辑与新增会计科目

本任务将编辑部分一级科目的辅助账类型和受控系统(详见表 2-22)、新增表 2-22 中所有的二级和三级科目，同时设置科目的辅助账类型和受控系统(如果需要，具体的可参阅表 2-22)。

1. 编辑会计科目

操作步骤如下：

(1) 打开"会计科目"窗口。在"企业应用平台"的"基础设置"页签下，依次单击"基础档案/财务/会计科目"菜单项，系统打开"会计科目"窗口。

(2) 编辑库存现金的辅助账类型。首先双击预修改的会计科目，如 1001(库存现金)，然后在系统弹出的"会计科目"对话框中，先单击"修改"按钮，再编辑会计科目相关信息，如选中"日记账"复选框，以设置"库存现金"的辅助账类型为"日记账"，然后单击"确定"按钮，保存并退出。

(3) 编辑其他会计科目。重复步骤(2)，依据表 2-22 将要修改的会计科目全部编辑完成。

(4) 退出。单击"会计科目"窗口中的"退出"按钮，退出该窗口。

提示：

- 非末级科目和已使用的末级科目，不能再修改科目编码。
- 在科目设置中定义客户、供应商核算的科目，系统将自动被设置成应收应付系统的受控科目，此时可根据需要自由修改是否受控。

2. 新增会计科目

新增表 2-22 中所有的二级和三级科目，同时设置科目的辅助账类型和受控系统(如果需要)，具体的操作步骤如下：

(1) 打开"会计科目"窗口。

(2) 新增工行存款科目。单击"增加"按钮，弹出"新增会计科目"对话框，编辑会计科目相关信息。以"100201 工行存款"为例，录入科目编码 100201、科目名称"工行存款"，勾选"银行账""日记账"，确认余额方向为"借"，然后单击"确定"按钮，保存并退出。

(3) 新增其他会计科目。重复步骤(2)，依据表 2-22 新增其他会计科目。

(4) 退出。单击"会计科目"窗口中的"退出"按钮，退出该窗口。

提示：

- 增加下级科目时，自动将原科目的所有账全部转移到新增的下级第一个科目中，此操作不可逆，同时要求新增加的下级科目所有科目属性与原上级科目一致。
- 已使用末级的会计科目不能再增加下级科目。

2.10.2 设置科目的项目目录

本任务是设置可供出售金融资产的 4 个明细科目为项目目录。

操作步骤如下：

(1) 打开"会计科目"窗口。

(2) 打开"会计科目_修改"对话框。双击成本、公允价值变动、应计利息或利息调整 4 个明细科目任意一个科目所在的行，系统打开"会计科目_修改"对话框。

(3) 修改科目的"项目核算"。单击"修改"按钮，然后单击"项目核算"的参照按钮，系统打开"项目档案"对话框，选择"项目大类"为"可供出售金融资产"，并在"核算科目"选项卡中，单击">>"按钮，将项目核算的 4 个明细科目全部从"待选科目"移入"已选科目"，然后单击"确定"按钮，再单击工具栏中的"退出"按钮，返回"会计科目_修改"对话框。

(4) 确定。单击"确定"按钮，再单击"返回"按钮，返回"会计科目"窗口。

(5) 退出。单击"退出"按钮退出"会计科目"窗口。

2.10.3 指定科目

本任务是指定现金科目和银行科目，只有进行现金和银行科目的指定后，总账中的"凭证/出纳签字"功能才能查询到相应凭证。

操作步骤如下：

(1) 打开"会计科目"窗口。

(2) 指定科目。单击"编辑/指定科目"菜单项，然后设置"现金科目"为"库存现金"，"银行科目"为"银行存款"。

(3) 确定。单击"确定"按钮，完成制定科目并返回"会计科目"窗口。

(4) 退出。单击"会计科目"窗口中的"退出"按钮，退出该窗口。

提示：

- 在查询现金、银行存款日记账前，必须指定现金、银行存款总账科目，以供出纳管理使用。
- 如果本科目已被制过单或已录入期初余额，则不能删除、修改该科目。如果要修改该科目，则必须先删除有该科目的凭证，并将该科目及其下级科目余额清零，再进行修改，修改完毕后要将余额及凭证补上。

2.11 常用摘要

企业在处理日常业务数据时，在输入单据或凭证的过程中，因为业务的重复性发生，经常会有许多摘要完全相同或大部分相同，如果将这些常用摘要存储起来，在输入单据或凭证时随时调用，必将大大提高业务处理效率。调用常用摘要可以在输入摘要时直接输入摘要代码或按 F2 键或参照输入。

表 2-23 列示的是本案例企业的常用摘要。本任务是按照表 2-23 完成在用友 ERP-U8 中设置案例企业的常用摘要。

表 2-23　常用摘要

常用摘要编码	常用摘要正文	常用摘要编码	常用摘要正文
01	缴纳税费(地税)	11	结转销项税额
02	缴纳税费(国税)	12	结转进项税额
03	预支差旅费	13	结转进项税额转出
04	报销差旅费	14	结转转出未交增值税
05	预支房租费	15	盘盈转营业外收入
06	报销房租费	16	盘亏转营业外支出
07	缴纳社会保险费和住房公积金	17	计算城市维护建设税教育费附加
08	银行放贷	18	计算本月企业所得税
09	代发上月职工工资	19	固定资产清理转营业外支出
10	支付本月贷款利息	20	提取备用金

操作步骤如下：

(1) 打开"常用摘要"窗口。在"企业应用平台"的"基础设置"页签下，依次单击"基础档案/其他/常用摘要"菜单项，系统弹出"常用摘要"编辑窗口。

(2) 编辑。依据表 2-23，录入摘要编码和摘要内容，共 20 条记录。

(3) 退出。单击"常用摘要"窗口中的"退出"按钮，退出该窗口。

第 3 章

子系统的期初设置

用友 ERP-U8 系统包括多个子系统。本教程面向财务业务一体化的应用,所以将使用总账、应收款管理、应付款管理、薪资管理、固定资产等财务子系统,以及采购管理、销售管理、库存管理、存货核算等业务子系统,并且业务系统可以自动产生财务系统对应的单据及凭证。

财务业务一体化应用的关键,是业务单据在业务流程经过的各系统之间自动生成,同时业务单据可以自动生成对应财务凭证。如:根据采购订单生成库存系统的采购入库单,根据采购入库单生成采购到货对应的存货凭证;根据采购订单生成采购发票,采购发票计入应付明细账,并根据采购发票生成应付凭证;等等。本教程中的采购发票,是销售方开具给案例企业的,案例企业为了管理的信息化,需要依据该发票在 ERP 系统中填制相应信息,形成电子版的采购发票信息。

本章的主要内容是对已经启用的各个子系统进行系统参数和业务规则设置,以及期初数据的录入与记账,以保证手工业务与软件处理的衔接,以及各个子系统之间数据的连贯。

系统参数,即业务处理控制参数,是指在企业业务处理过程中所使用的各种控制参数,系统参数的设置将决定用户使用系统的业务流程、业务模式和数据流向,所以在进行系统参数设置之前,一定要详细了解选项开关对业务处理流程的影响,并结合企业的实际业务需要进行设置。由于有些选项在日常业务开始后不能随意更改,所以企业最好在业务开始前进行全盘考虑,尤其一些对其他系统有影响的选项设置更要考虑清楚。

账簿都有期初数据,以保证其数据的连贯性。初次使用时,应先输入采购、销售、库存、存货、应收、应付和总账的期初数据。采购和存货核算系统,还需要进行期初记账操作。期初记账之后的业务和数据,系统才会将其作为本期业务处理。

本章的操作,应该是在系统日期为 2017-07-01、由账套主管"李吉棕"登录"企业应用平台",并在第 2 章完成的账套中进行。所以在实验操作前,需要将系统时间调整为 2017 年 7 月 1 日。如果没有调整系统时间,则在登录"企业应用平台"时需要修改"操作日期"为 2017 年 7 月 1 日。如果操作日期与账套建账时间之间的跨度超过 3 个月,则该账套在演示版状态下不能执行任何操作。

如果没有完成第 2 章的企业基础档案设置任务,可以到百度网盘空间的"实验账套数据"文件夹中,将"02 基础档案.rar"下载到实验用机上,然后"引入"(操作步骤详见第 1 章 1.3

节中的 1.3.5 小节)ERP-U8 系统中。此外，本章完成的账套，其"输出"压缩的文件名为"03 期初记账.rar"。

需要说明的是：

因网盘中的账套备份文件均为"压缩"文件，所以下载完成后引入前，需要用解压缩工具进行解压(建议用 WinRAR 3.42 或以上版本)，得到相应可以引入的账套数据文件。

3.1 采购管理与应付款管理

本节将对采购管理系统的参数、单据、供应商存货调价单进行设置，以及期初数据的录入与记账。本节还将对应付款管理系统的参数、科目、账套区间等进行设置，以及期初数据的录入与对账。

3.1.1 系统参数与核算规则设置

1. 采购管理系统参数设置

采购管理系统的选项设置，将对采购管理的所有操作员和客户端的操作生效，故要慎重设定或修改。本案例企业的采购管理系统选项，除系统默认设置之外，还需做如下参数设置：

- 业务及期限控制：将"订单/到货单/发票单价录入方式"设置为"取自供应商存货价格表价格"。

操作步骤如下：

(1) 打开"采购系统选项设置"对话框。在"企业应用平台"的"业务工作"页签中，依次单击"供应链/采购管理/设置/采购选项"菜单项，打开"采购系统选项设置"对话框。

(2) 业务与权限控制设置。在"业务及权限控制"选项卡中，选中"订单\到货单\发货单价录入方式"为"取自供应商存货价格表价格"，选中"启用受托代销"复选框，其他选项按系统默认设置，结果如图 3-1 所示。

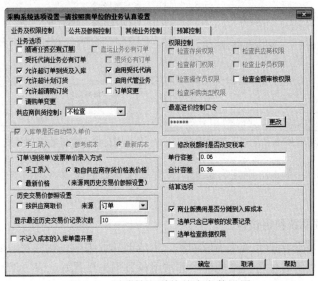

图 3-1 采购管理系统基本参数设置

(3) 确定并退出。单击"确定"按钮，保存系统参数的设置并关闭"采购系统选项设置"对话框。

提示：
- 在进行采购选项修改前，应确定系统相关功能没有使用，否则系统提示警告信息。
- 在相关业务已开始后，最好不要随意修改采购选项。

2. 应付款管理系统参数设置

应付款管理系统主要提供了设置、日常处理、单据查询、账表管理、其他处理等功能。在运行本系统前，应先设置运行所需要的账套参数，以便系统按设定的选项进行相应的处理。

本案例企业的应付款管理系统，除了系统默认设置之外，还需进行如下参数设置：
- 常规："单据审核日期依据"选择"单据日期"。
- 凭证："受控科目制单方式"选择"明细到单据"。

操作步骤如下：

(1) 打开"账套参数设置"对话框。在"企业应用平台"的"业务工作"页签中，依次单击"财务会计/应付款管理/设置/选项"菜单项，系统打开"账套参数设置"对话框。

(2) 常规参数设置。在"常规"选项卡中，单击"编辑"按钮，使所有参数处于可修改状态，"单据审核日期依据"选择"单据日期"，其他选项按系统默认设置(其中"应付账款核算模型"默认为"详细核算")，结果如图 3-2 所示。

(3) 凭证参数设置。在"凭证"选项卡中，"受控科目制单方式"选择"明细到单据"，其他选项按系统默认设置，结果如图 3-3 所示。

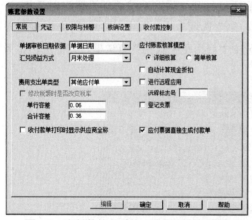

图 3-2 应付款管理系统"常规"参数设置

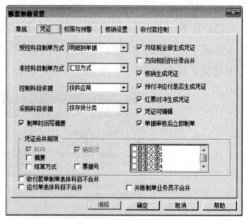

图 3-3 应付款管理系统"凭证"参数设置

(4) 确定并退出。单击"确定"按钮，保存系统参数的设置，同时关闭"账套参数设置"对话框。

3. 应付款管理系统科目设置

由于应付款管理系统的业务类型较固定，生成的凭证类型也较固定，因此为了简化凭证生成操作，可以在此处将各业务类型凭证中的常用科目预先设置好。表 3-1 列示的是本案例企业的应付款管理系统科目设置。本任务是按照表 3-1 完成案例企业的应付款管理系统科目设置。

表 3-1 应付款管理系统科目设置

科目类别	设置方式		
基本科目设置	应付科目(人民币)：220201 一般应付账款		
	预付科目(人民币)：1123 预付账款		
	采购科目(人民币)：1402 在途物资		
	税金科目(人民币)：22210101 进项税额		
产品科目设置	0101 电视机	采购科目：1402 在途物资；	税金科目：22210101 进项税额
	0102 空调	采购科目：1402 在途物资；	税金科目：22210101 进项税额
	0103 洗衣机	采购科目：1402 在途物资；	税金科目：22210101 进项税额
	0104 电饭煲	采购科目：1402 在途物资；	税金科目：22210101 进项税额
	0105 手机	采购科目：1402 在途物资；	税金科目：22210101 进项税额
	0106 赠品	采购科目：1402 在途物资；	税金科目：22210101 进项税额
	02 劳务	采购科目：1402 在途物资；	税金科目：22210101 进项税额
	03 固定资产	采购科目：1402 在途物资；	税金科目：22210101 进项税额
结算方式科目设置	结算方式为现金；币种为人民币；科目为 1001 库存现金		
	结算方式为现金支票；币种为人民币；科目为 100201 工行存款		
	结算方式为转账支票；币种为人民币；科目为 100201 工行存款		
	结算方式为银行承兑汇票；币种为人民币；科目为 220101 银行承兑汇票		
	结算方式为商业承兑汇票；币种为人民币；科目为 220102 商业承兑汇票		
	结算方式为电汇；币种为人民币；科目为 100201 工行存款		
	结算方式为委托收款；币种为人民币；科目为 100201 工行存款		
	结算方式为其他；币种为人民币；科目为 100201 工行存款		

操作步骤如下：

(1) 打开应付系统的"初始设置"窗口。在"应付款管理"子系统中，依次单击"设置/初始设置"菜单项，系统打开"初始设置"窗口。

(2) 基本科目设置。在左侧设置科目中选中"基本科目设置"，单击工具栏中的"增加"按钮，然后在第 1 行的"基础科目种类"中选择"应付科目"，"科目"录入或参照生成为 220201(一般应付账款)，"币种"为"人民币"。依据表 3-1，在"基本科目设置"的第 2~4 行进行设置。

(3) 产品科目设置。在左侧设置科目中选中"产品科目设置"，设置 0101(电视机)的采购科目为 1402(在途物资)、"产品采购税金科目"为 22210101(进项税额)；并根据表 3-1 中的内容，设置其他项目的相应科目。

(4) 结算方式科目设置。在左侧设置科目中选中"结算方式科目设置"，结算方式选择"现金"，"币种"选择"人民币"，"科目"选择 1001(库存现金)，根据表 3-1 中的内容，以此方法依次进行其他科目设置。最终操作结果如图 3-4 所示。

(5) 退出。单击"初始设置"窗口右上角的"关闭"按钮，关闭并退出该窗口。

提示：
- 如果需要为不同的供应商(供应商分类、地区分类)分别设置应付款核算科目和预付款核算科目，则在"控制科目设置"中设置。
- 应付和预付科目必须是已经在科目档案中指定为应付系统的受控科目。

- 结算科目不能是已经在科目档案中指定为应收系统或者应付系统的受控科目，而且必须是最明细科目。

图 3-4 应付款管理系统结算方式科目设置

4. 账龄区间与逾期账龄区间设置

为了对应付账款进行账龄内和逾期的账龄分析，应首先设置账期内账龄区间和逾期账龄区间。表 3-2 列示的是本案例企业的应付款账龄区间与逾期账龄区间。本任务是按照表 3-2 完成案例企业的应付款管理的账龄区间与逾期账龄区间的设置。

表 3-2 账龄区间与逾期账龄区间设置

	账龄区间			逾期账龄区间	
序号	起止天数	总天数	序号	起止天数	总天数
01	0～30	30	01	1～30	30
02	31～60	60	02	31～60	60
03	61～90	90	03	61～90	90
04	91～120	120	04	91～120	120
05	121 以上		05	121 以上	

操作步骤如下：

(1) 打开应付系统的"初始设置"窗口。

(2) 账期内账龄区间设置。单击"账期内账龄区间设置"，然后根据表 3-2 左侧中的内容，在"总天数"栏录入相应的天数，完成对应付款管理账龄区间的设置。

(3) 逾期账龄区间设置。单击"逾期账龄区间设置"，然后根据表 3-2 右侧中的内容，在"总天数"栏录入相应的天数，完成对应付款管理逾期账龄区间的设置。

(4) 退出。单击"初始设置"窗口中的"关闭"按钮，关闭并退出该窗口。

3.1.2 单据设置

1. 单据编号设置

将采购管理中采购专用发票、采购普通发票、采购运费发票和采购订单的单据编号，设置为可以手工改动，重号时自动重取。

操作步骤如下(以"采购专用发票"的设置为例)：

(1) 打开"单据编号设置"对话框。在"企业应用平台"的"基础设置"页签中，依次单击"单据设置/单据编号设置"菜单项，系统弹出"单据编号设置"对话框，如图 3-5 所示。

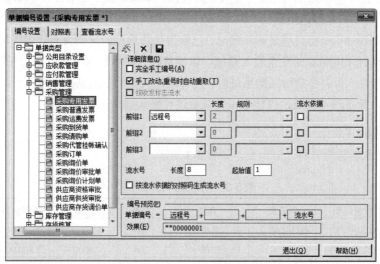

图 3-5　采购专用发票"单据编号设置"对话框

(2) 选择"采购专用发票"单据。在左侧的"单据类型"中，依次单击"采购管理/采购专用发票"，选中"采购专用发票"单据。

(3) 修改"采购专用发票"单据的编号规则。单击右侧工具栏中的"修改"按钮，选中"手工改动，重号时自动重取"复选框，结果如图 3-5 所示，然后单击右侧工具栏中的"保存"按钮，完成设置。

(4) 修改其他单据的编号规则。重复步骤(2)和(3)，完成采购普通发票、采购运费发票和采购订单的单据编号设置。

(5) 退出。单击"退出"按钮，退出"单据编号设置"对话框。

2．单据格式设置

设置"采购订单"的单据格式，在其表头增加"订金"栏目。

操作步骤如下：

(1) 打开"单据格式设置"窗口。在"单据设置"功能模块，双击"单据格式设置"菜单项，系统打开"单据格式设置"窗口。

(2) 选中采购订单的显示单据。依次单击对话框左侧的"采购管理/采购订单/显示/采购订单显示模板"，右侧出现采购订单的单据格式设置界面。

(3) 增加选择"订金"表头栏目。单击选择工具栏的"表头项目"，在系统弹出的"表头"对话框中，选中"订金"选项，单击"确定"按钮，系统返回单据格式设置界面。

(4) 调整位置并保存。在格式设置界面找到"订金"编辑框，拖曳到合适的位置(如将"汇率"的编辑栏缩小，然后将"订金"编辑栏拖曳到其右侧)，单击"保存"按钮。

(5) 退出。单击"单据格式设置"窗口中的"关闭"按钮，关闭并退出该窗口。

3.1.3 期初数据录入与记账

初次使用采购管理系统时,应先输入期初数据。如果系统中已有上年的数据,不允许取消期初记账。采购期初数据包括:

- 期初在途物资:将启用采购系统时,已取得供货单位的采购发票,但货物没有入库,而不能进行采购结算的发票输入系统,以便货物入库填制入库单后进行采购结算。
- 期初暂估入库:将启用采购系统时,没有取得供货单位的采购发票,而不能进行采购结算的入库单输入系统,以便取得发票后进行采购结算。

1. 期初采购订单

本案例企业期初的采购订单列表,如表 3-3 所示。

表 3-3 期初采购订单列表

订单编号	单据日期	供应商	存货	数量	原币单价	原币金额	税率/%
CG0301	2017-06-17	松下公司	松下电视机	300	7000	2 100 000	17
CG0302	2017-06-20	松下公司	松下空调	200	4000	800 000	17

操作步骤如下:

(1) 打开"采购订单"窗口。在"企业应用平台"的"业务工作"页签中,依次单击"供应链/采购管理/采购订货/采购订单"菜单项,系统打开"采购订单"窗口。

(2) 填制采购订单。在"采购订单"窗口中,首先单击工具栏中的"增加"按钮,新增一张采购订单,然后做如下编辑:

① 编辑表头。修改表头的"订单编号"(即合同编号)为 CG0301、"单据日期"为 2017-06-17、"供应商"为"松下公司",其他项为默认。

② 编辑表体。双击表体第 1 行的"存货编码"栏,并在打开的"采购存货档案"窗口中选择"松下电视机"后,按"确定"按钮返回,完成存货的参照生成,然后在表体第 1 行的"数量"栏输入 300,"原币单价"栏输入 7000,其他项为默认。

(3) 保存和审核。依次单击工具栏中的"保存""审核"按钮,保存并审核该单据。结果如图 3-6 所示。

图 3-6 期初采购订单

(4) 重复步骤(2)和(3),完成表 3-3 中第 2 条记录的录入、保存与审核。

(5) 退出。单击"采购订单"窗口右上角的"关闭"按钮,关闭并退出该窗口。

2. 期初采购发票

本案例企业期初的票到货未到的发票,如表 3-4 所示。

表 3-4 采购增值税专用发票列表

订单编号	发票号	单据日期	供应商	存货	数量	原币单价	税率/%
CG0301	61060301	2017-06-17	松下公司	松下电视机	300	7000	17
CG0302	61060302	2017-06-20	松下公司	松下空调	200	4000	17

操作步骤如下:

(1) 打开"期初专用发票"窗口。在"企业应用平台"的"业务工作"页签中,依次单击"供应链/采购管理/采购发票/专用采购发票"菜单项,系统打开"期初专用发票"窗口。

(2) 增加一张发票。在"期初专用发票"窗口中,单击工具栏中的"增加"按钮,新增一张采购专用发票。

(3) 拷贝信息。单击工具栏中的"生单/采购订单"菜单项,系统打开"拷贝并执行"窗口。双击订单编号为 CG0301 行的"选择"栏,使其出现"Y"字样,然后单击工具栏中的"OK 确定"按钮,系统返回"期初专用发票"窗口,并带入订单的信息。

(4) 编辑信息。编辑表头的"发票号"为 61060301、"开票日期"为 2017-06-17,其他项为默认设置。

(5) 保存。单击工具栏中的"保存"按钮,保存该发票。结果如图 3-7 所示。

图 3-7 期初采购专用发票

(6) 重复步骤(2)~(5),依据表 3-4,增加第 2 张发票。

(7) 退出。单击"期初专用发票"窗口右上角的"关闭"按钮,关闭并退出该窗口。

3. 期初采购入库单

本案例企业期初的货到票未到的采购入库单为:2017 年 06 月 15 日,从海信公司购入海信电视机 50 台,已入商品仓库,发票未到。暂估入库单价为 6000 元,货款共计 300 000 元。

操作步骤如下:

(1) 打开"期初采购入库单"窗口。在"企业应用平台"的"业务工作"页签中,依次单击"供应链/采购管理/采购入库/采购入库单"菜单项,系统打开"期初采购入库单"窗口。

(2) 增加并编辑表头。单击工具栏中的"增加"按钮,修改新增入库单表头的"入库日期"为 2017-06-15,"仓库"为"商品仓库","供货单位"为"海信公司","入库类型"为"采购入库",其他项为默认。

(3) 编辑表体。双击表体第 1 行的"存货编码"栏，并在打开的"采购存货档案"窗口中选择"海信电视机"后返回"期初采购入库单"窗口，完成存货的参照生成，然后在表体第 1 行的"数量"栏输入 50，"本币单价"栏输入 6000，其他项为默认。

(4) 保存。单击工具栏中的"保存"按钮，保存暂估入库单信息。结果如图 3-8 所示。

图 3-8 期初采购入库单

(5) 退出。单击"期初采购入库单"窗口右上角的"关闭"按钮，关闭并退出该窗口。

提示：
- 采购管理系统的"采购入库"，只能录入期初暂估入库单。采购期初记账后，采购入库单只能在"库存管理"系统的"入库业务/采购入库单"中录入或生成。
- 暂估入库单在采购管理系统期初记账前可以修改或删除，但在期初记账后，不允许修改或删除。

4. 采购管理系统期初记账

操作步骤如下：

(1) 打开"期初记账"对话框。在"企业应用平台"的"业务工作"页签中，依次单击"供应链/采购管理/设置/采购期初记账"菜单项，打开"期初记账"对话框。

(2) 记账。单击"记账"按钮，系统弹出"期初记账完毕"信息提示框。

(3) 退出。单击对话框中的"确定"按钮，退出该对话框，完成采购管理系统的期初记账。

提示：
- 采购期初记账是表明采购管理业务的往期数据录入工作已完成，之后进行的业务操作属于当期业务。
- 如果没有期初数据，可以不输入期初数据，但必须执行记账操作。

5. 应付账款期初余额与对账

期初的采购发票，除了在采购系统中做期初采购发票录入，还需要在应付款管理中进行期初应付账款的发票录入。本任务是参照表 3-4 对采购增值税专用发票进行录入，并与总账进行对账。

需要注意的是，在采购管理中录入的期初采购发票，在应付款管理系统中不能被直接调用，所以需要在应付款管理系统中再次录入，以使其可以在应付款管理系统中进行相关处理。但由于在采购管理和应付款管理系统中录入的期初采购发票，存储在同一个数据表中，其发票号不能重复出现，所以在应付款管理系统中录入期初余额时，不编辑表头的"发票号"。

操作步骤如下：

(1) 打开应付的"期初余额-查询"对话框。在"企业应用平台"的"业务工作"页签中，依次单击"财务会计/应付款管理/设置/期初余额"菜单项，系统打开"期初余额-查询"对话框。

(2) 打开"采购发票"窗口。单击"确定"按钮，进入"期初余额"窗口，单击工具栏中的"增加"按钮，系统弹出"单据类别"对话框，系统默认"单据名称"为"采购发票"、"单据类型"为"采购专用发票"，单击"确定"按钮，进入"采购发票"窗口。

(3) 增加一张期初发票。单击"增加"按钮，新增一张采购专用发票，编辑表头的"开票日期"为 2017-06-17、"订单号"为 CG0301，选择"供应商"为"松下公司"、"部门"为"采购部"；编辑表体的"存货编码"为 00003(松下电视机)，"数量"为 300 台，"原币单价"为 7000，单击"保存"按钮。

(4) 完成期初应付款的编辑。重复步骤(3)，完成表 3-4 中第 2 笔业务应付期初余额的录入，然后单击窗口中的"关闭"按钮，系统关闭"采购发票"窗口返回"期初余额"窗口，再单击工具栏中的"刷新"按钮，系统将本操作中录入的 2 张发票信息列表显示在"期初余额"窗口中。

(5) 对账。单击工具栏中的"对账"按钮，应付款系统与总账管理系统进行对账，系统打开"期初对账"窗口，此时显示"差额"不为零，表示对账不成功，所以需要在总账系统中进行"引入"，详见 3.6.3 节。

(6) 退出。单击"期初对账"窗口和"期初余额"窗口右上角的"关闭"按钮，关闭并退出相应的窗口。

3.1.4 供应商存货调价表

表 3-5 列示的是本案例企业的供应商存货调价单。本任务是按照表 3-5 完成案例企业供应商存货调价单的设置，包括录入、保存与审核。

表 3-5 供应商存货调价单

供应商	存货名称	原币单价	数量下限	是否促销价	税率/%	币种
海信公司	海信电视机	6000	0	否	17	人民币
格力公司	格力空调	3500	0	否	17	人民币
松下公司	松下电视机	7000	0	否	17	人民币
松下公司	松下空调	4000	0	否	17	人民币
松下公司	松下洗衣机	3200	0	否	17	人民币
松下公司	松下电饭煲	2000	0	否	17	人民币
美的公司	美的空调	3800	0	否	17	人民币
美的公司	美的电饭煲	600	0	否	17	人民币
海尔公司	海尔空调	3000	0	否	17	人民币
海尔公司	海尔洗衣机	2800	0	否	17	人民币
华为公司	华为手机	3000	0	否	17	人民币

操作步骤如下：

(1) 打开"供应商存货调价单"窗口。在"企业应用平台"的"业务工作"页签中，依次单击"供应链/采购管理/供应商管理/供应商供货信息/供应商存货调价单"菜单项，打开"供应商存货调价单"窗口。

（2）编辑并保存调价单。单击"增加"按钮，确认表头的"价格标识"为"含税价"，然后根据表 3-5 进行表体的价格维护，编辑完成后单击"保存"按钮，保存调价单。

（3）审核。单击"审核"按钮，审核通过调价单，系统将自动更新供应商存货价格表，完成存货的"定价"操作，价格生效。

（4）退出。单击窗口中的"关闭"按钮，关闭该窗口。

3.2 销售管理与应收款管理

在进行销售日常业务之前，需要做一些基本的设置工作，要根据业务情况设置销售的系统参数，可以设置信用审批人，录入期初单据，还可以进行允销限设置。本节将对销售管理系统的参数、存货调价单和单据编号进行设置。

同理，在应用应收款管理系统之前也需要进行初始设置。本节还将对应收款管理系统的参数、科目、账套区间、报警级别、坏账准备等进行设置，并进行期初数据的录入与对账。

3.2.1 系统参数与核算规则设置

1. 销售管理系统参数设置

在进行销售日常业务之前，需要根据业务情况设置销售的系统参数。本案例企业，除系统默认设置之外，还需进行如下参数设置。

- 业务控制：选择"有零售日报业务""有委托代销业务""有分期收款业务""有直运销售业务"和"委托代销必有订单""销售生成出库单""允许超发货量开票"，不选择"报价含税"。
- 其他控制："新增发票默认"选择"参照订单"。
- 可用量控制：在"发货单/发票非追踪型存货预计库存量查询公式"选择区，勾选"做预计库存量查询"，并勾选"预计入库"区和"预计出库"区的所有选项。

操作步骤如下：

（1）打开"销售选项"设置对话框。在"企业应用平台"的"业务工作"页签中，依次单击"供应链/销售管理/设置/销售选项"菜单项，打开"销售选项"设置对话框。

（2）设置业务控制的参数。在"业务控制"选项卡中，选择"有零售日报业务""有委托代销业务""有分期收款业务""有直运销售业务"和"委托代销必有订单"，确认勾选"销售生成出库单""允许超发货量开票"，取消勾选"报价含税"，其他选项按系统默认设置，结果如图 3-9 所示。

（3）设置其他控制的参数。在"其他控制"选项卡中，在"新增发票默认"列表框中选择"参照订单"，其他选项按系统默认设置，结果如图 3-10 所示。

（4）设置可用量控制的参数。在"可用量控制"选项卡中，在"发货单/发票非追踪型存货预计库存量查询公式"选择区，勾选"做预计库存量查询"，并勾选"预计入库"区和"预计出库"区的所有选项，其他选项按系统默认设置，结果如图 3-11 所示。

（5）退出。单击"确定"按钮，保存系统参数的设置，关闭"销售选项"设置对话框。

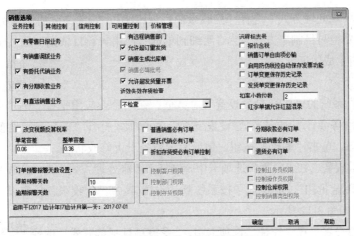

图 3-9 销售选项的"业务控制"设置

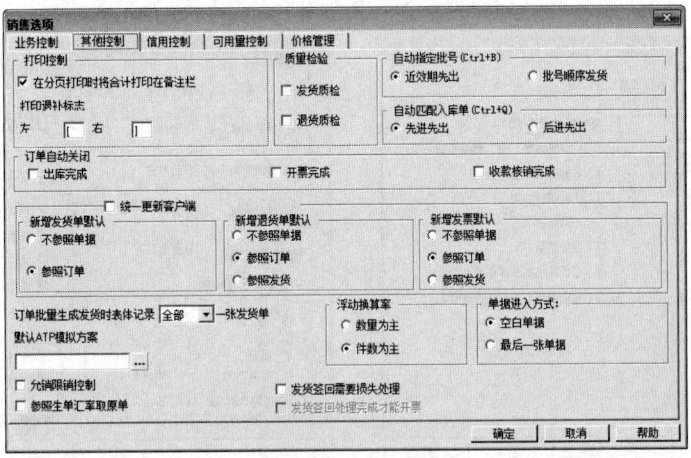

图 3-10 销售选项的"其他控制"设置

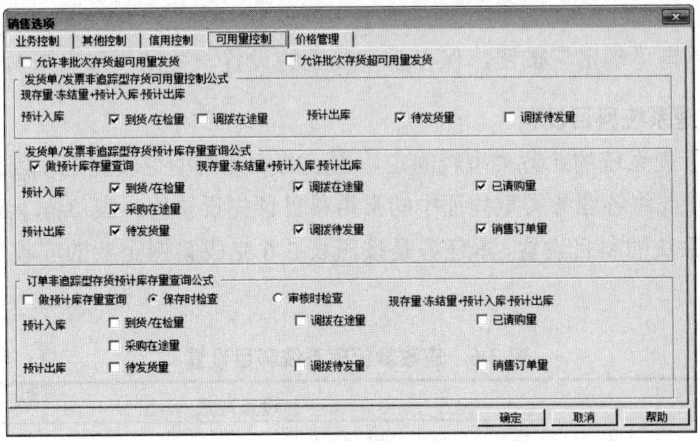

图 3-11 销售选项的"可用量控制"设置

2. 应收款管理系统参数设置

在运行应收款系统前，应先设置运行所需要的账套参数，以便系统按设定的选项进行相应的处理。本案例企业除系统默认设置之外，还需进行如下参数设置。

- 常规:"坏账处理方式"选择"应收余额百分比法",勾选"自动计算现金折扣"。
- 凭证:"受控科目制单方式"为"明细到单据","销售科目依据"是"按存货分类",勾选"核销生成凭证"。

操作步骤如下:

(1) 打开应收系统的"账套参数设置"对话框。在"企业应用平台"的"业务工作"页签中,依次单击"财务会计/应收款管理/设置/选项"菜单项,打开"账套参数设置"对话框。

(2) 改变状态。单击"编辑"按钮,使所有参数处于可修改状态。

(3) 常规参数设置。在"常规"选项卡中,选择"坏账处理方式"为"应收余额百分比法",勾选"自动计算现金折扣",其他选项按系统默认设置(其中"应收账款核算模型"默认为"详细核算"),结果如图 3-12 所示。

(4) 凭证参数设置。在"凭证"选项卡中,"受控科目制单方式"选择"明细到单据","销售科目依据"为"按存货分类",其他选项按系统默认设置,结果如图 3-13 所示。

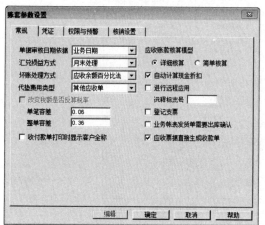

图 3-12 应收款管理的"常规"参数设置

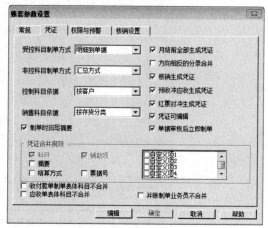

图 3-13 应收款管理的"凭证"参数设置

(5) 退出。单击"确定"按钮,保存系统参数的设置,关闭"账套参数设置"对话框。

3. 应收款管理系统科目设置

由于应收款管理系统的业务类型较固定,生成的凭证类型也较固定,因此为了简化凭证生成操作,可以在此将各业务类型凭证中的常用科目预先设置好。表 3-6 列示的是本案例企业的应收款管理系统的科目设置。本任务是按照表 3-6 完成案例企业的应收款管理系统科目设置。

表 3-6 应收款管理系统科目设置

科目类别	设置方式
基本科目设置	应收科目(人民币):1122 应收账款
	预收科目(人民币):220301 预收账款
	销售收入科目(人民币):6001 主营业务收入
	销售退回科目(人民币):6001 主营业务收入
	代垫费用科目(人民币):1001 库存现金

(续表)

科目类别	设置方式
基本科目设置	现金折扣科目(人民币)：660303 财务费用
	税金科目(人民币)：22210103 销项税额
结算方式科目设置	结算方式为现金；币种为人民币；科目为1001 库存现金
	结算方式为现金支票；币种为人民币；科目为100201 工行存款
	结算方式为转账支票；币种为人民币；科目为100201 工行存款
	结算方式为银行承兑汇票；币种为人民币；科目为112101 银行承兑汇票
	结算方式为商业承兑汇票；币种为人民币；科目为112102 商业承兑汇票
	结算方式为电汇；币种为人民币；科目为100201 工行存款
	结算方式为委托收款；币种为人民币；科目为100201 工行存款
	结算方式为其他；币种为人民币；科目为100201 工行存款

操作步骤如下：

(1) 打开应收系统的"初始设置"窗口。在"应收款管理"子系统中，依次单击"设置/初始设置"菜单项，打开应收系统的"初始设置"窗口。

(2) 基本科目设置。在左侧设置科目中选中"基本科目设置"，单击工具栏中的"增加"按钮，然后在第 1 行的"基础科目种类"中选择"应收科目"，"科目"录入或参照生成1122(应收账款)，"币种"为"人民币"。依据表 3-6，在"基本科目设置"的第 2~7 行进行设置。

(3) 结算方式科目设置。单击"设置科目"中的"结算方式科目设置"，在第 1 行的"结算方式"中选择"现金"，"科目"录入或参照生成1001(库存现金)，然后依据表 3-6，在"结算方式科目设置"中进行其他结算方式的设置。

(4) 退出。单击该窗口中的"关闭"按钮，关闭并退出该窗口。

4. 账龄区间与逾期账龄区间设置

为了对应收账款进行账龄内和逾期的账龄分析，应首先设置账期内账龄区间和逾期账龄区间。表 3-7 列示的是本案例企业的应收款账龄区间和逾期账龄区间。本任务是按照表 3-7 完成案例企业的应收款账龄区间和逾期账龄区间的设置。

表 3-7 账龄区间与逾期账龄区间设置

账龄区间			逾期账龄区间		
序号	起止天数	总天数	序号	起止天数	总天数
01	0~30	30	01	1~30	30
02	31~60	60	02	31~60	60
03	61~90	90	03	61~90	90
04	91~120	120	04	91~120	120
05	121 以上		05	121 以上	

操作步骤如下：

(1) 打开应收系统的"初始设置"窗口。

(2) 账期内账龄区间设置。单击"账期内账龄区间设置"，然后根据表 3-7 左侧中的内容，在"总天数"栏录入相应的天数，完成对应收款管理账龄区间的设置。

(3) 逾期账龄区间设置。单击"逾期账龄区间设置",然后根据表3-7右侧中的内容,在"总天数"栏录入相应的天数,完成对应收款管理逾期账龄区间的设置。

(4) 退出。单击该窗口中的"关闭"按钮,关闭并退出该窗口。

5. 坏账准备设置

坏账初始设置可设置计提坏账准备比率和设置坏账准备的期初余额,它的作用是系统根据用户的应收账款进行计提坏账准备。

企业应于期末针对不包含应收票据的应收款项计提坏账准备,其基本方法是销售收入百分比法、应收余额百分比法、账龄分析法等。

- 销售收入百分比法:用户录入坏账准备期初余额和坏账计提比率。系统根据历史数据确定的坏账损失占赊销总额的百分比,估计当期由于赊销可能发生的坏账损失。
- 应收余额百分比法:用户录入坏账准备期初余额和坏账计提比率。系统以应收账款余额为基础,估计可能发生的坏账损失。
- 账龄分析法:用户录入坏账准备期初余额、选择账龄区间方案、针对账龄区间方案录入相应账龄区间的坏账计提比率。

在应收款系统参数设置时,本案例企业设置了坏账准备金的计提方法为应收余额百分比法。表3-8列示的是本案例企业的坏账准备参数设置。本任务是按照表3-8完成案例企业的坏账准备设置。

表3-8 坏账准备参数

控制参数	参数设置
提取比例	0.5%
坏账准备期初余额	5852.58
坏账准备科目	1231(坏账准备)
对方科目	6701(资产减值损失)

操作步骤如下:

(1) 打开应收系统的"初始设置"窗口。

(2) 坏账准备设置。单击"坏账准备设置",然后依据表3-8中的内容填制完成(如在"提取比例"栏输入"0.5"),然后单击窗口右上部分的"确定"按钮,完成设置。

(3) 退出。单击该窗口中的"关闭"按钮,关闭并退出该窗口。

6. 报警级别设置

可以通过对报警级别的设置,将客户按照客户欠款余额与其授信额度的比例分为不同的类型,以便于掌握各个客户的信用情况。表3-9列示的是本案例企业的应收款报警级别。本任务是按照表3-9完成案例企业的应收款报警级别设置。

表3-9 报警级别

级别	A	B	C	D	E	F
总比率(客户欠款余额占其信用额度的比例)	10%	20%	30%	40%	50%	
起止比率	0~10%	10%~20%	20%~30%	30%~40%	40%~50%	50%以上

操作步骤如下:

(1) 打开应收系统的"初始设置"窗口。

(2) 报警级别设置。单击"报警级别设置",然后依据表 3-9 中的内容,在其右窗格第 1 行的"总比率"栏录入 10、"级别名称"栏录入 A,依此方法在第 2~6 行中录入相应的级别。

(3) 退出。单击该窗口中的"关闭"按钮,关闭并退出该窗口。

3.2.2 单据设置

本任务是将案例企业账套的销售专用发票、代垫费用单、销售普通发票和销售订单的单据编号,设置为可以手工改动,重号时自动重取,并在销售订单的表头增加"定金原币金额"和"必有定金"栏目、"委托代销结算单"的表头增加"发票号"栏目。

1. 单据编号设置

操作步骤如下(以"销售专用发票"的设置为例):

(1) 打开"单据编号设置"对话框。在"企业应用平台"的"基础设置"页签中,依次单击"单据设置/单据编号设置"菜单项,系统弹出"单据编号设置"对话框。

(2) 选中"销售专用发票"单据。在左侧的"单据类型"中,依次单击"销售管理/销售专用发票"菜单项,选中"销售专用发票"单据。

(3) 修改"销售专用发票"单据的编号设置。单击右侧工具栏中的"修改"按钮,选中"手工改动,重号时自动重取"复选框,然后单击右侧工具栏中的"保存"按钮,完成设置。

(4) 编辑其他单据的编号设置。重复步骤(2)和(3),完成代垫费用单、销售普通发票和销售订单的单据编号设置。

(5) 退出。单击"退出"按钮,退出该对话框。

2. 单据格式设置

设置"销售订单"和"委托代销结算单"的单据格式,在"销售订单"的表头增加"定金原币金额"和"必有定金"栏目,在"委托代销结算单"的表头增加"发票号"栏目。

操作步骤如下:

(1) 打开"单据格式设置"窗口。在"单据设置"功能模块,双击"单据格式设置"菜单项,系统打开"单据格式设置"窗口。

(2) 选中销售订单的显示单据。依次单击对话框左侧的"销售管理/销售订单/显示/销售订单显示模板"菜单项,右侧出现销售订单的单据格式设置界面。

(3) 增加选择"定金原币金额"表头栏目。单击选择工具栏中的"表头项目",在系统弹出的"表头"对话框中,勾选"定金原币金额"和"必有定金",单击"确定"按钮,系统返回单据格式设置界面。

(4) 调整位置并保存。在格式设置界面找到"定金原币金额"和"必有定金"编辑框,拖曳到合适的位置(如将"汇率"的编辑栏缩小,然后将"定金原币金额"编辑栏拖曳到其右侧,将"必有定金"编辑栏拖曳到"币种"右侧),单击"保存"按钮。

(5) 选中委托代销结算单的显示单据。依次单击对话框左侧的"销售管理/委托代销结算单/显示/委托代销结算单显示模板"菜单项,右侧出现委托代销结算单的单据格式设置界面。

(6) 增加选择"发票号"项目。单击选择工具栏中的"表头项目",在系统弹出的"表头"对话框中,选中"发票号"复选框,单击"确定"按钮,系统返回单据格式设置界面。

(7) 保存。在格式设置界面找到"发票号"编辑框,拖曳到合适的位置,单击"保存"按钮。

(8) 退出。单击"单据格式设置"窗口中的关闭按钮,关闭并退出该窗口。

需要指出的是,若增加之后看不到"发票号"编辑框,则是被其他项挡住了,可通过窗口右上角的"单据标题"下拉列表框选定"发票号",使其被选中,此时该编辑框周围有8个黑点,将鼠标置于8个黑点之间,拖动鼠标,将其放置到合适的位置即可。

3.2.3 期初数据录入与对账

通过期初余额功能,可将正式启用账套前的所有应收业务数据录入系统中,作为期初建账的数据。这样既保证了数据的连续性,又保证了数据的完整性。当初次使用应收款系统时,要将上期未处理完全的单据都录入本系统,以便于以后的处理。当进入第二年度处理时,系统自动将上年度未处理完全的单据转成为下一年度的期初余额。在下一年度的第一个会计期间里,可以进行期初余额的调整。

本节的任务是录入应收账款期初余额并对账,表3-10所示的是销售批发部业务员夏于转来的增值税发票的列表。

表3-10 销售部转来的增值税发票列表

单据日期	发票号	客户名称	存货名称	数量	无税单价	价税合计	税率/%
2017-06-25	81090301	跃辉公司	海信电视机	120	8000	1 123 200	17
2017-06-26	81320302	万达公司	松下空调	60	9000	631 800	17
2017-06-28	81890303	华飞公司	海尔洗衣机	400	3800	1 778 400	17
2017-06-28	81790304	太原公司	美的电饭煲	203	800	190 008	17

操作步骤如下:

(1) 打开"期初余额-查询"对话框。在"应收款管理"子系统中,依次单击"设置/期初余额"菜单项,打开"期初余额-查询"对话框。

(2) 打开"期初余额"窗口。在"期初余额-查询"对话框中,单击"确定"按钮,系统打开"期初余额"窗口。

(3) 打开"期初销售发票"窗口。单击"增加"按钮,系统弹出"单据类别"对话框,选择"单据名称"为"销售发票"、"单据类型"为"销售专用发票",然后单击"确定"按钮,系统打开"期初销售发票"窗口。

(4) 编辑一张期初销售发票。单击"增加"按钮后,在新增的发票单据上,修改表头的"发票号"为81090301、"开票日期"为2017-06-25、"客户名称"为"跃辉公司"、"销售部门"为"批发部"、"业务员"为"夏于";在表体的第1行"货物编号"栏参照生成00001(海信电视机),在"数量"栏输入120,"无税单价"为8000,其他栏系统自动计算填充;单击"保存"按钮,完成第1张期初采购专用发票的录入。

(5) 完成期初销售发票的编辑。重复步骤(4),依据表3-10完成第2~4笔的期初应收业务的录入。

(6) 返回"期初余额"窗口。单击"期初销售发票"窗口中的"关闭"按钮,关闭该窗口,系统返回"期初余额"窗口,然后单击工具栏中的"刷新"按钮,系统将本操作中录入的4张发票信息列表显示在"期初余额"窗口中。

(7) 对账。单击工具栏中的"对账"按钮,应收款系统与总账管理系统根据受控科目进行一一对账,然后系统打开"期初对账"窗口,此时显示"差额"不为零,表示对账不成功,所以需要在总账系统中进行"引入",详见3.6.3节。

(8) 退出。单击"期初对账"和"期初余额"窗口中的"关闭"按钮,关闭并退出相应的窗口。

3.2.4 销售存货调价单

销售存货调价单可以用来设置、修改存货的价格,调价单审核以后,销售存货调价单中的价格可以更新存货价格表。本节的任务是录入与审核销售存货价格单,表3-11所示的是案例企业现阶段执行的销售存货价格表。

表 3-11 销售存货价格表

存货名称	数量下限	批发价1	零售价1	生效日期	是否促销价	税率/%
松下洗衣机	0	5000		2017.7.1	否	17
松下洗衣机	50	4800		2017.7.1	否	17
美的电饭煲	0	650		2017.7.1	否	17
美的电饭煲	50	600		2017.7.1	否	17

操作步骤如下:

(1) 打开"存货调价单"窗口。在"销售管理"子系统中,依次单击"价格管理/存货价格/存货调价单"菜单项,打开"存货调价单"窗口。

(2) 新增一条存货调价。单击工具栏中的"增加"按钮,然后在新增的存货调价单中,参照生成"存货编码"为00005(松下洗衣机),编辑"数量下限"为0,"批发价1"为5000。

(3) 完成存货调价编辑。重复步骤(2),完成表3-11中第2~4行的存货调价录入,然后单击"保存"按钮,完成存货的"定价"操作。

(4) 审核。单击"审核"按钮,使存货的"定价"生效。

(5) 退出。单击"存货调价单"窗口右上角的"关闭"按钮,关闭并退出该窗口。

3.3 库存管理与存货核算管理

本节是对库存和存货管理进行系统参数设置、期初余额录入与记账。

3.3.1 系统参数与核算规则设置

1. 库存管理系统参数设置

本案例企业的库存管理系统参数,除系统默认设置之外,还需进行如下参数设置。

- 通用设置：确认勾选"业务设置"区的"有无委托代销业务"，勾选"修改现存量时点"区的"采购入库审核时改现存量""销售出库审核时改现存量""其它出入库审核时改现存量"，"业务校验"区不勾选"审核时检查货位"。
- 专用设置："业务开关"区勾选"允许超发货单出库"，"自动带出单价的单据"区勾选"采购入库单""采购入库取价按采购管理选项""销售出库单""其他入库单""其他出库单""调拨申请单""调拨单"。
- 预计可用量设置："预计可用量检查公式"设置为"出入库检查预计可用量"，"预计入库量"包括"已请购量""采购在途量""到货/在检量"，"预计出库量"包括"销售订单量""待发货量"。

操作步骤如下：

(1) 打开"库存选项设置"对话框。在"企业应用平台"的"业务工作"页签中，依次单击"供应链/库存管理/初始设置/选项"菜单项，系统打开"库存选项设置"对话框。

(2) 通用设置。在"通用设置"选项卡中，确认选中"业务设置"区的"有无委托代销业务"复选框、"修改现存量时点"区的"采购入库审核时改现存量""销售出库审核时改现存量""其它出入库审核时改现存量"复选框，取消"业务校验"区的"审核时检查货位"复选框的默认选中状态，其他选项按系统默认设置，结果如图3-14所示。

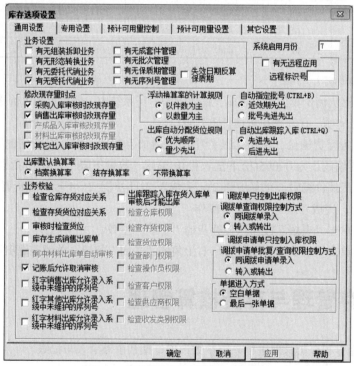

图3-14　库存管理"通用设置"参数设置

(3) 专用设置。在"专用设置"选项卡中，在"业务开关"区勾选"允许超发货单出库"复选框，选中"自动带出单价的单据"区的"采购入库单"及其子项"采购入库取价按采购管理选项""销售出库单""其他入库单""其他出库单""调拨申请单"和"调拨单"复选框，其他选项按系统默认设置,结果如图 3-15 所示。

图 3-15 库存管理"专用设置"参数设置

(4) 预计可用量设置。在"预计可用量设置"选项卡中,"预计可用量检查公式"设置为"出入库检查预计可用量","预计入库量"包括"已请购量""采购在途量""到货/在检量","预计出库量"包括"销售订单量""待发货量",结果如图 3-16 所示。

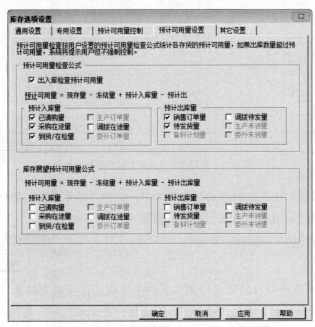

图 3-16 库存管理"预计可用量设置"参数设置

(5) 退出。单击"确定"按钮,保存系统参数的设置,关闭"库存选项设置"对话框。

2. 存货核算设置

本案例企业的存货核算系统参数，除系统默认设置之外，还需进行如下参数设置。
- 核算方式：选择"暂估方式"区的"单到回冲"，"委托代销成本核算方式"区的"按发出商品核算"，"零成本出库选择"区的"参考成本"，"入库单成本选择"区的"参考成本"，"红字出库单成本"区的"参考成本"。
- 控制方式：勾选"结算单价与暂估单价不一致时是否调整出库成本"。

操作步骤如下：

(1) 打开存货核算的"选项录入"对话框。在"企业应用平台"的"业务工作"页签中，依次单击"供应链/存货核算/初始设置/选项/选项录入"菜单项，系统打开"选项录入"对话框。

(2) 核算方式设置。在"核算方式"选项卡中，选择"暂估方式"区的"单到回冲"，"委托代销成本核算方式"区的"按发出商品核算"，"零成本出库选择"区的"参考成本"，"红字出库单成本"区的"参考成本"，"入库单成本选择"区的"参考成本"，其他选项按系统默认设置，结果如图 3-17 所示。

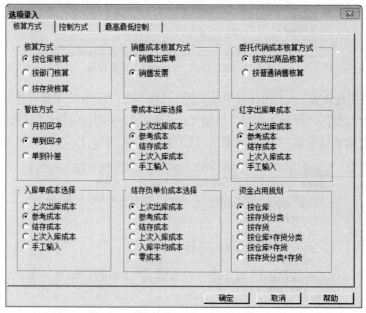

图 3-17　存货核算"核算方式"参数设置

(3) 控制方式设置。在"控制方式"选项卡中，选中"结算单价与暂估单价不一致时是否调整出库成本"复选框，其他选项按系统默认设置。

(4) 退出。单击"确定"按钮，保存系统参数的设置，关闭"选项录入"对话框。

3. 存货科目设置

存货核算系统的存货科目功能是设置本系统中生成凭证所需要的各种存货科目、差异科目、分期收款发出商品科目、委托代销科目，因此用户在制单之前应先在本系统中将存货科目设置正确、完整，否则系统生成凭证时无法自动带出科目。表 3-12 列示的是本案例企业的存货科目。本任务是按照表 3-12 完成案例企业的存货科目设置。

表 3-12 存货科目

仓库编码	仓库名称	存货科目编码与名称	分期收款发出商品科目	委托代销发出商品科目	直运科目
0010	商品仓库	1405 库存商品	1406 发出商品	1406 发出商品	1402 在途物资
0040	代销商品库	1321 受托代销商品			

操作步骤如下:

(1) 打开"存货科目"窗口。在"企业应用平台"的"业务工作"页签中,依次单击"供应链/存货核算/初始设置/科目设置/存货科目"菜单项,系统打开"存货科目"窗口。

(2) 编辑存货科目。单击"增加"按钮,按照表 3-12 的内容,依次填写"仓库编码""存货科目编码与名称"等,然后单击"保存"按钮,完成设置。

(3) 退出。单击"退出"按钮,退出"存货科目"窗口。

4. 存货对方科目设置

存货核算系统的存货对方科目功能用于设置本系统中生成凭证所需要的存货对方科目(即收发类别)所对应的会计科目,因此用户在制单之前应先在本系统中将存货对方科目设置正确、完整,否则无法生成科目完整的凭证。

表 3-13 列示的是本案例企业的存货对方科目。本任务是按照表 3-13 完成案例企业的存货对方科目设置。

表 3-13 存货对方科目

收发类别编码	收发类别名称	对方科目名称	暂估科目名称
11	商品采购入库	1402 在途物资	220202 暂估应付账款
12	受托代销入库	2314 受托代销商品款	
31	销售出库	6401 主营业务成本	
32	赠品出库	671103 捐赠支出	
21	盘盈入库	190101 待处理流动资产损溢	
41	盘亏出库	190101 待处理流动资产损溢	

操作步骤如下:

(1) 打开"对方科目"窗口。在"企业应用平台"的"业务工作"页签中,依次单击"供应链/存货核算/初始设置/科目设置/对方科目"菜单项,打开"对方科目"窗口。

(2) 编辑对方科目。单击"增加"按钮,按照表 3-13 的内容,依次填写收发类别、对方科目名称以及暂估对方科目名称,单击"保存"按钮,完成设置。

(3) 退出。单击"退出"按钮,退出"对方科目"窗口。

3.3.2 期初数据录入与记账

1. 库存期初数据

库存管理的期初数据,只有在启用系统的第一年或重新初始化的年度可以录入,其他年度均不可录入。但启用第一年或重新初始化年度第一个会计月结账后,不允许再新增、修改或删除期初数据,也不可以审核和弃审。因此应在期初数据全部录入完毕并审核后,再进行第一个会计月的结账操作。

本任务是依据表 3-14 完成案例企业的库存期初数据。请注意每个仓库对应一张期初数据录入单据。

表 3-14 库存期初数据

仓库编码	仓库名称	存货编码	存货名称	数量	单价	入库类别
0010	商品仓库	00001	海信电视机	200	5800	采购入库
		00002	格力空调	300	3200	采购入库
		00003	松下电视机	260	6500	采购入库
		00004	松下空调	500	3500	采购入库
		00005	松下洗衣机	60	3000	采购入库
		00007	美的空调	100	3600	采购入库
		00008	美的电饭煲	250	500	采购入库
		00009	海尔空调	100	3000	采购入库
		00010	海尔洗衣机	350	2600	采购入库

操作步骤如下：

(1) 打开"库存期初数据录入"窗口。在"企业应用平台"的"业务工作"页签中，依次单击"供应链/库存管理/初始设置/期初结存"菜单项，打开"库存期初数据录入"窗口。

(2) 选择仓库。选择"仓库"为"商品仓库"后，单击"修改"按钮，使"库存期初"窗口处于编辑状态。

(3) 编辑一条期初数据。在表体参照生成第 1 行的"存货编码"为 00001(海信电视机)，在"数量"栏输入 200，"单价"栏输入 5800，"入库类别"为"采购入库"。

(4) 保存和批审。单击"保存"按钮，保存录入的存货信息，再单击"批审"按钮，审核该仓库的所有期初数据。

(5) 编辑与审核其他仓库的期初数据。完成库存数据录入、保存和审核工作。

(6) 退出。单击"库存期初数据录入"窗口中的"关闭"按钮，关闭并退出该窗口。

提示：

- 库存期初结存数据必须按照仓库分别录入，且录入完成后必须审核。期初结存数据的审核实际是期初记账的过程，表明该仓库期初数据录入工作的完成。
- 库存期初数据审核是分仓库分存货进行的，即"审核"功能仅针对当前仓库的一条存货记录进行审核；"批审"功能是对当前仓库的所有存货执行审核，不是审核所有仓库的存货。
- 审核后的库存期初数据不能修改、删除，但可以"弃审"后进行修改或删除。
- 库存期初结存数据录入时，若默认存货在库存系统的计量单位不是主计量单位，则需要录入该存货的单价和金额，由系统计算该存货的数量。

2. 存货核算期初数据的生成与记账

初次使用存货核算系统时，应先输入全部末级存货的期初余额。存货核算的期初数据，一般与库存管理系统的期初相对应，可以直接录入。但若在库存管理系统中已经录入，则可以在存货核算系统中通过"取数"功能，以从库存管理系统中取数。当然，库存的期初数据也可与存货核算的期初数据不一致，系统提供两边互相取数和对账的功能。

期初数据录入后,可执行期初记账,则系统把期初差异分配到期初单据上,并把期初单据的数据记入存货总账、存货明细账、差异账、委托代销/分期收款发出商品明细账。期初记账后,用户才能进行日常业务、账簿查询、统计分析等操作。

如果期初数据有错误,可以取消期初记账后修改期初数据,然后重新执行期初记账。

操作步骤如下:

(1) 打开存货核算"期初余额"窗口。在"存货核算"子系统中,依次单击"初始设置/期初数据/期初余额"菜单项,系统打开"期初余额"窗口。

(2) 从商品取数。在"仓库"下拉列表中选择"商品仓库",然后单击"取数"按钮,则系统自动读取仓库存货并显示在"期初余额"窗口中。

(3) 从其他仓库取数。重复步骤(2),完成取数,以完成存货核算系统期初数据的生成。

(4) 对账。单击"对账"按钮,系统弹出"库存与存货期初对账查询条件"对话框,已默认选择了所有仓库,直接单击"确定"按钮,系统弹出"对账成功!"信息提示框,单击"确定"按钮退出该提示框,系统即完成了库存与存货的期初对账。

(5) 记账。单击"记账"按钮,系统弹出"期初记账成功"提示框,单击"确定"按钮,完成存货期初的记账工作。

(6) 汇总。单击"汇总"按钮,系统弹出"期初汇总条件选择"对话框,已默认选择了所有仓库,选择"存货级次"为"1"到"明细",然后单击"确定"按钮,系统打开"期初数据汇总"窗口,表明已完成期初数据汇总工作。

(7) 退出。连续单击"退出"按钮,退出窗口返回企业应用平台。

提示:

- 期初记账前可修改存货的计价方式及核算方式,可修改存货的期初数据,但记账后不能修改。
- 期初数据录入完毕,必须期初记账后才能开始日常业务核算。未记账时,允许进行单据录入、账表查询。
- 期初数据记账是针对所有期初数据进行记账操作。因此用户在进行期初数据记账前,必须确认所有期初数据全部录入完毕并且正确无误时,再进行期初记账。
- 没有期初数据的用户,可以不录入期初数据,但也必须执行期初记账操作。
- 恢复期初记账时,是第一会计年度,直接恢复期初记账。如果不是,则系统弹出提示框:"只有调整存货的核算方式和计价方式、核算自由项、修改期初数据时才可以恢复期初记账。"
- 汇总是指对期初余额按存货进行逐级汇总。

3.4 固定资产管理

本节是完成案例企业的固定资产管理的账套参数与期初设置,包括固定资产账套初始化、科目设置、固定资产类别与折旧方法设置、固定资产增加方式设置,以及固定资产原始卡片录入。

3.4.1 系统参数与折旧科目设置

1. 账套初始化

账套初始化时系统参数的设置如下：

- 启用月份为当前日期；固定资产采用"平均年限法(一)"计提折旧，折旧汇总分配周期为一个月；当"月初已计提月份=可使用月份－1"时将剩余折旧全部提足。
- 资产类别编码方式为2112，固定资产编码方式按"类别编码+序号"采用自动输入方法，序号长度为5位。要求固定资产系统与总账进行对账，固定资产对账科目为"1601 固定资产"，累计折旧对账科目为"1602 累计折旧"，若对账不平衡，允许固定资产系统月末结账。
- 固定资产缺省入账科目为固定资产，累计折旧缺省入账科目为累计折旧，减值准备缺省入账科目为固定资产减值准备。

操作步骤如下：

(1) 在"企业应用平台"的"业务工作"页签中，依次单击"财务会计/固定资产"菜单项，系统弹出"这是第一次打开此账套，还未进行过初始化，是否进行初始化？"信息提示框。

(2) 单击"是"按钮，打开固定资产"初始化账套向导——1.约定及说明"对话框，选择"我同意"；单击"下一步"按钮，打开固定资产"初始化账套向导——2.启用月份"对话框，选择为当前日期；单击"下一步"按钮，打开固定资产"初始化账套向导——3.折旧信息"对话框，选择主要折旧方法为"平均年限法(一)"，确认选择折旧汇总分配周期为"1 个月""当(月初已计提月份=可使用月份－1)时将剩余折旧全部提足"复选框。

(3) 单击"下一步"按钮，打开固定资产"初始化账套向导——4.编码方式"对话框，设置"资产类别编码方式"为2112，选择"固定资产编码方式"按"自动编码"和"类别编码+序号"，"序号长度"为5。

(4) 单击"下一步"按钮，打开固定资产"初始化账套向导——5.账务接口"对话框，勾选"与账务系统进行对账"复选框，参照生成"固定资产对账科目"为 1601(固定资产)、"累计折旧对账科目"为 1602(累计折旧)，勾选"在对账不平情况下允许固定资产系统月末结账"复选框。

(5) 单击"下一步"按钮，打开固定资产"初始化账套向导——6.完成"对话框，确认信息无误后，单击"完成"按钮，系统弹出"已经完成了新账套的所有设置工作，是否确定所设置的信息完全正确并保存对新账套的所有设置？"信息提示框，单击"是"按钮，系统提示"已经成功初始化本固定资产账套！"，单击"确定"按钮，固定资产建账完成。

提示：

- 在用友 ERP 系统中，固定资产账套与企业账套是不同层次的概念。企业账套是在系统管理中建立的，是针对整个企业的；而固定资产账套是在固定资产管理系统中创建的，是企业账套的一个组成部分。类似的，工资账套(在薪资管理中创建)也是企业账套的一个组成部分。
- 约定及说明：是在进行系统初始化之前需要同意的条款内容。
- 启用月份：查看本账套固定资产开始使用的年份和会计期间，启用日期只能查看不可修改。要录入系统的期初资料，一般指截至该期间的期初资料。
- 资产类别编码方式设定以后，如果某一级资产设置了类别，则该级的长度不能修改，没有使用过的各级的长度可修改；每一个账套中资产的自动编码方式只能有一种，一经设定，该自动编码方式不得修改。
- 只有存在对应总账系统的情况下才要与账务系统对账。对账的含义是将固定资产系统内所有资产的原值、累计折旧和总账系统中的固定资产科目和累计折旧科目的余额核对，看数值是否相等。
- 系统初始化中有些参数一旦设置完成，退出初始化向导后就不能修改了。如果要改，只能通过"重新初始化"功能实现，重新初始化将清空该账套中所有数据。所以如果有些参数设置不能确定，可单击"上一步"按钮重新设置。确定无误后，再单击"完成"按钮保存退出。

2. 部门对应折旧科目

案例企业的固定资产部门对应折旧科目，如表3-15所示。

表3-15 部门对应折旧科目

部门名称	对应折旧科目
公司总部	管理费用/折旧费(660202)
财务部	管理费用/折旧费(660202)
销售部	销售费用/折旧费(660102)
采购部	管理费用/折旧费(660202)
仓管部	管理费用/折旧费(660202)
人力资源部	管理费用/折旧费(660202)

固定资产计提折旧后必须把折旧归入成本或费用，本账套需要按部门归集。部门对应折旧科目设置就是给部门选择一个折旧科目。录入卡片时，该科目自动显示在卡片中，不必一个一个输入，可提高工作效率；在生成部门折旧分配表时，每一部门按折旧科目汇总，生成记账凭证。

操作步骤如下：

(1) 打开"部门对应折旧科目"窗口。在"企业应用平台"的"业务工作"页签中，依次单击"财务会计/固定资产/设置/部门对应折旧科目"菜单项，进入"部门对应折旧科目"窗口。

(2) 打开"部门对应折旧科目-单张视图"窗口。在左窗格中单击"公司总部"所在行，右窗格中将仅显示"公司总部"，此时单击"修改"按钮，系统将打开"部门对应折旧科目-单张视图"窗口。

(3) 编辑某部门的对应折旧科目。在"折旧科目"栏录入或参照生成660202，单击"保存"按钮，若有下级部门，则系统弹出"是否将[公司总部]部门的所有下级部门的折旧科目替换为[折旧费]？"，单击"是"按钮，系统返回"部门对应折旧科目-列表视图"窗口。

(4) 编辑所有部门的对应折旧科目。重复步骤(2)和(3)，完成表3-15中其他部门对应的折旧科目设置。

(5) 显示。单击左窗格中的"固定资产部门编码目录"菜单项，"部门对应折旧科目-列表视图"窗口中将显示所有的部门及相应的折旧科目。

(6) 退出。单击"部门对应折旧科目"窗口中的"关闭"按钮,关闭该窗口。

3.4.2 类别与增减方式设置

1. 固定资产类别与折旧方法

案例企业的固定资产类别与折旧方法,详见表3-16。

表3-16 固定资产类别与折旧方法

编码	类别名称	使用年限	净残值率	计提属性	折旧方法	卡片样式
01	房屋及建筑物			正常计提	平均年限法(一)	通用样式(二)
011	办公楼	30	2%	正常计提	平均年限法(一)	通用样式(二)
012	库房	30	2%	正常计提	平均年限法(一)	通用样式(二)
02	办公设备	5	3%	正常计提	平均年限法(一)	含税卡片样式
03	运输工具	8	5%	正常计提	平均年限法(一)	通用样式(二)

操作步骤如下:

(1) 打开"资产类别"窗口。在"企业应用平台"的"业务工作"页签中,依次单击"财务会计/固定资产/设置/资产类别"菜单项,进入"资产类别"窗口。

(2) 增加一个一级类别。单击"增加"按钮,打开"资产类别-单张视图"窗口,然后在"类别名称"栏录入"房屋及建筑物","计提属性"为"正常计提","折旧方法"为"平均年限法(一)","卡片样式"为"通用样式(二)",最后单击"保存"按钮。

(3) 编辑所有一级类别。重复步骤(2),根据表3-16中的相关信息,继续录入和保存02号"设备"和03号"运输工具"。

(4) 增加一个二级类别。单击选中左窗格中的"固定资产分类编码表"的"01房屋及建筑物"分类,再单击"增加"按钮,在"类别名称"栏录入"办公楼"、"使用年限"栏输入30,"净残值率"为2,最后单击"保存"按钮。

(5) 编辑所有二级类别。重复步骤(4),录入表3-16中其他的固定资产分类。

(6) 关闭退出。单击"资产类别"窗口中的"关闭"按钮,关闭该窗口。

提示:

- 应先建立上级固定资产类别后再建立下级类别,且下级类别继承上级的使用年限、净残值率,可修改。
- 只有在最新会计期间时可以增加,月末结账后则不能增加。
- 资产类别编码不能重复,同级的类别名称不能相同。
- 类别编码、名称、计提属性、卡片样式不能为空。
- 非明细级类别编码不能修改。
- 使用过的类别的计提属性不能修改。
- 未使用过的明细级类别编码修改时只能修改本级的编码。
- 非明细级不能删除。
- 系统已使用(录入卡片时选用过)的类别不允许删除。

2. 增减方式

案例企业的固定资产增减方式详见表 3-17。

表 3-17 固定资产增减方式

增加方式	对应入账科目	减少方式	对应入账科目
直接购入	银行存款/工行存款(100201)	出售	固定资产清理(1606)
投资者投入	实收资本(4001)	投资转出	长期股权投资(1511)
捐赠	营业外收入(6301)	捐赠转出	固定资产清理(1606)
盘盈	以前年度损益调整(6901)	盘亏	待处理财产损溢/待处理非流动资产损溢(190102)
在建工程转入	在建工程(1604)	报废	固定资产清理(1606)
融资租入	长期应付款(2701)	毁损	固定资产清理(1606)
		融资租出	长期应收款(1531)
		拆分减少	固定资产清理(1606)

操作步骤如下：

(1) 打开"增减方式"窗口。在"企业应用平台"的"业务工作"页签中，依次单击"财务会计/固定资产/设置/增减方式"菜单项，进入"增减方式"窗口。

(2) 修改"直接购入"方式的对应入账科目。单击选中左窗格中"1.增加方式"下的"直接购入"，再单击"修改"按钮，打开"增减方式-单张视图"窗口，然后在"对应入账科目"栏录入或参照生成100201，最后单击"保存"按钮。

(3) 修改其他增减方式的对应入账科目。重复步骤(2)，录入表 3-17 中其他增减方式对应的入账科目，结果如图 3-18 所示。

(4) 关闭退出。单击"增减方式"窗口中的"关闭"按钮，关闭该窗口。

图 3-18 增减方式-列表视图

提示：
- 在固定资产增减方式中设置的对应入账科目是系统生成凭证时的默认科目。
- 已使用(卡片已选用过)的方式不能删除。
- 非明细级方式不能删除。
- 系统缺省的增减方式"盘盈""盘亏"和"毁损"不能删除。

3.4.3 固定资产原始卡片录入

原始卡片是指已使用过并已计提折旧的固定资产卡片，案例企业的原始卡片详见表 3-18。

表 3-18　固定资产原始卡片

卡片编号	00001	00002	00003	00004
固定资产编号	0200001	0200002	0200003	01200001
固定资产名称	华硕 A8 电脑	IBMX60 电脑	联想 T4202 电脑	库房
类别编号	02	02	02	012
类别名称	办公设备	办公设备	办公设备	库房
使用部门	经理办公室	财务部	批发部	仓储部
增加方式	直接购入	直接购入	直接购入	直接购入
使用状况	在用	在用	在用	在用
使用年限	5 年	5 年	5 年	30 年
折旧方法	平均年限法(一)	平均年限法(一)	平均年限法(一)	平均年限法(一)
开始使用日期	2013-09-01	2016-02-01	2016-02-01	2010-06-01
币种	人民币	人民币	人民币	人民币
原值	20 000	20 000	10 000	720 000
净残值率	3%	3%	3%	2%
净残值	600	600	300	14 400
累计折旧	14 580	5184	2592	163 296
月折旧率	0.0162	0.0162	0.0162	0.0027
月折旧额	324	324	162	1944
净值	5420	14 816	7408	556 704
对应折旧科目	管理费用/折旧费	管理费用/折旧费	销售费用/折旧费	管理费用/折旧费

操作步骤如下：

(1) 打开"固定资产类别档案"窗口。在"企业应用平台"的"业务工作"页签中，依次单击"财务会计/固定资产/卡片/录入原始卡片"菜单项，系统打开"固定资产类别档案"窗口。

(2) 打开"固定资产卡片"窗口。双击"02""办公设备"所在行，进入"固定资产卡片"窗口，"卡片编号"默认为00001。

(3) 在"固定资产名称"栏录入"华硕 A8 电脑"，单击"使用部门"栏，此时出现"使用部门"按钮，单击之，系统打开"固定资产-本资产部门使用方式"对话框，默认选定了"单部门使用"。

(4) 单击"确定"按钮，在系统打开的"部门基本参照"窗口中，双击"经理办公室"所在行以选择"经理办公室"，并返回"固定资产卡片"窗口。

(5) 单击"增加方式"栏，此时出现"增加方式"按钮，单击该按钮，系统打开"固定资产增减方式"对话框，双击"直接购入"所在行，返回"固定资产卡片"窗口。

(6) 单击"使用状况"栏，此时出现"使用状况"按钮，单击该按钮，系统打开"使用状况参照"对话框，双击"在用"所在行，返回"固定资产卡片"窗口。

(7) 在"开始使用日期"栏录入 2013-09-01，在"原值"栏录入 20 000，在"累计折旧"栏录入 14 580，单击"保存"按钮，系统提示"数据成功保存!"，单击"确定"按钮，返回"固定资产类别档案"窗口。

(8) 重复步骤(2)~(7)，完成表 3-18 中其他的原始卡片的信息录入工作。

(9) 单击"关闭"按钮，关闭该窗口。

提示：
- 在"固定资产卡片"窗口中，除了主卡片外，还有若干的附属页签。在录入主卡片信息后，可编辑附属设备和录入以前卡片发生的各种变动。但附属页签上的信息只供参考，不参与计算。
- 可以为一个资产选择多个"使用部门"，并且当资产为多部门使用时，累计折旧采用与使用比例相同的比例在多部门间分摊。

3.5 薪资管理

本节是对案例企业的薪资信息进行设置与编辑，包括薪资管理系统的参数设置、工资类别与工资项目设置、在职人员档案、在职人员的工资项目和公式定义，工资的代发银行设置、代扣税设置，以及期初工资数据的录入。

3.5.1 参数设置

案例企业的薪资管理要求如下。
- 启用日期为当前日期(2017.7.1)。
- 工资类别个数为单个。
- 要求从工资中代扣个人所得税。
- 进行扣零至元。
- 人员编码长度为3位。

操作步骤如下：

(1) 在"企业应用平台"的"业务工作"页签中，依次单击"人力资源/薪资管理"菜单项，系统弹出"建立工资套"对话框之"1. 参数设置"。

(2) 系统默认选择本工资套所处理的工资类别个数为"单个"，直接单击"下一步"按钮，进入"2. 扣税设置"，选中"是否从工资中代扣个人所得税"复选框。

(3) 单击"下一步"按钮，进入"3. 扣零设置"，先选中"扣零"复选框，然后选中"扣零至元"。

(4) 单击"下一步"按钮，进入"4. 人员编码"，系统提示"本系统要求对员工进行统一编码，人员编码同公共平台的人员编码保持一致"。

(5) 单击"完成"按钮，完成工资套的建立。

提示：
- 工资类别个数：若单位按周或一月发多次工资，或者是单位中有多种不同类别(部门)的人员，工资发放项目不尽相同，计算公式亦不相同，但需进行统一工资核算管理，应选择"多个"工资类别；如果单位中所有人员的工资统一管理，而人员的工资项目、工资计算公式全部相同，则选择"单个"工资类别。
- 若选择进行扣零处理，系统在计算工资时将依据所选择的扣零类型将零头扣下，并在积累成整时补上。

3.5.2 工资类别主管设置

为了使用薪资管理的工资管理，需要给人力资源部主管王军和财务部会计张兰分配"工资类别主管"权限。

操作步骤如下：

(1) 在"企业应用平台"的"系统服务"页签中，依次单击"权限/数据权限分配"菜单项，系统打开"权限浏览"窗口。

(2) 首先单击工具栏中的"修改"按钮，然后在左窗格中选中"张兰"、在右窗格上部的"业务对象"下拉列表中选择"工资权限"，最后勾选"工资类别主管"复选框；之后单击工具栏中的"保存"按钮，保存该权限分配结果(允许张兰操作薪资模块)。

(3) 单击"权限浏览"窗口中的"关闭"按钮，退出该窗口。

(4) 重注册(系统/重注册)企业应用平台，以使以上设置生效。

3.5.3 人员档案设置

人员档案信息用于管理工资发放人员的姓名、职工编号、所在部门、人员类别等信息，本案例企业的在职人员档案信息，详见表3-19。

表3-19 在职人员列表

一级部门	二级部门	人员类别	人员编码及姓名	性别	银行及银行账号
1 公司总部	101 经理办公室	企管人员	0100 李吉棕	女	工行 6222020220332016001
	102 行政办公室	企管人员	0101 陈虹	女	工行 6222020220332016002
2 财务部		企管人员	0200 曾志伟	男	工行 6222020220332016003
		企管人员	0201 张兰	女	工行 6222020220332016004
		企管人员	0202 罗迪	女	工行 6222020220332016005
3 销售部	301 批发部	销售人员	0300 赵飞	男	工行 6222020220332016006
	301 批发部	销售人员	0301 夏于	男	工行 6222020220332016007
	302 门市部	销售人员	0302 李华	男	工行 6222020220332016008
4 采购部		采购人员	0400 刘静	女	工行 6222020220332016009
		采购人员	0401 张新海	男	工行 6222020220332016010
5 仓管部		企管人员	0500 李莉	女	工行 6222020220332016011
		企管人员	0501 赵林	男	工行 6222020220332016012
		企管人员	0502 李东	男	工行 6222020220332016013
6 人力资源部		企管人员	0600 王军	男	工行 6222020220332016014
		企管人员	0601 梁京	女	工行 6222020220332016015
		企管人员	0602 刘正	男	工行 6222020220332016016
		企管人员	0603 李江	男	工行 6222020220332016017

操作步骤如下:

(1) 打开"人员档案"窗口。在"企业应用平台"的"业务工作"页签中,依次单击"人力资源/薪资管理/设置/人员档案"菜单项,系统打开"人员档案"窗口。

(2) 打开"人员批量增加"对话框。单击工具栏中的"批增"按钮,系统打开"人员批量增加"对话框。

(3) 批量增加。单击对话框中的"查询"按钮,以查询出全部人员,然后单击"全选"按钮和"确定"按钮,系统返回"人员档案"窗口,列示了所有在基础档案中已有的人员信息。

(4) 退出。单击"人员档案"窗口中的"关闭"按钮,关闭"人员档案"窗口。

3.5.4 工资项目设置

1. 工资项目设置
- 增项:基本工资、岗位工资、绩效工资、交通补助。
- 减项:养老保险、医疗保险、失业保险、住房公积金。
- 其他:五险一金计提基数、个人所得税计提基数。

操作步骤如下:

(1) 打开"工资项目设置"对话框。在"企业应用平台"的"业务工作"页签中,依次单击"人力资源/薪资管理/设置/工资项目设置"菜单项,系统打开"工资项目设置"对话框。

(2) 增加基本工资项。单击"增加"按钮,从"名称参照"下拉列表中选择"基本工资",其默认类型为"数字"、小数位数为"2"、增减项为"增项",结果如图3-19所示。

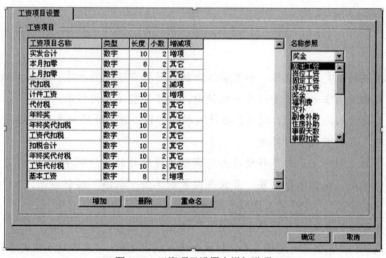

图3-19 工资项目设置中增加增项

(3) 增加绩效工资项。再单击"增加"按钮,从"名称参照"下拉列表中选择"奖金","重命名"其"工资项目名称"为"绩效工资"。

(4) 增加其他"增项"工资项目。重复步骤(2)或(3),完成其他"增项"工资项目的增加。

(5) 增加养老保险项。再单击"增加"按钮,从"名称参照"下拉列表中选择"保险费","重命名"其"工资项目名称"为"养老保险",并修改其"增减项"为"减项"。

(6) 增加其他"减项"工资项目。重复步骤(5)，完成其他"减项"工资项目的增加。

(7) 增加五险一金计提基数项。单击"增加"按钮，在"工资项目名称"栏中输入"基本工资五险一金计提基数"，其默认类型为"数字"、小数位数为"2"、增减项为"其他"，用同样的方法完成"个人所得税计提基数"工资项目的增加。

(8) 调整工资项的排列顺序。单击选中"基本工资"所在行，再单击"上移"按钮，将"基本工资"移动到工资项目栏的第 1 行，并以此方法移动其他的工资项目到相应的位置，结果如图 3-20 所示。

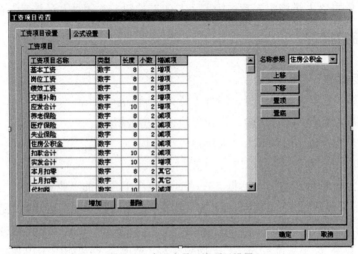

图 3-20 在职人员工资项目设置

(9) 完成并退出。单击"工资项目设置"对话框中的"确定"按钮，完成工资项目的设置。

提示：

- 系统提供的固定工资项目，如本实验中的本月扣零、上月扣零，不能修改和删除。
- 项目名称必须唯一。工资项目一经使用，数据类型不允许修改。
- 增项直接计入应发合计，减项直接计入扣款合计，若工资项目类型为字符型，则小数位不可用，且其增减项为其他。
- 单击界面上的向上、向下移动箭头可调整工资项目的排列顺序。
- 单击"确定"按钮保存设置，若放弃设置则单击"取消"按钮返回。
- 单击"重命名"，可修改工资项目名称。
- 选择要删除的工资项目，单击"删除"按钮，确认后即可删除。
- 系统默认：应发合计＝增项之和；扣款合计＝减项之和；实发合计＝应发合计－扣款合计。

2. 公式项目

本案例企业工资项目的公式包括：

- 五险一金计提基数＝基本工资＋岗位工资
- 养老保险＝五险一金计提基数×0.08
- 医疗保险＝五险一金计提基数×0.02
- 失业保险＝五险一金计提基数×0.002

- 住房公积金＝五险一金计提基数×0.12
- 个人所得税计提基数＝基本工资＋岗位工资+绩效工资+交通补助－养老保险
  －医疗保险－失业保险－住房公积金

操作步骤如下：

(1) 打开"工资项目设置"的"公式设置"选项卡。在"企业应用平台"的"业务工作"页签中，依次单击"人力资源/薪资管理/设置/工资项目设置"菜单项，打开"工资项目设置"对话框，打开"公式设置"选项卡，操作界面如图 3-21 所示。

(2) 增加公式项。单击"增加"按钮，并从左上角的"工资项目"列表中选择"五险一金计提基数"。

(3) 编辑公式。先单击"五险一金计提基数公式定义"区域，然后从中下部的"工资项目"列表中选择"基本工资"，再单击选中运算符区域的"+"，最后再从中下部的"工资项目"列表中选择"岗位工资"，结果如图 3-21 所示。

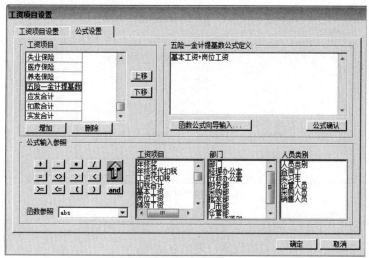

图 3-21 "公式设置"操作界面

(4) 保存。单击"公式确认"按钮，完成"五险一金计提基数"的公式定义。

(5) 编辑其他公式。重复步骤(2)～(4)，完成"养老保险""医疗保险""失业保险"和"住房公积金"等的公式定义。

(6) 完成并退出。单击"工资项目设置"对话框中的"确定"按钮，完成设置，退出对话框。

提示：
- 使用"公式设置"页签中的相关功能，可定义工资项目的计算公式。
- 不能删除已输入数据或已设置计算公式的工资项目。

3.5.5 工资的代扣设置

根据相关规定，本案例企业的代扣个人所得税的计税基数为 3500 元，附加费用为 1300 元。

操作步骤如下：

(1) 打开"选项"对话框。在"企业应用平台"的"业务工作"页签中,依次单击"人力资源/薪资管理/设置/选项"菜单项,系统打开"选项"对话框。

(2) 单击"扣税设置"选项卡,再单击"编辑"按钮,结果如图 3-22 所示。

(3) 单击其中的"税率设置"按钮,系统打开"个人所得税申报表——税率表"对话框(参见图 3-23)。

(4) 修改并确认"基数""附加费用"和税率表的相应数据,结果如图 3-23 所示。

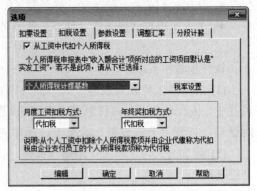

图 3-22 "扣税设置"选项卡

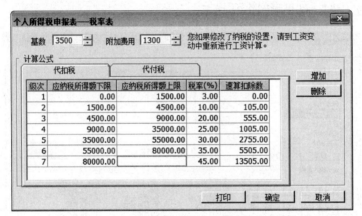

图 3-23 "个人所得税申报表——税率表"对话框

(5) 单击"确定"按钮,完成税率设置,返回"选项"对话框。

(6) 再单击"确定"按钮,完成设置,退出对话框。

提示:

- 只有主管人员可以修改工资参数,工资账参数调整包括扣零设置、扣税设置、参数设置和调整汇率。
- 已经进行过月结的工资类别或发放次数不能修改币种。
- 设置工资的扣税工资项目,系统默认为"实发合计"。在实际业务中,因可能存在免税收入项目(如政府特殊津贴、院士津贴等)和税后列支项目,可以单独设置一个工资项目来计算应纳税工资。
- 如果修改了"扣税设置",需要进入"工资变动"执行"计算"和"汇总"功能,以保证"代扣税"工资项目正确地反映单位实际代扣个人所得税的金额。
- 工资和年终奖可采用不同的扣税方式,如工资为代扣税,年终奖为代付税。

3.5.6 期初工资数据录入

本案例企业在职人员的期初工资数据,详见表 3-20。

表 3-20 期初工资数据

一级部门	二级部门	人员类别	人员编码及姓名	基本工资	岗位工资	绩效工资
1 公司总部	101 经理办公室	企管人员	0100 李吉棕	2000	1000	5000
	102 行政办公室	企管人员	0101 陈虹	2000	1000	3000
2 财务部		企管人员	0200 曾志伟	2000	1000	4000
		企管人员	0201 张兰	2000	900	3000
		企管人员	0202 罗迪	2000	900	3000
3 销售部	301 批发部	销售人员	0300 赵飞	2000	1000	4000
	301 批发部	销售人员	0301 夏于	2000	900	3000
	302 门市部	销售人员	0302 李华	2000	900	3000
4 采购部		采购人员	0400 刘静	2000	900	4000
		采购人员	0401 张新海	2000	500	3000
5 仓管部		企管人员	0500 李莉	2000	700	4000
		企管人员	0501 赵林	2000	700	3000
		企管人员	0502 李东	2000	700	3000
6 人力资源部		企管人员	0600 王军	2000	1000	4000
		企管人员	0601 梁京	2000	700	3000
		企管人员	0602 刘正	2000	700	4000
		企管人员	0603 李江	2000	700	3000

操作步骤如下:

(1) 打开"人员档案"列表窗口。在"企业应用平台"的"业务工作"页签中,依次单击"人力资源/薪资管理/设置/人员档案"菜单项,进入"人员档案"列表窗口。

(2) 编辑一个员工的工资数据。双击"0100 李吉棕"所在行,系统打开"人员档案明细"对话框,并显示李吉棕的详细档案,单击"数据档案"按钮,打开"工资数据录入—页编辑"对话框,然后在"基本工资"编辑栏录入 2000,"岗位工资"栏录入 1000,"绩效工资"栏录入 5000,其他数据项系统自动给出,结果如图 3-24 所示。

图 3-24 工资数据录入—页编辑

(3) 保存。单击"保存"按钮,返回"人员档案明细"对话框,然后单击"确定"按钮,系统提示"写入该人员档案信息吗?",单击"确定"按钮,返回"人员档案明细"对话框,系统自动显示下一个员工的详细档案。

(4) 编辑其他员工的工资数据。重复步骤(2)和(3),将表 3-20 中所有的期初工资数据录入并保存。

(5) 退出。单击"取消"按钮,退出"人员档案明细"对话框。

3.6 总账管理

本节的任务是完成总账的系统参数与核算规则设置,总账的期初余额引入、对账和期初记账。

3.6.1 系统参数设置

本案例企业的总账系统参数,除系统默认设置之外,还需进行如下参数设置:
- 权限:勾选"出纳凭证必须经由出纳签字""凭证必须经由主管会计签字"复选框。

操作步骤如下:

(1) 打开"选项"对话框。在"企业应用平台"的"业务工作"页签中,依次单击"财务会计/总账/设置/选项"菜单项,系统打开"选项"对话框。

(2) 权限设置。在"权限"选项卡中,先单击"编辑"按钮,使所有参数处于可修改状态,再选中"出纳凭证必须经由出纳签字""凭证必须经由主管会计签字"复选框,其他选项设置为默认状态。

(3) 退出。单击"确定"按钮,保存系统参数的设置,关闭"选项"对话框。

3.6.2 总账期初余额设置

总账的期初余额,是以上期的期末余额为基础,反映了以前期间的交易和上期采用的会计政策的结果。期初已存在的账户余额,是由上期结转至本期的金额,或是上期期末余额调整后的金额。本节将在总账系统中录入上月的会计科目期末余额数据信息,作为本月会计科目期初余额数据,以保证数据的完整性和连续性。

本任务是按照表 3-21 录入会计科目的期初余额(分 3 类完成)。

表 3-21　会计科目的期初余额

科目编码	科目名称	余额方向	币别/计量	期初余额
1001	库存现金	借		22 665.00
1002	银行存款	借		6 348 661.44
100201	工行存款	借		6 348 661.44
100202	中行存款	借		
1122	应收账款	借		3 723 408.00
1123	预付账款	借		

(续表)

科目编码	科目名称	余额方向	币别/计量	期初余额
1231	坏账准备	贷		5852.58
1321	受托代销商品	借		
1402	在途物资	借		
1405	库存商品	借		7 435 000.00
1601	固定资产	借		770 000.00
1602	累计折旧	贷		185 652.00
1711	商誉	借		47 250.00
2202	应付账款	贷		3 693 000.00
220201	一般应付账款	贷		3 393 000.00
220202	暂估应付账款	贷		300 000.00(详见表3-22)
2203	预收账款	贷		
2211	应付职工薪酬	贷		135 943.34
221101	工资	贷		82 340.00
221102	职工福利	贷		
22110201	货币性福利	贷		
22110202	非货币性福利	贷		
221103	养老保险	贷		17 785.44
22110301	企业部分	贷		16 468.00
22110302	个人部分	贷		1317.44
221104	医疗保险	贷		9880.80
22110401	企业部分	贷		8234.00
22110402	个人部分	贷		1646.80
221105	失业保险	贷		988.08
22110501	企业部分	贷		823.40
22110502	个人部分	贷		164.68
221106	工伤保险	贷		823.40
221107	生育保险	贷		658.72
221108	住房公积金	贷		19 761.60
22110801	企业部分	贷		9880.80
22110802	个人部分	贷		9880.80
221109	工会经费	贷		1646.80
221110	职工教育经费	贷		2058.50
2221	应交税费	贷		149 710.96
222101	应交增值税	贷		
22210101	进项税额	贷		
22210102	进项税额转出	贷		
22210103	销项税额	贷		
22210104	已交税金	贷		
22210105	出口退税	贷		

(续表)

科目编码	科目名称	余额方向	币别/计量	期初余额
22210106	销项税额抵减	贷		
22210107	转出未交增值税	贷		
222102	未交增值税	贷		9000.00
222103	预交增值税	贷		
222104	待抵扣进项税额	贷		
222105	待认证进项税额	贷		
222106	待转销项税额	贷		
222107	转让金融商品增值税	贷		
222108	代扣代缴增值税	贷		
222109	简易计税	贷		
222110	应交企业所得税	贷		137 500.00
222111	应交个人所得税	贷		2130.96
222112	应交城市维护建设税	贷		630.00
222113	应交教育费附加	贷		270.00
222114	应交地方教育费附加	贷		180.00
2241	其他应付款	贷		24 064.80
224101	个人往来	贷		11 056.80
224102	单位往来	贷		13 008.00
4001	实收资本	贷		13 497 303.76
4101	盈余公积	贷		59 857.00
410101	法定盈余公积	贷		59 857.00
4103	本年利润	贷		45 600.00
4104	利润分配	贷		550 000.00
410401	提取法定盈余公积	贷		
410402	提取任意盈余公积	贷		
410403	应付现金股利或利润	贷		
410404	转作股本的股利	贷		
410405	盈余公积补亏	贷		
410406	未分配利润	贷		550 000.00

本任务是按照表 3-22 录入暂估应付账款的期初余额。

表 3-22 暂估应付账款的期初余额

日期	供应商	摘要	方向	金额
2017-06-15	海信公司	采购海信电视机 50 台，暂估入库	贷	300 000.00

根据期初余额录入方式的不同，在此把会计科目分为 3 类：直接录入、参照录入，以及通过录入下级科目自动得出，具体的如图 3-25 所示。

一般而言，只有末级科目且辅助账类型不是项目核算和部门核算，且不需要与其他子系统账簿对账的账户，其期初余额才能直接录入；是项目核算或部门核算的末级科目，以及需要与其他账簿对账的末级科目，其账户的期初余额需要参照录入；非末级科目的账户期初余额，是通过录入下级科目的账户期初余额后系统自动得出的。

图 3-25　总账在期初余额的录入方式

下面是具体的分类说明，以及相应的录入操作步骤。

1. 直接录入

可直接录入期初余额的科目，包括库存现金、工行存款、坏账准备、固定资产、累计折旧、应交税费、未交增值税、应交所得税、实收资本、盈余公积、本年利润、直接生产成本、直接人工、直接材料、制造费用。这些科目是末级科目且辅助账类型不是项目核算和部门核算，而且也不需要与其他账簿对账。

操作步骤如下：

(1) 打开总账的"期初余额"窗口。在"企业应用平台"的"业务工作"页签下，依次单击"财务会计/总账/设置/期初余额"菜单项，打开"期初余额"窗口。

(2) 编辑科目期初余额。双击相应科目的"期初余额"栏，然后录入其期初余额值。

(3) 完成期初余额编辑。重复步骤(2)，依据表 3-21 编辑完成可直接录入期初余额的会计科目期初余额。

(4) 退出。单击"期初余额"窗口中的"退出"按钮，退出该窗口。

2. 参照录入

参照录入分为项目核算的参照录入(如库存商品)，需要与存货核算对账的参照录入(通过总账中的期初往来明细参照录入)和需要与应收应付系统对账的参照录入(通过先在应收、应付系统中进行期初余额录入，然后在总账进行期初余额引入)。

项目核算的参照录入，可在"期初余额"窗口中双击项目核算科目，如库存商品，系统将弹出"辅助期初余额"窗口，逐一录入各个项目的期初余额，然后"退出"该窗口返回"期初余额"窗口后，该科目的余额将自动带入。

需要与存货核算对账的参照录入，可在总账系统中通过期初往来明细参照录入。

操作步骤如下(以"暂估应付账款"):

(1) 在总账系统的"期初余额"窗口中,双击"暂估应付账款"科目,然后在系统弹出的"辅助期初余额"窗口,单击其"往来明细"按钮,进入"期初往来明细"窗口。

(2) 单击"增行"按钮,录入"日期"为2017-06-15,"供应商"为"海信公司","摘要"为"采购海信电视机50台,暂估入库","方向"为"贷","金额"为300 000。

(3) 单击"汇总"按钮,系统弹出信息提示框,单击"确定"按钮,完成往来明细的汇总,单击"退出"按钮,返回"期初余额"窗口后,该科目的余额自动带入。

需要与应收应付系统对账的参照录入,通过先在应收、应付系统中进行期初余额录入(相应的操作详见3.1.3节和3.2.3节),然后在总账进行期初余额引入(详见3.6.3节)。

3. 通过录入下级科目自动得出

该类会计科目的期初余额,不需要通过人工录入,系统会依据其下级科目的账户期初余额,自动给出。因为有些会计科目之间,存在钩稽关系,系统可以自行处理。比如应交税费科目的账户期初余额,可以通过在录入应交税费类的未交增值税、应交所得税、应交个人所得税等明细科目的余额后,系统自动计算出其期初余额。

3.6.3 期初余额引入与对账

1. 期初余额引入与汇总

本案例企业,需要在总账系统中进行期初余额引入与汇总的科目,包括应收账款和一般应付账款。

操作步骤如下(以应收账款为例):

(1) 打开总账系统的"期初余额"窗口。在"企业应用平台"的"业务工作"页签中,依次单击"财务会计/总账/设置/期初余额"菜单项,系统打开总账系统的"期初余额"窗口。

(2) 双击"应收账款"科目所在行,系统打开"辅助期初余额"窗口。

(3) 单击工具栏中的"往来明细"按钮,系统打开"期初往来明细"窗口。

(4) 单击工具栏中的"引入"按钮,系统弹出信息框"确定要引入期初吗?",单击"是"按钮,系统将应收款系统中录入的4张发票信息引入总账,并显示在"期初往来明细"窗口中。

(5) 单击工具栏中的"汇总"按钮,系统汇总客户往来明细辅助期初,在系统弹出的多个对话框中直接单击"是"和"确定"按钮,以返回"期初往来明细"窗口。

(6) 退出并返回总账系统的"期初余额"窗口。单击"期初往来明细"窗口和"辅助期初余额"窗口中的"退出"按钮。

可重复步骤(2)~(6),完成"一般应付账款"科目的期初余额数据引入和汇总。

2. 期初余额对账

操作步骤如下:

(1) 打开总账系统的"期初余额"窗口。

(2) 对账。单击"对账"按钮,系统弹出"期初对账"对话框,提示将"核对总账上下级""核对总账与辅助账""核对辅助账与明细账",单击"开始"按钮,系统开始对总账与应付账款、应收账款,总账与辅助账,辅助账与明细账进行核对,完成之后在"期初对账"对话框中给出对账结果。

(3) 退出。单击"取消"按钮,关闭"期初对账"对话框,返回"期初余额"窗口。

3. 期初试算

操作步骤如下:

(1) 打开总账系统中的"期初余额"窗口。

(2) 试算。单击"试算"按钮,系统弹出"期初试算平衡表"对话框,并给出试算结果,如图 3-26 所示。

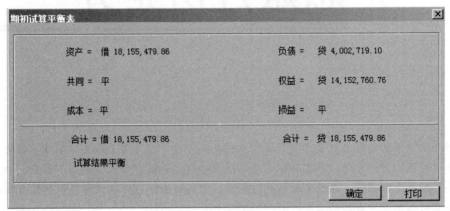

图 3-26 期初试算结果示意图

(3) 单击"确定"按钮,系统返回"期初余额"窗口。

(4) 单击工具栏中的"退出"按钮,退出"期初余额"窗口。

提示:

在总账系统中,若有当月凭证已记账,则总账期初余额不能再修改。

第 4 章

总账月初业务

用友 ERP-U8 的总账系统属于财务管理系统的一部分,它适用于各类企事业单位进行凭证管理、账簿处理、出纳管理、期末转账等基本核算功能,并提供个人、部门、客户、供应商、项目核算等辅助管理功能。在业务处理的过程中,可随时查询包括未记账凭证的所有账表,以满足管理者对信息及时查阅的需求。

一般地,总账的月初业务包括计算并缴纳上月和上月代扣代缴的税费,以及缴纳社会保险费和住房公积金;月末业务包括计算应交增值税及结转未交增值税、计算并结转城市维护建设税及教育费附加等、期间损益结转处理,以及计算并结转本月企业所得税等。至于各种费用的预支与报销,证券投资、银行结息等的财务处理,银行对账处理,以及凭证的出纳签字、会计主管签字与审核等各种总账业务,可能会发生在任何时间。

但为了既满足企业业务的实际情况,又利于教学的由浅入深、分类进行,本教程将总账系统的功能分为月初(第 4 章)和月末(第 11 章)两部分,并在月初业务中设计了缴纳税费、预支差旅费和银行放贷业务,在月末业务中设计了银行计息处理、报销差旅费、计提工资及税费、委托代发工资和银行对账等业务。

本章的操作,请按照业务描述中的系统日期(如 7 月 1 日)和操作员(如财务部曾志伟、会计张兰、出纳罗迪),需要在第 3 章完成的基础上在"总账"管理系统进行。故在实验操作前,需要将系统时间调整为 2017 年 7 月 1 日。如果没有调整系统时间,则在登录"企业应用平台"时需要修改"操作日期"为 2017 年 7 月 1 日;如果操作日期与账套建账时间之间的跨度超过 3 个月,则该账套在演示版状态下不能执行任何操作。

如果没有完成第 3 章的各个子系统期初设置任务,可以到百度网盘空间的"实验账套数据"文件夹中,将"03 期初记账.rar"下载到实验用机上,然后"引入"(操作步骤详见第 1 章 1.3 节中的 1.3.5 小节)ERP-U8 系统中。

需要说明的是:

因网盘中的账套备份文件均为"压缩"文件,所以下载完成后引入前,需要用解压缩工具进行解压(建议用 WinRAR 3.42 或以上版本),得到相应可以引入的账套数据文件。而且,本章完成的账套,其"输出"压缩的文件名为"04 总账月初.rar"。

本章的所有业务实验操作,都有配套的微视频,读者可通过百度网盘空间下载观看。

4.1 缴纳上月税费

根据本公司的会计制度,需要每个月月初预缴上一月的企业所得税,全年汇总清缴。每月月初缴纳上月代扣的个人所得税,以及上月的增值税、城市维护建设税、教育费附加和地方教育费附加。

4.1.1 业务概述与分析

7月1日,以网上电子缴税方式缴纳企业上月各项税费和代扣代缴个人所得税,相应单据可参见图4-1和图4-2(分别制单)。

图 4-1 地税缴税回单

图 4-2 国税缴税回单

本笔业务是缴纳上月的企业所得税、上月的企业未交增值税,以及上月的代扣个人所得税、城市维护建设税、教育费附加和地方教育费附加,可以先通过"自定义转账"计算税费,然后网上缴纳并通过"转账生成"生成凭证,也可以直接在总账中填制凭证。最后进行凭证的出纳签字、主管签字与审核,以及凭证的记账。注意该笔业务的结算方式为6(其他)。

本节在总账中填制凭证,通过"自定义转账"的相关操作可参见第11章11.5节中的11.5.2小节。

4.1.2 预备知识

在社会经济体系中,企业是扣缴义务人。在税收法律关系中,扣缴义务人是一种特殊的纳税主体,在征税主体与纳税主体之间。一方面,代扣、代收税款时,它代表国家行使征税权;另一方面,在税款上缴国库时,又在履行纳税主体的义务。

本笔业务涉及企业的代扣代缴,下面说明、辨析代扣代缴与代收代缴这两个概念,并解释相关的代扣代缴或应缴的税种。

1. 代扣代缴与代收代缴

代扣代缴,是依照税法规定负有代扣代缴义务的单位和个人,从纳税人持有的收入中扣取应纳税款并向税务机关解缴的一种纳税方式。它与代收代缴的区别表现在:代扣代缴义务人直接持有纳税人的收入,并从中直接扣除纳税人的应纳税款,而代收代缴义务人是在与纳税人的经济往来中,收取纳税人的应纳税款并代为缴纳。

2. 相关税费

(1) 应交所得税

应交所得税是指企业按照国家税法规定,应从生产经营等活动的所得中交纳的税金。企业应在"应交税费"科目下设置"应交所得税"明细科目,核算企业交纳的企业所得税。

根据现行税法规定,应交所得税的计算公式为:应交所得税额=应纳税所得额×适用税率-减免税额-允许抵免的税额。应纳税所得额是企业所得税的计税依据,准确计算应纳税所得额是正确计算应交所得税的前提。根据现行企业所得税纳税申报办法,企业应在会计利润总额的基础上,加减纳税调整额后计算出"纳税调整后所得"(应纳税所得额)。会计与税法的差异(包括收入类、扣除类、资产类等永久性和暂时性差异),通过纳税调整明细表集中体现。

根据会计制度,案例公司的所得税税率为25%,按月预计,按季预缴,全年汇总清缴。

(2) 个人所得税

个人所得税指在中国境内有住所,或者虽无住所但在境内居住满一年,以及无住所又不居住或居住不满一年但有从中国境内取得所得的个人,包括中国公民、个体工商户、外籍个人等。

代扣代缴的应交个人所得税按照《个人所得税代扣代缴暂行办法》的规定,扣缴义务人应设立代扣代缴税收账簿,正确反映个人所得税的扣缴情况,并如实填写《扣缴个人所得税报告》及其他有关资料。本公司设置了"应交税费—应交个人所得税"科目,来核算代扣代缴的应交个人所得税。

(3) 进项税额与销项税额

进项税额是指当期购进货物或应税劳务缴纳的增值税税额。计算公式如下:

$$进项税额=(外购原料、燃料、动力等价款)\times 税率$$

进项税额是已经支付的钱,在编制会计账户的时候记在借方。

销项税额是增值税纳税人销售货物、提供应税劳务、发生应税行为，按照销售额和适用税率计算并向购买方收取的增值税税额。

在企业计算时，销项税额扣减进项税额后的数字，才是应缴纳的增值税。本公司设置二级科目"应交税费—应交增值税"进行核算。

本公司为增值税一般纳税人，购销增值税税率为17%，代销手续费的增值税税率为6%，运费增值税税率为11%，按月缴纳。

(4) 未交增值税

"未交增值税"是"应交税费"的二级明细科目，该科目专门用来核算未缴或多缴的增值税。平时无发生额，月末结账时，当"应交税费—应交增值税"为贷方余额时，为应交增值税，应将其贷方余额转入该科目的贷方，反映企业未缴的增值税；当"应交税费—应交增值税"为借方余额(即多缴增值税)时，应将其多缴的增值税转入该科目的借方，反映企业多缴的增值税。

"未交增值税"明细科目，核算一般纳税人月份终了自"应交增值税"明细科目转入的未交或多交的增值税额。

企业发生当月上缴上月未交的增值税的情况时，应在"未交增值税"明细科目核算，其账务处理是：缴纳时，借记"应交税费—未交增值税"科目，贷记"银行存款"等有关科目。"未交增值税"明细科目期末可能无余额，也可能有余额，可能是贷方余额，也可能是借方余额。"未交增值税"明细科目期末如为借方余额，则反映企业多缴的增值税额。

(5) 城市维护建设税

城市维护建设税(以下简称"城建税")是国家对缴纳增值税、消费税(以下简称"两税")的单位和个人就其实际缴纳的"两税"税额为计税依据而征收的一种税。现行的《中华人民共和国城市维护建设税暂行条例》是国务院于1985年2月8日发布，并于1985年实施的。实行差别比例税率，即按照纳税人所在地的不同，实行了三档地区差别比例税率，具体为：

- 纳税人所在地为城市市区的，税率为7%，所以本公司的城建税税率为7%。
- 纳税人所在地为县城、建制镇的，税率为5%。
- 纳税人所在地不在城市市区、县城或者建制镇的，税率为1%。

计算公式如下：

$$应纳税额=实际缴纳的"两税"税额之和×适用税率$$

(6) 应交教育费附加

教育费附加是对缴纳增值税、消费税的单位和个人征收的一种附加费，其作用是发展教育事业，扩大教育经费的资金来源。教育费附加的征收率为3%。

计算公式如下：

$$应交教育费附加=实际缴纳的"两税"税额之和×3\%$$

(7) 应交地方教育费附加

地方教育费附加也是对缴纳增值税、消费税的单位和个人征收的一种附加费，其征收率为2%。

计算公式如下：

$$应交地方教育费附加=实际缴纳的"两税"税额之和×2\%$$

4.1.3 操作指导

1. 操作流程

图 4-3 所示是本业务的操作流程。

请确认系统日期和业务日期为 2017 年 7 月 1 日。

2. 凭证填制操作步骤

任务说明：财务部会计张兰进行税费缴纳凭证的填制。

(请以张兰的身份，登录进入"企业应用平台"，下同，从略)

(1) 打开"凭证填制"窗口。在"企业应用平台"的"业务工作"页签中，依次单击"财务会计/总账/凭证/填制凭证"菜单项，系统打开"填制凭证"窗口。

(2) 新增凭证。单击工具栏中的"增加"按钮，系统打开一张空白的记账凭证。

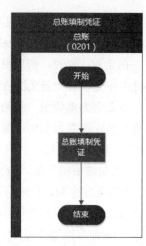

图 4-3 代扣代缴税费的操作流程

(3) 编辑地税凭证分录。在第 1 行的"摘要"栏参照生成或录入"缴纳税费(地税)"，在"科目名称"栏参照生成或录入 222112(应交税费/应交城市维护建设税)，在"借方金额"中输入 630，然后按 Enter 键；在第 2 行的"科目名称"栏参照生成或录入 222113(应交税费/应交教育费附加)，在"借方金额"中输入 270，然后按 Enter 键；在第 3 行的"科目名称"栏参照生成或录入 222114(应交税费/应交地方教育费附加)，在"借方金额"中输入 180，然后按 Enter 键；在第 4 行的"科目名称"栏参照生成或录入 222111(应交税费/应交个人所得税)，在"借方金额"中输入 2130.96，然后按 Enter 键；在第 5 行的"科目名称"栏参照生成或录入 100201(银行存款/工行存款)，单击其他区域系统将弹出"辅助项"对话框，在其"结算方式"编辑框参照生成为"其他"，然后单击"确定"按钮，返回"填制凭证"窗口，再在"贷方金额"栏按"＝"键，系统自动填充贷方金额(3210.96)。

(4) 保存地税凭证。单击工具栏中的"保存"按钮，系统提示保存成功，退出信息提示框，结果如图 4-4 所示。

图 4-4 地税缴税的记账凭证

(5) 编辑并保存国税凭证。在"填制凭证"窗口中，单击"增加"按钮，在第 1 行的"摘要”栏参照生成或录入“缴纳税费(国税)”，在“科目名称”栏参照生成或录入 222102(应交税费/未交增值税)，在“借方金额”中输入 9000，然后按 Enter 键；在第 2 行的“科目名称”栏参照生成或录入 222110(应交税费/应交企业所得税)，在“借方金额”中输入 137 500，然后按 Enter 键；在第 3 行的“科目名称”栏参照生成或录入 100201(银行存款/工行存款)，单击其他区域系统将弹出“辅助项”对话框，在其“结算方式”编辑框参照生成为“其他”，然后单击“确定”按钮，返回“填制凭证”窗口，再在“贷方金额”栏按“＝”键，系统自动填充贷方金额(146 500)。

(6) 保存国税凭证。单击工具栏中的“保存”按钮，系统提示保存成功，退出信息提示框，结果如图 4-5 所示。

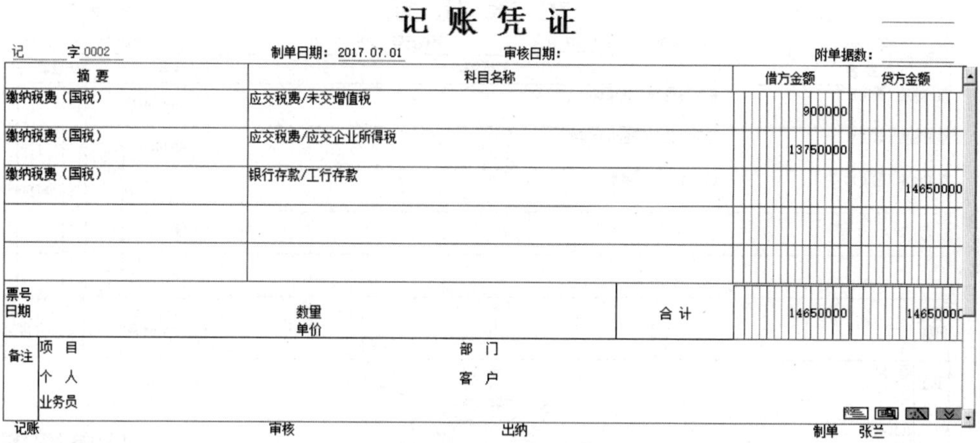

记账凭证

记 字 0002　　制单日期：2017.07.01　　审核日期：　　附单据数：

摘要	科目名称	借方金额	贷方金额
缴纳税费（国税）	应交税费/未交增值税	900000	
缴纳税费（国税）	应交税费/应交企业所得税	13750000	
缴纳税费（国税）	银行存款/工行存款		14650000
票号 日期	数量 单价 合计	14650000	14650000

备注　项目　部门　个人　客户　业务员

记账　审核　出纳　制单 张兰

图 4-5　国税缴税的记账凭证

(7) 退出。单击“填制凭证”窗口右上角的“关闭”按钮，关闭并退出该窗口。

3. 凭证出纳签字、主管签字与审核并记账的操作步骤

任务说明：代缴税费凭证的出纳罗迪签字、主管曾志伟签字与审核，会计张兰进行凭证记账。

【财务部出纳罗迪对凭证进行出纳签字】

(请以罗迪的身份，登录进入“企业应用平台”，下同，从略)

(1) 打开“出纳签字列表”窗口。在“总账”子系统中，依次单击“凭证/出纳签字”菜单项，系统弹出“出纳签字”对话框，单击“确定”按钮，系统打开“出纳签字列表”窗口。

(2) 出纳签字。双击国税凭证所在的行，进入该凭证的“出纳签字”窗口，查阅信息无误后单击工具栏中的“签字”按钮，即在凭证下方“出纳”处显示“罗迪”的名字，表示出纳签字完成。单击“下张凭证”按钮，查阅信息无误后再单击工具栏中的“签字”按钮(结果如图 4-6 所示)，完成 2 张凭证的出纳签字。

(3) 退出。单击“出纳签字”和“出纳签字列表”窗口右上角的“关闭”按钮，关闭并退出窗口。

【财务部曾志伟对凭证进行主管签字】

(请以曾志伟的身份，登录进入"企业应用平台"，下同，从略)

(1) 打开"主管签字列表"窗口。在"总账"子系统中，依次单击"凭证/主管签字"菜单项，打开"主管签字"对话框，单击"确定"按钮，系统打开"主管签字列表"窗口。

(2) 会计主管签字。双击国税凭证所在的行，进入该凭证的"主管签字"窗口，查阅信息无误后单击工具栏中的"签字"按钮，即在凭证右上方显示"曾志伟"的红字印章，表示主管签字完成。单击"下张凭证"按钮，查阅信息无误后再单击工具栏中的"签字"按钮(结果如图4-6所示)，完成2张凭证的主管签字。

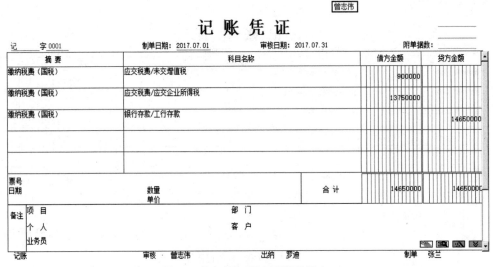

图4-6 签字审核后的国税缴税凭证

(3) 退出。单击"主管签字"和"主管签字列表"右上角的"关闭"按钮，关闭并退出窗口。

【财务部曾志伟对凭证进行主管审核】

(1) 打开"凭证审核列表"窗口。在"总账"子系统中，依次单击"凭证/审核凭证"菜单项，进入"凭证审核"对话框，单击"确定"按钮，系统打开"凭证审核列表"窗口。

(2) 会计主管审核。双击国税凭证所在的行，进入该凭证的"审核凭证"窗口，审核信息无误后单击工具栏中的"审核"按钮，即在凭证下方"审核"处显示"曾志伟"的名字，表示主管审核工作完成，并且系统自动进入"下张凭证"界面，查阅信息无误后再单击工具栏中的"审核"按钮(结果如图4-6所示)，完成2张凭证的主管审核。

(3) 退出。单击"审核凭证"和"凭证审核列表"窗口右上角的"关闭"按钮，关闭并退出窗口。

【财务部会计张兰进行凭证记账】

(1) 打开"记账"对话框。在"总账"子系统中，依次单击"凭证/记账"菜单项，打开"记账"对话框。

(2) 记账。先单击对话框中的"全选"按钮，再单击"记账"按钮，系统弹出"期初试算平衡板"对话框，单击"确定"按钮，系统自动记账完成，并弹出信息提示框。

(3) 退出。单击信息提示框中的"确定"按钮和"记账"对话框中的"退出"按钮。

4.2 缴纳上月社会保险费和住房公积金

根据本公司的会计制度和国家相关规定，需要每月月初缴纳上月的单位和个人承担的社会保险费，以及单位和个人承担的住房公积金。

4.2.1 业务概述与分析

7月1日，缴纳上月的社会保险费和住房公积金，相应的原始单据可参见图4-7和图4-8。住房公积金原始单据略。以"其他"结算方式支付，合并制单。

委托收款凭证（付款通知）

委托日期 2017年7月1日

收款人	全称	市直企业单位保险基金专户	付款人	全称	北京伊莱特电器有限公司
	账号	1102020526 78223674		账号	1102020526782987908
	开户银行	中国工商银行北京市昌平支行		开户银行	中国工商银行北京市昌平支行

委收金额	人民币（大写）壹万柒仟柒佰捌拾伍元肆角肆分			¥ 1 7 7 8 5 4 4
款项内容	养老保险	委托收款凭证名称	社会保险基金专用收据	1
备注：2017年6月养老保险		款项收妥日期 2017年 7月 1日		付款人开户行盖章

图 4-7　社会保险基金委托收款凭证

社会保险基金专用收据（回单）

2017 年 7 月 1 日

缴款单位	单位全称	北京伊莱特电器有限公司	收款单位	单位全称	省直企业单位保险基金专户
	单位编码	168306680		收费名目	养老保险
	在职人数	略		开户银行及账号	中国工商银行北京市昌平支行
	缴费基数			电话	

缴款内容	缴款日期	应缴金额	实缴金额
单位应缴	2017年6月	16468.00	16468.00
个人应缴	2017年6月	1317.44	1317.44
	实 收金额合计（大写）壹万柒仟柒佰捌拾伍元肆角肆分		

图 4-8　社会保险基金专用收据

备注：医疗保险、工伤保险、失业保险、生育保险和住房公积金的专用收据与图4-7和图4-8类似，在此省略。

本笔业务是月初缴纳上月的单位和个人承担的社会保险费，以及单位和个人承担的住房公积金业务，可以先通过"自定义转账"计算社会保险费和住房公积金，然后通过"转账生成"生成凭证，也可以直接在总账填制相应凭证。最后进行凭证的出纳签字、主管签字与审核，以及会计记账(相应的操作请参见 4.1.3 节)。请注意凭证的结算方式为6(其他)。

本节在总账中填制凭证，通过"自定义转账"相关操作可参见第 11 章 11.5 节中的 11.5.2 小节。

说明：

由于凭证的出纳签字、主管签字与审核，以及会计记账，在 4.1 节中的 4.1.3 已经详述，所以本节至 11.4 节之间的所有凭证，均省略此步骤。

4.2.2 预备知识

社会保险费，目前包括养老保险、医疗保险、失业保险、工伤保险和生育保险，共 5 个险种，简称为"五险"；住房公积金简称为"一金"。其中养老保险、医疗保险和失业保险，这 3 个险种是由企业和个人共同缴纳保费，工伤保险和生育保险完全由企业承担，个人不需要缴纳。

1. 社会保险费

社会保险费是社会保险的保险人(国家)为了承担法定的社会保险责任，而向被保险人(雇员和雇主)收缴的费用，通常分为养老保险、医疗保险、失业保险、工伤保险和生育保险。社会保险必须根据各种风险事故的发生概率，并按照给付标准事先估计的给付支出总额，求出被保险人所负担的一定比率，作为厘定保险费率的标准。

本公司按照有关规定，由单位承担并缴纳的养老保险、医疗保险、失业保险、工伤保险和生育保险，分别按照本月职工五险一金计提基数的 20%、10%、1%、1%、0.8%计算；职工个人承担的养老保险、医疗保险和失业保险，分别按照本人本月应发工资总额的 8%、2%、0.2%计算。

2. 住房公积金

住房公积金，是指国家机关、国有企业、城镇集体企业、外商投资企业、城镇私营企业及其他城镇企业、事业单位、民办非企业单位、社会团体及其在职职工缴存的长期住房储备金。

本公司按照有关规定，由单位承担并缴纳的住房公积金，按照职工本月应发工资总额的 12%计算；职工个人承担的按照本人本月应发工资总额的 12%计算。

4.2.3 操作指导

请确认系统日期和业务日期为 2017 年 7 月 1 日。

本业务的操作步骤

任务说明： 财务部会计张兰进行社会保险和住房公积金缴纳凭证的填制。

(1) 打开"凭证填制"窗口。在"企业应用平台"的"业务工作"页签中，依次单击"财务会计/总账/凭证/填制凭证"菜单项，系统打开"填制凭证"窗口。

(2) 新增凭证。单击工具栏中的"增加"按钮，系统打开一张空白的记账凭证。

(3) 编辑缴纳社会保险费和住房公积金凭证分录。在第 1 行的"摘要"栏中参照生成或录入"缴纳社会保险费和住房公积金"，在"科目名称"栏参照生成或录入 22110301(应付职工薪酬/养老保险/企业部分)，在"借方金额"中输入 16 468.00，按 Enter 键；在第 2 行的"科目名称"栏参照生成或录入 22110302(应付职工薪酬/养老保险/个人部分)，在"借方金额"中输入 1317.44，按 Enter 键；在第 3 行的"科目名称"栏参照生成或录入 22110401(应付职工薪酬/医疗保险/企业部分)，在"借方金额"中输入 8234.00，按 Enter 键；在第 4 行的"科目名称"栏参照生成或录入 22110402(应付职工薪酬/医疗保险/个人部分)，在"借方金额"中输入 1646.80，按 Enter 键；在第 5 行的"科目名称"栏参照生成或录入 22110501(应付职工薪酬/失业保险/企业部分)，在"借方金额"中输入 823.40，按 Enter 键；在第 6 行的"科目名称"栏参照生成或录入 22110502(应付职工薪酬/失业保险/个人部分)，在"借方金额"中输入 164.68，按 Enter 键；在第 7 行的"科目名称"栏参照生成或录入 221106(应付职工薪酬/工伤保险)，在"借方金额"中输入 823.40，按 Enter 键；在第 8 行的"科目名称"栏参照生成或录入 221107(应付职工薪酬/生育保险)，在"借方金额"中输入 658.72，按 Enter 键；在第 9 行的"科目名称"栏参照生成或录入 22110801(应付职工薪酬/住房公积金/企业部分)，在"借方金额"中输入 9880.80，按 Enter 键；在第 10 行的"科目名称"栏参照生成或录入 22110802(应付职工薪酬/住房公积金/个人部分)，在"借方金额"中输入 9880.80，按 Enter 键；在第 11 行的"科目名称"栏参照生成或录入 100201(银行存款/工行存款)，单击其他区域系统将弹出"辅助项"对话框，在其"结算方式"编辑框参照生成为"其他"，单击"确定"按钮，返回"填制凭证"窗口，再在"贷方金额"栏按"="键，系统自动填充贷方金额(49 898.04)。

(4) 保存凭证。单击工具栏中的"保存"按钮，系统提示保存成功，退出信息提示框，结果如图 4-9 所示。

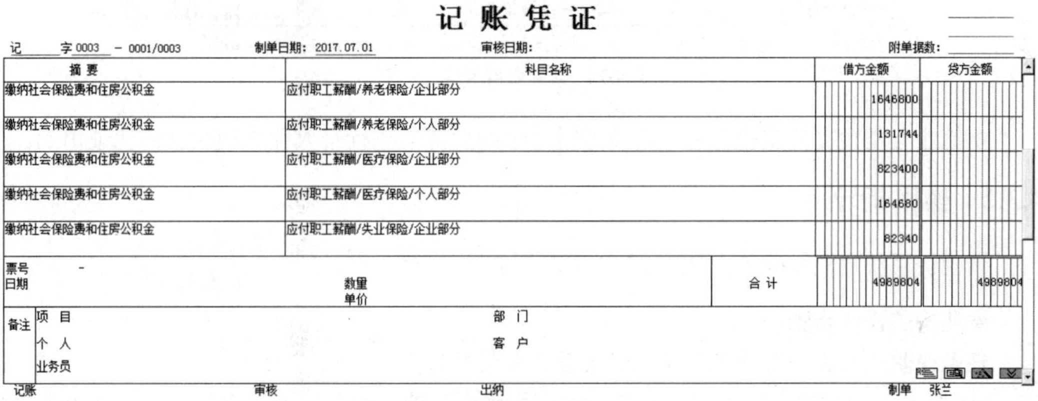

图 4-9 缴纳社会保险费和住房公积金的记账凭证

(5) 退出。单击"填制凭证"窗口右上角的"关闭"按钮，关闭并退出该窗口。

4.3 预支差旅费

差旅费是单位一项重要的经常性支出项目，主要包括因公出差期间所产生的交通费、住宿费和公杂费等各项费用。差旅费业务是企业在营运过程中由于各部门员工出差等事宜产生的成本。本公司规定，销售部门人员的差旅费计入销售费用，采购部门人员的差旅费计入管理费用，预支的差旅费通过"其他应收款/个人往来"科目核算。

本节说明预支差旅费在用友 ERP-U8 中的操作流程，报销差旅费的操作流程将在第 11 章 11.3 节详述。

4.3.1 业务概述与分析

7月1日,预支差旅费,现金付讫。相应的原始单据可参见图4-10和图4-11。

借 款 单				
2017年7月1日				
借款部门	批发部	姓名	夏于	事由 出差开会
借款金额	人民币(大写)叁仟元整 小写 ¥3000.00			
部门负责人签署	略	借款人签章	略	注意事项 略
单位领导批示	略	财务经理审核意见	略	

图 4-10 夏于借款单示意图

借 款 单				
2017年7月1日				
借款部门	采购部	姓名	张新海	事由 询价
借款金额	人民币(大写)壹仟元整 小写 ¥1000.00			
部门负责人签署	略	借款人签章	略	注意事项 略
单位领导批示	略	财务经理审核意见	略	

图 4-11 张新海借款单示意图

本笔业务是预支差旅费业务,需要通过"填制凭证"进行个人往来应收款的凭证填制。

4.3.2 操作指导

请确认系统日期和业务日期为 2017 年 7 月 1 日。

本业务的操作步骤

任务说明:财务部会计张兰填制预支差旅费的凭证。

(1) 打开"填制凭证"窗口。在"企业应用平台"的"业务工作"页签中,依次单击"财务会计/总账/凭证/填制凭证"菜单项,系统打开"填制凭证"窗口。

(2) 填制销售部夏于预支差旅费的凭证。单击"填制凭证"窗口中的"增加"按钮("+"标志),系统打开一张空白的记账凭证,做如下编辑:

① 编辑摘要。在其"摘要"栏中参照生成或填入"预支差旅费"。

② 编辑第 1 笔分录。在第 1 行的"科目名称"栏中参照生成或录入 122101(其他应收款/个人往来),单击其他区域系统将弹出"辅助项"对话框,在其"部门"编辑框中参照生成"批发部","个人"参照生成"夏于",然后单击"确定"按钮,返回"填制凭证"窗口,在"借方金额"中输入 3000,按 Enter 键。

③ 编辑第 2 笔分录。在第 2 行的"科目名称"栏中录入 1001(库存现金),在"贷方金额"栏按"="键,由系统自动填充金额(3000)。

(3) 保存夏于预支差旅费的凭证。单击工具栏中的"保存"按钮,完成夏于预支差旅费凭证填制,结果如图 4-12 所示。

记账凭证

记 字 0004 制单日期：2017.07.01 审核日期： 附单据数：

摘要	科目名称	借方金额	贷方金额
预支差旅费	其他应收款/个人往来	300000	
预支差旅费	库存现金		300000
票号 日期 2017.07.01	数量 单价 合计	300000	300000

备注 项目 部门 批发部

个人 夏于 客户

业务员

记账 审核 出纳 制单 张兰

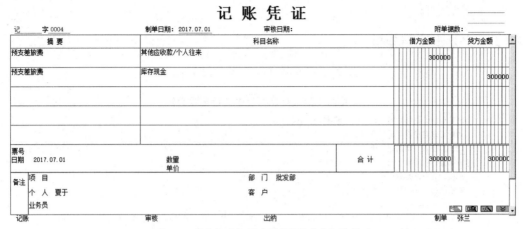

图 4-12 销售批发部夏于预支差旅费的记账凭证

提示：

若“辅助明细”对话框中的“个人”参照不成功，是基础档案中人员档案的“业务员”属性和“业务/费用部门”的设置有问题。

(4) 填制并保存采购部张新海预支差旅费的凭证。重复步骤(2)和(3)，设置其“摘要”为“预支差旅费”；第1笔分录的“科目名称”为122101(其他应收款/个人往来)，“辅助项”的“部门”为“采购部”，“个人”为“张新海”，“借方金额”为1000；第2笔分录的“科目名称”为1001(库存现金)，“贷方金额”为1000，并“保存”该凭证，结果如图4-13所示。

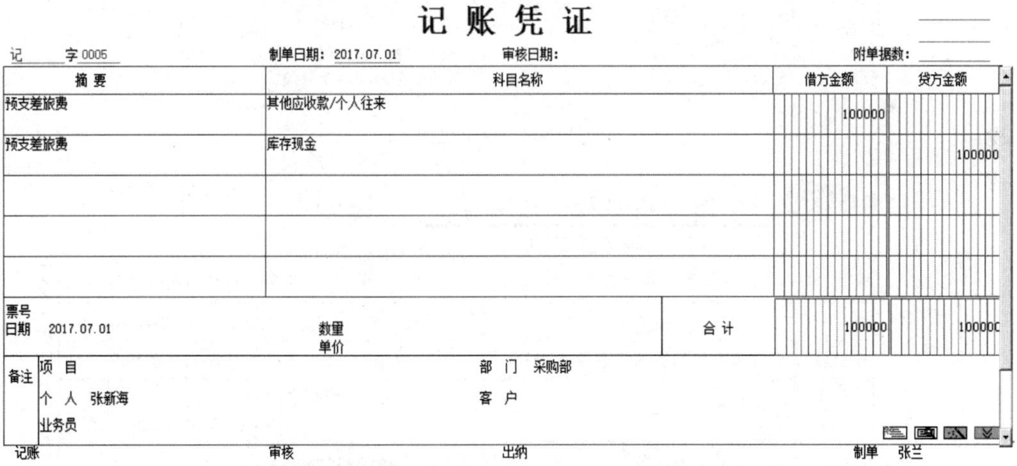

记账凭证

记 字 0005 制单日期：2017.07.01 审核日期： 附单据数：

摘要	科目名称	借方金额	贷方金额
预支差旅费	其他应收款/个人往来	100000	
预支差旅费	库存现金		100000
票号 日期 2017.07.01	数量 单价 合计	100000	100000

备注 项目 部门 采购部

个人 张新海 客户

业务员

记账 审核 出纳 制单 张兰

图 4-13 采购部张新海预支差旅费的记账凭证

(5) 退出。单击“填制凭证”窗口右上角的“关闭”按钮，关闭并退出该窗口。

4.4 银行放贷业务

银行贷款，是指银行根据国家政策，以一定的利率将资金贷放给有资金需要的个人或企业，并约定期限归还的一种经济行为。

4.4.1 业务概述与分析

7月1日，收到贷款，相应的原始单据可参见图4-14和图4-15。

中国工商银行北京昌平支行贷款合同

借款单位（简称甲方）：北京伊莱特电器有限公司
地址：北京市昌平区昌平路78号
法定代表人：李吉棕
贷款银行（简称乙方）：中国工商银行北京市昌平支行
地址：北京市昌平区昌平路18号
法定代表人（负责人）：张宏

甲方为适应发展需要，特向乙方申请借款，经乙方审查同意发放。为明确双方责任，恪守信用，特签订本合同，共同遵守。

一、甲方向乙方借款人民币（大写）陆拾万元整，规定用于企业经营。
二、借款期约定为 5 年，即从2017年7月1日至2022年6月30日，乙方保证按计划和下达的贷款指标额度供应资金，甲方保证按规定的用途用款。
三、贷款利息自支用贷款之日起，以支用额按年息7.2%计算
四、乙方有权检查贷款使用情况，了解甲方的经营管理、计划执行、财务活动、物资库存等情况。甲方保证按季提供有关统计、会计、财务等方面的报表和资料。
五、在本合同有效期内，甲方因实行承包、租赁、兼并等而变更经营方式的，必须通知乙方参与清产核资和承包、租赁、兼并合同（协议）的研究、签订的全过程，并根据国家有关规定落实债务、债权关系。
六、需要变更合同条约的，经甲乙双方协商一致，应签订补充文本。

其他约定：
一、本合同自签订之日起生效，贷款本息全部偿清之后失效。
二、本合同正本2份，甲乙双方各执一份，副本 2 份，送乙方财务部门和有关部门。

借款单位（公章）
法定代表人（签字）李吉棕
签订日期：2017年7月1日

贷款银行（公章）
法定代表人或负责人（签字）：张宏
签订日期：2017年7月3日

图4-14 贷款合同

ICBC 中国工商银行 进账单 （收账通知） 1

2017 年 7 月 1 日

付款人	全称	中国工商银行股份有限公司	收款人	全称	北京伊莱特电器有限公司
	账号	1102020526782987922		账号	1102020526782987908
	开户银行	中国工商银行北京市昌平支行		开户银行	中国工商银行北京市昌平支行

金额	人民币（大写）	陆拾万元整	亿 千 百 十 万 千 百 十 元 角 分
			¥ 6 0 0 0 0 0 0 0

票据种类	转账支票	票据张数	1
票据号码		22587710	

中国工商银行北京市昌平支行 2017年7月1日 转讫

复核（略） 记账（略） 收款人开户银行签章

图4-15 贷款的银行进账单

4.4.2 操作指导

请确认系统日期和业务日期为 2017 年 7 月 1 日。

本业务的操作步骤

任务说明： 财务部会计张兰填制银行放贷的记账凭证。

(1) 打开"填制凭证"窗口。在"企业应用平台"的"业务工作"页签中，依次单击"财务会计/总账/凭证/填制凭证"菜单项，系统打开"填制凭证"窗口。

(2) 填制凭证。单击"填制凭证"窗口中的"增加"按钮（"+"标志），系统打开一张空白的记账凭证，做如下编辑：

① 编辑摘要。在其"摘要"栏中参照生成或填入"银行放贷"。

② 编辑第 1 笔分录。在第 1 行的"科目名称"栏中参照生成或录入 100201(银行存款/工行存款)，单击其他区域系统将弹出"辅助项"对话框，设置"结算方式"为"转账支票"，"票据号"为 22587710，单击"确定"按钮，返回"填制凭证"窗口，在"借方金额"中输入 600 000，按 Enter 键。

③ 编辑第 2 笔分录。在第 2 行的"科目名称"栏中录入 2501(长期借款)，在"贷方金额"栏按"="由系统自动填充金额。

(3) 保存凭证。单击工具栏中的"保存"按钮，保存该凭证，结果如图 4-16 所示。

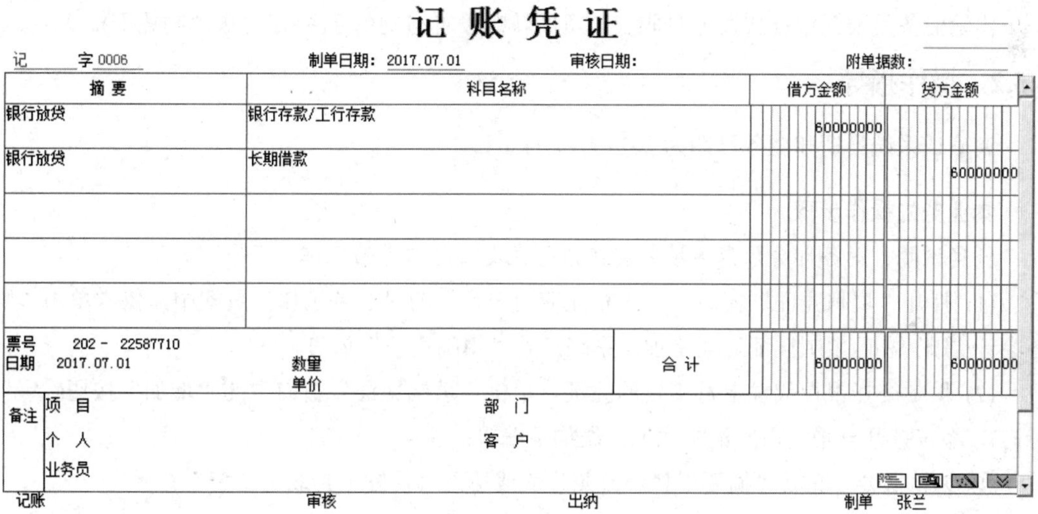

记 账 凭 证

记 字 0006	制单日期：2017.07.01	审核日期：		附单据数：
摘 要	科目名称		借方金额	贷方金额
银行放贷	银行存款/工行存款		60000000	
银行放贷	长期借款			60000000

票号 202 - 22587710
日期 2017.07.01
数量 单价
合 计 60000000 60000000

备注 项目 部门
个人 客户
业务员

记账　　审核　　出纳　　制单 张兰

图 4-16 银行放贷的记账凭证

(4) 退出。单击"填制凭证"窗口右上角的"关闭"按钮，关闭并退出该窗口。

4.5 代发上月工资

4.5.1 业务概述与分析

7 月 1 日，委托银行代发上月职工工资，相应的原始单据可参见图 4-17。

图 4-17 代发上月工资支票存根

本笔业务是委托银行代发上月职工工资的转账设置与制单(直接在总账填制凭证)。

4.5.2 操作指导

请确认系统日期和业务日期为 2017 年 7 月 1 日。

本业务的操作步骤

任务说明：财务部会计张兰填制委托银行代发上月工资的凭证。

(1) 打开"填制凭证"窗口。在"企业应用平台"的"业务工作"页签中，依次单击"财务会计/总账/凭证/填制凭证"菜单项，系统打开"填制凭证"窗口。

(2) 填制委托银行代发上月工资的凭证。单击"填制凭证"窗口中的"增加"按钮("+"标志)，系统打开一张空白的记账凭证，做如下编辑：

① 编辑摘要。在其"摘要"栏中参照生成或填入"代发上月职工工资"。

② 编辑第 1 笔分录。在第 1 行的"科目名称"栏中参照生成或录入 221101(应付职工薪酬/工资)，在"借方金额"中输入 82 340.00，按 Enter 键。

③ 编辑第 2 笔分录。在第 2 行的"科目名称"栏中录入 100201(银行存款/工行存款)，单击其他区域系统将弹出"辅助项"对话框，设置"结算方式"为"现金支票"，"票据号"为 10891202，单击"确定"按钮，返回"填制凭证"窗口，在"贷方金额"栏按"="由系统自动填充金额。

(3) 保存凭证。单击工具栏中的"保存"按钮，保存该凭证，结果如图 4-18 所示。

(4) 退出。单击"填制凭证"窗口右上角的"关闭"按钮，关闭并退出该窗口。

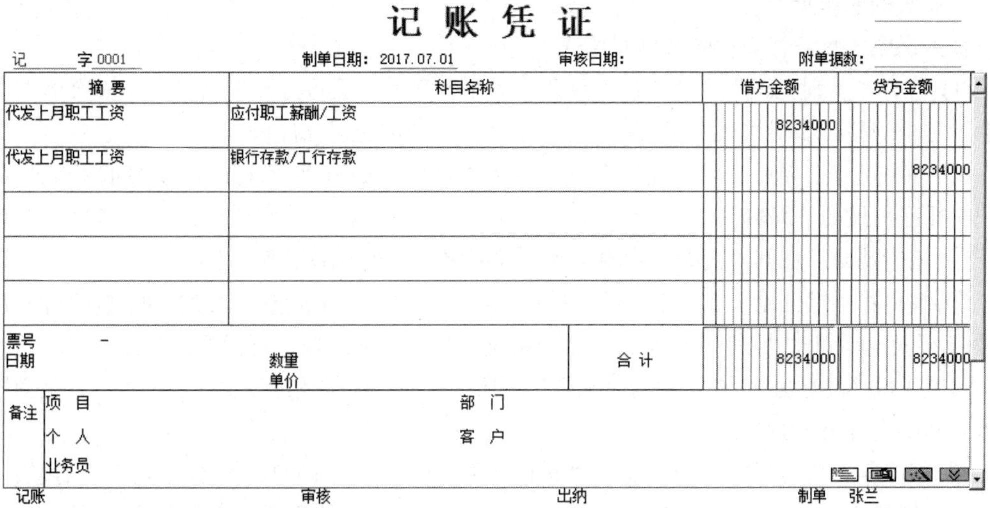

图 4-18 代发上月职工工资的制单结果

4.6 总经理预支房租费用

职工的房租费用属于非货币性职工福利。

4.6.1 业务概述与分析

7月1日，预支本月房租，支票存根的原始单据可参见图 4-19。

图 4-19 预存本月房租支票存根

本笔业务是非货币性职工福利业务，需要通过"填制凭证"进行部门核算的凭证填制。

4.6.2 操作指导

请确认系统日期和业务日期为 2017 年 7 月 1 日。

本业务的操作步骤

任务说明：财务部会计张兰填制凭证。

(1) 打开“填制凭证”窗口。在“企业应用平台”的“业务工作”页签中，依次单击“财务会计/总账/凭证/填制凭证”菜单项，系统打开“填制凭证”窗口。

(2) 填制凭证。单击“填制凭证”窗口中的“增加”按钮(“+”标志)，系统打开一张空白的记账凭证，做如下编辑：

① 编辑摘要。在其“摘要”栏中参照生成或填入“预支房租费”。

② 编辑第1笔分录。在第1行的“科目名称”栏中参照生成或录入22110202(应付职工薪酬/职工福利/非货币性福利)，单击其他区域系统将弹出“辅助项”对话框，在其“部门”编辑框中参照生成“经理办公室”，单击“确定”按钮，返回“填制凭证”窗口，在“借方金额”中输入6000，按Enter键。

③ 编辑第2笔分录。在第2行的“科目名称”栏中录入100201(银行存款/工行存款)，并设置其“结算方式”为“现金支票”，“票号”为21622007，然后在“贷方金额”栏按“=”由系统自动填充金额(6000)。

(3) 保存凭证。单击工具栏中的“保存”按钮，保存该凭证，结果如图4-20所示。

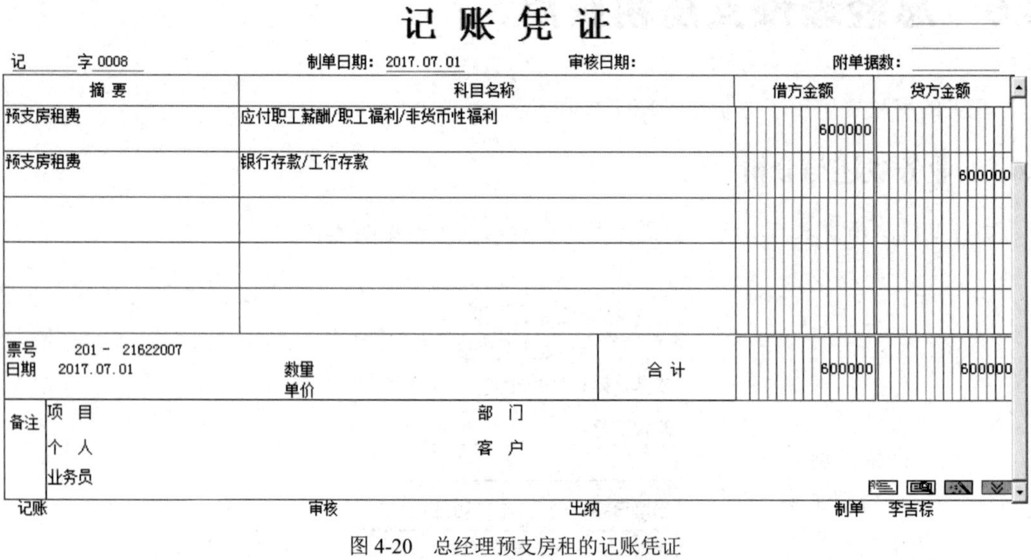
记账凭证

记 字 0008　　制单日期：2017.07.01　　审核日期：　　附单据数：

摘要	科目名称	借方金额	贷方金额
预支房租费	应付职工薪酬/职工福利/非货币性福利	600000	
预支房租费	银行存款/工行存款		600000
票号 201 - 21622007 日期 2017.07.01	数量 单价 合计	600000	600000

备注　项 目　　部 门
个 人　　客 户
业务员

记账　　审核　　出纳　　制单 李吉棕

图4-20　总经理预支房租的记账凭证

(4) 退出。单击“填制凭证”窗口右上角的“关闭”按钮，关闭并退出该窗口。

第 5 章

采购与应付业务

采购业务管理是用友 ERP-U8 供应链的重要组成部分,它提供了请购、采购订货、采购到货、采购入库、采购开票、采购结算等业务管理,用户可以根据业务需要选用不同的业务单据和业务流程。而且,若企业类型不同则采购业务的管理也不同。

本公司是商业企业,所以在新建账套时选择"企业类型"为"商业",建立商业版账套。这样在采购管理系统中的存货是指库存商品、包装物、低值易耗品及企业受托代销的商品等。

本章设计了有请购业务的采购、有报价降价、预付订金、代垫运费和有现付的普通采购业务,以及采购暂估结算、采购到货拒收、采购退货等采购业务中的特殊情况,还有受托代销业务的处理。

用友 ERP-U8 的应付款管理,通过对发票、其他应收单、收款单等单据的管理,可及时、准确地提供供应商的往来账款余额资料,有利于企业合理地进行资金的调配,提高资金的利用效率。

应付管理的日常业务工作,包括企业日常的应付/付款的单据处理、应付/付款单据核销、应付转账等。

应付单据处理是指用友 ERP-U8 的用户,可通过应付款管理系统进行单据的录入、查阅和分析等工作。由于本公司同时启用了应付款管理和采购管理系统,所以采购发票由采购系统录入(相应的业务,可参见 5.2~5.8 节、5.13 节),在应付款管理系统中对这些单据进行审核、弃审、查询、核销、制单等处理,而且在应付款管理系统只需要录入应付单。

付款单据处理主要是对结算单据(付款单、收款单,即红字付款单)的录入与审核。相应的业务,可参见 5.5 节和 5.13 节。

单据核销是指用付款来核销应付款的工作。单据核销的作用是建立付款与应付款的核销记录,加强往来款项的管理。相应的业务,可参见 5.5~5.8 节。

应付转账是进行应付冲应付(将一家供应商的应付款转到另一家供应商或把一个部门或业务员的应付款转到另一个部门或业务员中)、预付冲应付(将预付供应商款项和所欠供应商的货款进行转账核销处理)、应付冲应收(是用对某供应商的应付账款,冲抵对某客户的应收账款)、红票对冲(将同一供应商的红票和其蓝字发票进行冲销)等操作,本教程以预付冲应付为例(详见 5.7 节),进行了相关业务的分析与操作说明。

需要说明的是:

因为在日常采购、销售和库存管理业务过程中生成的凭证,若没有特殊需求则其会计主管签字与审核不需要与业务同步,所以在第 5~10 章中生成的凭证,在业务处理的过程中没有列出凭证签字与审核的操作步骤。我们将在第 11 章集中进行凭证的出纳签字、会计主管签字与审核,以及凭证记账,可以随时进行凭证签字审核与记账的操作。

本章的操作,请按照业务描述中的系统日期(如 7 月 1 日)和操作员(如采购部刘静),在第 4 章完成的基础上,在采购管理、库存管理、存货核算和应付款系统中进行。

如果没有完成第 4 章的总账期初业务的操作,可以到百度网盘空间的"实验账套数据"文件夹中,将"04 总账月初.rar"下载到实验用机上,然后"引入"(操作步骤详见第 1 章 1.3 节中的 1.3.5 小节)ERP-U8 系统中。而且,本章完成的账套,其"输出"压缩的文件名为"05 采购应付.rar"。

需要说明的是:

因网盘中的账套备份文件均为"压缩"文件,所以下载完成后引入前,需要用解压缩工具进行解压(建议用 WinRAR 3.42 或以上版本),得到相应可以引入的账套数据文件。

本章配有业务操作视频,读者可通过百度网盘下载观看。

5.1 请购与采购订货

采购请购是指企业内部向采购部门提出采购申请,或采购部门汇总企业内部采购需求提出采购清单。请购单是采购业务处理的起点,用于描述和生成采购的需求,如采购什么货物、采购多少、何时使用、谁用等内容;同时,也可为采购订单提供建议内容,如建议供应商、建议订货日期等。

采购订单是企业与供应商之间签订的采购合同、购销协议等,主要内容包括采购什么货物、采购多少、由谁供货、什么时间到货、到货地点、运输方式、价格、运费等。

5.1.1 业务概述与分析

7 月 1 日,与广东珠海格力电器股份有限公司签订采购合同,原始单据可参见图 5-1(a)和图 5-1(b)。

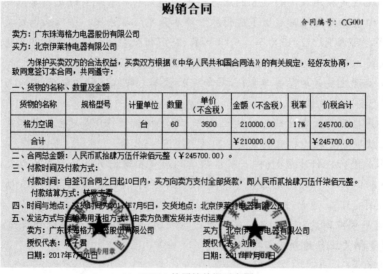

(a) CG001 的原始单据示意图

请购单

项目	品名	数量	单位价格（元）	总金额（元）
1	格力空调	60	3500	210000
2				
3				
4				
5				

总金额： 210000 RMB：210000

供应商名称及联系电话	报价
1 广东珠海	3500
2	
3	
4	

到货时间及付款条件

2017年7月5日到货

备注

审批（所有申请）（部门经理）　审批（人民币5千元以下）（部门经理）
审核（所有申请）（财务经理）　审核（人民币5千元以下）（总经理）
最终审批（人民币15万元以上）（总裁）

(b) 请购单的原始单据示意图

图 5-1　请购与采购订货原始单据

本笔业务是采购管理中的请购与采购订货业务，需要填制并审核采购请购单、采购订单。

5.1.2　操作指导

1. 操作流程

图 5-2 所示是请购与采购的操作流程。

请确认系统日期和业务日期为 2017 年 7 月 1 日。

2. 采购请购单填制并审核的操作步骤

任务说明：采购部刘静填制并审核请购单。

(1) 打开"采购请购单"窗口。在"企业应用平台"的"业务工作"页签中，依次单击"供应链/采购管理/请购/请购单"菜单项，系统打开"采购请购单"窗口。

(2) 填制请购单。单击工具栏中的"增加"按钮，新增一个请购单，然后做如下编辑：

① 表头编辑。参照生成"请购部门"为"采购部"，"请购人员"为"刘静"，"采购类型"为"商品采购"，其他项不变。

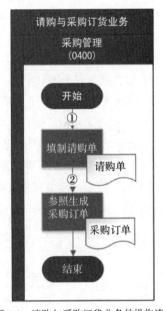

图 5-2　请购与采购订货业务的操作流程

② 表体编辑。参照生成表体的"存货编码"为 00002(格力空调)，并在"数量"栏填入 60，"本币单价"栏填入 3500，修改"需求日期"为 2017-07-05，其他项不变。

③ 保存并审核请购单。单击工具栏中的"保存"按钮，保存该请购单，然后单击工具栏中的"审核"按钮，结果如图 5-3 所示。

图 5-3　请购单

(3) 退出。单击"采购请购单"窗口右上角的"关闭"按钮,退出该窗口。

3. 采购订单填制并审核的操作步骤

任务说明: 采购部刘静填制并审核采购订单。

(1) 打开"采购订单"窗口。在"采购管理"子系统中,依次单击"采购订货/采购订单"菜单项,系统打开"采购订单"窗口。

(2) 参照请购单生成采购单。单击工具栏中的"增加"按钮以新增一张采购订单,然后做如下编辑:

① 打开"拷贝并执行"窗口。单击工具栏中的"生单/请购单"命令,系统打开"查询条件选择-采购请购单列表过滤"对话框,单击"确定"按钮,系统打开"拷贝并执行"窗口。

② 拷贝信息。在"拷贝并执行"窗口的上窗格,双击要选择的采购请购单所对应的"选择"栏,选择栏显示"Y"字样,此时单击工具栏中的"OK 确定"按钮,返回"采购订单"窗口,请购单资料会自动传递过来。

(3) 编辑并保存采购订单。在"采购订单"窗口,做如下编辑:

① 修改表头。编辑"订单编号"(即合同编号)为 CG001、"采购类型"为"商品采购"、"供应商"为"格力公司"、"部门"为"采购部"、"业务员"为"刘静",其他项为默认。

② 表体信息。修改或确认表体的"原币单价"为 3500 元,其他项为默认。

③ 保存并审核采购订单。单击工具栏中的"保存"按钮,保存该订单,然后单击工具栏中的"审核"按钮,结果如图 5-4 所示。

图 5-4　采购订单

(4) 退出。单击"采购订单"窗口右上角的"关闭"按钮,关闭并退出该窗口。

5.2 询价与采购订货(有订金)

在实际操作中,采购业务管理、成本核算和应收应付中都需要与实际情况相符。

通常,在采购合同订立的过程中,买卖双方可能对价格进行磋商后导致报价降价的发生,也可能涉及预付订金等事项。采购的询价降价,在用友 ERP-U8 V10.1 中,需要通过采购询价计划单和采购询价单来记录。

订金,是指在合同订立或在履行之前,为表示诚意,由买方交付给出卖方的一笔款项。根据我国现行法律的有关规定,其不具有定金的性质,只是单方行为,不具有明显的担保性质。在用友 ERP-U8 中,采购的订金通过"预付款"反映。

5.2.1 业务概述与分析

7月1日,与山东青岛海尔股份有限公司签订采购合同,相应单据可参见图 5-5~图 5-7。

购销合同

合同编号:CG002

卖方:山东青岛海尔股份有限公司
买方:北京伊莱特电器有限公司

为保护买卖双方的合法权益,买卖双方根据《中华人民共和国合同法》的有关规定,经好友协商,一致同意签订本合同,共同遵守:

一、货物的名称、数量及金额

货物的名称	规格型号	计量单位	数量	单价(不含税)	金额(不含税)	税率	价税合计
海尔空调		台	100	3000	300000.00	17%	351000.00
合计					¥300000.00		¥351000.00

二、合同总金额:人民币叁拾伍万壹仟元整(¥351000.00)。
三、付款时间及付款方式:
  付款时间:签订合同之日,以转账支票方式预付定金 人民币伍万元整(¥50000.00)。
  2017年7月7日到货时,买方向卖方支付剩余全部货款
  付款结算方式:转账支票
四、时间与地点:交货时间为2017年7月7日,交货地点:北京伊莱特电器有限公司
五、发运方式与运输费用承担方式:由卖方负责发货并支付运费
  卖方:山东青岛海尔股份有限公司   买方:北京伊莱特电器有限公司
  授权代表:刘小雨   授权代表:刘静
  日期:2017年7月01日   日期:2017年7月01日

(a) CG002 合同的原始单据

图 5-5 询价与采购订货业务的原始单据

询价单

公司名称：山东青岛海尔股份有限公司					
电话：					
序号	产品名称	规格	数量	单价	备注
1	海尔空调		100	3000	

(b) 询价单

图 5-5　询价与采购订货业务的原始单据(续)

付款报告书

部门：采购部　　2017年7月1日　　编号：001

开支内容	金额	结算方式
支付定金（合同编号CG002）	￥50000.00	转账支票
合计（大写）	人民币伍万元整	

会计主管：略　　单位负责人：略　　出纳：略　　经办人：略

图 5-6　CG002 合同定金的支付报告书

中国工商银行 转账支票存根 10203520 22456704
附加信息
出票日期：2017年7月01日
收款人：山东青岛海尔股份有限公司
金　额：￥50000.00
用　途：支付定金
单位主管：略　会计：略

图 5-7　CG002 合同定金的支票存根

本笔业务是采购询价、采购订货、采购订金支付的日常业务，需要填制并审核采购询价计划单，参照生成并审核采购询价单、采购询价审批单、采购订单，填制订金的付款单，审核付款单并制单。

5.2.2　操作指导

1. 操作流程

图 5-8 所示是本业务的操作流程。

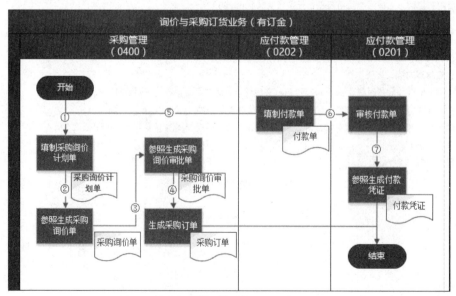

图 5-8　询价与采购订货业务(有订金)的操作流程

请确认系统日期和业务日期为 2017 年 7 月 1 日。

2. 采购询价计划单填制并审核的操作步骤

任务说明：采购部刘静填制并审核采购询价计划单。

(1) 打开"采购询价计划单"窗口。在"采购管理"子系统中，依次单击"采购询价/采购询价计划单"菜单项，系统打开"采购询价计划单"窗口。

(2) 填制并保存采购询价计划单。单击工具栏中的"增加"按钮，新增一张采购询价计划单，选择"业务员"为"刘静"，在表体的"存货编码"栏参照生成为 00009(海尔空调)，在"计划采购数量"栏输入 100，"需求日期"为 2017-07-07，其他项为默认。

(3) 保存并审核采购询价计划单。单击工具栏中的"保存"按钮，保存该单据，然后单击工具栏中的"审核"按钮，结果如图 5-9 所示。

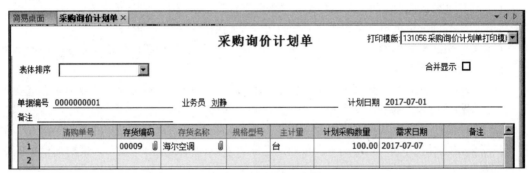

图 5-9 采购询价计划单

(4) 退出。单击"采购询价计划单"窗口右上角的"关闭"按钮，关闭并退出该窗口。

3. 采购询价单填制并审核的操作步骤

任务说明：采购部刘静参照生成采购询价单并审核。

(1) 打开"采购询价单"窗口。在"采购管理"子系统中，依次单击"采购询价/采购询价单"菜单项，系统打开"采购询价单"窗口。

(2) 打开"参照生单"窗口。单击工具栏中的"生单"按钮，系统弹出"查询条件选择"对话框，单击"确定"按钮，系统打开"参照生单"窗口。

(3) 拷贝信息。双击上窗格中本业务生成的采购询价计划单所在行的"选择"栏，使其出现"Y"字样，然后单击工具栏中的"OK 确定"按钮，返回"采购询价单"窗口，采购询价计划单的信息自动带入。

(4) 编辑信息。参照生成表中头的"供应商"为"海尔公司"，编辑表体的"原币单价"为 3000，其他项为默认。

(5) 保存并审核采购询价单。单击工具栏中的"保存"按钮，保存该单据，然后单击工具栏中的"审核"按钮，结果如图 5-10 所示。

(6) 退出。单击"采购询价单"窗口右上角的"关闭"按钮，关闭并退出该窗口。

图 5-10 采购询价单窗口

4. 采购询价审批单生成并审核的操作步骤

任务说明：采购部刘静参照生成采购询价审批单并审核。

(1) 打开"采购询价审批单"窗口。在"采购管理"子系统中，依次单击"采购询价/采购询价审批单"菜单项，系统打开"采购询价审批单"窗口。

(2) 参照生成采购询价审批单。首先单击工具栏的"增加"按钮以新增一张采购询价审批单，然后做如下编辑：

① 打开"参照生单"窗口。单击工具栏中的"生单"按钮，系统弹出"查询条件选择"对话框，单击"确定"按钮，系统打开"参照生单"窗口。

② 拷贝信息。双击上窗格中本业务生成的单据所在行的"选择"栏，使其出现"Y"字样，然后单击工具栏中的"OK 确定"按钮，返回"采购询价审批单"窗口，采购询价单的信息自动带入。

(3) 保存并审核采购询价审批单。单击工具栏中的"保存"按钮，保存该单据，然后选中表体项目为"选择"对应的下面，使其出现"Y"字样，单击工具栏中的"审核"按钮，结果如图 5-11 所示。

图 5-11 采购询价审批单

(4) 退出。单击"采购询价单"窗口右上角的"关闭"按钮，关闭并退出该窗口。

5. 采购订单填制并审核的操作步骤

任务说明：采购部刘静参照生成采购订单并审核。

(1) 打开"采购询价审批单"窗口。在"采购管理"子系统中，依次单击"采购询价/采购询价审批单"菜单项，系统打开"采购询价审批单"窗口。

(2) 参照生成采购订单。单击工具栏中的"末张"浏览按钮，查阅到相关的采购询价审批单,单击工具栏中的"生成采购订单"按钮,系统弹出信息提示框,提示生成了采购订单,单击"确定"按钮,返回"采购询价审批单"窗口。

(3) 打开"采购订单"窗口。在"采购管理"子系统中,依次单击"采购订货/采购订单"菜单项,系统打开"采购订单"窗口。

(4) 查阅已生成的采购订单。单击工具栏中的"末张"浏览按钮,查阅到本笔业务中自动生成的采购订单。

(5) 编辑信息。单击工具栏中的"修改"按钮,编辑表头的"订单编号"为CG002、"部门"为"采购部"、"业务员"为"刘静"、"订金"为50 000,编辑表体的"原币单价"为3000,确认"计划到货日期"为2017-07-07,其他项为默认。

(6) 保存并审核采购订单。单击工具栏中的"保存"按钮,保存该单据,然后单击工具栏中的"审核"按钮,结果如图5-12所示。

图 5-12 采购订单

(7) 退出。单击"采购订单"窗口右上角的"关闭"按钮,关闭并退出该窗口。

6. 付款单填制、审核并制单的操作步骤

任务说明: 财务部出纳罗迪填制支付订金的付款单,财务部会计张兰审核付款单并制单。

【财务部出纳罗迪填制付款单】

(1) 打开"收付款单录入"窗口。在"企业应用平台"的"业务工作"页签中,依次单击"财务会计/应付款管理/付款单据处理/付款单据录入"菜单项,系统打开"收付款单录入"窗口。

(2) 填制订金的付款单。在"收付款单录入"窗口中,单击工具栏中的"增加"按钮,新增一张付款单,然后做如下编辑:

① 表头编辑。在其表头依次编辑"供应商"为"海尔公司"、"结算方式"为"转账支票"、"金额"为50 000、"票据号"为22456704,其他项为默认。

② 表体编辑。首先在表体单击,表体出现一行数据,然后在表体的"款项类型"中选择"预付款"(系统默认的是应付款),并确认"供应商""金额"与表头对应,结果如图5-13所示。

(3) 保存与退出。单击工具栏中的"保存"按钮,再单击"收付款单录入"窗口右上角的"关闭"按钮。

图 5-13 采购订金付款单

【财务部会计张兰审核付款单并制单】

(1) 打开"收付款单列表"窗口。在"应付款管理"子系统中,依次单击"付款单据处理/付款单据审核"菜单项,系统弹出"付款单查询条件"对话框,单击"确定"按钮,系统打开"收付款单列表"窗口。

(2) 查阅付款单。在"收付款单列表"窗口中,通过双击本业务生成的付款单所在行,打开相应的付款单窗口。

(3) 审核并制单。查阅信息无误后,单击工具栏中的"审核"按钮,审核通过该单据。系统弹出信息提示框"是否立即制单?",单击"是"按钮,系统打开"填制凭证"窗口,并默认显示了已生成的凭证信息(借记:预付账款,贷记:银行存款/工行存款)。

(4) 保存凭证。单击工具栏中的"保存"按钮,保存该凭证,结果如图 5-14 所示。

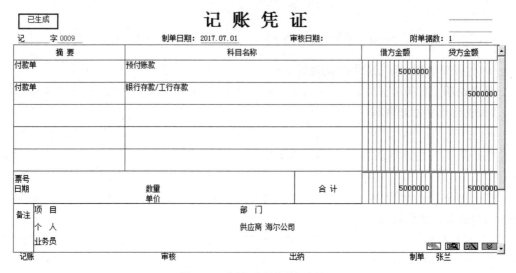

图 5-14 采购订金付款的记账凭证

(5) 退出。单击"填制凭证""收付款单录入"和"收付款单列表"窗口右上角的"关闭"按钮,关闭并退出窗口。

5.3 有运费和赠品的采购商品业务(有应付票据和运费管理)

代垫运费,指本该由购货方承担的运费,由于承运人不便到购货方收款,而由销售方代购货方垫付给承运部门并取得运费发票,然后向购买方收回代垫款项。

本笔业务的采购运费,将先由供应商垫付,形成本公司的应付款。

用友 ERP-U8 V10.1,将采购发票按发票类型分为增值税专用发票、普通发票和运费发票。在用友 ERP-U8 中,可以处理数字化的采购发票,其中增值税专用发票的扣税类别默认为应税外加,不可修改;普通发票的扣税类别默认为应税内含,不可修改,但其税率可修改,默认税率为 0;运费专用发票的单价、金额都是不含税的,其默认税率为 11%,可修改。

随着营业税改增值税政策的全面实施,用友 ERP-U8 V10.1 的采购运费发票功能,已经不能满足实际需要,所以本笔业务通过采购专用发票来管理运费发票,其税率为 11%。

因为有采购运费,所以本笔业务的采购结算需要进行手工结算,并在结算时将运费和折扣按金额分摊到入库单中。

5.3.1 业务概述与分析

7 月 1 日,与广东佛山美的电器股份有限公司签订采购合同,原始单据可参见图 5-15~图 5-18。

购销合同

合同编号:CG003

卖方:广东佛山美的电器股份有限公司
买方:北京伊莱特电器有限公司

为保护买卖双方的合法权益,买卖双方根据《中华人民共和国合同法》的有关规定,经好友协商,一致同意签订本合同,共同遵守:

一、货物的名称、数量及金额

货物的名称	规格型号	计量单位	数量	单价(不含税)	金额(不含税)	税率	价税合计
美的空调		台	100	3800	380000.00	17%	444600.00
美的电饭煲		个	20	800	16000.00	17%	18720.00
折扣					-16000.00	17%	-18720.00
合计					¥380000.00		¥444600.00

二、合同总金额:人民币肆拾肆万肆仟陆佰元整(¥444600.00)。

三、付款时间及付款方式:
  付款时间:签订合同之日支付全部货款,人民币肆拾肆万肆仟陆佰元整(¥444600.00)。
  付款结算方式:银行承兑汇票

四、时间与地点:交货时间为2017年7月1日,交货地点:北京伊莱特电器有限公司

五、发运方式与运输费用承担方式:由卖方发货并垫付运费,运输费用由买方承担。

六、卖方因有"买五赠一"的优惠活动,故赠送买方美的电饭煲20个。

卖方:广东佛山美的电器股份有限公司
授权代表:刘巅巅
日期:2017年7月01日

买方:北京伊莱特电器有限公司
授权代表:刘静
日期:2017年7月01日

图 5-15 CG003 合同的原始单据

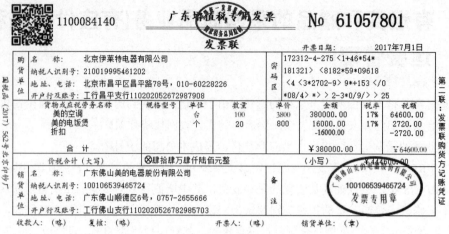

图 5-16 采购发票

图 5-17 运费发票

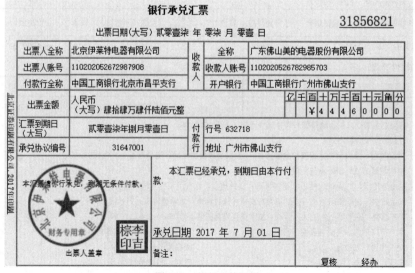

图 5-18 银行承兑汇票

本笔业务是有供应商代垫运费的采购订货、到货、入库、填制发票，以及采购结算的日常采购业务，需要填制并审核采购订单、到货单、入库单，填制货款的采购专用发票，填制现付运费的采购专用发票，采购结算，填制应付票据，运费现付和商品采购的应付确认(即应付单据审核与制单)，商品采购的应付核销，采购成本确认(即入库存货记账与制单)。

5.3.2 操作指导

1. 操作流程

图 5-19 所示是本业务的操作流程。

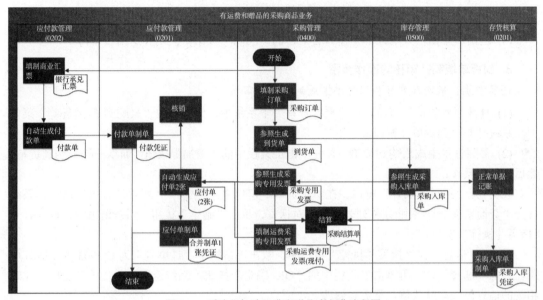

图 5-19 采购业务(有运费和赠品)的操作流程图

请确认系统日期和业务日期为 2017 年 7 月 1 日。

2. 采购订单填制并审核的操作步骤

任务说明：采购部刘静填制并审核采购订单。

(1) 打开"采购订单"窗口。在"企业应用平台"的"业务工作"页签中，依次单击"供应链/采购管理/采购订货/采购订单"菜单项，系统打开"采购订单"窗口。

(2) 填制采购订单。在"采购订单"窗口中，首先单击工具栏中的"增加"按钮，新增一张采购订单，然后做如下编辑：

① 编辑表头。修改表头的"订单编号"(即合同编号)为 CG003、"采购类型"为"商品采购"、"供应商"为"美的公司"、"部门"为"采购部"、"业务员"为"刘静"，其他项为默认。

② 编辑表体。在第 1 行参照生成"存货编码"为 00007(美的空调)、"数量"编辑为 100，其他项默认(默认"原币单价"为 3800，"计划到货日期"为"当日")；在第 2 行参照生成"存货编码"为 00008(美的电饭煲)、"数量"编辑为 20、"原币单价"为 800；其他项为默认。

(3) 保存并审核采购订单。单击工具栏中的"保存"按钮，保存该单据，然后单击工具栏中的"审核"按钮，结果如图 5-20 所示。

图 5-20 采购订单

(4) 退出。单击"采购订单"窗口右上角的"关闭"按钮,关闭并退出该窗口。

3. 到货单填制并审核的操作步骤

任务说明：采购部刘静参照订单生成到货单并审核。

(1) 打开"到货单"窗口。在"采购管理"子系统中,依次单击"采购到货/到货单"菜单项,系统打开"到货单"窗口。

(2) 参照订单生成采购到货单。首先单击工具栏中的"增加"按钮,新增一张采购到货单,然后做如下操作：

① 打开"拷贝并执行"窗口。在"到货单"窗口中,单击"生单/采购订单"命令,系统打开"查询条件选择-采购订单列表过滤"对话框,单击"确定"按钮,系统退出对话框并打开"拷贝并执行"窗口。

② 拷贝信息。在"拷贝并执行"窗口中,双击上窗格中"订单号"为 CG003 的采购订单所在行的"选择"栏,再单击工具栏中的"OK 确定"按钮,系统返回"到货单"窗口,此时相关的信息已经有默认值,不需要修改。

(3) 保存并审核到货单。单击工具栏中的"保存"按钮,保存该单据,然后单击工具栏中的"审核"按钮,结果如图 5-21 所示。

图 5-21 采购到货单

(4) 退出。单击"到货单"窗口右上角的"关闭"按钮,关闭并退出该窗口。

4. 采购入库单填制并审核的操作步骤

任务说明：仓管部李莉参照到货单生成入库单并审核。

(1) 打开库存管理的"采购入库单"窗口。在"企业应用平台"的"业务工作"页签中，依次单击"供应链/库存管理/入库业务/采购入库单"菜单项，系统打开"采购入库单"窗口。

(2) 参照到货单生成采购入库单。在"采购入库单"窗口中，首先单击工具栏中的"增加"按钮，新增一张采购入库单，然后做如下操作：

① 打开"到货单生单列表"窗口。单击表头的"到货单号"的参照按钮，系统弹出"查询条件选择-采购到货单列表"对话框，直接单击该对话框中的"确定"按钮，系统打开"到货单生单列表"窗口。

② 拷贝信息。在"到货单生单列表"窗口中，双击要选择的采购到货单所对应的"选择"栏目(即上一步骤完成的采购到货单)，再单击工具栏中的"OK 确定"按钮，系统返回"采购入库单"窗口，此时相关的信息已经默认显示在入库单上。

(3) 保存并审核采购入库单。直接单击工具栏中的"保存"按钮，保存该单据，然后单击工具栏中的"审核"按钮，结果如图 5-22 所示。

图 5-22 采购入库单

(4) 退出。单击"采购入库单"窗口右上角的"关闭"按钮，关闭并退出该窗口。

5. 采购货物与运输专用发票填制的操作步骤

任务说明：采购部刘静参照入库单生成采购专用发票，填制运费的采购专用发票。

【采购部刘静参照生成采购专用发票】

(1) 打开采购"专用发票"窗口。在"采购管理"子系统中，依次单击"采购发票/专用发票"菜单项，系统打开"专用发票"窗口。

(2) 参照入库单生成采购专用发票。在"专用发票"窗口，先单击工具栏中的"增加"按钮，新增一张采购专用发票，再做如下操作：

① 打开"拷贝并执行"窗口。单击工具栏中的"生单/入库单"命令，系统打开"查询条件选择-采购入库单列表过滤"对话框，单击"确定"按钮，系统打开"拷贝并执行"窗口。

② 拷贝信息。在"拷贝并执行"窗口中，双击要选择的采购入库单(即上一步骤完成的采购入库单)所对应的"选择"栏，然后单击工具栏中的"OK 确定"按钮，返回"专用发票"窗口。

③ 编辑表头。修改"发票号"为 61057801，第 2 行"原币单价"为 800，第 3 行"存货编码"为 00016(折扣)，原币金额为-16 000，其他项为默认。

(3) 保存。单击工具栏中的"保存"按钮,结果如图 5-23 所示。

图 5-23 采购专用发票

(4) 退出。单击"专用发票"窗口右上角的"关闭"按钮,关闭并退出该窗口。

【采购部刘静填制与现付运费的采购专用发票】

(1) 打开采购"专用发票"窗口。

(2) 编辑运费的专用发票。在"专用发票"窗口,单击工具栏中的"增加"按钮,新增一张采购专用发票,然后做如下编辑:

① 编辑表头。编辑"发票号"为 62010201,"税率"为 11,参照生成"供应商"为"上海顺风速递","代垫单位"为"美的公司","部门名称"为"采购部"、"业务员"为"刘静",其他项为默认。

② 编辑表体。参照生成"存货编码"为 00012(运输费),编辑"数量"为 1200、"原币单价"为 1,编辑或确认"税率"为 11,其他项为默认。

(3) 保存。单击工具栏中的"保存"按钮,保存该单据,结果如图 5-24 所示。

图 5-24 运费的专用发票

(4) 运费现付。在"专用发票"窗口,单击工具栏中的"现付"按钮,系统打开"采购现付"对话框,在该对话框的表体部分,选择"结算方式"为"现金",录入相应的"原币金额"为 1332,然后单击对话框中的"确定"按钮,返回"专用发票"窗口,此时窗口左上方出现"已现付"字样,结果如图 5-24 所示。

(5) 退出。单击"专用发票"窗口右上角的"关闭"按钮,关闭并退出该窗口。

6. 采购结算的操作步骤

任务说明：采购部刘静进行采购的手工结算。

(1) 打开"手工结算"窗口。在"采购管理"子系统中，依次单击"采购结算/手工结算"菜单项，系统打开"手工结算"窗口。

(2) 打开"结算选单"窗口并显示采购发票和入库单。在"手工结算"窗口，单击工具栏中的"选单"按钮，系统弹出"结算选单"窗口，单击工具栏中的"查询"按钮，然后在系统弹出的"查询条件选择-采购手工结算"对话框中，直接单击"确定"按钮，系统返回"结算选单"窗口并在上窗格显示发票列表，下窗格显示入库单列表。

(3) 运费分摊。

① 选单。在"结算选单"窗口中，选中上窗格的本业务生成的采购专用发票 4 行，再选中下窗格对应的入库单("存货名称"为美的空调和电饭煲的 2 行)，结果如图 5-25 所示。然后单击工具栏中的"OK 确定"按钮，系统返回"手工结算"窗口。

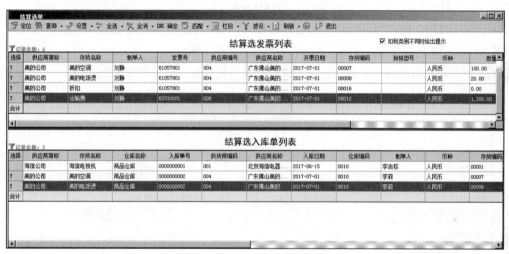

图 5-25 采购结算单

② 费用分摊。选择上窗格底部的"按金额"单选按钮，然后单击工具栏中的"分摊"按钮，并在系统弹出的信息提示框中单击"是"和"确定"按钮，完成费用分摊，返回"手工结算"窗口。

(4) 完成采购结算。在"手工结算"窗口中，单击工具栏中的"结算"按钮，系统弹出"完成结算"提示框，单击"确定"按钮，完成采购结算(通过双击"采购结算"菜单下的"结算单列表"菜单项，可查阅本业务生成的结算单)。

(5) 退出。单击"手工结算"窗口右上角的"关闭"按钮，退出该窗口。

提示：

- 用户可以把某些运费、挑选整理费等费用按会计制度摊入采购成本。
- 用友 ERP-U8 中有 2 种费用分摊方式：按金额、按数量，系统可自动将费用、折扣、存货发票记录、运费发票记录，分摊到所选的入库单记录，并修改入库单记录的结算金额。
- 本笔业务的运费分摊是按金额进行的，美的空调分摊运费金额约等于 1151.52，即 380 000/

(380 000+16 000)×1200，美的空调分摊折扣金额约等于 15 353.54，即 380 000/（380 000+16 000）×16 000≈15 353.5，其美的空调的金额＝380 000+1 151.52－15 353.5＝365 797.98，暂估单价约等于 3 657.98，即 365 797.98/100≈3657.98。同理，美的电饭煲的金额为 15 402.02，暂估单价约等于 770.10。

7. 应付票据的填制、审核并制单的操作步骤

任务说明：财务部出纳罗迪填制银行承兑汇票，会计张兰审核与制单。

【财务部出纳罗迪填制银行承兑汇票】

(1) 打开"票据管理"窗口。在"企业应用平台"的"业务工作"页签下，依次单击"财务会计/应付款管理/票据管理"菜单项，系统弹出"查询条件选择"对话框，单击"确定"按钮，系统打开"票据管理"窗口。

(2) 填制汇票。单击工具栏中的"增加"按钮，系统打开"应付票据"窗口，选择"票据类型"为"银行承兑汇票"，"票据编号"为 31856821，"结算方式"为"银行承兑汇票"，"出票日期"为 2017-07-01，"到期日"为 2017-08-01，"付款人银行"为"中国工商银行昌平支行"，"收款人"为"美的公司"，"金额"为 444 600，其他项为默认。

(3) 保存。单击工具栏中的"保存"按钮，保存该单据，结果如图 5-26 所示。

图 5-26 银行承兑汇票

(4) 退出。单击"应付票据"和"票据管理"窗口右上角的"关闭"按钮，关闭并退出该窗口。

提示：

银行承兑汇票保存时，系统将自动生成付款单。

【财务部会计张兰进行付款单审核与制单】

(1) 打开"收付款单列表"窗口。在"应付款管理"子系统中，依次单击"付款单据处理/付款单据审核"菜单项，系统弹出"付款单查询条件"对话框，单击"确定"按钮，系统打开"收付款单列表"窗口。

(2) 打开"收付款单录入"窗口。在"收付款单列表"窗口中，系统列出了本业务自动生成的付款单，双击该单据所在的行，系统打开"收付款单录入"窗口。

(3) 审核付款单并制单。单击工具栏中的"审核"按钮，系统完成审核并弹出信息提示框，询问"是否立即制单？"，单击"是"按钮，系统弹出"填制凭证"窗口，并默认显示了制单结果(借记：应付账款/一般应付账款，贷记：应付票据/银行承兑汇票)。

(4) 保存凭证。单击工具栏中的"保存"按钮，保存该凭证，结果如图 5-27 所示。

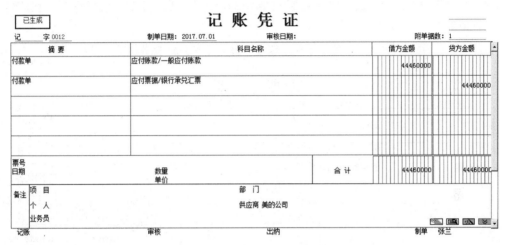

图 5-27 银行承兑汇票制单结果

(5) 退出。单击"填制凭证""收付款单录入"和"收付款单列表"窗口右上角的"关闭"按钮，关闭并退出该窗口。

8. 采购应付确认的操作步骤

任务说明：财务部会计张兰进行应付确认(应付审核与制单)和应付核销。

【财务部会计张兰进行应付单据审核】

(1) 打开"单据处理"窗口。在"应付款管理"子系统中，依次单击"应付单据处理/应付单据审核"菜单项，系统弹出"应付单查询条件"对话框，增加勾选"包括已现结发票"复选框，单击该对话框中的"确定"按钮，系统打开"单据处理"窗口。

(2) 审核应付单据。在"单据处理"窗口中，系统列出了本业务生成的 2 张采购专用发票，单击工具栏中的"全选""审核"按钮，系统提示审核成功(同时"审核人"栏出现"张兰"的名字)，单击"确定"按钮，退出信息提示框，返回"单据处理"窗口，结果如图 5-28 所示。

应付单据列表

选择	审核人	单据日期	单据类型	单据号	供应商名称	部门	业务员	制单人	币种	汇率	原币金额
	张兰	2017-07-01	采购专...	61057801	广东佛山美的电器股份有限公司	采购部	刘静	刘静	人民币	1.00000000	444,600.
	张兰	2017-07-01	采购专...	62010201	广东佛山美的电器股份有限公司	采购部	刘静	刘静	人民币	1.00000000	1,332.
合计											445,932.

图 5-28 应付单据列表

(3) 退出。单击"单据处理"窗口右上角的"关闭"按钮，退出该窗口。

【财务部会计张兰进行应付制单】

(1) 打开采购发票"制单"窗口。在"应付款管理"子系统中,双击"制单处理"菜单项,在系统弹出的"制单查询"对话框中,确认已选中"发票制单"和"现结制单",然后单击"确定"按钮,系统打开"制单"窗口。

(2) 生成采购应付凭证。单击工具栏中的"全选"按钮以选中本业务生成的 2 张采购专用发票,单击"合并"按钮,再单击"制单"按钮,系统打开"填制凭证"窗口,并默认显示凭证的信息为"借记:在途物资、应交税费/应交增值税/进项税额,贷记:应付账款/一般应付账款、库存现金"。

(3) 保存采购应付凭证。单击"保存"按钮,保存该凭证,结果如图 5-29 所示。

已生成		记 账 凭 证		
记 字 0010	制单日期:2017.07.01	审核日期:		附单据数: 2
摘要	科目名称		借方金额	贷方金额
现结	在途物资		38120000	
现结	应交税费/应交增值税/进项税额		6473200	
采购专用发票	应付账款/一般应付账款			44460000
现结	库存现金			133200
	数量 合计		44593200	44593200
记账	审核	出纳	制单	张兰

图 5-29 采购专用发票、运费合并制单结果

(4) 退出。单击"填制凭证"和"制单"窗口右上角的"关闭"按钮,关闭并退出窗口。

【财务部会计张兰进行应付核销】

(1) 打开"单据核销"窗口。在"应付款管理"子系统中,依次单击"核销处理/手工核销"菜单项,在系统弹出的"核销条件"对话框中,参照生成"供应商"为"美的公司",单击"确定"按钮,系统打开"单据核销"窗口。

(2) 核销设置。在"单据核销"窗口的下窗体,双击"单据编号"为 61057801 所在的行,系统自动在该行的"本次结算"栏填入与"原币余额"相等的数字,结果如图 5-30 所示。

图 5-30 应付设置结果

(3) 应付核销。单击工具栏中的"保存"按钮,完成应付核销。

(4) 退出。单击"单据核销"窗口中的"关闭"按钮,退出该窗口。

9. 采购成本确认的操作步骤

任务说明:财务部会计张兰进行采购成本确认(入库存货记账、制单)。

【财务部会计张兰进行采购入库记账】

(1) 打开"未记账单据一览表"窗口。在"企业应用平台"的"业务工作"页签下,依次单击"供应链/存货核算/业务核算/正常单据记账"菜单项,系统弹出"查询条件选择"对话框,单击"确定"按钮,系统打开"未记账单据一览表"窗口。

(2) 入库记账。选中本业务生成的采购入库单(2 行记录),然后单击工具栏中的"记账"按钮,系统弹出信息框提示记账成功,单击"确定"按钮,完成记账工作。

(3) 退出。单击"未记账单据一览表"窗口右上角的"关闭"按钮,退出当前窗口。

【财务部会计张兰进行入库制单】

(1) 打开"生成凭证"窗口。在"存货核算"子系统中,依次单击"财务核算/生成凭证"菜单项,系统打开"生成凭证"窗口。

(2) 打开"选择单据"窗口。单击工具栏中的"选择"按钮,在系统弹出的"查询条件"对话框中,单击"确定"按钮,系统打开"选择单据"窗口。

(3) 生成存货凭证。选中本业务生成的采购入库单,然后单击工具栏中的"确定"按钮,系统返回"生成凭证"窗口,单击工具栏中的"生成"按钮,系统打开"填制凭证"窗口,并默认显示了本业务入库单上的相关信息(借记:库存商品,贷记:在途物资)。

(4) 保存存货凭证。单击工具栏中的"保存"按钮,结果如图 5-31 所示。

(5) 退出。单击"填制凭证"和"生成凭证"窗口右上角的"关闭"按钮,关闭并退出窗口。

图 5-31 存货凭证

5.4 采购商品到货与现付业务

用友 ERP-U8 中,在采购发票保存后就可以进行现付款处理,但在应付款管理中已审核的发票不能再做现付处理。

5.4.1 业务概述与分析

7月5日,收到采购商品,支付全部款项。相应单据可参见图5-32、图5-33(付款报告书从略)。

图 5-32 CG001 合同的采购发票

图 5-33 CG001 合同的货款支付支票存根

本业务有采购到货和对采购发票进行转账支票现付的业务,需要填制与审核采购到货单、入库单,填制与现付采购发票,在发票窗口进行采购结算,对现付发票的审核与制单,以及采购成本确认。

5.4.2 操作指导

1. 操作流程

图 5-34 所示是本业务的操作流程。

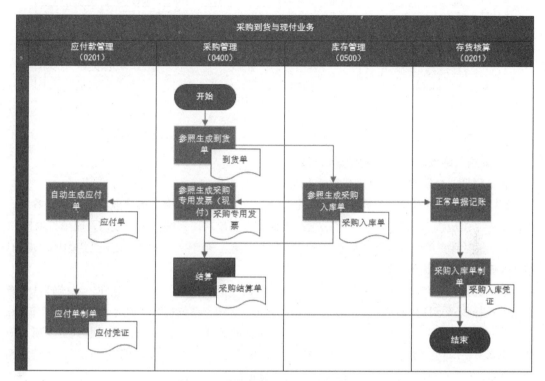

图 5-34 采购到货与现付业务的操作流程

请确认系统日期和业务日期为 2017 年 7 月 5 日。

2. 采购到货单填制并审核的操作步骤

任务说明： 采购部刘静填制并审核到货单。

(1) 打开"到货单"窗口。在"企业应用平台"的"业务工作"页签中，依次单击"供应链/采购管理/采购到货/到货单"菜单项，系统打开"到货单"窗口。

(2) 参照订单生成采购到货单。首先单击工具栏中的"增加"按钮，新增一张采购到货单，再做如下操作：

① 打开"拷贝并执行"窗口。单击"生单/采购订单"命令，系统打开"查询条件选择-采购订单列表过滤"对话框，单击"确定"按钮，系统打开"拷贝并执行"窗口。

② 拷贝信息。在"拷贝并执行"窗口的上窗格中，双击"订单号"为 CG001 的采购订单所在行的"选择"栏，再单击工具栏中的"OK 确定"按钮，系统返回"到货单"窗口，此时相关的信息已经有默认值，不需要修改。

(3) 保存并审核采购到货单。单击工具栏中的"保存"按钮，保存该到货单，然后单击工具栏中的"审核"按钮，结果如图 5-35 所示。

图 5-35 采购到货单

(4) 退出。单击"到货单"窗口右上角的"关闭"按钮,关闭并退出该窗口。

3. 采购入库单填制并审核的操作步骤

任务说明：仓管部李莉参照到货单生成入库单并审核。

(1) 打开库存管理的"采购入库单"窗口。在"企业应用平台"的"业务工作"页签中，依次单击"供应链/库存管理/入库业务/采购入库单"菜单项，系统打开"采购入库单"窗口。

(2) 参照到货单生成采购入库单。在"采购入库单"窗口中，首先单击工具栏中的"增加"按钮，新增一张采购入库单，然后做如下操作：

① 打开"到货单生单列表"窗口。单击表头的"到货单号"的参照按钮，系统打开"查询条件选择-采购到货单列表"对话框，单击"确定"按钮，系统打开"到货单生单列表"窗口。

② 拷贝信息。在"到货单生单列表"窗口的上窗格中，双击要选择的采购到货单所对应的"选择"栏(即上一步骤完成的采购到货单)，再单击工具栏中的"OK确定"按钮，系统返回"采购入库单"窗口，此时相关的信息已经默认显示在入库单上。

(3) 保存并审核采购入库单。单击工具栏中的"保存"按钮，保存该单据，然后单击工具栏中的"审核"按钮，结果如图 5-36 所示。

图 5-36 采购入库单

(4) 退出。单击"采购入库单"窗口右上角的"关闭"按钮，关闭并退出该窗口。

4. 采购专用发票填制、现付并结算的操作步骤

任务说明：采购部刘静参照入库单生成采购专用发票，并现付及结算。

(1) 打开"专用发票"窗口。在"采购管理"子系统中，依次单击"采购发票/专用采购发票"菜单项，系统打开"专用发票"窗口。

(2) 参照入库单生成采购专用发票。在"专用发票"窗口，单击工具栏中的"增加"按钮，新增一张采购专用发票，再单击工具栏中的"生单/入库单"命令，系统打开"查询条件选择-采购入库单列表过滤"对话框，单击"确定"按钮，并在系统打开的"拷贝并执行"窗口中，双击上窗格中要选择的采购入库单(即上一步骤完成的采购入库单)所对应的"选择"栏，然后单击工具栏中的"OK确定"按钮，返回"专用发票"窗口。

(3) 编辑并保存采购发票。在"专用发票"窗口中，编辑表头的"发票号"为61005502，其他项为默认，然后单击工具栏中的"保存"按钮，结果如图5-37所示。

图5-37　采购专用发票(已现付、已结算)

(4) 采购发票现付。在"专用发票"窗口，单击工具栏中的"现付"按钮，系统打开"采购现付"对话框，在该对话框的表体部分，选择"结算方式"为"转账支票"，录入相应的"原币金额" 245 700，输入"票据号"为22456705，然后单击对话框中的"确定"按钮，返回"专用发票"窗口，此时窗口左上方出现"已现付"字样，结果如图5-37所示。

(5) 采购发票窗口结算。在"专用发票"窗口，单击工具栏中的"结算"按钮，此时窗口左上方出现"已结算"字样，表示该发票已经采购结算了，结果如图5-37所示。

(6) 退出。单击"专用发票"窗口右上角的"关闭"按钮，关闭并退出该窗口。

5. 现付发票审核并制单的操作步骤

任务说明： 财务部会计张兰进行现付审核与制单。

(1) 打开"单据处理"窗口。在"企业应用平台"的"业务工作"页签下，依次单击"财务会计/应付款管理/应付单据处理/应付单据审核"菜单项，系统弹出"应付单查询条件"对话框，增加勾选"包含已现结发票"复选框，然后单击该对话框中的"确定"按钮，系统退出该对话框并打开"单据处理"窗口。

(2) 查阅应付单据。在"单据处理"窗口中，系统列出了本业务的采购专用发票，双击该单据所在的行，系统打开相应的专用发票窗口。

(3) 审核并制单。查阅信息无误后，单击工具栏中的"审核"按钮，审核通过该单据。系统弹出信息提示框"是否立即制单？"，单击"是"按钮，系统打开"填制凭证"窗口，并默认显示了已生成的凭证信息(借记：在途物资、应交税费/应交增值税/进项税额，贷记：银行存款/

工行存款)。

(4) 保存凭证。单击"保存"按钮,保存该凭证,结果如图5-38所示。

图5-38 采购专用发票制单结果

(5) 退出。单击"填制凭证""采购发票"和"单据处理"窗口右上角的"关闭"按钮,关闭并退出窗口。

6. 采购成本确认的操作步骤

任务说明:财务部会计张兰进行采购成本确认。

【财务部会计张兰进行采购入库记账】

(1) 打开"未记账单据一览表"窗口。在"企业应用平台"的"业务工作"页签下,依次单击"供应链/存货核算/业务核算/正常单据记账"菜单项,系统弹出"查询条件选择"对话框,单击"确定"按钮,系统打开"未记账单据一览表"窗口。

(2) 入库记账。在"未记账单据一览表"窗口中,选中本业务生成的采购入库单,然后单击工具栏中的"记账"按钮,系统弹出信息框提示记账成功,单击"确定"按钮,完成记账工作。

(3) 退出。单击"未记账单据一览表"窗口右上角的"关闭"按钮,退出当前窗口。

【财务部会计张兰进行入库制单】

(1) 打开"生成凭证"窗口。在"存货核算"子系统中,依次单击"财务核算/生成凭证"菜单项,系统打开"生成凭证"窗口。

(2) 打开"选择单据"窗口。单击工具栏中的"选择"按钮,在系统弹出的"查询条件"对话框中,单击"确定"按钮,系统打开"选择单据"窗口。

(3) 设置凭证信息。在"选择单据"窗口中,选中本业务生成的采购入库单,然后单击工具栏中的"确定"按钮,系统退出"选择单据"窗口返回"生成凭证"窗口。

(4) 生成存货凭证。单击工具栏中的"生成"按钮,系统打开"填制凭证"窗口,并默认显示了本业务入库单上的相关信息(借记:库存商品,贷记:在途物资)。

(5) 保存凭证。单击工具栏中的"保存"按钮,保存该凭证,结果如图5-39所示。

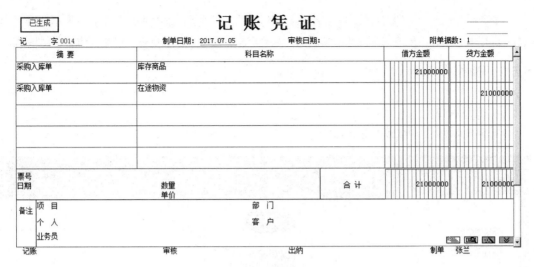

图 5-39 存货凭证

(6) 退出。单击"填制凭证"和"生成凭证"窗口右上角的"关闭"按钮,关闭并退出窗口。

5.5 在途物资到货与汇票付款业务

在途物资是指企业购入尚未到达或尚未验收入库的各种物资(即在途物资),在用友 U8 中是上月发票已经审核并制单记账,但货物还没有到达或入库的情况。

5.5.1 业务概述与分析

7月5日,收到上月采购的商品,相关单据可参见图 5-40(付款报告书从略)。

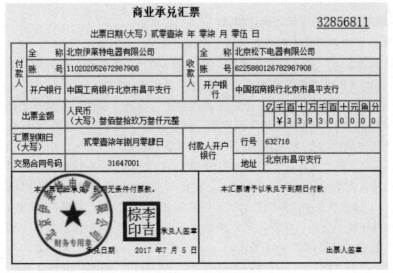

图 5-40 商业承兑汇票

本笔业务是上月票到本月货到的票到结算和付款业务,需要填制采购到货单和入库单(即本月货到),进行采购结算、采购成本确认,填制商业承兑汇票,进行付款单审核与制单,进行应付核销。

5.5.2 操作指导

1. 操作流程

图 5-41 所示是本业务的操作流程。

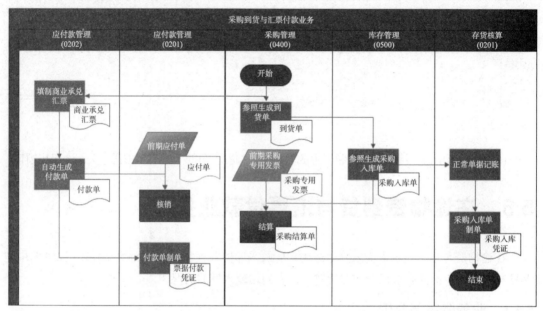

图 5-41 在途物资到货与汇票付款业务的操作流程

请确认系统日期和业务日期为 2017 年 7 月 5 日。

2. 采购到货单填制并审核的操作步骤

任务说明:采购部刘静填制并审核到货单。

(1) 打开"到货单"窗口。在"企业应用平台"的"业务工作"页签中,依次单击"供应链/采购管理/采购到货/到货单"菜单项,系统打开"到货单"窗口。

(2) 打开"拷贝并执行"窗口。单击工具栏中的"增加"按钮,新增一张采购到货单,然后单击工具栏中的"生单/采购订单"菜单项,在打开的"查询条件选择-采购订单列表过滤"对话框中,单击"确定"按钮,系统打开"拷贝并执行"窗口。

(3) 拷贝信息。在上窗格双击 CG0301 和 CG0302 记录行的"选择"栏,使其出现"Y"字样,此时下窗格也自动带出并选定 2 条记录,然后单击工具栏中的"OK 确定"按钮,系统返回"到货单"窗口,修改表头的"部门"为"采购部"、"业务员"为"刘静",结果如图 5-42 所示。

(4) 保存并审核到货单。单击工具栏中的"保存"按钮,保存该到货单,然后单击工具栏中的"审核"按钮,结果如图 5-42 所示。

(5) 退出。单击"到货单"窗口右上角的"关闭"按钮,关闭并退出该窗口。

图 5-42 采购到货单

3. 采购入库单填制并审核的操作步骤

任务说明：仓管部李莉参照到货单生成入库单并审核。

(1) 打开库存管理的"采购入库单"窗口。在"企业应用平台"的"业务工作"页签中，依次单击"供应链/库存管理/入库业务/采购入库单"菜单项，系统打开"采购入库单"窗口。

(2) 参照到货单生成采购入库单。在"采购入库单"窗口中，首先单击工具栏中的"增加"按钮，新增一张采购入库单，然后做如下操作：

① 打开"到货单生单列表"窗口。单击表头的"到货单号"的参照按钮，系统打开"查询条件选择-采购到货单列表"对话框，单击"确定"按钮，打开"到货单生单列表"窗口。

② 拷贝信息。在"到货单生单列表"窗口的上窗格中，双击要选择的采购到货单所对应的"选择"栏(即上一步骤完成的采购到货单)，然后在下窗格中仅选定第 1 行和第 2 行，再单击工具栏中的"OK 确定"按钮，系统返回"采购入库单"窗口，此时相关的信息已经默认显示在入库单上。

③ 保存并审核采购入库单。单击工具栏中的"保存"按钮，保存该单据，然后单击工具栏中的"审核"按钮，结果如图 5-43 所示。

图 5-43 采购入库单

(3) 退出。单击"采购入库单"窗口右上角的"关闭"按钮，关闭并退出该窗口。

4. 采购结算的操作步骤

任务说明：采购部刘静进行采购的手工结算。

(1) 打开"手工结算"窗口。在"采购管理"子系统中，依次单击"采购结算/手工结算"菜单项，系统打开"手工结算"窗口。

(2) 打开"结算选单"窗口并显示采购发票和入库单。在"手工结算"窗口，单击工具栏中的"选单"按钮，系统弹出"结算选单"窗口，单击其工具栏中的"查询"按钮，然后在系统弹出的"查询条件选择-采购手工结算"对话框中，单击"确定"按钮，系统返回"结算选单"窗口并在上窗格显示发票列表，下窗格显示入库单列表。

(3) 选单。在"结算选单"窗口中，选中上窗格的期初采购专用发票 2 行(发票号为 61060301 和 61060302)，再选中下窗格对应的入库单(本业务生成的入库单，2 行)，然后单击工具栏中的"OK 确定"按钮，如图 5-44 所示，系统返回"手工结算"窗口。

图 5-44 采购结算单

(4) 完成采购结算。在"手工结算"窗口中，单击工具栏中的"结算"按钮，系统弹出"完成结算"提示框，单击"确定"按钮，完成采购结算(通过双击"采购结算"菜单下的"结算单列表"菜单项，可查阅本业务生成的结算单)。

(5) 退出。单击"手工结算"窗口右上角的"关闭"按钮，退出该窗口。

5. 采购成本确认的操作步骤

任务说明：财务部会计张兰进行采购成本确认。

【财务部会计张兰进行采购入库记账】

(1) 打开"未记账单据一览表"窗口。在"企业应用平台"的"业务工作"页签下，依次单击"供应链/存货核算/业务核算/正常单据记账"菜单项，系统弹出"查询条件选择"对话框，单击"确定"按钮，系统打开"未记账单据一览表"窗口。

(2) 入库记账。在"未记账单据一览表"窗口中，选中本业务生成的采购入库单(2 行)，然后单击工具栏中的"记账"按钮，系统弹出信息框提示记账成功，单击"确定"按钮，完成记账工作。

(3) 退出。单击"未记账单据一览表"窗口右上角的"关闭"按钮，退出当前窗口。

【财务部会计张兰进行入库制单】

(1) 打开"生成凭证"窗口。在"存货核算"子系统中,依次单击"财务核算/生成凭证"菜单项,系统打开"生成凭证"窗口。

(2) 打开"选择单据"窗口。单击工具栏中的"选择"按钮,在系统弹出的"查询条件"对话框中,单击"确定"按钮,系统打开"选择单据"窗口。

(3) 生成存货凭证。在"选择单据"窗口中,选中本业务生成的采购入库单,单击工具栏中的"确定"按钮,系统退出"选择单据"窗口,返回"生成凭证"窗口,然后单击工具栏中的"生成"按钮,系统自动生成 1 张凭证,并打开"填制凭证"窗口(借记:库存商品,贷记:在途物资),最后单击工具栏中的"保存"按钮,保存该凭证,结果如图 5-45 所示。

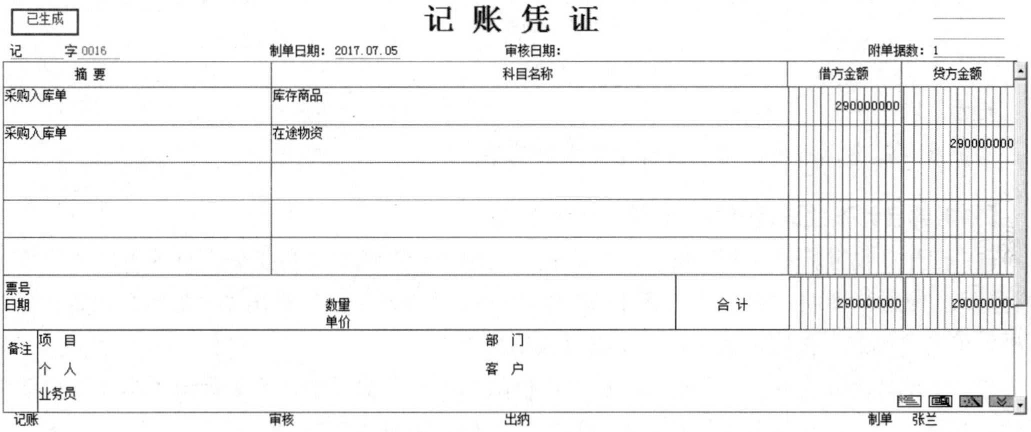

图 5-45 存货凭证

(4) 退出。单击"填制凭证"和"生成凭证"窗口右上角的"关闭"按钮,关闭并退出窗口。

6. 商业承兑汇票填制、审核并制单的操作步骤

任务说明:财务部出纳罗迪填制商业承兑汇票,会计张兰审核与制单。

【财务部出纳罗迪填制商业承兑汇票】

(1) 打开"票据管理"窗口。在"企业应用平台"的"业务工作"页签下,依次单击"财务会计/应付款管理/票据管理"菜单项,系统弹出"查询条件选择"对话框,单击"确定"按钮,系统打开"票据管理"窗口。

(2) 填制汇票。单击工具栏中的"增加"按钮,系统打开"应付票据"窗口,选择"票据类型"为"商业承兑汇票","票据编号"为 32856811,"结算方式"为"商业承兑汇票","出票日期"为 2017-07-05,"到期日"为 2017-08-04,"付款人银行"为"中国工商银行昌平支行","收款人"为"北京松下电器有限公司","金额"为 3 393 000,其他项为默认。

(3) 保存。单击工具栏中的"保存"按钮,保存该单据,结果如图 5-46 所示。

(4) 退出。单击"应付票据"和"票据管理"窗口右上角的"关闭"按钮。

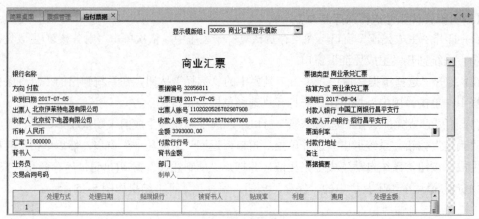

图 5-46 商业承兑汇票

提示：

商业承兑汇票保存时，系统将自动生成付款单。

【财务部会计张兰进行付款单审核与制单】

(1) 打开"收付款单列表"窗口。在"企业应用平台"的"业务工作"页签下，依次单击"财务会计/应付款管理/付款单据处理/付款单据审核"菜单项，系统弹出"付款单查询条件"对话框，单击"确定"按钮，系统打开"收付款单列表"窗口。

(2) 打开"收付款单录入"窗口。在"收付款单列表"窗口中，系统列出了本业务自动生成的付款单，双击该单据所在的行，系统打开"收付款单录入"窗口。

(3) 审核付款单并制单。单击工具栏中的"审核"按钮，系统完成审核并弹出信息提示框，询问"是否立即制单？"，单击"是"按钮，系统弹出"填制凭证"窗口，并默认显示了制单结果(借记：应付账款/一般应付账款，贷记：应付票据/商业承兑汇票)。

(4) 保存凭证。单击工具栏中的"保存"按钮，保存该凭证，结果如图 5-47 所示。

图 5-47 商业承兑汇票制单结果

(5) 退出。单击"填制凭证""收付款单录入"和"收付款单列表"窗口右上角的"关闭"按钮。

【财务部会计张兰进行应付核销】

(1) 打开"单据核销"窗口。在"应付款管理"子系统中,依次单击"核销处理/手工核销"菜单项,在系统弹出的"核销条件"对话框中,参照生成"供应商"为"松下公司",单击"确定"按钮,系统打开"单据核销"窗口。

(2) 核销应付款。在"单据核销"窗口的下窗格,双击"单据编号"为 0000000001 和 0000000002 所在的行,系统自动在该行的"本次结算"栏填入与"原币余额"相等的数字,然后单击工具栏中的"保存"按钮,完成核销。

(3) 退出。单击"单据核销"窗口中的"关闭"按钮,退出该窗口。

5.6 暂估结算与付款业务

存货暂估,是外购入库的货物发票未到,在无法确定实际的采购成本时,财务人员期末暂时按估计价格入账,后续按照选择的暂估处理方式进行回冲或者补差处理。

用友 ERP-U8 提供 3 种暂估处理方式:月初回冲、单到回冲和单到补差。月初回冲是指月初时系统自动生成红字回冲单,报销处理时系统自动根据报销金额生成采购报销入库单。单到回冲是指报销处理时,系统自动生成红字回冲单和采购报销入库单。单到补差是指报销处理时,系统自动生成一笔调整单,调整金额为实际金额与暂估金额的差额。

本公司采用单到回冲方式进行暂估处理。对于以前月份的暂估、本月全部报销的普通采购业务,用友 ERP-U8 的处理方法是首先查找存货明细账中对应的单据记录,依据其生成红字回冲单和蓝字报销单。红字回冲单的金额为原入库单据的暂估金额,方向与原暂估金额相反;蓝字报销单的金额为原入库单据的已报销金额(即相应的采购成本)。系统对自动生成的红字回冲单和蓝字报销单直接记入存货明细账,用户不能修改。

暂估业务的单到回冲方式处理参见表 5-1。

表 5-1 暂估业务的单到回冲方式处理

业务类型	业务描述	处理
上月暂估	采购业务先到货,发票未到,上月未处理	暂估入库单记账,生成凭证 借记:存货(如库存商品、原材料) 贷记:应付账款/暂估应付账款
本月不处理	本月发票未到	不需处理
本月全部结算	本月发票到,与采购入库单全部结算	进行暂估处理,生成红字回冲单并制单 借记:存货(如库存商品、原材料)(红字) 贷记:应付账款/暂估应付账款(红字) 生成蓝字回冲(报销)单并制单 借记:存货(库存商品、原材料) 贷记:存货(如在途物资、材料采购)

(续表)

业务类型	业务描述	处理
本月部分结算	本月发票到,与采购入库单部分结算	暂估处理时,如果结算单对应的暂估入库单本月未生成红字回冲单,则根据结算单对应的暂估入库单生成红字回冲单,根据结算数量、结算单价、结算金额生成已结算的蓝字回冲单;如果结算单对应的暂估入库单本月已生成红字回冲单,则根据结算数量、结算单价、结算金额生成已结算的蓝字回冲单。 期末处理时,根据暂估入库数与结算数的差额生成未结算的蓝字回冲单,即作为暂估入库单。

5.6.1 业务概述与分析

7月5日,对上月商品已到发票未到的业务做红字冲回账务处理,相应单据可参见图5-48、图5-49、图5-50。

图5-48 采购专用发票

图5-49 支付报告书   图5-50 支票存根

本笔业务是上月暂估入库本月票到回冲的采购暂估结算业务,需要填制并现付采购发票(即本月票到),进行采购结算、暂估与结算成本处理、红蓝回冲单制单,进行应付单据的审核与制单。

5.6.2 操作指导

1. 操作流程

图 5-51 所示是本业务的操作流程。

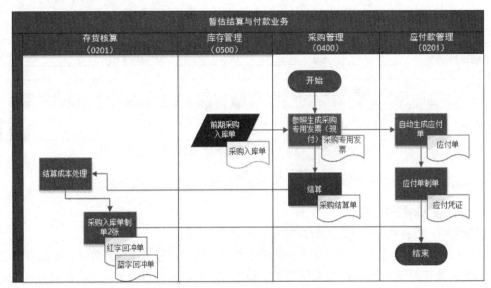

图 5-51 暂估结算与付款业务的操作流程

请确认系统日期和业务日期为 2017 年 7 月 5 日。

2. 采购专用发票填制、现付并结算的操作步骤

任务说明：采购部刘静填制采购专用发票，并进行窗口结算。

（1）打开采购"专用发票"窗口。在"企业应用平台"的"业务工作"页签下，依次单击"供应链/采购管理/采购发票/专用采购发票"菜单项，系统打开"专用发票"窗口。

（2）参照入库单生成采购专用发票。在"专用发票"窗口，单击工具栏中的"增加"按钮，新增一张采购专用发票，再单击工具栏中的"生单/入库单"命令，系统打开"查询条件选择-采购入库单列表过滤"对话框，直接单击该对话框中的"确定"按钮，并在系统打开的"拷贝并执行"窗口的上窗格中，双击要选择的采购入库单(即期初的采购入库单)所对应的"选择"栏，然后单击工具栏中的"OK 确定"按钮，系统返回"专用发票"窗口。

（3）编辑并保存采购专用发票。在"专用发票"窗口中，编辑表头的"发票号"为 61055803，"部门名称"为"采购部"，"业务员"为"刘静"，表体的"原币单价"为 6200，其他项为默认，再单击工具栏中的"保存"按钮，结果如图 5-52 所示。

（4）采购发票现付。在"专用发票"窗口，单击工具栏中的"现付"按钮，系统打开"采购现付"对话框，在该对话框的表体部分，选择"结算方式"为"转账支票"，录入相应的"原币金额"为 362 700，输入"票据号"为 22456706，然后单击对话框中的"确定"按钮，返回"专用发票"窗口，此时窗口左上方出现"已现付"字样，结果如图 5-52 所示。

（5）采购发票窗口结算。在"专用发票"窗口，单击工具栏中的"结算"按钮，此时窗口

左上方出现"已结算"字样,表示该发票已经采购结算了,结果如图5-52所示。

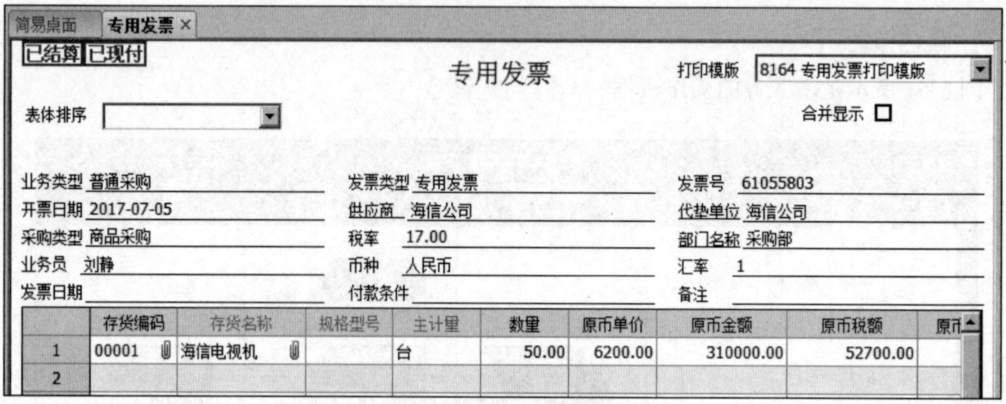

图5-52 采购专用发票(已现付、已结算)

(6) 退出。单击"专用发票"窗口右上角的"关闭"按钮,关闭并退出该窗口。

3. 应付确认的操作步骤

任务说明:财务部会计张兰进行应付审核与制单。

(1) 打开"单据处理"窗口。在"企业应用平台"的"业务工作"页签下,依次单击"财务会计/应付款管理/应付单据处理/应付单据审核"菜单项,系统弹出"应付单查询条件"对话框,增加勾选"包含已现结发票"复选框,然后单击该对话框中的"确定"按钮,系统打开应付"单据处理"窗口。

(2) 打开"采购发票"窗口。在"单据处理"窗口中,系统列出了本业务的采购专用发票,双击该单据所在行,系统打开"采购发票"窗口。

(3) 审核并制单。单击工具栏中的"审核"按钮,系统审核成功并提示"是否立即制单?",单击"是"按钮,系统打开"填制凭证"窗口,并默认显示凭证的信息为"借记:在途物资、应交税费/应交增值税/进项税额,贷记:银行存款/工行存款"。

(4) 保存凭证。单击工具栏中的"保存"按钮,保存该凭证,结果如图5-53所示。

图5-53 采购发票制单结果

(5) 退出。单击"填制凭证""采购发票"和"单据处理"窗口右上角的"关闭"按钮,关闭并退出窗口。

4. 暂估成本处理的操作步骤

任务说明:财务部会计张兰进行暂估成本处理及红字和蓝字回冲单制单。

【财务部会计张兰进行暂估成本处理】

(1) 打开"结算成本处理"窗口。在"企业应用平台"的"业务工作"页签下,依次单击"供应链/存货核算/业务核算/结算成本处理"菜单项,系统打开"暂估处理查询"对话框,单击"全选"按钮选择所有的仓库,然后单击"确定"按钮,系统打开"结算成本处理"窗口。

(2) 暂估处理。在"结算成本处理"窗口中,选中相应的期初采购入库单,然后单击工具栏中的"暂估"按钮,系统自动完成暂估处理并给出信息提示框,单击信息框中的"确定"按钮,退出信息提示框并返回"结算成本处理"窗口。

(3) 退出。单击"结算成本处理"窗口右上角的"关闭"按钮,关闭并退出该窗口。

提示:

存货系统自动生成红字回冲单和蓝字报销单,并直接记入存货明细账,用户不能修改,但可以通过单击"供应链/存货核算/日常业务/单据列表/红字回冲单列表"菜单项,打开"红字回冲单列表"窗口并查阅红字回冲单。同理,也可以查阅蓝字报销单。

【财务部会计张兰根据红字回冲单制单】

(1) 打开"生成凭证"窗口。在"存货核算"子系统中,依次单击"财务核算/生成凭证"菜单项,系统打开"生成凭证"窗口。

(2) 打开"选择单据"窗口。单击工具栏中的"选择"按钮,在系统弹出的"查询条件"对话框中,仅选择"(24)红字回冲单"复选框(先"全消"再勾选"(24)红字回冲单"),然后单击"确定"按钮,系统打开"选择单据"窗口。

(3) 生成回冲凭证。

① 选择红字回冲单。在"选择单据"窗口中,选中本笔业务暂估处理时系统自动生成的红字回冲单,然后单击工具栏中的"确定"按钮,系统返回"生成凭证"窗口。

② 生成凭证。在"生成凭证"窗口中,确认"科目类型"为"存货"的"科目名称"为"库存商品(1405)","科目类型"为"应付暂估"的"科目名称"为"暂估应付账款(220202)",单击工具栏中的"生成"按钮,系统打开"填制凭证"窗口,并显示默认生成的一张红字凭证(借记:库存商品,贷记:应付账款/暂估应付账款)。

(4) 保存凭证。单击工具栏中的"保存"按钮,保存该凭证,结果如图5-54所示。

图 5-54 红字回冲单制单结果(借贷金额均为红字)

(5) 退出。单击"填制凭证"窗口和"生成凭证"窗口右上角的"关闭"按钮,关闭并退出窗口。

【财务部会计张兰根据蓝字回冲单制单】

(1) 打开"生成凭证"窗口。

(2) 打开"选择单据"窗口。单击工具栏中的"选择"按钮,在系统弹出的"查询条件"对话框中,仅选择"(30)蓝字回冲单(报销)"复选框,单击"确定"按钮,系统打开"选择单据"窗口。

(3) 生成报销凭证。

① 选择蓝字回冲单。在"选择单据"窗口中,选中本笔业务暂估处理时系统自动生成的蓝字回冲(报销)单,单击工具栏中的"确定"按钮,系统返回"生成凭证"窗口。

② 生成凭证。在"生成凭证"窗口中,确认"对方"的"科目名称"为"在途物资"后,单击工具栏中的"生成"按钮,系统打开"填制凭证"窗口,并显示默认生成的一张蓝字凭证(借记:库存商品,贷记:在途物资)。

(4) 保存凭证。单击工具栏中的"保存"按钮,保存该凭证,结果如图 5-55 所示。

(5) 退出。单击"填制凭证"和"生成凭证"窗口右上角的"关闭"按钮,关闭并退出窗口。

图 5-55 蓝字回冲单制单结果

5.7 到货拒收业务(有预付冲应付转账)

采购到货是采购订货和采购入库的中间环节，一般由采购业务员根据供方通知或送货单填写，确认对方所送货物、数量、价格等信息，以入库通知单的形式传递到仓库作为保管员收货的依据。

采购退货单表示入库后的退货，由采购业务员填退货通知单，仓库负责实物退库。此种业务的处理是：先参照原到货单或订单生成采购退货单，再根据采购退货单生成红字入库单。

对于入库前的拒收作业，可以通过填制到货拒收单来实现。如果在到货时能够直接确定拒收，则可将拒收数量填入到货单的"拒收数量"中，参照到货单的拒收数量生成到货拒收单；如果不能够确定是否拒收，则不录入拒收数量，参照到货单的到货数量减去已入库数量，生成到货拒收单。

值得注意的是，用友 ERP-U8 系统的处理逻辑是：如果到货单中录入了拒收数量，则只能在拒收数量的范围之内进行拒收。所以，如果到货时只能部分确定拒收，则不要将拒收数量录入到货单中，可以先录入到货拒收单，待拒收情况全部确定之后，再修改这张到货拒收单或录入另外一张到货拒收单。

5.7.1 业务概述与分析

7月7日，采购商品到货，验收时，发现其中1台不合格，要求退回。相应单据可参见图 5-56、图 5-57。

本笔业务是入库前的到货拒收业务，需要填制并审核采购到货单、到货拒收单和入库单，填制采购发票并进行现付和采购结算，现付的应付确认和预付冲应付转账以及采购成本确认。

图 5-56 采购专用发票

图 5-57 支票存根示意图

5.7.2 操作指导

1. 操作流程

图 5-58 所示是本业务的操作流程。

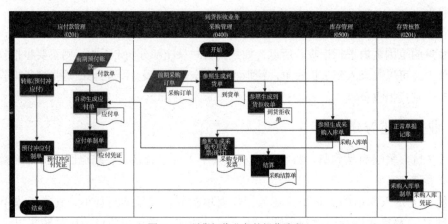

图 5-58 到货拒收业务的操作流程

请确认系统日期和业务日期为 2017 年 7 月 7 日。

2. 到货单填制并审核的操作步骤

任务说明：采购部刘静填制并审核到货单。

(1) 打开"到货单"窗口。在"企业应用平台"的"业务工作"页签中，依次单击"供应链/采购管理/采购到货/到货单"菜单项，系统打开"到货单"窗口。

(2) 参照订单生成采购到货单。首先单击工具栏中的"增加"按钮，新增一张采购到货单，再做如下操作：

① 打开"拷贝并执行"窗口。在"到货单"窗口中，单击"生单/采购订单"命令，系统打开"查询条件选择-采购订单列表过滤"对话框，单击"确定"按钮，系统打开"拷贝并执行"窗口。

② 拷贝信息。在"拷贝并执行"窗口的上窗格，双击要选择的采购订单(订单编号为 CG002)所在行的"选择"栏，再单击工具栏中的"OK 确定"按钮，系统返回"到货单"窗口，此时相关的信息已经有默认值，不需要修改(请注意，表体的"数量"为 100)。

(3) 保存并审核到货单。单击工具栏中的"保存"按钮，保存该到货单，然后单击工具栏中的"审核"按钮，结果如图 5-59 所示。

图 5-59　采购到货单

(4) 退出。单击"到货单"窗口右上角的"关闭"按钮，关闭并退出该窗口。

3. 到货拒收单填制并审核的操作步骤

任务说明：采购部刘静参照到货单生成到货拒收单并审核。

(1) 打开"到货拒收单"窗口。在"采购管理"子系统中，依次单击"采购到货/到货拒收单"菜单项，系统打开"到货拒收单"窗口。

(2) 参照到货单生成到货拒收单。首先单击工具栏中的"增加"按钮，新增一张到货拒收单，再做如下操作：

① 打开"拷贝并执行"窗口。在"到货拒收单"窗口中，单击"生单/到货单"命令，系统打开"查询条件选择-采购退货单列表过滤"对话框，单击对话框中的"确定"按钮，系统打开"拷贝并执行"窗口。

② 拷贝信息。在"拷贝并执行"窗口的上窗格中，双击要选择的到货单(即上一步骤完成的采购到货单)所在行的"选择"栏，再单击工具栏中的"OK 确定"按钮，返回"到货拒收单"窗口。

③ 编辑。修改"到货拒收单"表体的"数量"为-1，其他项为默认。

(3) 保存并审核到货拒收单。单击工具栏中的"保存"按钮，保存该单据，然后单击工具栏中的"审核"按钮，结果如图 5-60 所示。

(4) 退出。单击"到货拒收单"窗口右上角的"关闭"按钮，关闭并退出该窗口。

图 5-60　到货拒收单

4. 采购入库单填制并审核的操作步骤

任务说明：仓管部李莉参照到货单生成入库单并审核。

(1) 打开库存管理的"采购入库单"窗口。在"企业应用平台"的"业务工作"页签中，依次单击"供应链/库存管理/入库业务/采购入库单"菜单项,系统打开"采购入库单"窗口。

(2) 参照到货单生成采购入库单。首先单击工具栏中的"增加"按钮,新增一张采购入库单,然后做如下操作:

① 打开"到货单生单列表"窗口。单击表头的"到货单号"的参照按钮,系统打开"查询条件选择-采购到货单列表"对话框,单击对话框中的"确定"按钮,系统打开"到货单生单列表"窗口。

② 拷贝信息。在"到货单生单列表"窗口的上窗格中,双击要选择的采购到货单所在行的"选择"栏(即本业务中完成的采购到货单),再单击"OK确定"按钮,系统返回"采购入库单"窗口,此时相关的信息已经默认显示在入库单上。

③ 确认信息。在"采购入库单"窗口中,确认表头的"仓库"为"商品仓库"、表体的"数量"为99。

(3) 保存并审核入库单。单击工具栏中的"保存"按钮,保存该单据,然后单击工具栏中的"审核"按钮,结果如图5-61所示。

图5-61 采购入库单

(4) 退出。单击"采购入库单"窗口右上角的"关闭"按钮,关闭并退出该窗口。

5. 采购专用发票填制、现付并结算的操作步骤

任务说明:采购部刘静参照入库单生成采购专用发票并现付和结算。

(1) 打开"专用发票"窗口。在"采购管理"子系统中,依次单击"采购发票/专用采购发票"菜单项,系统打开"专用发票"窗口。

(2) 参照入库单生成并编辑采购专用发票。单击工具栏中的"增加"按钮,新增一张采购专用发票,然后做如下操作:

① 打开"拷贝并执行"窗口。单击工具栏中的"生单/入库单"命令,系统打开"查询条件选择-采购入库单列表过滤"对话框,单击"确定"按钮,系统打开"拷贝并执行"窗口。

② 拷贝信息。在"拷贝并执行"窗口的上窗格中,双击要选择的采购入库单(即上一步骤完成的采购入库单)所在行的"选择"栏,然后单击工具栏中的"OK确定"按钮,系统返回"专用发票"窗口。

③ 编辑。编辑表头的"发票号"为61055804,其他项为默认。

(3) 保存。单击工具栏中的"保存"按钮,保存该单据,结果如图5-62所示。

(4) 采购发票现付。在"专用发票"窗口,单击工具栏中的"现付"按钮,系统打开"采购现付"对话框,在该对话框的表体部分,选择"结算方式"为"转账支票",录入相应的"原币金额"为297 490,输入"票据号"为22856820,然后单击对话框中的"确定"按钮,返回"专用发票"窗口,此时窗口左上方出现"已现付"字样,结果如图5-62所示。

(5) 采购发票结算。单击工具栏中的"结算"按钮,此时窗口左上方出现"已结算"字样,表示该发票已经采购结算了,结果如图5-62所示。

图5-62 采购专用发票(已现付、已结算)

(6) 退出。单击"专用发票"窗口右上角的"关闭"按钮,关闭并退出该窗口。

6. 应付确认、转账及核销的操作步骤

任务说明:财务部会计张兰进行应付审核与制单、预付冲应付与采购成本确认。

(1) 打开"单据处理"窗口。在"企业应用平台"的"业务工作"页签下,依次单击"财务会计/应付款管理/应付单据处理/应付单据审核"菜单项,系统弹出"应付单查询条件"对话框,增加勾选"包括已现结发票",单击"确定"按钮,系统打开"单据处理"窗口。

(2) 打开采购发票窗口。在"单据处理"窗口中,系统已列出本业务的采购专用发票,双击该单据所在行,系统打开"采购发票"窗口。

(3) 审核并制单。单击工具栏中的"审核"按钮,系统审核完成并弹出提示框"是否立即制单?",单击"是"按钮,系统打开"填制凭证"窗口,并默认显示凭证的信息为"借记:在途物资、应交税费/应交增值税/进项税额,贷记:应付账款/一般应付账款、银行存款/工行存款"。

(4) 保存凭证。单击"填制凭证"窗口工具栏中的"保存"按钮,保存该凭证,结果如图5-63所示。

图5-63 采购发票制单结果

(5) 退出。单击"填制凭证""采购发票"和"单据处理"窗口右上角的"关闭"按钮,关闭并退出窗口。

【财务部会计张兰做预付冲应付处理】

(1) 打开"预付冲应付"对话框。在"应付款管理"子系统中,依次单击"转账/预付冲应付"菜单项,系统打开"预付冲应付"对话框。

(2) 预付设置。在"预付款"选项卡中,参照生成"供应商"为"海尔公司",单击"过滤"按钮,系统列出相关信息,在其表体相应的行双击,使其"转账金额"等于其"原币余额(50 000)"。

(3) 应付设置。在"应付款"选项卡中,先单击"过滤"按钮,再在表体"单据编号"为61055804所在行的"转账金额"栏输入50 000。

(4) 转账完成。单击"确定"按钮,转账完成,此时系统弹出信息提示框,询问"是否立即制单?"。

(5) 转账制单。单击信息提示框中的"是"按钮,系统弹出"填制凭证"对话框,默认的凭证信息为"借记:预付账款(红字)、应付账款/一般应付账款(蓝字)",单击"填制凭证"对话框中的"保存"按钮,结果如图5-64所示。

图 5-64 海尔公司的预付冲应付制单结果(预付账款的借方金额为红字)

(6) 退出。单击"填制凭证"对话框中的"退出"按钮和"预付冲应付"对话框中的"取消"按钮。

提示:

若仅为企业的业务使用,建议将预付账款的红字借方金额修改为蓝字贷方金额(将鼠标定位到红字上单击,然后再单击空格键,系统自动将红字借方金额移动到贷方金额,且显示为蓝字)。

但若参加会计技能大赛,因为评分规则约定预付账款科目只取借方金额判分,所以建议保留红字借方金额。

【财务部会计张兰进行采购入库记账】

(1) 打开"未记账单据一览表"窗口。在"企业应用平台"的"业务工作"页签下，依次单击"供应链/存货核算/业务核算/正常单据记账"菜单项，系统弹出"查询条件选择"对话框，单击"确定"按钮，系统打开"未记账单据一览表"窗口。

(2) 入库记账。在"未记账单据一览表"窗口中，选中本业务生成的采购入库单，然后单击工具栏中的"记账"按钮，系统弹出信息框提示记账成功，单击"确定"按钮，完成记账工作。

(3) 退出。单击"未记账单据一览表"窗口右上角的"关闭"按钮，退出当前窗口。

【财务部会计张兰进行采购入库制单】

(1) 打开"生成凭证"窗口。在"存货核算"子系统中，依次单击"财务核算/生成凭证"菜单项，系统打开"生成凭证"窗口。

(2) 打开"选择单据"窗口。单击工具栏中的"选择"按钮，在系统弹出的"查询条件"对话框中，单击"确定"按钮，系统退出对话框并打开"选择单据"窗口。

(3) 生成存货凭证。

① 选择采购入库单。在"选择单据"窗口中，选中本笔业务生成的采购入库单，然后单击工具栏中的"确定"按钮，系统返回"生成凭证"窗口。

② 生成凭证。单击工具栏中的"生成"按钮，系统打开"填制凭证"窗口，并显示默认生成的本业务入库单上的相关信息(借记：库存商品，贷记：在途物资)。

(4) 保存凭证。单击工具栏中的"保存"按钮，保存该凭证，结果如图 5-65 所示。

图 5-65 存货凭证

(5) 退出。单击"填制凭证"和"生成凭证"窗口右上角的"关闭"按钮，关闭并退出窗口。

5.8 采购退货业务(分开制单)

采购退货是入库后的退货，其结算可以分为以下三种情况：

(1) 结算前全额退货，即已录入采购入库单，但未进行采购结算，并且全额退货。其业务流程为：首先填制一张全额数量的红字采购入库单，然后把红字采购入库单与原入库单进行结算，冲抵原入库数据。

(2) 结算前部分退货，即已录入采购入库单，但未进行采购结算，并且部分退货。其业务流程为：首先填制一张部分数量的红字采购入库单，然后填制一张相对应的采购发票，其中发票上的数量=原入库单数量－红字入库单数量。再把红字入库单与原入库单、采购发票进行结算，冲抵原入库数据。

(3) 结算后退货，即已录入采购入库单、采购发票，并且已进行了采购结算，现在需要全额或部分退货。其业务流程为：首先填制一张红字采购入库单，再填制一张相应的红字发票，然后把红字采购入库单与红字发票进行结算。

5.8.1 业务概述与分析

7月7日，与北京松下电器有限公司签订采购合同，相应单据可参见图5-66～图5-71。

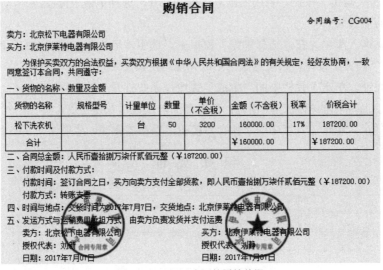

图 5-66　CG004 合同的原始单据

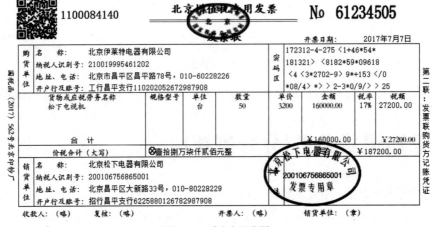

图 5-67　采购专用发票

开具红字增值税专用发票申请单

填开日期：2017年7月7日　　　　　　　　　　　　　　NO：87234505

销售方	名称	北京松下电器有限公司	购买方	名称	北京伊莱特电器有限公司
	税务登记代码	200106756865001		税务登记代码	210019995461202

开具红字专用发票内容	货物（劳务）名称	单价	数量	金额	税额
	松下电视机	3200	-2	-6400	-1088
	合计	-	-	-6400	-1088

说明：
对应蓝字专用发票抵扣增值税销项税额情况：
　　已抵扣　☐ 复选框 10
　　未抵扣　☑ 复选框 9
　　纳税人识别号认证不符　☐ 复选框 11
　　增值税专用发票代码、号码认证不符　☐ 复选框 12
　　对应蓝字专用发票密码区内打印的代码：略
　　　　　　　　　　　　　　　　　　　号码：61234505

开具红字专用发票理由：因质量问题退货

申明：我单位提供的（申请单）内容真实，否则将承担相关法律责任
购买方经办人：略　　　　　　　　购买方名称：（印章）

注：本申请单一式两联：第一联，申请方留存；第二联，申请方所属主管税务机关留存

图 5-68　开具红字发票申请单

开具红字增值税专用发票通知单

填开日期：2017年7月7日　　　　　　　　　　　　　　No．88234505

销售方	名称	北京松下电器有限公司	购买方	名称	北京伊莱特电器有限公司
	税务登记代码	200106756865001		税务登记代码	210019995461202

开具红字专用发票内容	货物（劳务）名称	单价	数量	金额	税额
	松下电视机	3200	-2	-6400	-1088
	合计	-	-	-6400	-1088

说明：
需要作进项税额转出　☑ 复选框 5
不需要作进项税额转出　☑ 复选框 6
纳税人识别号认证不符　☐ 复选框 7
专用发票代码、号码认证不符　☐ 复选框 10
对应蓝字专用发票密码区内打印的代码：
　　　　　　　　　　　　　　号码：61234505

开具红字专用发票理由：

经办人：　　负责人：　　主管税务机关名称：（印章）

第一联　申请方留存

图 5-69　开具红字发票通知单

图 5-70 红字发票(发票上是红字)

本笔业务是普通采购业务和采购结算后的部分退货业务,需要填制并审核采购订单、采购到货单、入库单,填制采购发票、采购结算,填制并审核采购退货单、红字采购入库单,填制红字采购发票并进行采购结算,进行红蓝应付单对冲,现付并进行审核与制单,采购存货的记账与分开制单。

5.8.2 操作指导

1. 操作流程

图 5-72 所示是本业务的操作流程。

图 5-71 支票存根

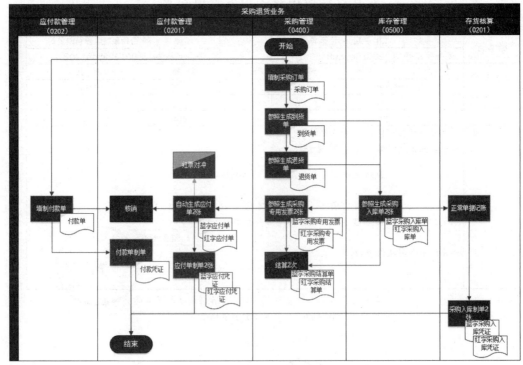

图 5-72 采购退货业务的操作流程

请确认系统日期和业务日期为2017年7月7日。

2. 采购订单填制并审核的操作步骤

任务说明：采购部刘静填制并审核采购订单。

(1) 打开"采购订单"窗口。在"企业应用平台"的"业务工作"页签中，依次单击"供应链/采购管理/采购订货/采购订单"菜单项，系统打开"采购订单"窗口。

(2) 填制并保存采购订单。单击工具栏中的"增加"按钮，新增一张采购订单，然后做如下编辑：

① 编辑表头。编辑"订单编号(即合同编号)"为CG004，"采购类型"为"商品采购"，"供应商"为"松下公司"，"部门"为"采购部"，"业务员"为"刘静"，其他项为默认。

② 编辑表体。参照生成"存货编码"为00005(松下洗衣机)，编辑"数量"为50，确认"原币单价"为3200，其他项为默认。

③ 保存并审核采购订单。单击工具栏中的"保存"按钮，保存该单据，然后单击工具栏中的"审核"按钮，结果如图5-73所示。

图5-73 采购订单

(3) 退出。单击"采购订单"窗口右上角的"关闭"按钮，关闭并退出该窗口。

3. 采购到货单填制并审核的操作步骤

任务说明：采购部刘静参照订单生成到货单并审核。

(1) 打开"到货单"窗口。在"采购管理"子系统中，依次单击"采购到货/到货单"菜单项，系统打开"到货单"窗口。

(2) 参照订单生成采购到货单。单击工具栏中的"增加"按钮，新增一张采购到货单，然后做如下操作：

① 打开"拷贝并执行"窗口。单击"生单/采购订单"命令，系统打开"查询条件选择-采购订单列表过滤"对话框，单击"确定"按钮，系统退出对话框并打开"拷贝并执行"窗口。

② 拷贝信息。在"拷贝并执行"窗口的上窗格中，双击要选择的采购订单(订单编号为CG004)所在行的"选择"栏，再单击其工具栏中的"OK 确定"按钮，系统返回"到货单"窗口，此时相关的信息已经有默认值，不需要修改。

(3) 保存并审核到货单。单击工具栏中的"保存"按钮,保存该单据,然后单击工具栏中的"审核"按钮,结果如图5-74所示。

图5-74 采购到货单

(4) 退出。单击"到货单"窗口右上角的"关闭"按钮,关闭并退出该窗口。

4. 采购入库单填制并审核的操作步骤

任务说明:仓管部李莉参照到货单生成入库单并审核。

(1) 打开库存管理的"采购入库单"窗口。在"企业应用平台"的"业务工作"页签中,依次单击"供应链/库存管理/入库业务/采购入库单"菜单项,系统打开"采购入库单"窗口。

(2) 参照到货单生成采购入库单。首先单击工具栏中的"增加"按钮,新增一张采购入库单,然后做如下操作:

① 打开"到货单生单列表"窗口。单击表头"到货单号"的参照按钮,系统弹出"查询条件选择-采购到货单列表"对话框,单击该对话框中的"确定"按钮,系统打开"到货单生单列表"窗口。

② 拷贝信息。在"到货单生单列表"窗口的上窗格中,双击要选择的采购到货单(即上一步骤完成的采购到货单)所在行的"选择"栏,再单击工具栏中的"OK确定"按钮,系统返回"采购入库单"窗口,此时相关的信息已经默认显示在入库单上,请确认表头的"仓库"为"商品仓库"。

(3) 保存并审核采购入库单。单击工具栏中的"保存"按钮,然后单击工具栏中的"审核"按钮,系统弹出信息框提示审核成功,单击"确定"按钮,完成审核工作,结果如图5-75所示。

图5-75 采购入库单

(4) 退出。单击"采购入库单"窗口右上角的"关闭"按钮,关闭并退出该窗口。

5. 采购发票填制并进行采购结算的操作步骤

任务说明:采购部刘静参照入库单生成采购专用发票并结算。

(1) 打开"专用发票"窗口。在"采购管理"子系统中,依次单击"采购发票/专用采购发票"菜单项,系统打开"专用发票"窗口。

(2) 参照入库单生成采购专用发票。单击工具栏中的"增加"按钮,新增一张采购专用发票,然后做如下操作:

① 打开"拷贝并执行"窗口。单击工具栏中的"生单/入库单"命令,系统打开"查询条件选择-采购入库单列表过滤"对话框,单击"确定"按钮,系统打开"拷贝并执行"窗口。

② 拷贝信息。在"拷贝并执行"窗口的上窗格中,双击要选择的采购入库单(即上一步骤完成的采购入库单)所在行的"选择"栏,然后单击工具栏中的"OK确定"按钮,系统返回"专用发票"窗口。

③ 编辑。编辑表头的"发票号"为61234505,其他项为默认。

(3) 保存。单击工具栏中的"保存"按钮,结果如图5-76所示。

(4) 采购发票窗口结算。单击工具栏中的"结算"按钮,此时窗口左上方出现"已结算"字样,表示该发票已经采购结算了,结果如图5-76所示。

图5-76 采购专用发票(已结算)

(5) 退出。单击"专用发票"窗口右上角的"关闭"按钮,关闭并退出该窗口。

6. 采购退货单填制并审核的操作步骤

任务说明:采购部刘静参照到货单生成退货单并审核。

(1) 打开"采购退货单"窗口。在"采购管理"子系统中,依次单击"采购到货/采购退货单"菜单项,系统打开"采购退货单"窗口。

(2) 参照到货单生成采购退货单。先单击工具栏中的"增加"按钮,新增一张采购退货单,然后做如下操作:

① 打开"拷贝并执行"窗口。单击"生单/到货单"命令,系统打开"查询条件选择-采购退货单列表过滤"对话框,单击"确定"按钮,系统退出对话框并打开"拷贝并执行"窗口。

② 拷贝信息。在"拷贝并执行"窗口上窗格中,双击要选择的到货单(即本业务中完成的采购到货单)所在行的"选择"栏目,再单击工具栏中的"OK确定"按钮,系统返回"采购退

货单"窗口,此时相关的信息已经有默认值。

③ 编辑。修改"采购退货单"表头的"采购类型"为"采购退回","采购退货单"表体的"数量"为-2,其他项为默认。

(3) 保存并审核退货单。单击工具栏中的"保存"按钮,保存该单据,然后单击工具栏中的"审核"按钮,完成审核工作,结果如图5-77所示。

图5-77 采购退货单

(4) 退出。单击"采购退货单"窗口右上角的"关闭"按钮,关闭并退出该窗口。

7. 红字采购入库单填制并审核的操作步骤

任务说明:仓管部李莉参照退货单生成红字采购入库单并审核。

(1) 打开库存管理的"采购入库单"窗口。在"企业应用平台"的"业务工作"页签中,依次单击"供应链/库存管理/入库业务/采购入库单"菜单项,系统打开"采购入库单"窗口。

(2) 参照退货单生成红字采购入库单。首先单击工具栏中的"增加"按钮,新增一张采购入库单,然后做如下操作:

① 打开"到货单生单列表"窗口。先单击窗口右上角的"红字"单选按钮,再单击表头的"到货单号"的参照按钮,系统弹出"查询条件选择-采购到货单列表"对话框,单击"确定"按钮,系统打开"到货单生单列表"窗口。

② 拷贝信息。在"到货单生单列表"窗口的上窗格中,双击要选择的采购到货单(即本业务中完成的采购退货单)所在行的"选择"栏,再单击工具栏中的"OK确定"按钮,系统返回"采购入库单"窗口,此时相关的信息已经默认显示在入库单上,请确认表头的"仓库"为"商品仓库",其他项为默认。

(3) 保存并审核红字采购入库单。单击工具栏中的"保存"按钮,然后单击工具栏中的"审核"按钮,系统弹出信息框提示审核成功,单击"确定"按钮,完成审核工作,结果如图5-78所示。

图5-78 采购入库单(红字)

(4) 退出。单击"采购入库单"窗口右上角的"关闭"按钮,关闭并退出该窗口。

8. 红字采购专用发票生成并结算的操作步骤

任务说明: 采购部刘静参照红字入库单生成红字采购专用发票并结算。

(1) 打开红字"专用发票"窗口。在"采购管理"子系统中,依次单击"采购发票/红字专用采购发票"菜单项,系统打开"专用发票"(红字)窗口。

(2) 参照红字入库单生成红字采购专用发票。先单击工具栏中的"增加"按钮,新增一张采购专用发票,再做如下操作:

① 打开"拷贝并执行"窗口。单击工具栏中的"生单/入库单"命令,系统打开"查询条件选择-采购入库单列表过滤"对话框,单击"确定"按钮,系统打开"拷贝并执行"窗口。

② 拷贝信息。在"拷贝并执行"窗口的上窗格中,双击要选择的采购入库单(即本业务中完成的红字采购入库单)所在行的"选择"栏,并单击工具栏中的"OK 确定"按钮,系统返回"专用发票"窗口。

③ 编辑。编辑表头的"发票号"为 61234506,其他项为默认。

(3) 保存。单击工具栏中的"保存"按钮,结果如图 5-79 所示。

图 5-79 红字采购专用发票(已结算)

(4) 采购发票窗口结算。单击工具栏中的"结算"按钮,此时窗口左上方出现"已结算"字样,表示该发票已经采购结算了,结果如图 5-79 所示。

(5) 退出。单击"专用发票"窗口右上角的"关闭"按钮,关闭并退出该窗口。

9. 应付审核与制单及采购成本确认的操作步骤

任务说明: 财务部会计张兰进行应付审核与制单、采购成本确认。

【财务部会计张兰进行应付审核】

(1) 打开应付"单据处理"窗口。在"企业应用平台"的"业务工作"页签下,依次单击"财务会计/应付款管理/应付单据处理/应付单据审核"菜单项,系统弹出"应付单查询条件"对话框,单击"确定"按钮,系统打开应付"单据处理"窗口。

(2) 审核应付单据。在"单据处理"窗口中,系统已列出本业务的采购专用发票(2 张),依次单击工具栏中的"全选""审核"按钮,系统提示审核成功,单击"确定"按钮,退出信息提示框,返回"单据处理"窗口。

(3) 退出。单击"单据处理"窗口右上角的"关闭"按钮,退出该窗口。

【财务部会计张兰进行应付分开制单】

(1) 打开应付“制单”窗口。在“应付款管理”子系统中，双击“制单处理”菜单项，在系统弹出的“制单查询”对话框中，确认已选中“发票制单”，然后单击“确定”按钮，系统打开应付“制单”窗口。

(2) 生成并保存采购专用发票(2 张)的应付凭证。单击“制单”窗口工具栏中的“全选”按钮以选中本业务中的 2 张采购专用发票，系统打开第 1 张“填制凭证”窗口，并默认显示凭证的信息为“借记：在途物资、应交税费/应交增值税/进项税额，贷记：应付账款/一般应付账款”，保持数据项不变，单击工具栏中的“保存”按钮，保存该凭证，结果如图 5-80 所示。单击工具栏中的“下一张”按钮显示凭证的信息为“借记：在途物资、应交税费/应交增值税/进项税额，贷记：应付账款/一般应付账款”。单击工具栏中的“保存”按钮，结果如图 5-81 所示。

(3) 退出。单击“填制凭证”和“制单”窗口右上角的“关闭”按钮，关闭并退出窗口。

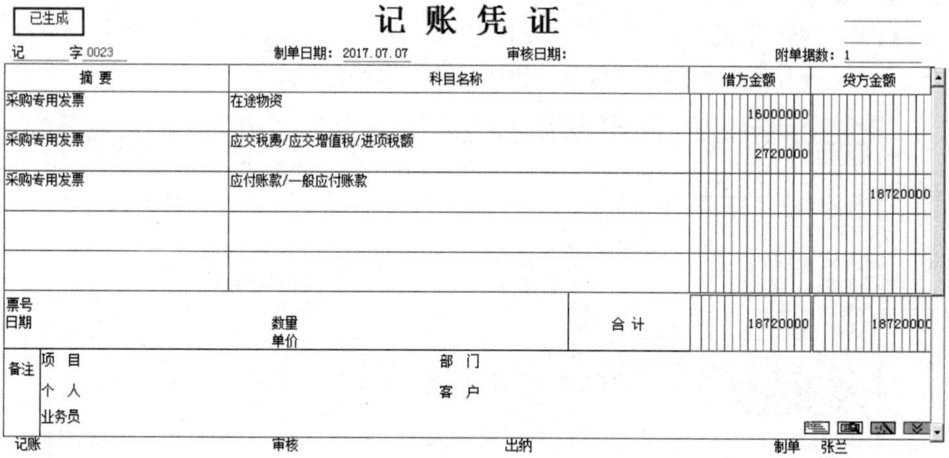
已生成

记账凭证

记 字 0023　　制单日期：2017.07.07　　审核日期：　　附单据数：1

摘要	科目名称	借方金额	贷方金额
采购专用发票	在途物资	16000000	
采购专用发票	应交税费/应交增值税/进项税额	2720000	
采购专用发票	应付账款/一般应付账款		18720000
票号 日期	数量 单价	合计 18720000	18720000

备注　项目　　部门
　　　个人　　客户
　　　业务员

记账　　审核　　出纳　　制单　张兰

图 5-80　采购专用发票制单结果

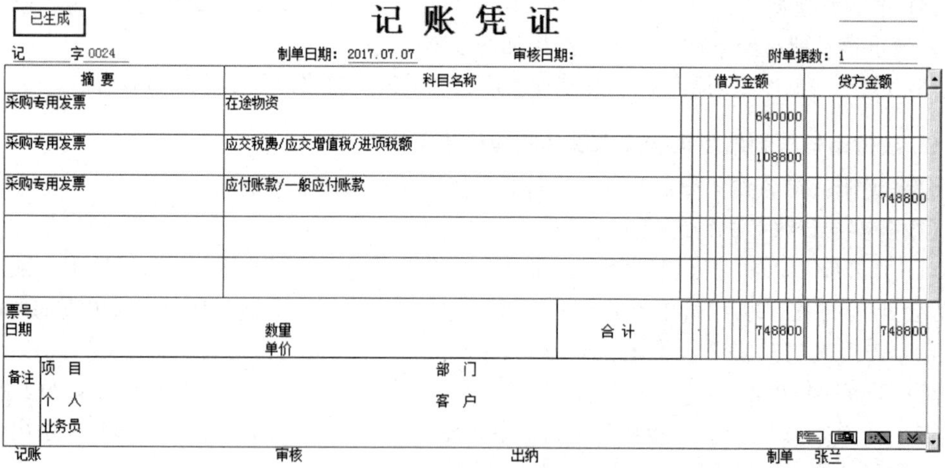
已生成

记账凭证

记 字 0024　　制单日期：2017.07.07　　审核日期：　　附单据数：1

摘要	科目名称	借方金额	贷方金额
采购专用发票	在途物资	640000	
采购专用发票	应交税费/应交增值税/进项税额	108800	
采购专用发票	应付账款/一般应付账款		748800
票号 日期	数量 单价	合计 748800	748800

备注　项目　　部门
　　　个人　　客户
　　　业务员

记账　　审核　　出纳　　制单　张兰

图 5-81　红字采购发票制单结果(金额为红字)

10. 红票对冲及制单的操作步骤

任务说明：财务部会计张兰进行红票对冲并制单。

【**财务部张兰进行红票对冲**】

(1) 打开"红票对冲条件"窗口。在"企业应用平台"的"业务工作"页签中，依次单击"财务会计/应付款管理/转账/红票对冲/手工对冲"菜单项，系统打开"红票对冲条件"窗口。

(2) 打开"红票对冲"窗口。在"红票对冲条件"窗口中，选择"供应商"为"北京松下电器有限公司"，其他项为默认，单击"确认"按钮，进入红票对冲窗口，在蓝字应付单对冲金额栏输入7488，结果如图5-82所示。单击"保存"按钮，即可完成红票对冲处理。

单据日期	单据类型	单据编号	供应商	币种	原币金额	原币余额	对冲金额
2017-07-07	采购专…	61234506	松下公司	人民币	7,488.00	7,488.00	7,488.00
合计					7,488.00	7,488.00	7,488.00

单据日期	单据类型	单据编号	供应商	币种	原币金额	原币余额	对冲金额
2017-07-07	采购专…	61234505	松下公司	人民币	187,200.00	187,200.00	7,488.00
合计					187,200.00	187,200.00	7,488.00

图 5-82 红票对冲列表

(3) 保存与退出。单击工具栏中的"保存"按钮，即可完成红票对冲处理。再单击"红票对冲"窗口右上角的"关闭"按钮。

【**财务部张兰对红票对冲进行制单**】

(1) 打开"制单列表"窗口。在"企业应用平台"的"业务工作"页签中，依次单击"财务会计/应付款管理/制单处理"菜单项，系统打开"制单查询"窗口，选择制单类型为"红票对冲制单"，单击"确认"按钮，进入"应付制单"窗口，选择要制单的单据行，双击"选择标志栏"，再单击"制单"按钮，系统打开"填制凭证"窗口，并默认显示已生成的凭证信息为"贷记：应付账款/一般应付账款(红字)，贷记：应付账款/一般应付账款(蓝字)"。

(2) 保存凭证。单击工具栏中的"保存"按钮，保存该凭证，结果如图5-83所示。

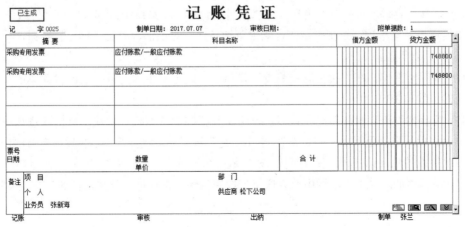

图 5-83 红票对冲制单结果

(3) 退出。单击"填制凭证"窗口右上角的"关闭"按钮,关闭并退出窗口。

11. 付款单填制、审核、制单并核销的操作步骤

任务说明：财务部出纳罗迪填制付款单；财务部会计张兰审核付款单并制单。

【财务部出纳罗迪填制付款单】

(1) 打开"收付款单录入"窗口。在"企业应用平台"的"业务工作"页签中,依次单击"财务会计/应付款管理/付款单据处理/付款单据录入"菜单项,系统打开"收付款单录入"窗口。

(2) 填制付款单。在"收付款单录入"窗口,单击工具栏中的"增加"按钮,新增一张付款单,然后做如下编辑：

① 表头编辑。在其表头依次编辑"供应商"为"松下公司","结算方式"为"转账支票","金额"为 179 712,"票据号"为 22856822,"部门"为"财务部",其他项为默认。

② 表体编辑。首先在表体单击,表体出现一行数据,然后在表体的"款项类型"中选择"应付款"(默认为应付款),并确认"供应商""金额"与表头对应,结果如图 5-84 所示。

图 5-84 付款单

(3) 保存与退出。单击工具栏中的"保存"按钮,再单击"收付款单录入"窗口右上角的"关闭"按钮。

【财务部会计张兰审核付款单并制单】

(1) 打开"收付款单列表"窗口。在"应付款管理"子系统中,依次单击"付款单据处理/付款单据审核"菜单项,系统弹出"付款单查询条件"对话框,单击"确定"按钮,系统打开"收付款单列表"窗口。

(2) 查阅付款单。在"收付款单列表"窗口中,通过双击本业务生成的付款单所在行,打开相应的付款单窗口。

(3) 审核并制单。查阅信息无误后,单击工具栏中的"审核"按钮,审核通过该单据。系统弹出信息提示框"是否立即制单？",单击"是"按钮,系统打开"填制凭证"窗口,并默认显示了已生成的凭证信息(借记：应付账款/一般应付账款,贷记：银行存款/工行存款)。

(4) 保存凭证。单击工具栏中的"保存"按钮,保存该凭证,结果如图 5-85 所示。

已生成		记 账 凭 证		
记 字 0026	制单日期: 2017.07.07	审核日期:		附单据数: 1
摘 要	科目名称		借方金额	贷方金额
付款单	应付账款/一般应付账款		17971200	
付款单	银行存款/工行存款			17971200
票号 日期	数量 单价	合计	17971200	17971200
备注	项 目 个 人 业务员	部 门 供应商 松下公司		
记账	审核	出纳	制单	张兰

图 5-85 付款单制单结果

(5) 退出。单击"填制凭证""收付款单录入"和"收付款单列表"窗口右上角的"关闭"按钮,关闭并退出窗口。

【财务部会计张兰进行应付核销】

(1) 打开"单据核销"窗口。在"应付款管理"子系统中,依次单击"核销处理/手工核销"菜单项,在系统弹出的"核销条件"对话框中,参照生成"供应商"为"松下公司",单击"确定"按钮,系统打开"单据核销"窗口。

(2) 核销应付款。在"单据核销"窗口的下窗格,双击"单据编号"为 61234505 的行,系统自动在该行的"本次结算"栏填入与"原币余额"相等的数字,然后单击工具栏中的"保存"按钮,完成核销。

(3) 退出。单击"单据核销"窗口的"关闭"按钮,退出该窗口。

12. 存货记账及制单的操作步骤

任务说明:财务部会计张兰进行采购入库记账和制单处理。

【财务部会计张兰进行采购入库记账】

(1) 打开"未记账单据一览表"窗口。在"企业应用平台"的"业务工作"页签下,依次单击"供应链/存货核算/业务核算/正常单据记账"菜单项,系统弹出"查询条件选择"对话框,单击该对话框中的"确定"按钮,系统打开"未记账单据一览表"窗口。

(2) 入库记账。在"未记账单据一览表"窗口中,选中本业务生成的红蓝采购入库单,然后单击工具栏中的"记账"按钮,系统弹出信息框提示记账成功,单击"确定"按钮,完成记账工作。

(3) 退出。单击"未记账单据一览表"窗口右上角的"关闭"按钮,退出当前窗口。

【财务部会计张兰进行采购入库制单】

(1) 打开"生成凭证"窗口。在"存货核算"子系统中,依次单击"财务核算/生成凭证"菜单项,系统打开"生成凭证"窗口。

(2) 打开"选择单据"窗口。单击工具栏中的"选择"按钮,在系统弹出的"查询条件"

对话框中,单击"确定"按钮,系统退出对话框并打开"选择单据"窗口。

(3) 生成并保存存货凭证。

① 选择采购入库单。在"选择单据"窗口中,选中本笔业务生成的 2 张采购入库单,然后单击工具栏中的"确定"按钮,系统返回"生成凭证"窗口。

② 生成并保存凭证。输入红字采购入库单对方"科目编码"为 1402,单击工具栏中的"生成"按钮,系统打开"填制凭证"窗口,并默认显示了本业务入库单上的相关信息(借记:库存商品,贷记:在途物资),信息审核无误后,单击"保存"按钮,保存该凭证,结果如图 5-86 所示。单击工具栏中的"下一张"按钮显示凭证的信息(借记:库存商品,贷记:在途物资),信息审核无误后,单击"保存"按钮,保存该凭证,结果如图 5-87 所示。

(4) 退出。单击"填制凭证"和"生成凭证"窗口右上角的"关闭"按钮,关闭并退出窗口。

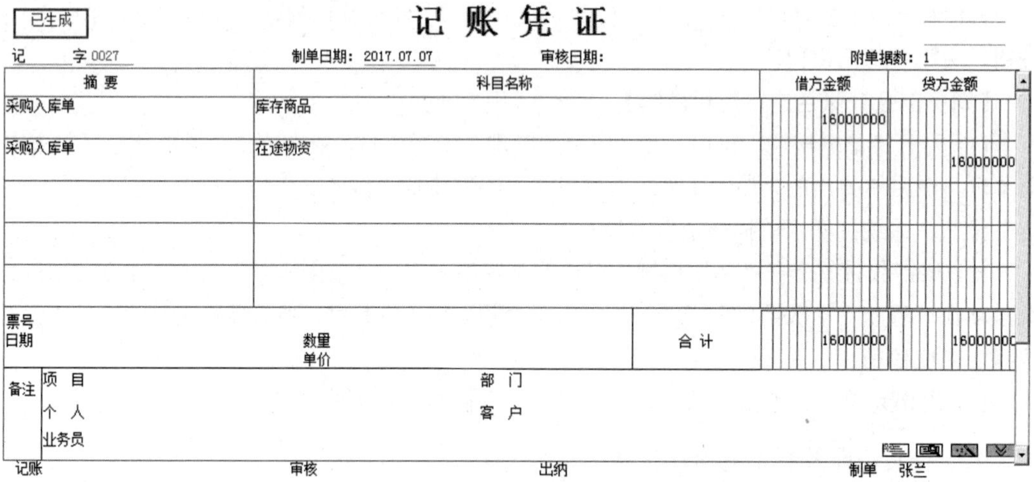

图 5-86 存货入库凭证

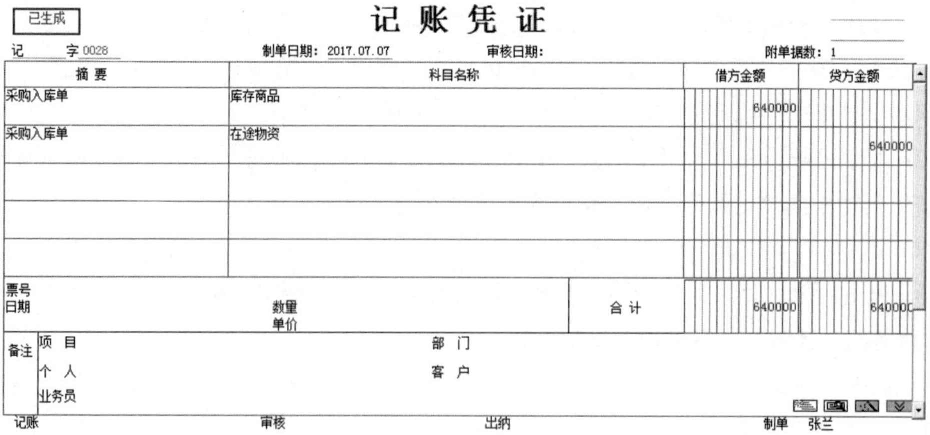

图 5-87 存货退货凭证(金额为红字)

5.9 受托代销业务(收取手续费方式下收到代销商品)

受托代销是指企业接受其他单位委托代为销售商品。委托方和受托方应先签订合同或协议，确定委托代销的商品品种、价格、代销方式、代销手续费标准和结算办法等，明确双方的经济利益和经济责任。

收取手续费方式下，委托方在发出商品时通常不确认销售商品收入，而应在收到受托方开出的代销清单时确认销售商品收入；受托方应在商品销售后，按合同或协议约定的方法计算确定的手续费确认收入。

5.9.1 业务概述与分析

7 月 7 日，与北京松下电器有限公司签订受托代销合同，原始单据可参见图 5-88。

购销合同

合同编号：WT001

委托方：北京松下电器有限公司

受托方：北京伊莱特电器有限公司

为保护买卖双方的合法权益，买卖双方根据《中华人民共和国合同法》的有关规定，经好友协商，一致同意签订本合同，共同遵守：

一、货物的名称、数量及金额

货物的名称	规格型号	计量单位	数量	单价（不含税）	金额（不含税）	税率	价税合计
松下电饭煲		个	100	2800	280000.00	17%	327600.00
合计					￥280000.00		￥327600.00

二、委托代销方式：

采用收手续费的方式由委托方委托受托方代销货物，即受托方只能按照合同规定的价格进行销售。受托方将代销的商品销售后，按总价款（不含增值税）的10%给予受托方手续费，商品销售款归委托方所有。

三、合同总金额：人民币叁拾贰万柒仟陆佰元整（￥327600.00）

四、付款时间及付款方式：

根据代销商品销售情况，每月底结算一次货款和代销手续费。付款方式：转账支票

五、时间与地点：交货时间为签订合同当日，交货地点：北京伊莱特电器有限公司

六、发运方式与运输费用承担方式：由受托方提货，运输费用由委托方承担

委托方：北京松下电器有限公司　　受托方：北京伊莱特电器有限公司

授权代表：刘新　　授权代表：刘静

日期：2017年7月07日　　日期：2017年7月07日

图 5-88　WT001 合同的原始单据

本笔业务是代销业务的收取手续费方式，收到代销商品时，需要填制并审核采购订单、采购到货单、采购入库单，并进行采购入库单的记账与制单。

5.9.2 操作指导

1. 操作流程

图 5-89 所示是本业务的操作流程。

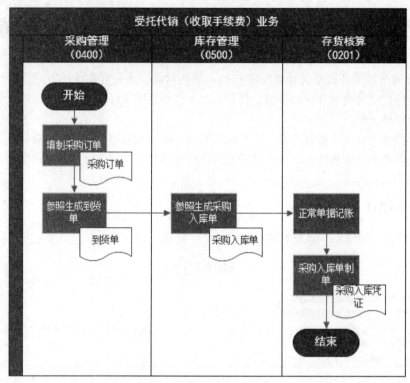

图 5-89 受托代销(收取手续方式)业务的操作流程

请确认系统日期和业务日期为 2017 年 7 月 7 日。

2. 采购订单填制并审核的操作步骤

任务说明：采购部刘静填制并审核采购订单。

(1) 打开"采购订单"窗口。在"企业应用平台"的"业务工作"页签中，依次单击"供应链/采购管理/采购订货/采购订单"菜单项，系统打开"采购订单"窗口。

(2) 填制并保存采购订单。单击工具栏中的"增加"按钮，新增一张采购订单，然后做如下编辑：

① 编辑表头。编辑"订单编号(即合同编号)"为 WT001，"业务类型"为"受托代销"，"采购类型"为"受托代销"，"供应商"为"松下公司"，"部门"为"采购部"，"业务员"为"刘静"，其他项为默认。

② 编辑表体。参照生成"存货编码"为 00006(松下电饭煲)，编辑"数量"为 100，修改"原币单价"为 2800，"计划到货时间"为 2017-07-07，其他项为默认。

③ 保存并审核采购订单。单击工具栏中的"保存"按钮，保存该单据，然后单击工具栏中的"审核"按钮，完成审核工作，结果如图 5-90 所示。

(3) 退出。单击"采购订单"窗口右上角的"关闭"按钮，关闭并退出该窗口。

图 5-90 采购订单

3. 采购到货单填制并审核的操作步骤

任务说明：采购部刘静参照订单生成到货单并审核。

(1) 打开"到货单"窗口。在"采购管理"子系统中，依次单击"采购到货/到货单"菜单项，系统打开"到货单"窗口。

(2) 参照订单生成采购到货单。单击工具栏中的"增加"按钮，新增一张采购到货单，然后做如下操作：

① 打开"拷贝并执行"窗口。先修改"业务类型"为"受托代销"，然后单击"生单/采购订单"命令，系统打开"查询条件选择-采购订单列表过滤"对话框，单击"确定"按钮，系统退出对话框并打开"拷贝并执行"窗口。

② 拷贝信息。在"拷贝并执行"窗口的上窗格中，双击要选择的采购订单(订单编号为WT001)所在行的"选择"栏，再单击其工具栏中的"OK确定"按钮，系统返回"到货单"窗口，此时相关的信息已经有默认值，不需要修改。

(3) 保存并审核采购到货单。单击工具栏中的"保存"按钮，保存该单据，然后单击工具栏中的"审核"按钮，完成审核工作，结果如图 5-91 所示。

图 5-91 采购到货单

(4) 退出。单击"到货单"窗口右上角的"关闭"按钮，关闭并退出该窗口。

4. 采购入库单填制并审核的操作步骤

任务说明：仓管部李莉参照到货单生成采购入库单并审核。

(1) 打开库存管理的"采购入库单"窗口。在"企业应用平台"的"业务工作"页签中，依次单击"供应链/库存管理/入库业务/采购入库单"菜单项，系统打开"采购入库单"窗口。

(2) 参照到货单生成采购入库单。首先单击工具栏中的"增加"按钮，新增一张采购入库单，然后做如下操作：

① 打开"到货单生单列表"窗口。单击表头"到货单号"的参照按钮，系统弹出"查询条件选择-采购到货单列表"对话框，单击该对话框中的"确定"按钮，系统打开"到货单生单列表"窗口。

② 拷贝信息。在"到货单生单列表"窗口的上窗格中，双击要选择的采购到货单(即上一步骤完成的采购到货单)所在行的"选择"栏，再单击工具栏中的"OK 确定"按钮，系统返回"采购入库单"窗口，此时相关的信息已经默认显示在入库单上，修改表头的"仓库"为"代销商品库"。

(3) 保存并审核采购入库单。单击工具栏中的"保存"按钮，然后单击工具栏中的"审核"按钮，结果如图 5-92 所示。

图 5-92 采购入库单

(4) 退出。单击"采购入库单"窗口右上角的"关闭"按钮，关闭并退出该窗口。

【财务部会计张兰进行采购入库记账】

(1) 打开"未记账单据一览表"窗口。在"企业应用平台"的"业务工作"页签下，依次单击"供应链/存货核算/业务核算/正常单据记账"菜单项，系统弹出"查询条件选择"对话框，直接单击该对话框中的"确定"按钮，系统打开"未记账单据一览表"窗口。

(2) 入库记账。在"未记账单据一览表"窗口中，选中本业务生成的采购入库单，然后单击工具栏中的"记账"按钮，系统弹出信息框提示记账成功，单击"确定"按钮，完成记账工作。

(3) 退出。单击"未记账单据一览表"窗口右上角的"关闭"按钮，退出当前窗口。

【财务部会计张兰进行入库制单】

(1) 打开"生成凭证"窗口。在"存货核算"子系统中，依次单击"财务核算/生成凭证"菜单项，系统打开"生成凭证"窗口。

(2) 打开"选择单据"窗口。单击工具栏中的"选择"按钮,在系统弹出的"查询条件"对话框中,单击"确定"按钮,系统退出对话框并打开"选择单据"窗口。

(3) 生成并保存存货凭证。

① 选择采购入库单。在"选择单据"窗口中,选中本笔业务生成的 1 张采购入库单,然后单击工具栏中的"确定"按钮,系统返回"生成凭证"窗口。

② 生成并保存凭证。输入"应付暂估科目"为 2314,单击工具栏中的"生成"按钮,系统打开"填制凭证"窗口,并默认显示了本业务入库单上的相关信息(借记:受托代销商品,贷记:受托代销商品款),信息审核无误后,单击"保存"按钮,保存该凭证,结果如图 5-93 所示。

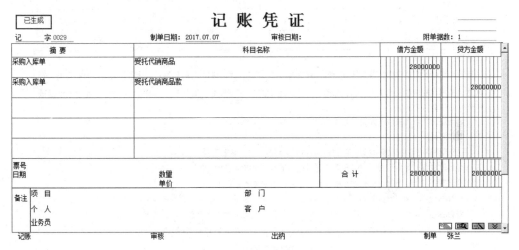

图 5-93 受托代销存货入库凭证

(4) 退出。单击"填制凭证"和"生成凭证"窗口右上角的"关闭"按钮,关闭并退出窗口。

5.10 受托代销业务(视同买断方式下收到代销商品)

视同买断方式,是指由委托方和受托方签订合同或协议,委托方按合同或协议收取所代销商品的货款,实际售价可由受托方自定,实际售价与合同或协议价之间的差额归受托方所有的销售方式。如果委托方和受托方之间的协议明确说明,受托方在取得代销商品后,无论能否卖出、能否获利,都与委托方没有任何关系,则委托方在符合收入确认条件时,应当确认相关商品的收入。如果委托方和受托方之间的协议明确说明,将来受托方未将商品售出时可以退回给委托方,或受托方因代销商品亏损时可以从委托方处得到补偿,则委托方在交付商品时通常不确认收入,受托方也不做购进商品处理,但需单独设置"受托代销商品"和"受托代销商品款"两个账户。收到代销商品时,按协议价借记"受托代销商品"账户,贷记"受托代销商品款"账户。受托方将商品出售后,按实际售价确认销售收入,并向委托方开具代销清单,委托方收到代销清单时,再确认本企业代销商品的销售收入。

5.10.1 业务概述与分析

7月7日,与广东深圳华为技术有限公司签订委托代销合同,原始单据可参见图5-94。

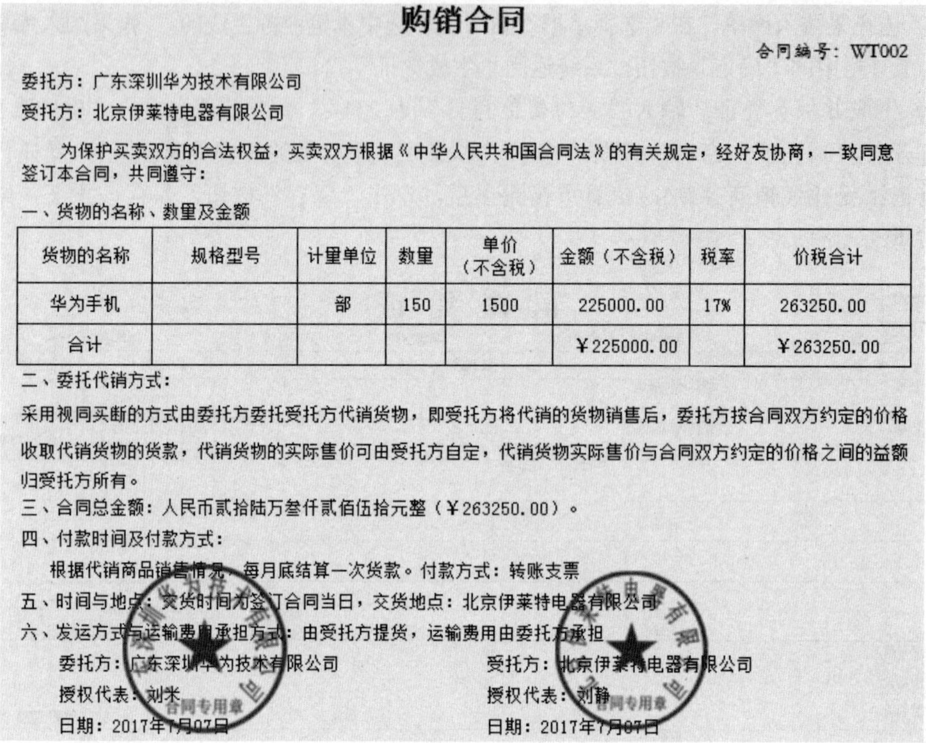

购销合同

合同编号:WT002

委托方:广东深圳华为技术有限公司
受托方:北京伊莱特电器有限公司

为保护买卖双方的合法权益,买卖双方根据《中华人民共和国合同法》的有关规定,经好友协商,一致同意签订本合同,共同遵守:

一、货物的名称、数量及金额

货物的名称	规格型号	计量单位	数量	单价(不含税)	金额(不含税)	税率	价税合计
华为手机		部	150	1500	225000.00	17%	263250.00
合计					¥225000.00		¥263250.00

二、委托代销方式:
采用视同买断的方式由委托方委托受托方代销货物,即受托方将代销的货物销售后,委托方按合同双方约定的价格收取代销货物的货款,代销货物的实际售价可由受托方自定,代销货物实际售价与合同双方约定的价格之间的差额归受托方所有。

三、合同总金额:人民币贰拾陆万叁仟贰佰伍拾元整(¥263250.00)。

四、付款时间及付款方式:
根据代销商品销售情况,每月底结算一次货款。付款方式:转账支票

五、时间与地点:交货时间为签订合同当日,交货地点:北京伊莱特电器有限公司

六、发运方式与运输费用承担方式:由受托方提货,运输费用由委托方承担

委托方:广东深圳华为技术有限公司 受托方:北京伊莱特电器有限公司
授权代表:刘米   授权代表:刘静
日期:2017年7月07日   日期:2017年7月07日

图5-94 WT002合同的原始单据

本笔业务是代销业务的视同买断方式,收到代销商品时,需要填制并审核采购订单、采购到货单、采购入库单,并进行采购入库单的记账与制单。

5.10.2 操作指导

1. 操作流程

图5-95所示是本业务的操作流程。

请确认系统日期和业务日期为2017年7月7日。

2. 采购订单填制并审核的操作步骤

任务说明:采购部刘静填制并审核采购订单。

(1) 打开"采购订单"窗口。在"企业应用平台"的"业务工作"页签中,依次单击"供应链/采购管理/采购订货/采购订单"菜单项,系统打开"采购订单"窗口。

(2) 填制并保存采购订单。单击工具栏中的"增加"按钮,新增一张采购订单,然后做如下编辑:

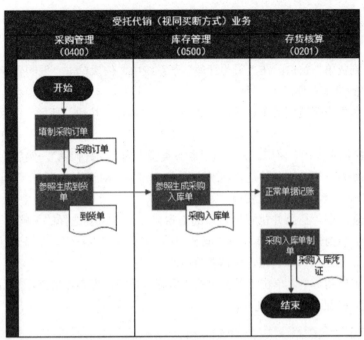

图 5-95　受托代销(视同买断方式)业务的操作流程

① 编辑表头。编辑"订单编号(即合同编号)"为 WT002,"业务类型"为"受托代销","采购类型"为"受托代销","供应商"为"华为公司","部门"为"采购部","业务员"为"刘静",其他项为默认。

② 编辑表体。参照生成"存货编码"为 00011(华为手机),编辑"数量"为 150,修改"原币单价"为 1500,"计划到货时间"为 2017-07-07,其他项为默认。

③ 保存并审核采购订单。单击工具栏中的"保存"按钮,保存该单据,然后单击工具栏中的"审核"按钮,结果如图 5-96 所示。

图 5-96　采购订单

(3) 退出。单击"采购订单"窗口右上角的"关闭"按钮,关闭并退出该窗口。

3. 采购到货单填制并审核的操作步骤

任务说明：采购部刘静参照订单生成到货单并审核。

(1) 打开"到货单"窗口。在"采购管理"子系统中，依次单击"采购到货/到货单"菜单项，系统打开"到货单"窗口。

(2) 参照订单生成采购到货单。单击工具栏中的"增加"按钮，新增一张采购到货单，然后做如下操作：

① 打开"拷贝并执行"窗口。先修改"业务类型"为"受托代销"，然后单击"生单/采购订单"命令，系统打开"查询条件选择-采购订单列表过滤"对话框，单击"确定"按钮，系统退出对话框并打开"拷贝并执行"窗口。

② 拷贝信息。在"拷贝并执行"窗口的上窗格中，双击要选择的采购订单(订单编号为WT002)所在行的"选择"栏，再单击其工具栏中的"OK 确定"按钮，系统返回"到货单"窗口，此时相关的信息已经有默认值，不需要修改。

(3) 保存并审核到货单。单击工具栏中的"保存"按钮，保存该单据，然后单击工具栏中的"审核"按钮，结果如图 5-97 所示。

图 5-97 采购到货单

(4) 退出。单击"到货单"窗口右上角的"关闭"按钮，关闭并退出该窗口。

4. 采购入库单填制并审核的操作步骤

任务说明：仓管部李莉参照到货单生成采购入库单并审核。

(1) 打开库存管理的"采购入库单"窗口。在"企业应用平台"的"业务工作"页签中，依次单击"供应链/库存管理/入库业务/采购入库单"菜单项，系统打开"采购入库单"窗口。

(2) 参照到货单生成采购入库单。单击工具栏中的"增加"按钮，新增一张采购入库单，然后做如下操作：

① 打开"到货单生单列表"窗口。单击表头"到货单号"的参照按钮，系统弹出"查询条件选择-采购到货单列表"对话框，单击该对话框中的"确定"按钮，系统打开"到货单生单列表"窗口。

② 拷贝信息。在"到货单生单列表"窗口的上窗格中，双击要选择的采购到货单(即上一步骤完成的采购到货单)所在行的"选择"栏，再单击工具栏中的"OK 确定"按钮，系统返回

"采购入库单"窗口,此时相关的信息已经默认显示在入库单上,修改表头的"仓库"为"代销商品库"。

(3) 保存并审核采购入库单。单击工具栏中的"保存"按钮,然后单击工具栏中的"审核"按钮,结果如图 5-98 所示。

图 5-98 采购入库单

(4) 退出。单击"采购入库单"窗口右上角的"关闭"按钮,关闭并退出该窗口。

【财务部会计张兰进行采购入库记账】

(1) 打开"未记账单据一览表"窗口。在"企业应用平台"的"业务工作"页签下,依次单击"供应链/存货核算/业务核算/正常单据记账"菜单项,系统弹出"查询条件选择"对话框,单击该对话框中的"确定"按钮,系统打开"未记账单据一览表"窗口。

(2) 入库记账。在"未记账单据一览表"窗口中,选中本业务生成的采购入库单,然后单击工具栏中的"记账"按钮,系统弹出信息框提示记账成功,单击"确定"按钮,完成记账工作。

(3) 退出。单击"未记账单据一览表"窗口右上角的"关闭"按钮,退出当前窗口。

【财务部会计张兰进行入库制单】

(1) 打开"生成凭证"窗口。在"存货核算"子系统中,依次单击"财务核算/生成凭证"菜单项,系统打开"生成凭证"窗口。

(2) 打开"选择单据"窗口。单击工具栏中的"选择"按钮,在系统弹出的"查询条件"对话框中,单击"确定"按钮,系统退出对话框并打开"选择单据"窗口。

(3) 生成并保存存货凭证。

① 选择采购入库单。在"选择单据"窗口中,选中本笔业务生成的 1 张采购入库单,然后单击工具栏中的"确定"按钮,系统返回"生成凭证"窗口。

② 生成并保存凭证。输入"应付暂估科目"为 2314,单击工具栏中的"生成"按钮,系统打开"填制凭证"窗口,并默认显示了本业务入库单上的相关信息(借记:受托代销商品,贷记:受托代销商品款),信息审核无误后,单击"保存"按钮,保存该凭证,结果如图 5-99 所示。

(4) 退出。单击"填制凭证"和"生成凭证"窗口右上角的"关闭"按钮,关闭并退出窗口。

已生成

记账凭证

记 字 0030　　制单日期：2017.07.07　　审核日期：　　附单据数：1

摘要	科目名称	借方金额	贷方金额
采购入库单	受托代销商品	22500000	
采购入库单	受托代销商品款		22500000
票号 日期	数量 单价 合计	22500000	22500000

备注	项目	部门
	个人	客户
	业务员	

记账　　审核　　出纳　　制单 张三

图 5-99　存货凭证

5.11　受托代销业务(收取手续费方式下开具代销清单)

代销清单是委托代销业务(或交易)中常用的一个书面资料，主要是指记录受托方在一定会计期间内(通常是一个月)已完成销售委托方交付的商品的数据清单，包括但不限于下列要素：商品名称、商品单价、商品数量、商品金额、是否含税(注：通常含税)、销售日期等信息。

5.11.1　业务概述与分析

7 月 31 日，与北京松下电器有限公司进行受托代销商品结算，相应单据可参见图 5-100～图 5-103。

商品代销清单

日期：2017年7月31日　　NO：001085682

委托方		北京松下电器有限公司			受托方	北京伊莱特电器有限公司		
账号		6225880126782987908			账号	110202052672987908		
开户银行		中国招商银行北京市昌平支行			开户银行	中国工商银行北京市昌平支行		
代销货物	代销货物名称	规格型号	计量单位	数量	单价（不含税）	金额（不含税）	税率	税额
	松下电饭煲		个	100	2800	280000	17%	47600.00
	价税合计	大写：叁拾贰万柒仟陆佰元整					小写：￥327600.00	
代销方式		按（不含税）价款的10%收取手续费						
代销款结算时间		根据代销货物销售情况于每月底结算一次货款						
代销款结算方式		转账支票						
本月代销货物销售情况	代销货物名称	规格型号	计量单位	数量	单价（不含税）	金额（不含税）	税率	税额
	松下电饭煲		个	50	2800	140000	17%	23800.00
	价税合计	大写：壹拾陆万叁仟捌佰元整					小写：￥163800.00	
本月代销款结算金额		大写：壹拾陆万叁仟捌佰元整					小写：￥163800.00	

主管：略　　审核：略　　制单：略　　受托方盖章：

图 5-100　受托代销清单

1100084140　　北京增值税专用发票　　№ 61335505

发票联　　开票日期：2017年7月31日

购货单位	名　　称：北京伊莱特电器有限公司 纳税人识别号：210019995461202 地址、电话：北京市昌平区昌平路78号，010-60228226 开户行及账号：工行昌平支行110202052672987908				密码区	172312-4-275 <1+46*54* 181321> <8182*59*09618 <4 <3*2702-9> 9*+153 </0 *08/4> *> > 2-3*0/9/> > 25		
货物或应税劳务名称	规格型号	单位	数量	单价	金额	税率	税额	
松下电饭煲		个	50	2800	140000.00	17%	23800.00	
合　计					¥140000.00		¥23800.00	
价税合计（大写）	⊗壹拾陆万叁仟捌佰元整				（小写）¥163800.00			
销货单位	名　　称：北京松下电器有限公司 纳税人识别号：200106756865001 地址、电话：北京昌平区大新路33号，010-80228229 开户行及账号：招行昌平支行6225880126782987908				备注	北京松下电器有限公司 200106756865001 发票专用章		

收款人：（略）　复核：（略）　开票人：（略）　销货单位：（章）

国税函（2017）562号北京印钞厂

第二联：发票联　购货方记账凭证

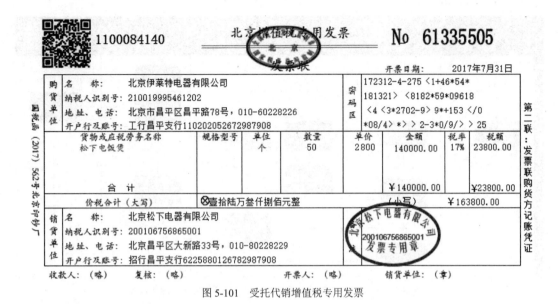

图 5-101　受托代销增值税专用发票

1100084140　　北京增值税专用发票　　№ 81306810

发票联　　开票日期：2017年7月31日

购货单位	名　　称：北京松下电器有限公司 纳税人识别号：200106756865001 地址、电话：北京昌平区大新路33号，010-80228229 开户行及账号：招行昌平支行6225880126782987908				密码区	172312-4-275 <1+46*54* 181321> <8182*59*09618 <4 <3*2702-9> 9*+153 </0 *08/4> *> > 2-3*0/9/> > 25		
货物或应税劳务名称	规格型号	单位	数量	单价	金额	税率	税额	
手续费		个			13207.55	6%	792.45	
合　计					13207.55		¥792.45	
价税合计（大写）	⊗壹万肆仟元整				（小写）¥14000.00			
销货单位	名　　称：北京伊莱特电器有限公司 纳税人识别号：210019995461202 地址、电话：北京市昌平区昌平路78号，010-60228226 开户行及账号：工行昌平支行110202052672987908				备注	北京伊莱特电器有限公司 210019995461202 发票专用章		

收款人：（略）　复核：（略）　开票人：（略）　销货单位：（章）

国税函（2017）562号北京印钞厂

第二联：发票联　购货方记账凭证

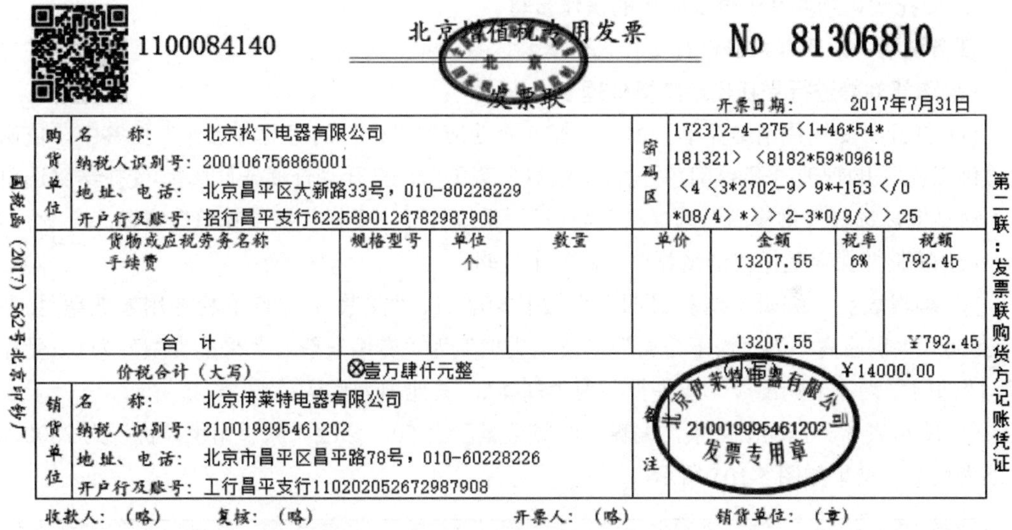

图 5-102　代销手续费发票

本笔业务是开具代销清单、收取代销手续费、与委托方结算并付款的代销业务。开出代销清单时，需要进行受托代销结算，在完成受托代销结算后系统自动生成采购发票，对采购发票进行现付和审核、制单处理，填制、复核代销手续费发票并审核、制单。

中国工商银行
转账支票存根
10203520
22856823
附加信息

出票日期：2017年7月31日
收款人：北京松下电器有限公司
金　额：¥149800.00
用　途：货款
单位主管　　会计

图 5-103　支票存根

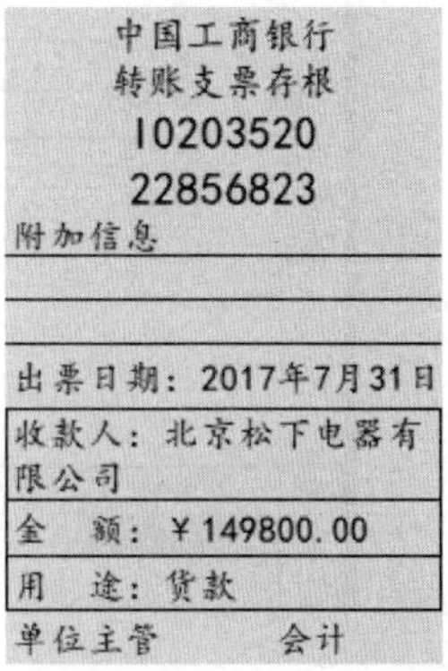

5.11.2　操作指导

1. 操作流程

图 5-104 所示是本业务的操作流程。

请确认系统日期和业务日期为 2017 年 7 月 31 日。

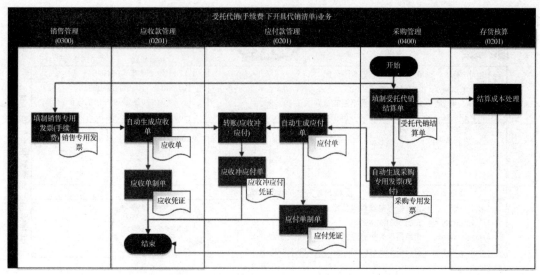

图 5-104 受托代销(收取手续费方式)开具代销清单业务的操作流程

2. 受托代销结算并现付及制单的操作步骤

任务说明：采购部刘静进行受托代销结算。

【采购部刘静进行受托代销结算处理】

(1) 打开"受托代销结算单"窗口。在"企业应用平台"的"业务工作"页签中，依次单击"供应链/采购管理/采购结算/受托代销结算"菜单项，打开"查询条件选择-受托结算选单过滤"对话框，选择"供应商"为"松下公司"，系统打开"受托代销结算单"窗口。

(2) 填制并保存受托代销结算单。做如下编辑：

① 编辑表头。编辑"结算日期"为 2017-07-31，"发票号(即增值税专用发票票号)"为 61335505，"供应商"为"松下公司"，"发票类型"为"专用发票"，"采购类型"为 02(受托代销)，"部门"为"采购部"，"业务员"为"刘静"，其他项为默认。

② 编辑表体。拖动滚动条，编辑"结算数量"为 50，修改"原币无税单价"为 2800，其他项为默认，结果如图 5-105 所示。

图 5-105 受托代销结算单

③ 结算。单击工具栏中的"结算"按钮，自动生成一张已结算的采购专用发票和受托代销结算单，系统提示"结算完成"。

(3) 退出。单击"采购结算"窗口右上角的"关闭"按钮，关闭并退出该窗口。

【采购部刘静对采购发票进行现付处理】

(1) 采购发票现付。打开采购专用发票，依次单击"采购发票/采购专用发票"菜单项，进入采购专用发票窗口，单击工具栏中的"上张"按钮，找到显示已结算的采购专用发票，再单击工具栏中的"现付"按钮，系统打开"采购现付"对话框，在该对话框的表体部分，选择"结算方式"为"转账支票"，录入相应的"原币金额"148 900，输入"票据号"为22856823，然后单击对话框中的"确定"按钮返回"专用发票"窗口，此时窗口左上方出现"已现付"字样，结果如图5-106所示。

图5-106　采购专用发票(已结算、已现付)

(2) 退出。单击"专用发票"窗口右上角的"关闭"按钮，关闭并退出该窗口。

3. 采购现付确认的操作步骤

任务说明：财务部会计张兰进行现付审核与制单。

【财务部会计张兰进行现付单据审核与制单】

(1) 打开"单据处理"窗口。在"企业应用平台"的"业务工作"页签下，依次单击"财务会计/应付款管理/应付单据处理/应付单据审核"菜单项，系统弹出"应付单查询条件"对话框，增加勾选"包含已现结发票"复选框，然后单击该对话框中的"确定"按钮，系统退出该对话框并打开"单据处理"窗口。

(2) 查阅应付单据。在"单据处理"窗口中，系统列出了本业务的采购专用发票，双击该单据所在的行，系统打开相应的专用发票窗口。

(3) 审核并制单。查阅信息无误后，单击工具栏中的"审核"按钮，审核通过该单据。系统弹出信息框提示"是否立即制单？"，单击"是"按钮，系统打开"填制凭证"窗口，并确认已生成的凭证信息(借记：应付账款/暂估应付账款、应交税费/应交增值税/进项税额，贷记：应付账款/一般应付账款、银行存款/工行存款)。

(4) 保存凭证。单击"保存"按钮，保存该凭证，结果如图5-107所示。

(5) 退出。单击"填制凭证""采购发票"和"单据处理"窗口右上角的"关闭"按钮，关闭并退出窗口。

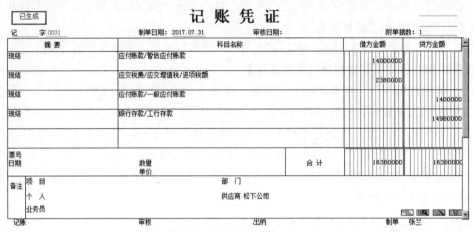

图 5-107　受托代销采购专用发票制单结果

4. 手续费收入确认的操作步骤

任务说明：销售部会计张兰进行代销收入金额确认。

【销售部赵飞录入手续费销售专用发票并复核】

(1) 打开"销售专用发票"窗口。在"销售管理"子系统中，依次单击"销售开票/销售专用发票"菜单项，系统打开"销售专用发票"窗口。

(2) 填制销售专用发票。在"销售专用发票"窗口，单击工具栏中的"增加"按钮，新增一张销售专用发票，然后做如下编辑：

① 编辑表头。修改表头的"发票号"为 81306810，"开票日期"为 2017-07-31，"销售类型"为"批发销售"，"客户简称"为"松下公司"，"销售部门"为"批发部"，"业务员"为"赵飞"，"税率"为 6%，其他项为默认。

② 编辑表体。在第 1 行，参照生成"存货编码"为 00015(手续费)，"数量"编辑为 0，"无税金额"为 13 207.55，其他项为默认。

(3) 保存。单击工具栏中的"保存"按钮，保存该单据，然后单击工具栏中的"复核"按钮，单据复核处显示复核人员姓名，结果如图 5-108 所示。

图 5-108　销售专用发票(代销手续费收入)

(4) 退出。单击"销售专用发票"窗口右上角的"关闭"按钮,关闭并退出该窗口。

【财务部会计张兰进行销售专用发票审核与制单】

(1) 打开应收"单据处理"窗口。在"应收款管理"子系统中,依次单击"应收单据处理/应收单据审核"菜单项,系统弹出"应收单查询条件"对话框,单击"确定"按钮,系统打开"单据处理"窗口。

(2) 审核并制单。在应收"单据处理"窗口中,系统已列出本业务的销售专用发票,双击该单据所在的行,系统打开相应的专用发票窗口。查阅信息无误后,单击工具栏中的"审核"按钮,审核通过该单据。系统弹出信息框"是否立即制单?",单击"是"按钮,系统打开"填制凭证"窗口,系统自动生成一张凭证,确认"借记:应收账款,贷记:其他业务收入、应交税费/应交增值税/销项税额",单击"保存"按钮,凭证左上方显示"已生成"字样,结果如图5-109所示。

摘要	科目名称	借方金额	贷方金额
销售专用发票	应收账款	1400000	
销售专用发票	其他业务收入		1320755
销售专用发票	应交税费/应交增值税/销项税额		79245
	合计	1400000	1400000

图 5-109 代销手续费收入制单结果

(3) 退出。单击"填制凭证""销售发票"和"单据处理"窗口右上角的"关闭"按钮,关闭并退出窗口。

5. 应收单与应付对冲及制单的操作步骤

任务说明:财务部会计张兰对应收单和应付单进行对冲与制单。

(1) 打开"单据处理"窗口。在"应付款管理"子系统中,依次单击"转账/应收冲应付/手工对冲"菜单项,系统弹出"应收单查询条件"对话框,参照生成"客户"为"北京松下电器有限公司",单击"应付"按钮,参照生成"供应商"为"北京松下电器有限公司",单击"确定"按钮,系统打开"应收冲应付"窗口。

(2) 对冲并制单。在"应收冲应付"窗口的下窗格,双击"单据编号"为61335505和"单据编号"为81306810所在的行,在"转账金额"处输入14 000,结果如图5-110所示。单击工具栏中的"保存"按钮,系统完成应收与应付对冲,并弹出信息对话框提示"是否立即制单?",单击"是"按钮,系统打开"填制凭证"窗口,默认显示的凭证信息为"借记:应付账款/一般应付账款,贷记:应收账款",单击"保存"按钮,凭证左上方显示"已生成"字样,结果如图 5-111 所示。

图 5-110 应收冲应付列表

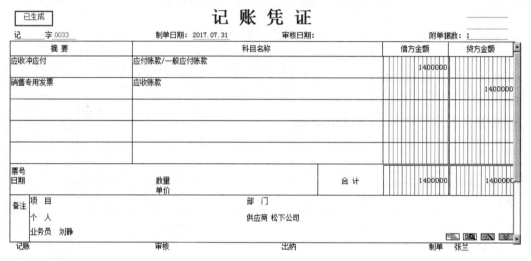

图 5-111 应收冲应付制单结果

(3) 退出。单击"填制凭证"和"应收冲应付"窗口右上角的"关闭"按钮,关闭并退出窗口。

【财务部会计张兰进行结算成本处理】

(1) 打开"暂估处理查询"窗口。在"存货核算"子系统中,双击"结算成本处理"菜单项,在系统弹出的"暂估处理查询"对话框中,选中"代销商品库"前的复选框,然后单击"确定"按钮,系统打开"结算成本处理"窗口,如图 5-112 所示。

图 5-112 结算成本处理列表

(2) 单击"选择"栏,或者单击"全选"按钮,选中要暂估的结算单,单击工具栏中的"暂估”按钮，即可完成结算成本处理。

(3) 退出。单击“结算成本处理”窗口右上角的“关闭”按钮，关闭并退出窗口。

5.12 受托代销业务(视同买断方式下开具代销清单)

5.12.1 业务概述与分析

7 月 31 日，与广东深圳华为技术有限公司进行受托代销商品结算，相应单据参见图 5-113、图 5-114、图 5-115。

商品代销清单

日期：2017年7月31日　　NO：001085678

委托方		广州深圳华为技术有限公司			受托方	北京伊莱特电器有限公司		
账号		6227000526782987908			账号	110202052672987908		
开户银行		中国工商银行深圳市深圳支行			开户银行	中国工商银行北京市昌平支行		
代销货物	代销货物名称	规格型号	计量单位	数量	单价（不含税）	金额（不含税）	税率	税额
	华为手机		部	150	1500	225000	17%	38250.00
	价税合计	大写：贰拾陆万叁仟贰佰伍拾元整					小写：￥263250.00	
代销方式		视同买断方式						
代销款结算时间		根据代销货物销售情况于每月底结算一次货款						
代销款结算方式		转账支票						
本月代销货物销售情况	代销货物名称	规格型号	计量单位	数量	单价（不含税）	金额（不含税）	税率	税额
	华为手机		部	100	1500	150000	17%	25500.00
	价税合计	大写：壹拾柒万伍仟伍佰元整					小写：￥175500.00	
本月代销款结算金额		大写：壹拾柒万伍仟伍佰元整					小写：￥175500.00	

主管：略　　审核：略　　制单：略　　受托方盖章：

图 5-113　受托代销清单

1100084140　　广东增值税专用发票　　No 62276505

发票联　　开票日期：2017年7月31日

购货单位	名　　称：北京伊莱特电器有限公司 纳税人识别号：210019995461202 地址、电话：北京市昌平区昌平路78号，010-60228226 开户行及账号：工行昌平支行110202052672987908				密码区	172312-4-275 <1+46*54* 181321> <8182*59*09618 <4 <3*2702-9> 9*+153 </0 *08/4> *> > 2-3*0/9/> > 25		
货物或应税劳务名称	规格型号	单位	数量	单价	金额	税率	税额	
华为手机		部	100	1500	150000.00	17%	25500.00	
合　计					￥150000.00		￥25500.00	
价税合计（大写）	⊗壹拾柒万伍仟伍佰元整				（小写）	￥175500.00		
销货单位	名　　称：广东深圳华为技术有限公司 纳税人识别号：200106653865885 地址、电话：广东深圳龙岗区坂田1号，0755-82812000 开户行及账号：工行深圳支行6227000526782987908				备注			

收款人：（略）　　复核：（略）　　开票人：（略）　　销货单位：（章）

国税函（2017）562号北京印钞厂

第二联：发票联购货方记账凭证

图 5-114　代销采购专用发票

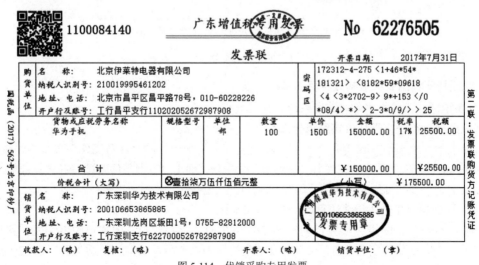

本笔业务是开具代销清单、与委托方结算并付款的受托代销业务。开出代销清单时，需要进行受托代销结算，在完成受托代销结算后系统自动生成采购发票，对采购发票进行审核、制单处理，填制付款单并审核、制单。

图 5-115　支票存根

5.12.2　操作指导

1．操作流程

图 5-116 所示是本业务的操作流程。

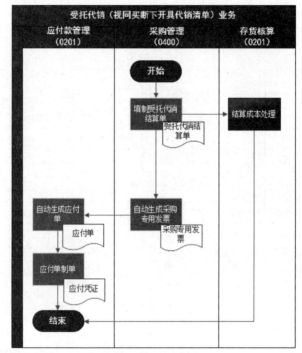

图 5-116　受托代销(视同买断方式)开具代销清单业务的操作流程

请确认系统日期和业务日期为 2017 年 7 月 31 日。

2．受托代销结算单填制并结算的操作步骤

任务说明：采购部刘静进行受托代销结算处理。

【采购部刘静进行受托代销结算处理】

(1) 打开"受托代销结算单"窗口。在"企业应用平台"的"业务工作"页签中，依次单击"供应链/采购管理/采购结算/受托代销结算"菜单项，弹出"查询条件选择-受托结算选单过滤"对话框，选择"供应商"为"华为公司"，系统打开"受托代销结算单"窗口。

(2) 填制并保存受托代销结算单，做如下编辑：

① 编辑表头。编辑"结算日期"为 2017-07-31，"发票号"(即增值税专用发票票号)为 62276505，"供应商"为"华为公司"，"发票类型"为"专用发票"，"采购类型"为 02(受托代销)，"部门"为"采购部"，"业务员"为"刘静"，其他项为默认。

② 编辑表体。拖动滚动条，编辑"结算数量"为 100，修改"原币无税单价"为 1500，其

他项为默认,结果如图 5-117 所示。

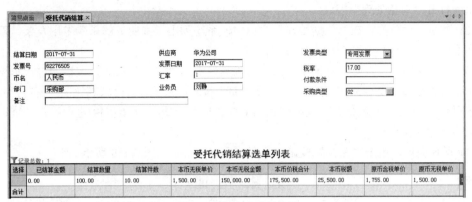

图 5-117 受托代销结算单

③ 结算。单击工具栏中的"结算"按钮,自动生成一张已结算的采购专用发票和受托代销结算单,系统提示"结算完成"。

(3) 退出。单击"采购结算"窗口右上角的"关闭"按钮,关闭并退出该窗口。

【采购部刘静对采购发票进行现付处理】

(1) 采购发票现付。打开采购专用发票,依次单击"采购发票/采购专用发票"菜单项,进入采购"专用发票"窗口,单击工具栏中的"上张"按钮,找到显示已结算的采购专用发票,单击工具栏中的"现付"按钮,系统打开"采购现付"对话框,在该对话框的表体部分,选择"结算方式"为"转账支票",录入相应的"原币金额"175 500,输入"票据号"为 22856826,然后单击对话框中的"确定"按钮返回"专用发票"窗口,此时窗口左上方出现"已现付"字样,结果如图 5-118 所示。

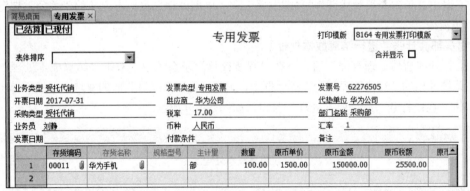

图 5-118 采购专用发票(已结算、已现付)

(2) 退出。单击"专用发票"窗口右上角的"关闭"按钮,关闭并退出该窗口。

3. 采购现付确认的操作步骤

任务说明:财务部会计张兰进行现付审核与制单。

【财务部会计张兰进行现付单据审核与制单】

(1) 打开"单据处理"窗口。在"企业应用平台"的"业务工作"页签下,依次单击"财务会计/应付款管理/应付单据处理/应付单据审核"菜单项,系统弹出"应付单查询条件"对话框,增加勾选"包含已现结发票"复选框,然后单击该对话框中的"确定"按钮,系统退出该对话框并打开"单据处理"窗口。

(2) 查阅应付单据。在"单据处理"窗口中,系统列出了本业务的采购专用发票,双击该单据所在的行,系统打开相应的专用发票窗口。

(3) 审核并制单。查阅信息无误后,单击工具栏中的"审核"按钮,审核通过该单据。系统弹出信息框提示"是否立即制单?",单击"是"按钮,系统打开"填制凭证"窗口,并默认显示了已生成的凭证信息(借记:受托代销商品款、应交税费/应交增值税/进项税额,贷记:银行存款/工行存款)。

(4) 保存凭证。单击"保存"按钮,保存该凭证,结果如图 5-119 所示。

已生成		记 账 凭 证			
记 字 0073		制单日期:2017.07.31	审核日期:		附单据数:1
摘要		科目名称		借方金额	贷方金额
现结		受托代销商品款			15000000
现结		应交税费/应交增值税/进项税额			2550000
现结		银行存款/工行存款			17550000
票号 日期 2017.07.31		数量 单价		合计 17550000	17550000
备注	项 目 个 人 业务员		部 门 供应商 华为公司		
记账		审核	出纳		制单 张兰

图 5-119 受托代销采购专用发票制单结果

(5) 退出。单击"填制凭证""采购发票"和"单据处理"窗口右上角的"关闭"按钮,关闭并退出窗口。

【财务部会计张兰进行结算成本处理】

(1) 打开"暂估处理查询"窗口。在"存货核算"子系统中,双击"结算成本处理"菜单项,在系统弹出的"暂估处理查询"对话框中,选中"代销商品库"前的复选框,然后单击"确定"按钮,系统打开"结算成本处理"窗口,如图 5-120 所示。

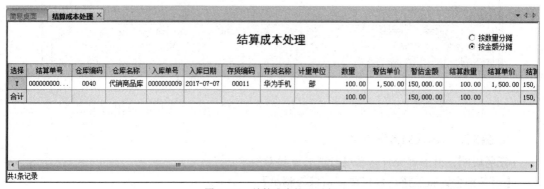

图 5-120 结算成本处理列表

(2) 单击"选择"栏,或者单击"全选"按钮,选中要暂估的结算单,单击工具栏中的"暂估"按钮,即可完成结算成本处理。

(3) 退出。单击"结算成本处理"窗口右上角的"关闭"按钮,关闭并退出窗口。

5.13 采购赠品业务

企业采取购买货品就赠送实物("买即赠""满就送")等方式进行销售,是为了扩大份额、增加销量,采购赠品业务按正常采购业务进行处理,取得增值税专用发票允许抵扣进项税。

5.13.1 业务概述与分析

7月11日,从家乐福超市购入赠品,相应单据可参见图5-121、图5-122(支付报告书从略)。

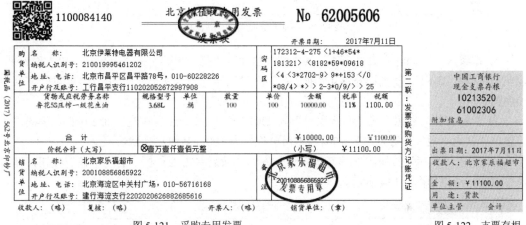

图 5-121 采购专用发票　　　　　　　　图 5-122 支票存根

本业务有采购入库和对采购发票进行现金支票现付的业务,需要填制与审核采购入库单,填制与现付采购发票,在发票窗口进行采购结算,对现付发票的审核与制单,采购成本确认。

5.13.2 操作指导

1. 操作流程

图 5-123 所示是本业务的操作流程。

请确认系统日期和业务日期为 2017 年 7 月 11 日。

2. 采购入库单填制并审核的操作步骤

任务说明: 采购部刘静填制并审核采购入库单。

(1) 打开"采购入库单"窗口。在"企业应用平台"的"业务工作"页签中,依次单击"供应链/库存管理/采购入库单"菜单项,系统打开"采购入库单"窗口。然后做如下编辑:

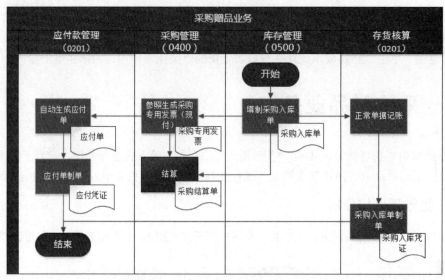

图 5-123　采购赠品业务的操作流程

① 编辑表头。编辑表头"仓库"为"赠品仓库","供货单位"为"家乐福","入库日期"按业务日期,"部门"为"采购部","业务员"为"刘静","入库类别"为"采购入库",其他项为默认。

② 编辑表体。参照生成"存货编码"为00014(鲁花5S一级压榨花生油3.68L),编辑"主计量单位"为"桶","数量"为100、"本币单价"为100,其他项为默认。

(2) 单击"保存"按钮,保存新增采购入库单,然后单击工具栏中的"审核"按钮,即可审核成功,结果如图5-124所示。

图 5-124　赠品采购入库单

(3) 退出。单击"采购入库单"窗口右上角的"关闭"按钮,关闭并退出该窗口。

3. 采购专用发票填制、现付并结算的操作步骤

任务说明:采购部刘静参照入库单生成采购专用发票并现付与结算。

(1) 打开"专用发票"窗口。在"采购管理"子系统中,依次单击"采购发票/专用采购发票"菜单项,系统打开"专用发票"窗口。

(2) 参照入库单生成采购专用发票。在"专用发票"窗口中,单击工具栏中的"增加"按

钮,新增一张采购专用发票,再单击工具栏中的"生单/入库单"命令,系统打开"查询条件选择-采购入库单列表过滤"对话框,单击"确定"按钮,并在系统打开的"拷贝并执行"窗口中,双击上窗格中要选择的采购入库单(即上一步骤完成的采购入库单)所对应的"选择"栏,然后单击工具栏中的"OK确定"按钮,返回"专用发票"窗口。

(3) 编辑并保存采购发票。在"专用发票"窗口中,编辑表头的"发票号"为62005606,其他项为默认,然后单击工具栏中的"保存"按钮,结果如图 5-125 所示。

(4) 采购发票结算。在"专用发票"窗口,单击工具栏中的"结算"按钮,系统自动完成采购结算,专用发票左上方出现"已结算"字样。

(5) 采购发票现付。在"专用发票"窗口,单击工具栏中的"现付"按钮,系统打开"采购现付"对话框,在该对话框的表体部分,选择"结算方式"为"现金支票",录入相应的"原币金额"11100,输入"票据号"为 61002306,然后单击对话框中的"确定"按钮返回"专用发票"窗口,此时窗口左上方出现"已现付"字样,结果如图 5-125 所示。

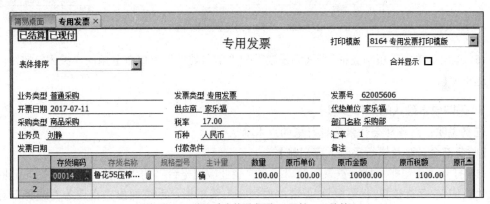

图 5-125 赠品采购普通发票(已现付、已结算)

(6) 退出。单击"专用发票"窗口右上角的"关闭"按钮,关闭并退出该窗口。

4. 现付发票审核并制单的操作步骤

任务说明:财务部会计张兰进行现付审核与制单。

(1) 打开"单据处理"窗口。在"企业应用平台"的"业务工作"页签下,依次单击"财务会计/应付款管理/应付单据处理/应付单据审核"菜单项,系统弹出"应付单查询条件"对话框,增加勾选"包含已现结发票"复选框,然后单击该对话框中的"确定"按钮,系统退出该对话框并打开"单据处理"窗口。

(2) 查阅应付单据。在"单据处理"窗口中,系统列出了本业务的采购专用发票,双击该单据所在的行,系统打开相应的专用发票窗口。

(3) 审核并制单。查阅信息无误后,单击工具栏中的"审核"按钮,审核通过该单据。系统弹出信息框提示"是否立即制单?",单击"是"按钮,系统打开"填制凭证"窗口,并默认显示了已生成的凭证信息(借记:在途物资、应交税费/应交增值税/进项税额,贷记:银行存款/工行存款)。

(4) 保存凭证。单击"保存"按钮,保存该凭证,结果如图 5-126 所示。

已生成		记 账 凭 证			
记 字 0031		制单日期：2017.07.11	审核日期：	附单据数：1	
摘 要		科目名称		借方金额	贷方金额
现结		在途物资		1000000	
现结		应交税费/应交增值税/进项税额		110000	
现结		银行存款/工行存款			1110000
票号 日期	数量 单价		合 计	1110000	1110000
备注	项 目 个 人 业务员		部 门 客 户		
记账	审核		出纳	制单 张兰	

图 5-126 采购专用发票制单结果

(5) 退出。单击"填制凭证""采购发票"和"单据处理"窗口右上角的"关闭"按钮，关闭并退出窗口。

5. 采购成本确认的操作步骤

任务说明：财务部会计张兰进行采购成本确认。

【财务部会计张兰进行采购入库记账】

(1) 打开"未记账单据一览表"窗口。在"企业应用平台"的"业务工作"页签下，依次单击"供应链/存货核算/业务核算/正常单据记账"菜单项，系统弹出"查询条件选择"对话框，单击"确定"按钮，系统打开"未记账单据一览表"窗口。

(2) 入库记账。在"未记账单据一览表"窗口中，选中本业务生成的采购入库单，然后单击工具栏中的"记账"按钮，系统弹出信息框提示记账成功，单击"确定"按钮，完成记账工作。

(3) 退出。单击"未记账单据一览表"窗口右上角的"关闭"按钮，退出当前窗口。

【财务部会计张兰进行入库制单】

(1) 打开"生成凭证"窗口。在"存货核算"子系统中，依次单击"财务核算/生成凭证"菜单项，系统打开"生成凭证"窗口。

(2) 打开"选择单据"窗口。单击工具栏中的"选择"按钮，在系统弹出的"查询条件"对话框中，单击"确定"按钮，系统打开"选择单据"窗口。

(3) 设置凭证信息。在"选择单据"窗口中，选中本业务生成的采购入库单，然后单击工具栏中的"确定"按钮，系统退出"选择单据"窗口返回"生成凭证"窗口。输入"采购入库单科目"为"1405 库存商品"。

(4) 生成存货凭证。单击工具栏中的"生成"按钮，系统打开"填制凭证"窗口，并默认显示了本业务入库单上的相关信息(借记：库存商品，贷记：在途物资)。

(5) 保存凭证。单击工具栏中的"保存"按钮，保存该凭证，结果如图 5-127 所示。

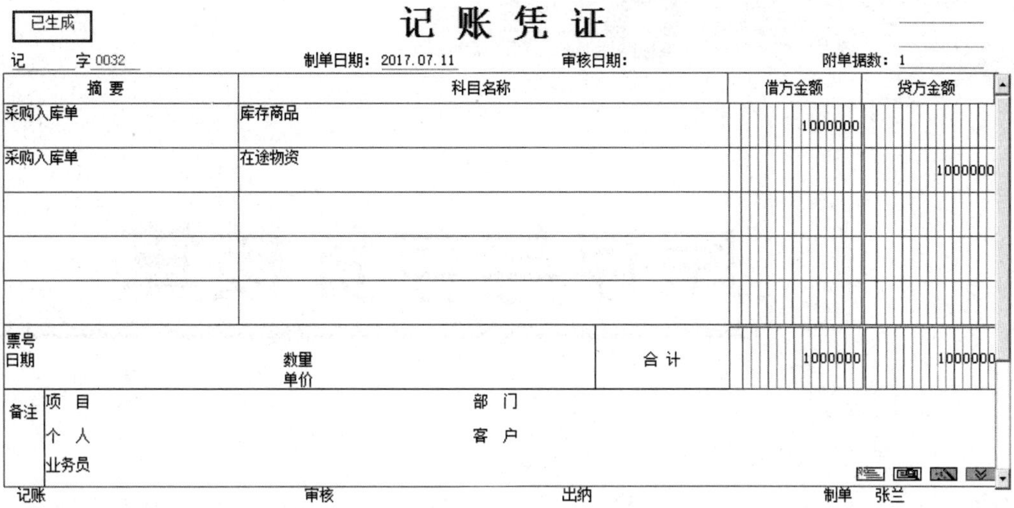

		记 账 凭 证		
已生成				
记 字 0032	制单日期：2017.07.11	审核日期：	附单据数：1	
摘 要	科目名称		借方金额	贷方金额
采购入库单	库存商品		1000000	
采购入库单	在途物资			1000000
票号 日期	数量 单价	合 计	1000000	1000000
备注	项 目 个 人 业务员	部 门 客 户		
记账	审核	出纳	制单 张兰	

图 5-127 存货凭证

(6) 退出。单击"填制凭证"和"生成凭证"窗口右上角的"关闭"按钮，关闭并退出窗口。

第 6 章

库存与存货核算

商品流通企业的库存业务，除了采购入库和销售出库业务外，还有所有企业都需要的调拨业务和存货盘点等业务。

在用友 ERP-U8 中，库存管理系统是其供应链的重要产品和基础产品，能够满足采购入库、销售出库、产成品入库、材料出库、其他出入库、盘点管理等业务需要，提供仓库货位管理、批次管理、保质期管理、出库跟踪入库管理、可用量管理、序列号管理等全面的业务应用。用友 U8 的库存管理系统，既可以单独使用，也可以与采购管理、销售管理、委外管理、存货核算、主生产计划、需求规划、车间管理、生产订单、物料清单、设备管理、售后服务等集成使用，发挥更加强大的应用功能。

库存管理系统适用于各种类型的工商企业，如制造业、医药、食品、批发、零售、批零兼营、集团应用及远程仓库等，可完成工商业企业的大部分库存管理工作。

存货是指企业在生产经营过程中为销售或耗用而储存的各种资产，包括商品、产成品、半成品、在产品以及各种材料、燃料、包装物、低值易耗品等。存货是保证企业生产经营过程顺利进行的必要条件。为了保障生产经营过程连续不断地进行，企业要不断地购入、耗用或销售存货。

存货是企业的一项重要的流动资产，其价值在企业流动资产中占有很大的比重，存货成本直接影响利润水平，所以企业领导层希望能及时了解存货的资金占用及周转情况，因而使得存货会计人员的核算工作量越来越大。

用友 ERP-U8 的存货核算系统，也是其供应链的重要产品，适用于工商业企业的各种存货核算形式，可极大地减轻材料会计的核算工作量。它从资金的角度来管理存货的出入库业务，主要用于核算企业的入库成本、出库成本、结余成本，可及时反映和监督存货的收发、领退和保管情况，也可及时了解存货资金的占用情况。

本章的操作，请按照业务描述中的系统日期(如 7 月 7 日)和操作员(如仓管部主管李莉)，在第 5 章完成的账套中进行。

如果没有完成第 5 章的采购业务的操作，可以到百度网盘空间的"实验账套数据"文件夹中，将"05 采购应付.rar"下载到实验用机上，然后"引入"(操作步骤详见第 1 章 1.3 节中的 1.3.5 小节)ERP-U8 系统中。而且，本章完成的账套，其"输出"压缩的文件名为"06 库存存货.rar"。

需要说明的是：

因网盘中的账套备份文件均为"压缩"文件，所以下载完成后引入前，需要用解压缩工具进行解压(建议用 WinRAR 3.42 或以上版本)，得到相应可以引入的账套数据文件。

本章的所有业务实验操作，都有配套的微视频，读者可通过百度网盘下载观看。

6.1 调拨业务

调拨业务主要是因为某些仓库涉及维修等，必须将其中商品转移到另外仓库所产生的业务。在这一过程中要生成调拨申请单、出库单、入库单等单据，继而要进行相应的成本确认和凭证生成。

6.1.1 业务概述与分析

7月11日，由于商品仓库进行维修，仓管部李莉申请将商品仓库的美的电饭煲50台调入赠品仓库。

本笔业务是仓库调拨业务，应该进行实物和财务的调拨处理，所以需要填制、批复与审核调拨申请单，填制与审核调拨单，进行调拨出、入库单的记账与生成凭证。

需要注意的是，为了更加全面地了解用友U8的功能，本业务中设计了存货的现存量查询、存货单价的查询与修改等操作。本业务中的存货单价修改，是在相应出入库单已经审核且不需要做弃审的条件下完成的。

6.1.2 操作指导

1. 操作流程

图6-1所示是本业务的操作流程。

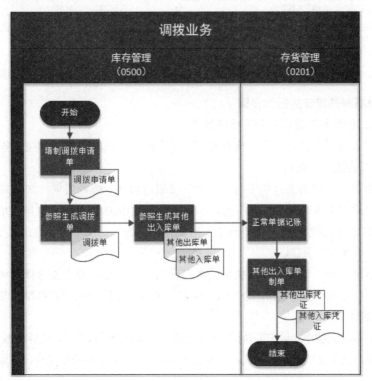

图6-1 存货调拨业务的操作流程

请确认系统日期和业务日期为2017年7月11日。

2. 调拨申请单填制并批复的操作步骤

任务说明：仓管部李莉填制、批复并审核调拨申请单。

(1) 打开"调拨申请单"窗口。在"库存管理"子系统中，依次单击"调拨业务/调拨申请单"菜单项，系统打开"调拨申请单"窗口。

(2) 编辑调拨申请单。单击工具栏中的"增加"按钮，新增一张调拨申请单，然后做如下编辑：

① 编辑表头。参照生成"转出部门"和"转入部门"为"仓管部"，"转出仓库"为"商品仓库"，"转入仓库"为"赠品仓库"，"入库类别"为"调拨入库"，"出库类别"为"调拨出库"，"申请人"为"李莉"。

② 编辑表体。在第1行，参照生成"存货名称"为"美的电饭煲"，编辑"数量"为50。

(3) 保存并批复调拨申请单。单击工具栏中的"保存"按钮，保存该单据，然后单击工具栏中的"批复"按钮，再单击"保存"按钮，完成批复工作，再单击"审核"按钮，结果如图6-2所示。

图6-2 调拨申请单

(4) 退出。单击"调拨申请单"窗口右上角的"关闭"按钮，关闭并退出该窗口。

3. 调拨单填制并审核的操作步骤

任务说明：仓管部李莉填制并审核调拨单。

(1) 打开"调拨单"窗口。在"库存管理"子系统中，依次单击"调拨业务/调拨单"菜单项，系统打开"调拨单"窗口。

(2) 编辑调拨单。单击工具栏中的"增加"按钮，新增一张调拨单，然后做如下操作：

① 打开"调拨申请单生单列表"窗口。单击工具栏中的"生单/调拨申请单"命令，系统打开"查询条件选择-调拨申请单生单列表"对话框，单击对话框中的"确定"按钮，系统打开"调拨申请单生单列表"窗口。

② 拷贝信息。在"调拨申请单生单列表"窗口的上窗格，双击要选择的调拨申请单所对应的"选择"栏，再单击工具栏中的"OK 确定"按钮，系统返回"调拨单"窗口，此时相关的信息已经有默认值。

(3) 保存并审核调拨单。单击工具栏中的"保存"按钮，保存该单据，然后单击工具栏中的"审核"按钮，系统弹出信息框提示审核成功，单击"确定"按钮，完成审核工作，结果如图6-3所示。

图 6-3 调拨单

(4) 退出。单击"调拨单"窗口右上角的"关闭"按钮,关闭并退出该窗口。

提示:

审核调拨单时,系统将自动生成其他出库单(即调拨出库单)和其他入库单(即调拨入库单)。

4. 调拨其他出入库单审核的操作步骤

任务说明:仓管部李莉审核调拨出、入库单。

【仓管部李莉审核调拨出库单】

(1) 打开库存管理的"其他出库单"窗口。在"企业应用平台"的"业务工作"页签下,依次单击"供应链/库存管理/出库业务/其他出库单"菜单项,系统打开"其他出库单"窗口。

(2) 查阅并审核其他出库单。单击工具栏中的"末张"按钮查阅相应的其他出库单,然后单击工具栏中的"审核"按钮,系统弹出信息框提示审核成功,单击"确定"按钮,完成审核工作。

(3) 退出。单击"其他出库单"窗口右上角的"关闭"按钮,关闭并退出该窗口。

【仓管部李莉审核调拨入库单】

(1) 打开库存管理的"其他入库单"窗口。在"库存管理"子系统中,依次单击"入库业务/其他入库单"菜单项,系统打开"其他入库单"窗口。

(2) 查阅并审核其他入库单。单击工具栏中的"末张"按钮查阅相应的其他入库单,然后单击工具栏中的"审核"按钮,系统弹出信息框提示审核成功,单击"确定"按钮,完成审核工作。

(3) 退出。单击"其他入库单"窗口右上角的"关闭"按钮,关闭并退出该窗口。

5. 调拨其他出入库单记账并制单的操作步骤

任务说明:财务部会计张兰进行调拨出、入库单的记账与制单。

【财务部会计张兰进行调拨出、入库记账】

(1) 打开"未记账单据一览表"窗口。在"企业应用平台"的"业务工作"页签下,依次单击"供应链/存货核算/业务核算/正常单据记账"菜单项,系统弹出"查询条件选择"对话框,单击"确定"按钮,系统打开"未记账单据一览表"窗口。

(2) 调拨出、入库记账。在"未记账单据一览表"窗口中,单击工具栏中的"全选"按钮选中本业务生成的出、入库单,然后单击工具栏中的"记账"按钮,系统弹出信息框提示记账成功,单击"确定"按钮,完成记账工作。

(3) 退出。单击"未记账单据一览表"窗口右上角的"关闭"按钮,退出当前窗口。

【财务部会计张兰生成调拨出、入库凭证】

(1) 打开"生成凭证"窗口。在"存货核算"子系统中,依次单击"财务核算/生成凭证"菜单项,系统打开"生成凭证"窗口。

(2) 打开"选择单据"窗口。单击工具栏中的"选择"按钮,在系统弹出的"查询条件"对话框中,单击"确定"按钮,系统退出对话框并打开"选择单据"窗口。

(3) 选择调拨出入库单。在"选择单据"窗口中,选中本笔业务生成的调拨出入库单(共2行),然后单击工具栏中的"确定"按钮,系统返回"生成凭证"窗口。

(4) 编辑存货凭证。做如下操作:

① 编辑"其他出库单"的科目。分别编辑"其他出库单"的"科目类型"为"存货"、"科目编码"为1405,相应"对方"的"科目编码"为1405。

② 编辑"其他入库单"的科目。分别编辑"其他入库单"的"科目类型"为"存货"、"科目编码"为1405,相应"对方"的"科目编码"为1405,结果如图6-4所示。

选择	单据类型	单据号	摘要	科目类型	科目编码	科目名称	借方金额	贷方金额	借方数量	贷方数量	科目方向	存货编码
1	其他出库单	0000000001	其他…	对方	1405	库存商品	26,000.50		50.00		1	00008
				存货	1405	库存商品		26,000.50		50.00	2	00008
	其他入库单		其他…	存货	1405	库存商品	26,000.50		50.00		1	00008
				对方	1405	库存商品		26,000.50		50.00	2	00008
合计							52,001.00	52,001.00				

图 6-4 "生成凭证"设置结果

(5) 生成凭证。单击工具栏中的"生成"按钮,系统打开"填制凭证"窗口,默认生成凭证,如图6-5所示。

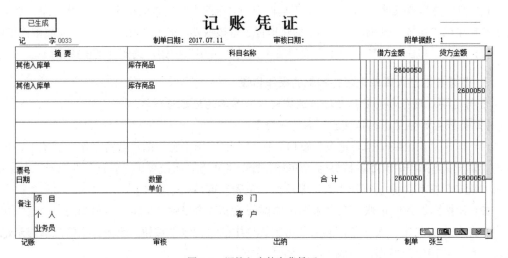

图 6-5 调拨入库的存货凭证

(6) 保存凭证。单击工具栏中的"成批保存凭证"按钮,系统弹出信息"共有 2 张凭证保存成功"提示框,单击该提示框中的"确定"按钮,系统返回"填制凭证"窗口,单击工具栏中的"下一张"按钮,生成其他出库单凭证,如图 6-6 所示。

(7) 退出。单击"填制凭证"和"生成凭证"窗口右上角的"关闭"按钮,关闭并退出窗口。

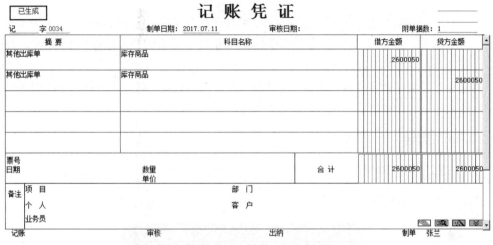

图 6-6 调拨出库的存货凭证

6.2 存货盘点工作

为了保证企业库存资产的安全和完整,做到账实相符,企业必须对存货进行定期或不定期的清查,查明存货盘盈、盘亏、损毁的数量以及造成的原因,并据以编制存货盘点报告表,按规定程序,报有关部门审批。

盘盈盘亏简单讲就是实物与账面的差异。盘点实物存数或价值大于账面存数或价值,就是盘盈,盘点实物存数或价值小于账面存数或价值就是盘亏。

对于存货的盘盈盘亏,应及时办理存货的账务手续,按盘盈盘亏存货的计划成本或估计成本,调整存货账面数,记入"待处理财产损溢"科目。具体的账务处理如下。

1. 存货的盘盈

借记:存货(如库存商品、原材料等)
 贷记:待处理财产损溢/待处理流动资产损溢

2. 存货的盘亏

(1) 企业对于盘亏的存货,根据"存货盘存报告单"所列金额,做如下处理:
借记:待处理财产损溢/待处理流动资产损溢
 贷记:存货(如库存商品、原材料等)
(2) 购进的存货发生非正常损失引起存货盘亏:
借记:待处理财产损溢/待处理流动资产损溢
 贷记:存货(如库存商品、原材料等)
  应交税费/应交增值税/进项税额转出

经查明原因和有关部门批准后，盘盈的存货，应冲减当期的管理费用；盘亏的存货，在减去过失人或者保险公司等赔款和残值收入之后，计入当期管理费用，属于非常损失的，计入营业外支出。本业务相关的财务处理流程，请参阅本书第 11 章中的 11.4 节。

6.2.1　业务概述与分析

7 月 11 日，仓管部对各个仓库进行盘点，发现商品仓库的美的电饭煲比账面多了 1 个，成本单价为 600 元，合计为 600 元；松下电视机比账面少了 2 台，成本单价为 6500 元，合计为 13 000 元。盘盈盘亏的原因待查。

本笔业务是盘点业务，需要填制并审核盘点单；审核因盘盈盘亏系统自动生成的其他入库单和其他出库单、盘盈盘亏存货的记账与生成凭证。

6.2.2　操作指导

1. 操作流程

图 6-7 所示是本业务的操作流程。

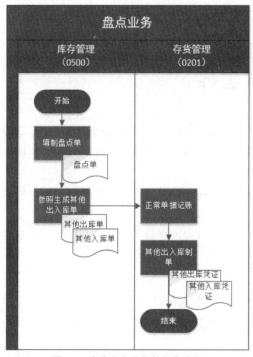

图 6-7　存货盘点业务的操作流程

请确认系统日期和业务日期为 2017 年 7 月 11 日。

2. 盘点单填制并审核的操作步骤

任务说明：仓管部李莉填制并审核盘点单及盘盈盘亏生成的其他入库单和出库单。

【仓管部李莉填制并审核盘点单】

(1) 打开"盘点单"窗口。在"企业应用平台"的"业务工作"页签下，依次单击"供应链/库存管理/盘点业务"菜单项,系统打开"盘点单"窗口。

(2) 编辑并保存商品仓库的盘点单。单击工具栏中的"增加"按钮,新增一张盘点单,编辑的操作步骤如下:

① 表头编辑。参照生成表头的"盘点仓库"为"商品仓库","出库类别"为"盘亏出库","入库类别"为"盘盈入库","部门"为"仓管部","经手人"为"李莉"。

② 盘库。单击工具栏中的"盘库"按钮,此时系统弹出"盘库将删除未保存的所有记录,是否继续?"信息提示框,单击"是"按钮,系统弹出"盘点处理"对话框,确认"盘点方式"为"按仓库盘点",然后单击"确认"按钮,返回"盘点单"窗口。

③ 编辑表体。编辑"美的电饭煲"的"单价"为600、实际的"盘点数量"为账面数量加1(即 221),编辑"松下电视机"的"单价"为 6500、实际的"盘点数量"为账面数量减 2(即 558)。

④ 保存并审核盘点单。单击工具栏的"保存"按钮,保存该盘点单,然后单击工具栏的"审核"按钮,系统弹出信息框提示审核成功,单击"确定"按钮,完成审核工作,其结果如图 6-8 所示。

图 6-8　商品仓库的盘点单

(3) 退出。单击"盘点单"窗口右上角的"关闭"按钮,关闭并退出窗口。

提示:
盘点单审核后系统自动生成盘盈入库单和盘亏出库单。

【仓管部李莉审核盘盈入库单】

(1) 打开库存管理的"其他入库单"窗口。在"企业应用平台"的"业务工作"页签下,依次单击"供应链/库存管理/入库业务/其他入库单"菜单项,系统打开"其他入库单"窗口。

(2) 查阅并审核其他入库单。单击工具栏中的"末张"按钮查阅到本业务的其他入库单,然后单击工具栏中的"审核"按钮,系统弹出信息框提示审核成功,单击"确定"按钮,完成审核工作,结果如图 6-9 所示。

图 6-9 盘盈入库单

(3) 退出。单击"其他入库单"窗口右上角的"关闭"按钮,关闭并退出该窗口。

【仓管部主管李莉审核盘亏出库单】

(1) 打开库存管理的"其他出库单"窗口。在"库存管理"子系统中,依次单击"出库业务/其他出库单"菜单项,系统打开"其他出库单"窗口。

(2) 查阅并审核其他出库单。单击工具栏中的"末张"按钮查阅到本业务的其他出库单,然后单击工具栏中的"审核"按钮,系统弹出信息框提示审核成功,单击"确定"按钮,完成审核工作,结果如图6-10所示。

图 6-10 盘亏出库单

(3) 退出。单击"其他出库单"窗口右上角的"关闭"按钮,关闭并退出该窗口。

3. 盘点出入库单记账并制单的操作步骤

任务说明:财务部会计张兰进行盘点出、入库单的记账与制单。

【财务部会计张兰进行盘点出、入库记账】

(1) 打开"未记账单据一览表"窗口。在"企业应用平台"的"业务工作"页签下,依次单击"供应链/存货核算/业务核算/正常单据记账"菜单项,系统弹出"查询条件选择"对话框,单击"确定"按钮,系统打开"未记账单据一览表"窗口。

(2) 盘点出、入库记账。在"未记账单据一览表"窗口中,选中本业务生成的出、入库单,然后单击工具栏中的"记账"按钮,系统弹出信息框提示记账成功,单击"确定"按钮,完成记账工作。

(3) 退出。单击"未记账单据一览表"窗口右上角的"关闭"按钮,退出当前窗口。

【财务部会计张兰生成盘点出、入库凭证】

(1) 打开"生成凭证"窗口。在"存货核算"子系统中,依次单击"财务核算/生成凭证"菜单项,系统打开"生成凭证"窗口。

(2) 打开"选择单据"窗口。单击工具栏中的"选择"按钮,在系统弹出的"查询条件"对话框中,单击"确定"按钮,系统退出对话框并打开"选择单据"窗口。

(3) 选择盘点出入库单。在"选择单据"窗口中,选中本笔业务生成的盘点出入库单,然后单击工具栏中的"确定"按钮,系统返回"生成凭证"窗口。

(4) 生成并保存盘盈入库和盘亏出库的存货凭证。单击工具栏中的"生成"按钮,系统打开"填制凭证"窗口,并默认生成了2张凭证(结果如图6-11所示和图6-12所示),在此需要确认盘盈盘亏商品的科目,具体的操作步骤如下:

① 保存盘盈入库凭证。在盘盈入库的存货凭证上,借记:库存商品,贷记:待处理财产损溢/待处理流动资产损溢,单击"保存"按钮,保存该凭证,结果如图6-11所示。

图6-11 盘盈入库的存货凭证

② 编辑盘亏出库凭证。单击工具栏中的"下张凭证"按钮,查找到下一张凭证(盘亏出库的存货凭证),借记:待处理财产损溢/待处理流动资产损溢,贷记:库存商品。

③ 保存盘亏出库凭证。单击工具栏中的"保存"按钮,结果如图6-12所示。

图6-12 盘亏出库的存货凭证

(5) 退出。单击"填制凭证"和"生成凭证"窗口右上角的"关闭"按钮,关闭并退出窗口。

第 7 章 销售与应收业务

销售是企业经营成果的实现过程,是企业经营活动的中心。用友 ERP-U8 的销售管理,提供了报价、订货、发货、开票的完整销售流程管理,支持普通销售、委托代销、分期收款、直运、零售等多种类型的销售业务,以及销售退货等逆向业务;可以进行现结业务、代垫费用、销售支出的业务处理;可以制订销售计划,对价格和信用进行实时监控。

普通销售,又可分为先发货后开票业务和开票直接发货业务。先发货后开票业务,是指根据销售订单或其他销售合同,向客户先发出货物,然后根据发货单开票的业务。发货单作为仓库出货及填制销售发票的依据,可以对应企业的专用票据,如销售小票、提货单、发送单等。用友 ERP-U8 的销售管理可实现一次销售全部发货(详见 7.2 节和 7.3 节),以及一次销售分批发货(详见 7.1 节)。

开票直接发货业务,是指根据销售订单或其他销售合同,向客户开具销售发票,客户根据发票到指定仓库提货。一般流程是销售部门根据销售订单生成销售发票,客户或送货人依据销售发票中的某联到仓库提货。在实际业务中,仓库依据销售发票中的某联作为出货依据,但用友 ERP-U8 系统会自动生成销售发货单,并根据参数设置生成销售出库单。相关的业务描述和操作流程,详见 7.3 节。

分期收款业务,类似于委托代销业务,货物提前发给客户,分期收回货款,其特点是:一次发货,当时不确认收入,分次确认收入,在确认收入的同时配比性地结转成本。相关的业务描述和操作流程,详见 7.4 节。

委托代销业务,指企业将商品委托他人进行销售但商品所有权仍归本企业的销售方式。委托代销商品销售后,受托方与企业进行结算,并开具正式的销售发票,形成销售收入,商品所有权转移。相关的业务描述和操作流程,详见 7.5 节。委托代销业务只能先发货后开票,不能开票直接发货。

销售退货业务是指客户因货物质量、品种、数量等不符合要求而将已购货物退回本企业的业务。相关的业务描述和操作流程,详见 7.7 节。

直运业务是指产品无须入库即可完成购销业务,由供应商直接将商品发给企业的客户;结算时，由购销双方分别与企业结算。直运业务包括直运销售业务和直运采购业务，没有实物的出入库，货物流向是直接从供应商到客户，财务结算通过直运销售发票、直运采购发票处理。相关的业务描述和操作流程，详见7.9节。

零售业务指企业用户将商品销售给零售客户的销售业务，本系统通过零售日报的方式接收用户的零售业务原始数据。相关的业务描述和操作流程，详见本教程的7.10节。

售后回购交易是一种特殊形式的销售业务，它是指卖方在销售商品的同时，与购货方签订合同，规定日后按照合同条款(如回购价格等内容)，将售出的商品又重新买回的一种交易方式。相关的业务描述和操作流程，详见7.8节和7.12节。

对外捐赠是企业非日常或非固定产生的经济利益的流出，相关的业务描述和操作流程，详见7.11节。

销售代销商品，又可分为收取手续费方式代销商品业务和视同买断方式代销商品业务。相关的业务描述和操作流程，详见7.13节和7.14节。

本章的操作，请按照业务描述中的系统日期(如7月11日)和操作员(如销售部主管赵飞)，在第6章完成的基础上，在销售管理、库存管理、存货核算和应收款管理系统中进行。

如果没有完成第6章的库存业务的操作，可以到百度网盘空间的"实验账套数据"文件夹中，将"06库存存货.rar"下载到实验用机上，然后"引入"(操作步骤详见第1章1.3节中的1.3.5小节)ERP-U8系统中。而且，本章完成的账套，其"输出"压缩的文件名为"07销售应收.rar"。

需要说明的是：

因网盘中的账套备份文件均为"压缩"文件，所以下载完成后引入前，需要用解压缩工具进行解压(建议用WinRAR 3.42或以上版本)，得到相应可以引入的账套数据文件。

本章的所有业务实验操作，都有配套的微视频，读者可通过百度网盘下载观看。

7.1 先发货后开票(分批发货和全额收款)

普通销售业务根据"发货—开票"的实际业务流程不同，可以分为两种业务模式，一种是先发货后开票模式，另一种是先开票后发货模式。系统在处理这两种业务模式时的流程不同，但允许两种流程并存。系统判断两种流程的最本质区别是先录入发货单还是先录入发票。

先发货后开票模式，是先录入发货单，再根据发货单开票。

7.1.1 业务概述与分析

7月11日，与上海万达电器公司签订销售合同，相应单据可参见图7-1、图7-2、图7-3。

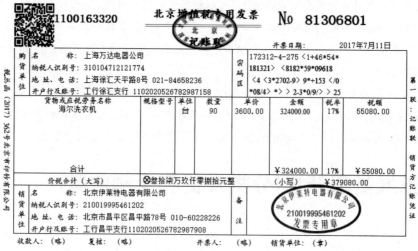

图 7-1　XS001 合同的单据

图 7-2　销售专用发票

图 7-3　银行进账单

7.1.2 操作指导

1. 操作流程

图 7-4 所示是本业务的操作流程。

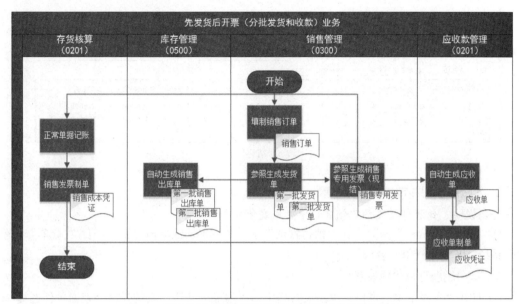

图 7-4 先发货后开票(分批发货和全额收款)业务的操作流程

请确认系统日期和业务日期为 2017 年 7 月 11 日。

2. 销售订单填制并审核的操作步骤

任务说明：销售部赵飞填制并审核销售订单。

(1) 打开"销售订单"窗口。在"企业应用平台"的"业务工作"页签中，依次单击"供应链/销售管理/销售订货/销售订单"菜单项，系统打开"销售订单"窗口。

(2) 编辑销售订单。单击工具栏中的"增加"按钮，新增一张销售订单，然后做如下编辑：

① 编辑表头。修改"订单号"为 XS001，确认"业务类型"为"普通销售"，"销售类型"为"批发销售"，参照生成"客户简称"为"万达公司"，"销售部门"为"批发部"，"业务员"为"赵飞"，其他项为默认。

② 编辑表体的两条记录。参照生成"存货名称"为"海尔洗衣机"，第 1 行"数量"为 60，修改或确认"无税单价"为 3600，确认"预发货日期"为"当日"；第 2 行"数量"为 30、"无税单价"为 3600、"预发货日期"为 7 月 12 日。

(3) 保存并审核销售订单。单击工具栏中的"保存"按钮，保存该单据，然后单击工具栏中的"审核"按钮，结果如图 7-5 所示。

(4) 退出。单击"销售订单"窗口右上角的"关闭"按钮，关闭并退出该窗口。

图 7-5 销售订单

3. 发货单填制并审核的操作步骤

任务说明：销售部赵飞参照销售订单生成发货单并审核。

(1) 打开"发货单"窗口。在"销售管理"子系统中，依次单击"销售发货/发货单"菜单项，系统打开"发货单"窗口。

(2) 参照销售订单生成发货单。

① 打开"参照生单"窗口。单击工具栏中的"增加"按钮，系统弹出"查询条件选择-参照订单"对话框，单击对话框中的"确定"按钮，系统打开"参照生单"窗口。

② 拷贝信息。在"参照生单"窗口的上窗格中，双击要选择的销售订单(订单编号为XS001)所对应的"选择"栏，使其出现"Y"字样，然后在其下窗格双击第 2 行记录的"选择"栏以取消默认的选择，再单击工具栏中的"OK 确定"按钮，系统返回"发货单"窗口，此时相关的信息已经有默认值，保持数据不变。

(3) 保存并审核发货单。单击工具栏中的"保存"按钮，保存该发货单，然后单击工具栏中的"审核"按钮，结果如图 7-6 所示。

图 7-6 发货单(第一批)

(4) 退出。单击"发货单"窗口右上角的"关闭"按钮，关闭并退出该窗口。

4. 销售出库单审核的操作步骤

任务说明：仓管部李莉审核销售出库单。

(1) 打开"销售出库单"窗口。在"库存管理"子系统中，依次单击"出库业务/销售出库单"菜单项，系统打开"销售出库单"窗口。

(2) 查阅并审核销售出库单。单击工具栏中的"末张"按钮，查阅到相应的销售出库单，然后单击工具栏中的"审核"按钮，系统弹出信息框提示审核成功，单击"确定"按钮，完成审核工作。

(3) 退出。单击"销售出库单"窗口右上角的"关闭"按钮，关闭并退出该窗口。

5. 销售专用发票填制并现结和复核的操作步骤

任务说明：销售部赵飞参照发货单生成销售专用发票，并现结和复核发票。

(1) 打开"销售专用发票"窗口。在"销售管理"子系统中，依次单击"销售开票/销售专用发票"菜单项，系统打开"销售专用发票"窗口。

(2) 参照发货单生成销售专用发票。单击工具栏中的"增加"按钮，系统弹出"查询条件选择-发票参照订单"对话框，单击"取消"按钮，系统返回"销售专用发票"窗口，然后单击工具栏中的"生单/发货单"菜单项，系统弹出"查询条件选择-发票参照发货单"对话框，单击"确定"按钮系统打开"参照生单"窗口；在该窗口的上窗格中，选中相应的发货单，再单击工具栏中的"OK 确定"按钮，返回"销售专用发票"窗口。

(3) 编辑并保存销售专用发票。在"销售专用发票"窗口中，编辑表头的"发票号"为81306801、表体的"数量"为90，然后单击工具栏中的"保存"按钮，结果如图7-7所示。

(4) 现结。在"销售专用发票"窗口，单击工具栏中的"现结"按钮，系统打开"销售现结"对话框；在该对话框的表体部分，选择"结算方式"为"转账支票"，录入相应的"原币金额"379 080，输入"票据号"为22586710，然后单击对话框中的"确定"按钮返回"专用发票"窗口；此时窗口左上方出现"现结"字样，结果如图7-7所示。

(5) 复核销售专用发票。单击工具栏中的"复核"按钮，完成复核工作。

图 7-7 销售专用发票

(6) 退出。单击"销售专用发票"窗口右上角的"关闭"按钮，关闭并退出该窗口。

6. 应收确认及销售成本结转的操作步骤

任务说明： 财务部会计张兰进行应收确认和销售成本结转。

【财务部会计张兰进行应收单据审核与制单】

(1) 打开应收“单据处理”窗口。在“企业应用平台”的“业务工作”页签下，依次单击“财务会计/应收款管理/应收单据处理/应收单据审核”菜单项，系统弹出“应收单查询条件”对话框，增加勾选“包括已现结发票”复选框，然后单击“确定”按钮，系统打开应收“单据处理”窗口。

(2) 查询发票。在应收“单据处理”窗口中，系统已列出本业务的销售专用发票，双击发票所在的行，系统打开“销售发票”窗口，默认显示了本业务生成的销售专用发票。

(3) 审核并制单。单击工具栏中的“审核”按钮，系统完成审核并弹出信息提示框，询问“是否立即制单？”，单击“是”按钮，系统退出信息提示框并打开“填制凭证”窗口，默认显示凭证的信息为“借记：银行存款/工行存款，贷记：主营业务收入、应交税费/应交增值税/销项税额”。

(4) 保存凭证。单击工具栏中的“保存”按钮，保存该凭证，结果如图 7-8 所示。

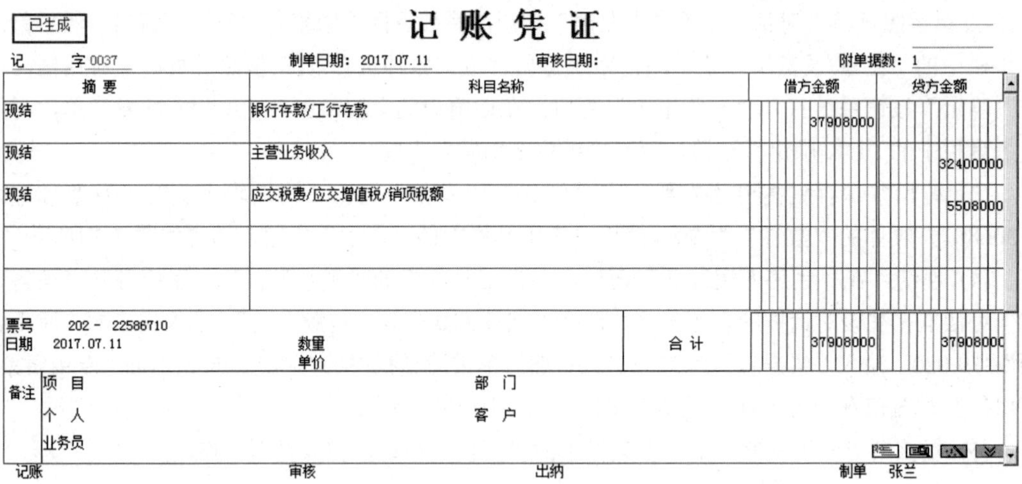
已生成

记账凭证

记 字 0037 制单日期：2017.07.11 审核日期： 附单据数：1

摘要	科目名称	借方金额	贷方金额
现结	银行存款/工行存款	37908000	
现结	主营业务收入		32400000
现结	应交税费/应交增值税/销项税额		5508000
票号 202 - 22586710 日期 2017.07.11	数量 单价 合计	37908000	37908000

备注 项目 部门
个人 客户
业务员

记账 审核 出纳 制单 张兰

图 7-8 销售发票制单结果

(5) 退出。单击“填制凭证”“销售发票”和“单据处理”窗口右上角的“关闭”按钮，关闭并退出窗口。

【财务部会计张兰进行销售专用发票记账】

(1) 打开“未记账单据一览表”窗口。在“企业应用平台”的“业务工作”页签下，依次单击“供应链/存货核算/业务核算/正常单据记账”菜单项，系统弹出“查询条件选择”对话框，单击该对话框中的“确定”按钮，系统打开“未记账单据一览表”窗口。

(2) 销售专用发票记账。在“未记账单据一览表”窗口中，选中本业务生成的销售发票，然后单击工具栏中的“记账”按钮，系统弹出信息框提示记账成功，单击“‘确定”按钮，完成记账工作。

(3) 退出。单击“未记账单据一览表”窗口右上角的“关闭”按钮，退出当前窗口。

【财务部会计张兰进行销售专用发票制单】

(1) 打开“生成凭证”窗口。在“存货核算”子系统中，依次单击“财务核算/生成凭证”菜单项，系统打开“生成凭证”窗口。

(2) 打开"选择单据"窗口。单击工具栏中的"选择"按钮,在系统弹出的"查询条件"对话框中,单击"确定"按钮,系统退出对话框并打开"选择单据"窗口。

(3) 生成存货凭证。

① 选择销售发票。在"选择单据"窗口中,选中本业务生成的销售发票,然后单击工具栏中的"确定"按钮,系统返回"生成凭证"窗口。

② 生成并保存凭证。单击工具栏中的"生成"按钮,系统打开"填制凭证"窗口,并默认显示了本业务的存货相关信息(借记:主营业务成本,贷记:库存商品)。

(4) 保存凭证。单击工具栏中的"保存"按钮,保存该凭证,结果如图7-9所示。

图7-9 存货出库凭证

(5) 退出。单击"填制凭证"和"生成凭证"窗口右上角的"关闭"按钮,关闭并退出窗口。请确认系统日期和业务日期为2017年7月12日。

7. 第二批发货单与出库单生成并审核的操作步骤

任务说明:销售部赵飞生成并审核发货单,仓管部李莉审核自动生成的销售出库单。

【销售部赵飞参照生成发货单】

(1) 打开销售"发货单"窗口。

(2) 参照销售订单生成发货单(30台海尔洗衣机)。单击工具栏中的"增加"按钮,系统弹出"查询条件选择-参照订单"对话框,单击"确定"按钮,然后在系统打开的"参照生单"窗口的上窗格中,双击要选择的销售订单(订单编号为XS001)所对应的"选择"栏,再单击工具栏中的"OK确定"按钮,系统返回"发货单"窗口,此时相关的信息已经有默认值,保持数据不变。

(3) 保存并审核发货单。单击工具栏中的"保存"按钮,保存该发货单。然后单击工具栏中的"审核"按钮,结果如图7-10所示。

图 7-10 发货单(第二批)

(4) 退出。单击"发货单"窗口右上角的"关闭"按钮,关闭并退出该窗口。

【仓管部李莉审核销售出库单】

(1) 打开"销售出库单"窗口。

(2) 查阅并审核销售出库单。单击工具栏中的"末张"按钮,查阅到相应的销售出库单,然后单击工具栏中的"审核"按钮,系统弹出信息框提示审核成功,单击"确定"按钮,完成审核工作。

(3) 退出。单击"销售出库单"窗口右上角的"关闭"按钮,关闭并退出该窗口。

提示:

由于本案例账套存货核算的销售成本确认的核算方式为"销售发票",故第二批的销售成本不需要再进行处理;若销售成本确认的核算方式为"销售出库单",则两批发货都需要进行成本确认。

7.2 先发货后开票(有定金和代垫运费)

定金是指在合同订立或在履行之前,支付一定数额的金钱作为担保的担保方式。在用友 ERP-U8 中,销售业务的定金通过"预收款"反映。

销售业务中,代垫费用指随货物销售所发生的、不通过发票处理而形成的,暂时代垫将来需向客户收取的费用项目,如运杂费、保险费等。代垫费用实际上形成了对客户的应收款。

7.2.1 业务概述与分析

7月11日,与北京跃辉电器商贸公司签订销售合同,以现金代垫运费 1221 元,相应单据可参见图 7-11、图 7-12、图 7-13。

本笔业务是一次销售全部发货出库的先发货后开票业务,还涉及销售定金和代垫运费的处理,需要填制并审核销售订单和发货单,审核出库单,填制并复核销售发票,填制并审核代垫费用,填制定金的收款单,销售定金收款单据的审核与制单,销售收入确认,代垫运费的应收确认,以及销售成本结转。

图 7-11　XS002 合同的单据

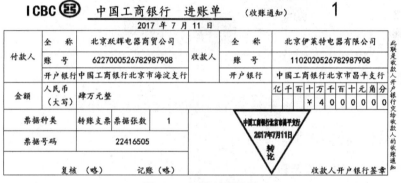

图 7-12　定金银行进账单

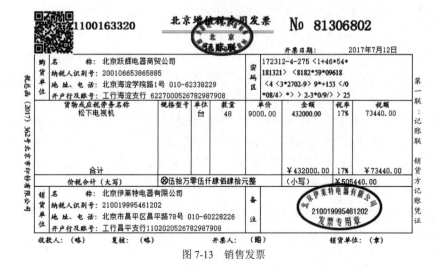

图 7-13　销售发票

提示：

本笔业务的预收冲应收转账处理和应收收款处理，详见 7.6 节。

7.2.2 操作指导

1. 操作流程

图 7-14 所示是本业务的操作流程。

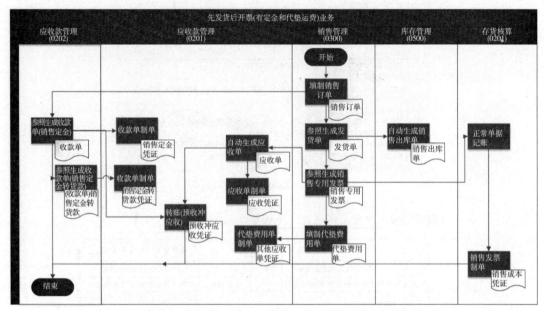

图 7-14 先发货后开票(有定金和代垫运费)业务的操作流程

请确认系统日期和业务日期为 2017 年 7 月 11 日。

2. 销售订单填制的操作步骤

任务说明：销售部赵飞填制销售订单。

(1) 打开"销售订单"窗口。在"企业应用平台"的"业务工作"页签中，依次单击"供应链/销售管理/销售订货/销售订单"菜单项，系统打开"销售订单"窗口。

(2) 编辑销售订单。单击工具栏中的"增加"按钮，新增一张销售订单，并做如下编辑：

① 编辑表头。修改"订单号"为 XS002，"客户简称"为"跃辉公司"，"销售部门"为"批发部"，"业务员"为"赵飞"，"定金原币金额"为 40 000，"必有定金"选"是"。

② 编辑表体。参照生成"存货名称"为"松下电视机"，"数量"栏输入 48，"无税单价"为 9000 元，"预发货日期"为 2017-07-12，其他项为默认。

(3) 保存。单击工具栏中的"保存"按钮，保存该订单，结果如图 7-15 所示。

(4) 退出。单击"销售订单"窗口右上角的"关闭"按钮，关闭并退出该窗口。

3. 收款单填制、销售订单的审核以及收款单审核并制单的操作步骤

任务说明：财务部出纳罗迪填制收款单，销售部赵飞审核销售订单，会计张兰审核并制单。

图 7-15　销售订单

【财务部出纳罗迪填制收款单】

(1) 打开"收付款单录入"窗口。在"企业应用平台"的"业务工作"页签中,依次单击"财务会计/应收款管理/收款单据处理/收款单据录入"菜单项,打开"收付款单录入"窗口。

(2) 编辑收款单。单击工具栏中"增加"按钮旁的倒三角按钮,单击"销售定金",系统弹出"查询条件选择-参照订单"对话框,单击"确定"按钮系统打开"拷贝并执行"窗口;在该窗口的上窗格中,选中相应的订单,再单击工具栏中的"OK 确定"按钮,返回"收付款单录入"窗口,编辑一张收款单,然后做如下编辑:

① 编辑表头。编辑其表头的"结算方式"为"转账支票","金额"为 40 000,"票据号"为 22416505。

② 保存。单击工具栏中的"保存"按钮,保存该单据,结果如图 7-16 所示。

图 7-16　定金收款单

(3) 退出。单击"收付款单录入"窗口右上角的"关闭"按钮,关闭并退出该窗口。

【销售部赵飞审核销售订单】

(1) 打开"销售订单"窗口。在"企业应用平台"的"业务工作"页签中,依次单击"供应链/销售管理/销售订货/销售订单"菜单项,系统打开"销售订单"窗口。单击工具栏中的"末张"按钮,查阅到相应的销售订单,然后单击工具栏中的"审核"按钮,完成审核工作。

(2) 退出。单击"销售订单"窗口右上角的"关闭"按钮,关闭并退出该窗口。

【财务会计张兰审核收款单并制单】

(1) 打开"收付款单列表"窗口。在"应收款管理"子系统中,依次单击"收款单据处理/

收款单据审核"菜单项,系统弹出"收款单查询条件"对话框,单击"确定"按钮,系统退出该对话框并打开"收付款单列表"窗口。

(2) 查阅收款单。在"收付款单列表"窗口中,双击本笔业务中生成的收款单,系统打开"收付款单录入"窗口,窗口中默认显示相应的收款单。

(3) 审核并制单。单击工具栏中的"审核"按钮,系统审核完成并弹出提示框"是否立即制单?",单击"是"按钮,系统打开"填制凭证"窗口,并补充凭证的信息为"借记:银行存款/工行存款,贷记:预收账款/销售定金"(补充预收账款/销售定金辅助信息:"客户"为"跃辉公司","业务员"为"赵飞","发生日期"为2017-07-11)。

(4) 保存凭证。单击工具栏中的"保存"按钮,保存该凭证,结果如图7-17所示。

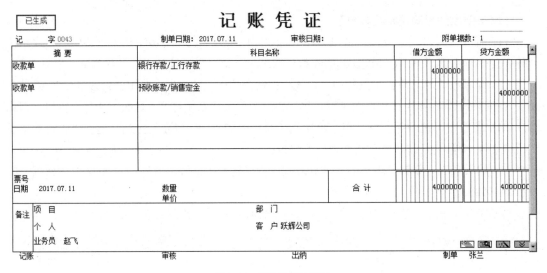

图7-17 收款单制单结果

(5) 退出。单击"填制凭证""收付款单录入"和"收付款单列表"窗口右上角的"关闭"按钮,关闭并退出窗口。

请确认系统日期和业务日期为2017年7月12日。

4. 参照生成发货单并审核的操作步骤

任务说明: 销售部赵飞参照生成发货单并审核。

(1) 打开"发货单"窗口。在"销售管理"子系统中,依次单击"销售发货/发货单"菜单项,系统打开"发货单"窗口。

(2) 参照销售订单生成发货单。单击工具栏中的"增加"按钮,系统弹出"查询条件选择-参照订单"对话框,单击"确定"按钮,然后在系统打开的"参照生单"窗口的上窗格中,双击要选择的销售订单(订单编号为XS002)所对应的"选择"栏,再单击工具栏中的"OK确定"按钮,系统返回"发货单"窗口,此时相关的信息已经有默认值,保持数据不变。

(3) 保存。单击工具栏中的"保存"按钮,保存该发货单,然后单击工具栏中的"审核"按钮,结果如图7-18所示。

销售与应收业务 第7章

图 7-18 发货单

(4) 退出。单击"发货单"窗口右上角的"关闭"按钮,关闭并退出该窗口。

5. 销售专用发票及代垫运费单填制并审核的操作步骤

任务说明:销售部赵飞参照发货单生成销售专用发票、填制代垫费用单,复核发票并审核代垫费用单。

【销售部赵飞参照生成销售专用发票并复核销售专用发票、填制代垫费用单】

(1) 打开"销售专用发票"窗口。在"销售管理"子系统中,依次单击"销售开票/销售专用发票"菜单项,系统打开"销售专用发票"窗口。

(2) 参照发货单生成销售专用发票。单击工具栏中的"增加"按钮,系统弹出"查询条件选择-发票参照订单"对话框,单击"取消"按钮,系统返回"销售专用发票"窗口,然后单击工具栏中的"生单/发货单"菜单项,系统弹出"查询条件选择-发票参照发货单"对话框,单击"确定"按钮系统打开"参照生单"窗口;在该窗口的上窗格中,选中相应的发货单,再单击工具栏中的"OK 确定"按钮,返回"销售专用发票"窗口。

(3) 编辑并保存销售专用发票。在"销售专用发票"窗口中,编辑表头的"发票号"为 81306802,然后单击工具栏中的"保存"按钮,结果如图 7-19 所示。

图 7-19 销售专用发票

(4) 编辑并保存代垫费用单。

① 打开"代垫费用单"窗口。单击"销售专用发票"窗口工具栏中的"代垫"按钮,系统打开"代垫费用单"窗口。

② 信息编辑。在"代垫费用单"窗口中,编辑表头的"代垫单号"为系统默认,"发票号"为 81306802,参照生成表体的"费用项目"为"运输费",编辑"代垫金额"为 1221 元。

③ 保存。单击工具栏中的"保存"按钮,保存该单据,结果如图 7-20 所示。

图 7-20 代垫费用单

(5) 退出。单击"代垫费用单"和"销售专用发票"窗口右上角的"关闭"按钮,关闭并退出该窗口,返回到销售专用发票窗口。

(6) 复核销售专用发票。单击工具栏中的"复核"按钮,完成复核工作。

(7) 退出。单击"销售专用发票"窗口右上角的"关闭"按钮,关闭并退出该窗口。

【销售部赵飞审核代垫费用单】

(1) 打开"代垫费用单"窗口。在"销售管理"子系统中,依次单击"代垫费用/代垫费用单"菜单项,系统打开"代垫费用单"窗口。

(2) 查阅并审核代垫费用单。单击工具栏中的"末张"按钮,查阅到相应的代垫费用单,然后单击工具栏中的"审核"按钮,完成审核工作。

(3) 退出。单击"代垫费用单"窗口右上角的"关闭"按钮,关闭并退出该窗口。

6. 销售出库单审核的操作步骤

任务说明:仓管部李莉审核出库单。

(1) 打开"销售出库单"窗口。在"企业应用平台"的"业务工作"页签中,依次单击"供应链/库存管理/出库业务/销售出库单"菜单项,系统打开"销售出库单"窗口。

(2) 查阅并审核销售出库单。单击工具栏中的"末张"按钮,查阅到相应的销售出库单,然后单击工具栏中的"审核"按钮,系统弹出信息框提示审核成功,单击"确定"按钮,完成审核工作。

(3) 退出。单击"销售出库单"窗口右上角的"关闭"按钮,关闭并退出该窗口。

7. 应收确认及销售成本结转的操作步骤

任务说明:财务部会计张兰进行应收确认和销售成本结转。

【财务部会计张兰进行销售专用发票和代垫费用单的应收审核】

(1) 打开应收"单据处理"窗口。在"应收款管理"子系统中,依次单击"应收单据处理/应收单据审核"菜单项,系统弹出"应收单查询条件"对话框,单击"确定"按钮,系统打开

"单据处理"窗口。

(2) 审核应收单据。在应收"单据处理"窗口中,系统已列出本业务的销售专用发票和代垫费用单,单击工具栏中的"全选"按钮,选中这2个单据,再单击"审核"按钮,系统弹出信息框提示审核成功,单击"确定"按钮,完成审核工作。

(3) 退出。单击"单据处理"窗口右上角的"关闭"按钮,退出该窗口。

【财务部会计张兰进行销售专用发票和代垫费用的应收制单】

(1) 打开应收"制单"窗口。在"应收款管理"子系统中,双击"制单处理"菜单项,在系统弹出的"制单查询"对话框中,确认已选中"发票制单"和"应收单制单"复选框,然后单击"确定"按钮,系统打开"制单"窗口。

(2) 编辑并保存应收款的记账凭证。具体的操作步骤如下:

① 生成凭证。单击工具栏中的"全选"按钮,以选中本业务填制的销售专用发票和代垫运费单,再单击"制单"按钮,系统打开"填制凭证"窗口,并默认显示第1张凭证(代垫费用对应的凭证)的信息为"借记:应收账款,贷记:库存现金",单击"保存"按钮,保存该凭证,结果如图7-21所示。

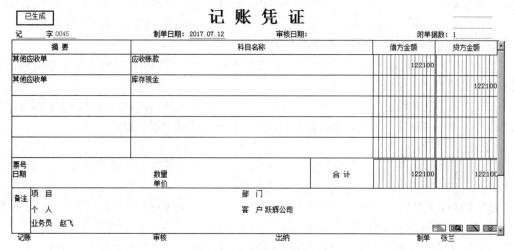

图 7-21 代垫费用制单结果

② 单击"填制凭证"窗口的"下张"按钮,系统显示第2张凭证(销售专用发票对应的凭证)的信息为"借记:应收账款,贷记:主营业务收入、应交税费/应交增值税/销项税额",然后单击"保存"按钮,保存该凭证,结果如图7-22所示。

(3) 退出。单击"填制凭证"和"制单"窗口右上角的"关闭"按钮,关闭并退出窗口。

【财务部会计张兰进行销售专用发票记账】

(1) 打开"未记账单据一览表"窗口。在"企业应用平台"的"业务工作"页签下,依次单击"供应链/存货核算/业务核算/正常单据记账"菜单项,系统弹出"查询条件选择"对话框,单击该对话框中的"确定"按钮,系统打开"未记账单据一览表"窗口。

已生成

记账凭证

记 字 0044　制单日期：2017.07.12　审核日期：　附单据数：1

摘要	科目名称	借方金额	贷方金额
销售专用发票	应收账款	50544000	
销售专用发票	主营业务收入		43200000
销售专用发票	应交税费/应交增值税/销项税额		7344000
票号 日期	数量 单价 合计	50544000	50544000

备注　项目　部门　个人　客户 跃辉公司　业务员 赵飞

记账　审核　出纳　制单 张兰

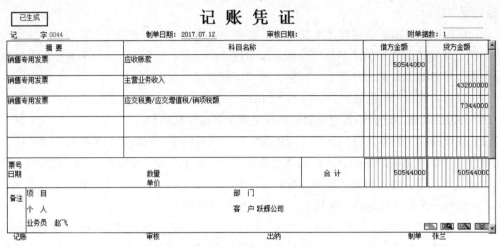

图 7-22　销售专用发票制单结果

(2) 销售专用发票记账。在“未记账单据一览表”窗口中，选中本业务生成的销售发票，然后单击工具栏中的“记账”按钮，系统弹出信息框提示记账成功，单击“确定”按钮，完成记账工作。

(3) 退出。单击“未记账单据一览表”窗口右上角的“关闭”按钮，退出当前窗口。

【财务部会计张兰进行销售专用发票制单】

(1) 打开“生成凭证”窗口。在“存货核算”子系统中，依次单击“财务核算/生成凭证”菜单项，系统打开“生成凭证”窗口。

(2) 打开“选择单据”窗口。单击工具栏中的“选择”按钮，在系统弹出的“查询条件”对话框中，单击“确定”按钮，系统退出对话框并打开“选择单据”窗口。

(3) 生成存货凭证。

① 选择销售发票。在“选择单据”窗口中，选中本笔业务生成的销售发票，然后单击工具栏中的“确定”按钮，系统返回“生成凭证”窗口。

② 生成并保存凭证。单击工具栏中的“生成”按钮，系统打开“填制凭证”窗口，并默认显示了本业务销售出库的相关信息(借记：主营业务成本，贷记：库存商品)。

(4) 保存凭证。单击工具栏中的“保存”按钮，保存该凭证，结果如图 7-23 所示。

已生成

记账凭证

记 字 0043　制单日期：2017.07.12　审核日期：　附单据数：1

摘要	科目名称	借方金额	贷方金额
专用发票	主营业务成本	32490336	
专用发票	库存商品		32490336
票号 日期	数量 单价 合计	32490336	32490336

备注　项目　部门　个人　客户　业务员

记账　审核　出纳　制单 张兰

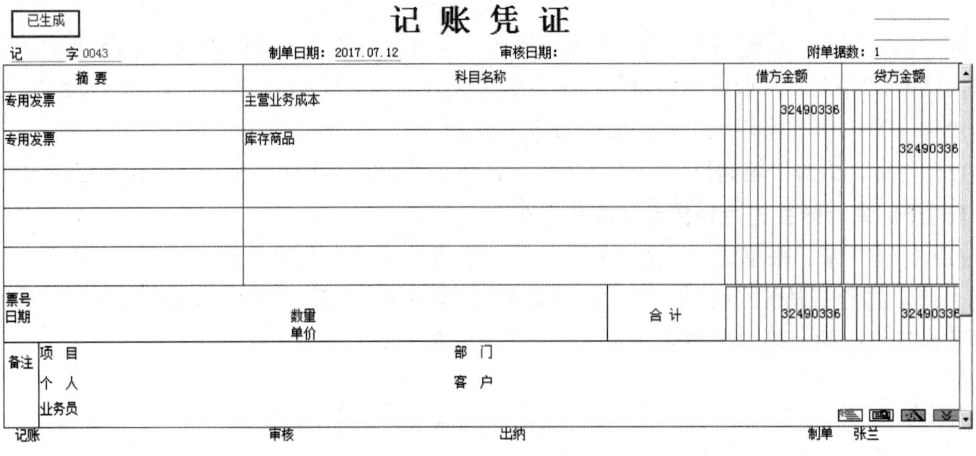

图 7-23　存货出库凭证

(5) 退出。单击"填制凭证"和"生成凭证"窗口右上角的"关闭"按钮,关闭并退出窗口。

8. 销售定金转货款的操作步骤

【财务部出纳罗迪填制"销售定金转货款"收款单】

(1) 打开"收付款单录入"窗口。在"企业应用平台"的"业务工作"页签中,依次单击"财务会计/应收款管理/收款单据处理/收款单据录入"菜单项,打开"收付款单录入"窗口。

(2) 编辑收款单。单击工具栏中的"末张"按钮,找到销售定金,单击工具栏转出"转货款",系统弹出销售定金转出,单击"确定"按钮,返回"收付款单录入"窗口。

【财务会计张兰审核"销售定金转货款"收款单并制单】

(1) 打开"收付款单列表"窗口。在"应收款管理"子系统中,依次单击"收款单据处理/收款单据审核"菜单项,系统弹出"收款单查询条件"对话框,单击"确定"按钮,系统退出该对话框并打开"收付款单列表"窗口。

(2) 查阅收款单。在"收付款单列表"窗口中,双击本笔业务中生成的收款单,系统打开"收付款单录入"窗口,窗口中默认显示相应的收款单。

(3) 审核并制单。单击工具栏中的"审核"按钮,系统审核完成并弹出提示框"是否立即制单?",单击"是"按钮,系统打开"填制凭证"窗口,并补充凭证的信息为"借记:预收账款/销售定金,贷记:应收账款"(补充预收账款/销售定金辅助信息:"客户"为"跃辉公司","业务员"为"赵飞","发生日期"为 2017-07-12),单击"填制凭证"对话框中的"保存"按钮,结果如图 7-24 所示。

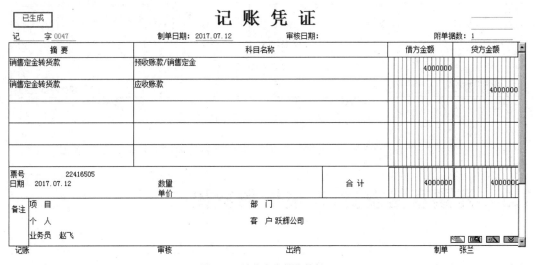

图 7-24 销售定金转货款凭证

(4) 退出。单击"填制凭证"和"制单"窗口右上角的"关闭"按钮,关闭并退出窗口。

9. 预收冲应收的操作步骤

【财务部会计张兰做预收冲应收处理】

(1) 打开"预收冲应收"对话框。在"应收款管理"子系统中,依次单击"转账/预收冲应收"菜单项,系统打开"预收冲应收"对话框。

(2) 预收设置。在"预收款"选项卡中,参照生成"客户"为"跃辉公司",单击"过滤"按钮,系统列出相关信息,在其表体相应的行双击,使其"转账金额"等于其"原币余额"(40 000)。

(3) 应收设置。在"应收款"选项卡中,先单击"过滤"按钮,再在表体"单据编号"为81306802所在行的"转账金额"栏输入40 000。

(4) 转账完成。单击"确定"按钮,转账完成,此时系统弹出信息提示框,询问"是否立即制单?"。

(5) 转账制单。单击信息提示框中的"是"按钮,系统弹出"填制凭证"对话框,默认的凭证信息为"贷记:应收账款(红字)、应收账款(蓝字)",单击"填制凭证"对话框中的"保存"按钮,结果如图7-25所示。

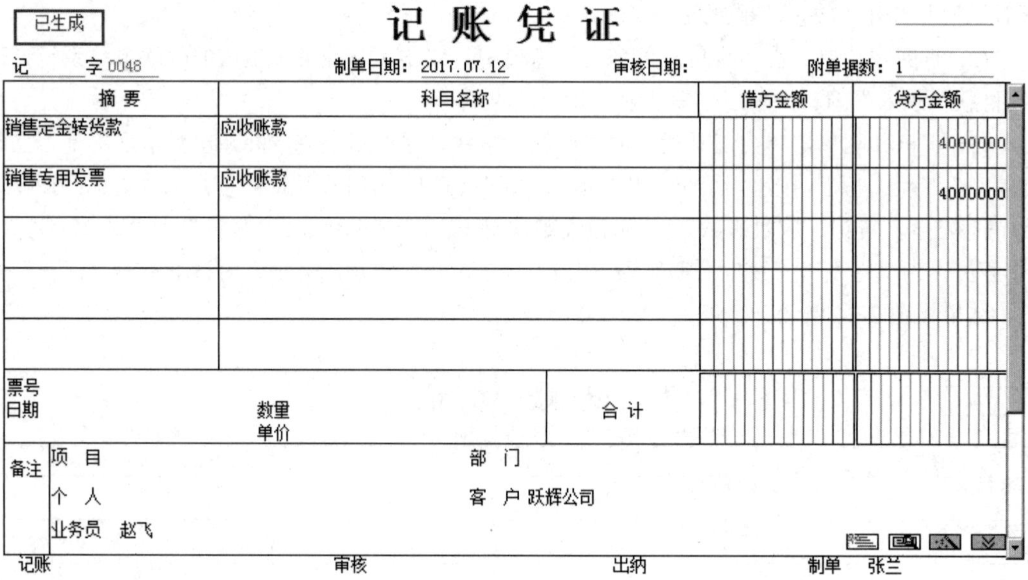

摘要	科目名称	借方金额	贷方金额
销售定金转货款	应收账款		4000000
销售专用发票	应收账款		4000000

记 字 0048　制单日期:2017.07.12　审核日期:　附单据数:1

已生成

票号日期　数量 单价　合计
备注　项目　部门
　　　个人　客户 跃辉公司
　　　业务员 赵飞
记账　审核　出纳　制单 张兰

图7-25　预收冲应收凭证

(6) 退出。单击"填制凭证"和"制单"窗口右上角的"关闭"按钮,关闭并退出窗口。

7.3　开票直接发货(有报价和折扣)

销售报价是企业向客户提供货品、规格、价格、结算方式等信息,双方达成协议后,销售报价单转为有效力的销售订单。

销售过程中的折扣,可分为商业折扣和现金折扣。

商业折扣(税法中又称"折扣销售"),指实际销售商品或提供劳务时,将价目单中的报价打一个折扣后提供给客户,这个折扣就叫作商业折扣。商业折扣是企业在销售商品时,先打折再销售,折扣在前销售在后,是在交易成立及实际付款之前予以扣除,所以对库存现金和主营业务收入不产生影响。商业折扣需要明列出来,通常以百分数(如5%、10%)的形式表示,买方只需按照标明价格的百分比付款即可。

现金折扣(又称销售折扣)，是指企业为了鼓励客户偿还货款而允诺在一定期限内给予的规定的折扣优待。在用友 ERP-U8 中称为付款条件，通常可表示为“5/10,2/20,n/30”，它的意思是客户在 10 天内偿还货款，可得到 5%的折扣，即只付原价的 95%的货款；在 20 天内偿还货款，可得到 2%的折扣，即只付原价的 98%的货款；在 30 天内偿还货款，则须按照全额支付货款；在 30 天以后偿还货款，则不仅要按全额支付货款，还可能要支付延期付款利息或违约金。

现金折扣发生在销货之后，是一种融资性质的理财费用，因此现金折扣不得从销售额中减除。由于现金折扣直接影响企业的现金流量，所以必须在会计中反映。我国新企业会计准则要求采用总价法入账，即在销售商品时以发票价格同时记录应收账款和销售收入，不考虑现金折扣。如购货企业享受现金折扣，则以“销售折扣”账户或在“财务费用”账户中反映现金折扣。销售折扣作为销售收入的减项列入利润表。

案例企业规定在“财务费用”账户中反映现金折扣，相应的操作详见第 8 章 8.3 节。

7.3.1 业务概述与分析

7 月 12 日，与上海万达电器公司签订销售合同，经协商有价税合计 4000 元的商品折扣，相应单据见图 7-26、图 7-27。

本笔业务是一次销售全部发货出库的开票直接发货业务，还涉及销售报价、商业折扣和现金折扣的业务处理，需要填制并审核销售报价单和销售订单，填制并复核销售发票(扣除商业折扣)，审核出库单，应收确认与销售成本结转。

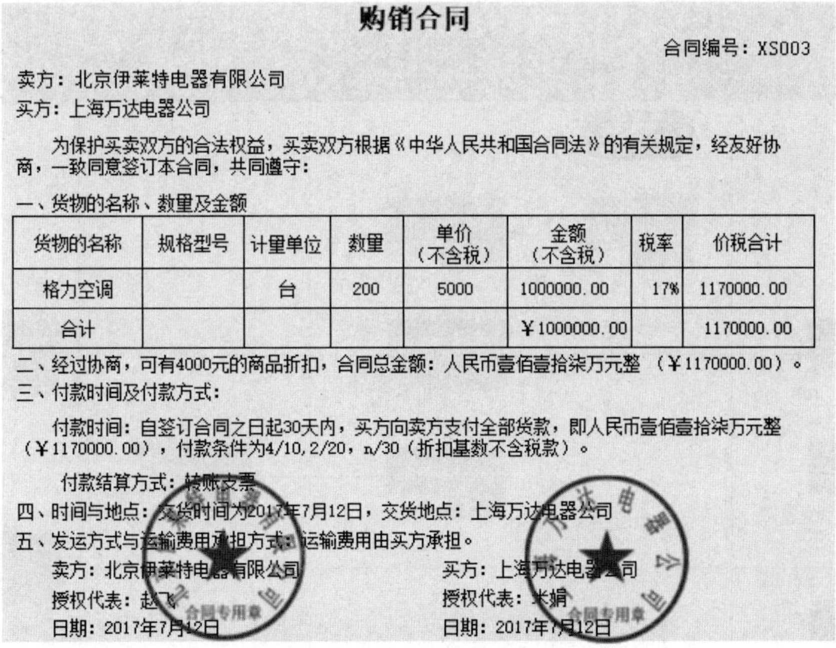

购销合同

合同编号：XS003

卖方：北京伊莱特电器有限公司

买方：上海万达电器公司

为保护买卖双方的合法权益，买卖双方根据《中华人民共和国合同法》的有关规定，经友好协商，一致同意签订本合同，共同遵守：

一、货物的名称、数量及金额

货物的名称	规格型号	计量单位	数量	单价（不含税）	金额（不含税）	税率	价税合计
格力空调		台	200	5000	1000000.00	17%	1170000.00
合计					￥1000000.00		1170000.00

二、经过协商，可有4000元的商品折扣，合同总金额：人民币壹佰壹拾柒万元整（￥1170000.00）。

三、付款时间及付款方式：

付款时间：自签订合同之日起30天内，买方向卖方支付全部货款，即人民币壹佰壹拾柒万元整（￥1170000.00），付款条件为4/10,2/20，n/30（折扣基数不含税款）。

付款结算方式：转账支票

四、时间与地点：交货时间为2017年7月12日，交货地点：上海万达电器公司

五、发运方式与运输费用承担方式：运输费用由买方承担。

卖方：北京伊莱特电器有限公司　　买方：上海万达电器公司

授权代表：赵飞　　授权代表：米娟

日期：2017年7月12日　　日期：2017年7月12日

图 7-26　合同 XS003 合同的单据

图 7-27　发票

7.3.2　操作指导

1. 操作流程

图 7-28 所示是本业务的操作流程。

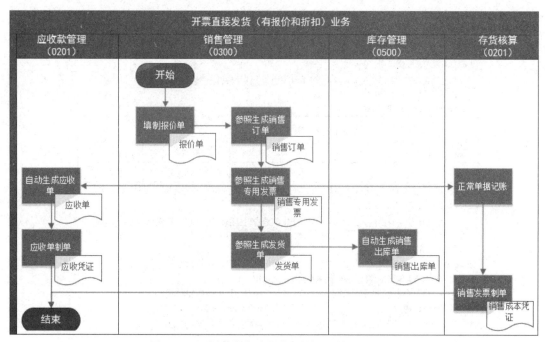

图 7-28　开票直接发货(有报价和折扣)业务的操作流程

请确认系统日期和业务日期为 2017 年 7 月 12 日。

2. 销售报价单填制并审核的操作步骤

任务说明：销售部赵飞填制并审核销售报价单。

(1) 打开"销售报价单"窗口。在"企业应用平台"的"业务工作"页签中，依次单击"供应链/销售管理/销售报价/销售报价单"菜单项，系统打开"销售报价单"窗口。

(2) 编辑销售报价单。单击工具栏中的"增加"按钮，新增一张销售报价单，然后做如下编辑：

① 编辑表头。编辑"客户简称"为"万达公司"，"销售部门"为"批发部"，"业务员"为"赵飞"，其他项为默认。

② 编辑表体。在表体的"存货名称"参照生成"格力空调"，"数量"栏输入200，确认"报价"为5000元，其他项为默认。

(3) 保存并审核销售报价单。单击工具栏中的"保存"按钮，保存该单据，然后单击工具栏中的"审核"按钮，结果如图7-29所示。

(4) 退出。单击"销售报价单"窗口右上角的"关闭"按钮，关闭并退出该窗口。

图7-29 销售报价单

3. 销售订单填制并审核的操作步骤

任务说明：销售部赵飞参照报价单生成销售订单并审核。

(1) 打开"销售订单"窗口。在"销售管理"子系统中，依次单击"销售订货/销售订单"菜单项，系统打开"销售订单"窗口。

(2) 参照生成销售订单。

① 打开"参照生单"窗口。单击工具栏中的"增加"按钮，新增一张销售订单，再单击工具栏中的"生单/报价"命令，系统打开"查询条件选择-订单参照报价单"对话框，单击"确定"按钮，系统打开"参照生单"窗口。

② 拷贝信息。在"参照生单"窗口的上窗格中，双击要选择的销售报价单所对应的"选择"栏，然后单击工具栏中的"OK确定"按钮，系统返回"销售订单"窗口。

(3) 编辑销售订单。

① 编辑表头。编辑"订单号"为XS003，"付款条件"为4/10,2/20,n/30。

② 编辑表体。在表体录入"折扣额"为4000。

(4) 保存并审核销售订单。单击工具栏中的"保存"按钮，保存该单据，然后单击工具栏中的"审核"按钮，完成审核工作，结果如图7-30所示。

图 7-30 销售订单

(5) 退出。单击"销售订单"窗口右上角的"关闭"按钮,关闭并退出该窗口。

4. 销售专用发票填制并复核的操作步骤

任务说明:销售部赵飞参照销售订单生成销售专用发票并复核。

(1) 打开"销售专用发票"窗口。在"销售管理"子系统中,依次单击"销售开票/销售专用发票"菜单项,系统打开"销售专用发票"窗口。

(2) 打开"参照生单"窗口。单击工具栏中的"增加"按钮,系统弹出"查询条件选择-发票参照订单"对话框,单击"确定"按钮,系统打开"参照生单"窗口。

(3) 参照销售订单生成销售专用发票。在"参照生单"窗口的上窗格中,选中相应的销售订单(订单号 XS003),然后单击工具栏中的"OK 确定"按钮,返回"销售专用发票"窗口,此时销售发票上已经有系统默认的信息。

(4) 编辑销售专用发票。在"销售专用发票"窗口中,编辑表头的"发票号"为 81306803,其他项为默认。

(5) 保存并复核销售专用发票。单击工具栏中的"保存"按钮,然后单击工具栏中的"复核"按钮,结果如图 7-31 所示。

图 7-31 销售专用发票

(6) 退出。单击"销售专用发票"窗口右上角的"关闭"按钮，关闭并退出该窗口。

提示：

此时系统将自动生成且已审核的发货单，然后自动生成销售出库单(需要手动审核)，因为开票直接发货模式，发货单将由系统自动生成并审核，而且根本公司的账套初始设置，系统将根据审核的发货单自动生成销售出库单。

【销售部赵飞查阅发货单】

(1) 打开"发货单"窗口。在"销售管理"子系统中，依次单击"销售发货/发货单"菜单项，系统打开"发货单"窗口。

(2) 查阅发货单。单击工具栏中的"上张"按钮，查阅到相应的发货单，可见其已经是审核状态。

(3) 退出。单击"发货单"窗口右上角的"关闭"按钮，关闭并退出该窗口。

5. 销售出库存单审核的操作步骤

任务说明：仓管部主管李莉审核销售出库单。

(1) 打开"销售出库单"窗口。在"企业应用平台"的"业务工作"页签中，依次单击"供应链/库存管理/出库业务/销售出库单"菜单项，系统打开"销售出库单"窗口。

(2) 查阅并审核销售出库单。单击工具栏中的"末张"按钮，查阅到相应的销售出库单，然后单击工具栏中的"审核"按钮，系统弹出信息框提示审核成功，单击"确定"按钮，完成审核工作。

(3) 退出。单击"销售出库单"窗口右上角的"关闭"按钮，关闭并退出该窗口。

6. 应收单审核、制单及销售成本结转的操作步骤

任务说明：财务部会计张兰进行应收审核与制单，以及结转销售成本。

【财务部会计张兰进行销售专用发票的应收审核与制单】

(1) 打开应收"单据处理"窗口。在"企业应用平台"的"业务工作"页签下，依次单击"财务会计/应收款管理/应收单据处理/应收单据审核"菜单项，系统弹出"应收单查询条件"对话框，单击"确定"按钮，系统打开应收"单据处理"窗口。

(2) 查阅发票。在应收"单据处理"窗口中，双击本笔业务中生成的销售专用发票，系统打开"销售发票"窗口，窗口中默认显示相应的发票。

(3) 审核并制单。单击工具栏中的"审核"按钮，系统审核完成并弹出信息框提示"是否立即制单？"，单击"是"按钮，系统打开"填制凭证"窗口，并显示已生成的凭证(借记：应收账款，贷记：主营业务收入、应交税费/应交增值税/销项税额)。

(4) 保存凭证。单击工具栏中的"保存"按钮，保存该凭证，结果如图 7-32 所示。

(5) 退出。单击"填制凭证""销售专票"和"单据处理"窗口右上角的"关闭"按钮，关闭并退出窗口。

【财务部会计张兰进行销售专用发票记账】

(1) 打开"未记账单据一览表"窗口。在"企业应用平台"的"业务工作"页签下，依次单击"供应链/存货核算/业务核算/正常单据记账"菜单项，系统弹出"查询条件选择"对话框，单击该对话框中的"确定"按钮，系统打开"未记账单据一览表"窗口。

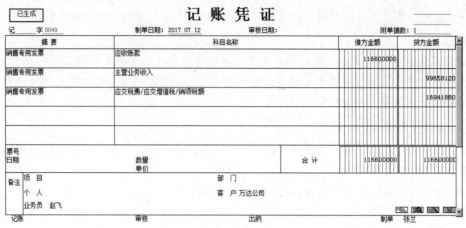

图 7-32 销售专用发票制单结果

(2) 销售专用发票记账。在"未记账单据一览表"窗口中,选中本业务生成的销售发票,然后单击工具栏中的"记账"按钮,系统弹出信息框提示记账成功,单击"确定"按钮,完成记账工作。

(3) 退出。单击"未记账单据一览表"窗口右上角的"关闭"按钮,退出当前窗口。

【财务部会计张兰进行销售专用发票制单】

(1) 打开"生成凭证"窗口。在"存货核算"子系统中,依次单击"财务核算/生成凭证"菜单项,系统打开"生成凭证"窗口。

(2) 打开"选择单据"窗口。单击工具栏中的"选择"按钮,在系统弹出的"查询条件"对话框中,单击"确定"按钮,系统退出对话框并打开"选择单据"窗口。

(3) 生成存货凭证。

① 选择销售发票。在"选择单据"窗口中,选中本业务生成的销售发票,然后单击工具栏中的"确定"按钮,系统返回"生成凭证"窗口。

② 生成记账凭证。单击工具栏中的"生成"按钮,系统打开"填制凭证"窗口,并默认显示了本业务销售的存货相关信息(借记:主营业务成本,贷记:库存商品)。

(4) 保存凭证。单击工具栏中的"保存"按钮,保存该凭证,结果如图 7-33 所示。

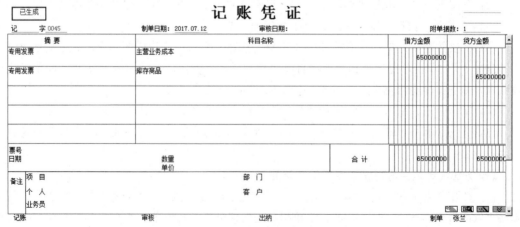

图 7-33 存货出库凭证

(5) 退出。单击"填制凭证"和"生成凭证"窗口右上角的"关闭"按钮,关闭并退出窗口。

7.4 分期收款业务(现结)

分期收款业务是指商品已经售出，但货款分期收回的一种销售方式。分期收款业务只能先发货后开票，不能开票直接发货。在用友 ERP-U8 中，该业务需要在填制销售报价单、销售订单时，选择"业务类型"为"分期收款"。

7.4.1 业务概述与分析

7月12日，与北京跃辉电器商贸公司签订销售合同，相应单据可参见图 7-34～图 7-38。

图 7-34　XS004 合同的单据

图 7-35　第一期发票

图 7-36 第一期银行进账单

图 7-37 第二期发票

图 7-38 第二期银行进账单

本笔业务是分期收款业务，即先全部发货，再分期开票和确认收入、成本，需要填制并审核销售订单和发货单，审核出库单；填制并复核第一期的销售发票，第一期的应收确认，发出商品成本确认，以及第一期的销售成本结转；填制并复核第二期的销售发票，第二期的应收确认与销售成本结转。

7.4.2 操作指导

1．操作流程

图 7-39 所示是本业务的操作流程。

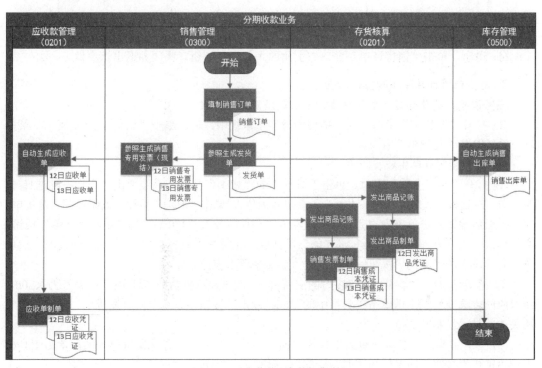

图 7-39 分期收款业务的操作流程

请确认系统日期和业务日期为 2017 年 7 月 12 日。

2．销售订单填制并审核的操作步骤

任务说明：销售部赵飞填制并审核销售订单。

(1) 打开"销售订单"窗口。在"企业应用平台"的"业务工作"页签中，依次单击"供应链/销售管理/销售订货/销售订单"菜单项，系统打开"销售订单"窗口。

(2) 编辑销售订单。单击工具栏中的"增加"按钮，新增一张销售订单，然后做如下编辑：

① 编辑表头。修改"订单号"为 XS004，选择"业务类型"为"分期收款"，参照生成"客户简称"为"跃辉公司"，"销售部门"为"批发部"，"业务员"为"赵飞"，其他项为默认。

② 编辑表体。参照生成"存货名称"为"松下空调"，"数量"为 100，"无税单价"为 6000，其他项为默认。

(3) 保存并审核销售订单。单击工具栏中的"保存"按钮，保存该单据，然后单击工具栏中的"审核"按钮，结果如图 7-40 所示。

图 7-40 销售订单

(4) 退出。单击"销售订单"窗口右上角的"关闭"按钮,关闭并退出该窗口。

3. 发货单填制并审核的操作步骤

任务说明:销售部赵飞参照销售订单生成发货单并审核。

(1) 打开"发货单"窗口。在"销售管理"子系统中,依次单击"销售发货/发货单"菜单项,系统打开"发货单"窗口。

(2) 参照销售订单生成发货单。

① 打开"参照生单"窗口。单击工具栏中的"增加"按钮,系统弹出"查询条件选择-参照订单"对话框,此时其"业务类型"为"普通销售",单击"取消"按钮,系统返回"发货单"窗口,然后编辑发货单表头的"业务类型"为"分期收款",再单击工具栏中的"订单"按钮,系统再次弹出"查询条件选择-参照订单"对话框,此时其"业务类型"为"分期收款",然后单击对话框中的"确定"按钮,系统打开"参照生单"窗口。

② 拷贝信息。在"参照生单"窗口的上窗格中,双击要选择的销售订单(订单编号为XS004)所对应的"选择"栏,再单击工具栏中的"OK 确定"按钮,系统返回"发货单"窗口,此时相关的信息已经有默认值。

(3) 保存并审核发货单。单击工具栏中的"保存"按钮,保存该发货单,然后单击工具栏中的"审核"按钮,结果如图 7-41 所示。

图 7-41 发货单

(4) 退出。单击"发货单"窗口右上角的"关闭"按钮,关闭并退出该窗口。

4. 第一期销售专用发票生成并复核的操作步骤

任务说明：销售部赵飞参照发货单生成第一期的销售专用发票并现结和复核。

(1) 打开"销售专用发票"窗口。在"销售管理"子系统中，依次单击"销售开票/销售专用发票"菜单项，系统打开"销售专用发票"窗口。

(2) 参照发货单生成销售专用发票。

① 打开"参照生单"窗口。单击工具栏中的"增加"按钮，系统弹出"查询条件选择-发票参照订单"对话框，单击"取消"按钮，系统返回"销售专用发票"窗口，选择其"业务类型"为"分期收款"，然后单击"确定"按钮，系统打开"参照生单"窗口。

② 拷贝信息。在"参照生单"窗口的上窗格中，选中相应的发货单，然后单击工具栏中的"OK 确定"按钮，返回"销售专用发票"窗口。

(3) 编辑并保存销售专用发票。编辑表头的"发票号"为 81306804，修改表体"数量"为 60，其他项为默认。单击工具栏中的"保存"按钮，保存该发票，结果如图 7-42 所示。

(4) 现结。在"销售专用发票"窗口，单击工具栏中的"现结"按钮，系统打开"销售现结"对话框，在该对话框的表体部分，选择"结算方式"为"转账支票"，录入相应的"原币金额"421 200，输入"票据号"为 22586711，然后单击对话框中的"确定"按钮，返回"专用发票"窗口，此时窗口左上方出现"现结"字样，结果如图 7-42 所示。

图 7-42 第一期销售专用发票

(5) 复核销售专用发票。单击工具栏中的"复核"按钮，完成复核工作。

(6) 退出。单击"销售专用发票"窗口右上角的"关闭"按钮，关闭并退出该窗口。

5. 销售出库单审核的操作步骤

任务说明：仓管部李莉审核销售出库单。

(1) 打开"销售出库单"窗口。在"企业应用平台"的"业务工作"页签中，依次单击"供应链/库存管理/出库业务/销售出库单"菜单项，系统打开"销售出库单"窗口。

(2) 查阅并审核销售出库单。单击工具栏中的"末张"按钮，查阅到相应的销售出库单，然后单击工具栏中的"审核"按钮，系统弹出信息框提示审核成功，单击"确定"按钮，完成审核工作。

(3) 退出。单击"销售出库单"窗口右上角的"关闭"按钮,关闭并退出该窗口。

6. 第一期销售专用发票审核、制单并结转销售成本的操作步骤

任务说明:财务部会计张兰对第一期的发票进行应收审核与制单,并对第一期的销售发货进行成本结转。

【财务部会计张兰进行销售专用发票的应收审核与制单】

(1) 打开"单据处理"窗口。在"企业应用平台"的"业务工作"页签下,依次单击"财务会计/应收款管理/应收单据处理/应收单据审核"菜单项,系统弹出"应收单查询条件"对话框,增加勾选"包括已现结发票"复选框,然后单击"确定"按钮,系统打开应收"单据处理"窗口。

(2) 查阅发票。在应收"单据处理"窗口中,双击本笔业务中生成的销售专用发票,系统打开"销售发票"窗口,窗口中默认显示相应的发票。

(3) 审核并制单。单击工具栏中的"审核"按钮,系统审核完成并弹出信息框提示"是否立即制单?",单击"是"按钮,系统打开"填制凭证"窗口,并默认显示凭证的信息为"借记:银行存款/工行存款,贷记:主营业务收入、应交税费/应交增值税/销项税额"。

(4) 保存凭证。单击工具栏中的"保存"按钮,保存该凭证,结果如图 7-43 所示。

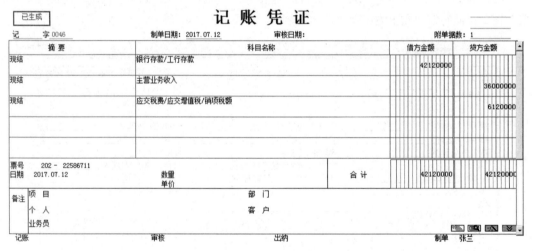

图 7-43 第一期销售专用发票制单结果

(5) 退出。单击"填制凭证""销售专用发票"和"单据处理"窗口右上角的"关闭"按钮,关闭并退出窗口。

【财务部会计张兰进行发出商品记账】

(1) 打开"未记账单据一览表"窗口。在"企业应用平台"的"业务工作"页签下,依次单击"供应链/存货核算/业务核算/发出商品记账"菜单项,系统弹出"查询条件选择"对话框,单击该对话框中的"确定"按钮,系统打开"未记账单据一览表"窗口。

(2) 出库记账。在"未记账单据一览表"窗口中,选中本业务生成的销售发货单,然后单击工具栏中的"记账"按钮,系统弹出信息框提示记账成功,单击"确定"按钮,完成记账工作。

(3) 退出。单击"未记账单据一览表"窗口右上角的"关闭"按钮,退出当前窗口。

【财务部会计张兰进行发出商品制单】

(1) 打开"生成凭证"窗口。在"存货核算"子系统中,依次单击"财务核算/生成凭证"菜单项,系统打开"生成凭证"窗口。

(2) 打开"选择单据"窗口。单击工具栏中的"选择"按钮,在系统弹出的"查询条件"对话框中,单击"确定"按钮,系统打开"选择单据"窗口。

(3) 生成记账凭证。在"选择单据"窗口中,选中本业务生成的发货单,然后单击工具栏中的"确定"按钮,系统退出"选择单据"窗口返回"生成凭证"窗口,单击工具栏中的"生成"按钮,系统打开"填制凭证"窗口,并默认显示了本业务发货单上凭证的相关信息为"借记:发出商品,贷记:库存商品"。

(4) 保存凭证。单击工具栏中的"保存"按钮,保存该凭证,结果如图7-44所示。

图 7-44 发出商品凭证

(5) 退出。单击"填制凭证"和"生成凭证"窗口右上角的"关闭"按钮,关闭并退出窗口。

7. 发出商品成本结转的操作步骤

任务说明: 财务部会计张兰对发出商品进行成本结转。

【财务部会计张兰进行销售专用发票记账】

(1) 打开"未记账单据一览表"窗口。在"企业应用平台"的"业务工作"页签下,依次单击"供应链/存货核算/业务核算/发出商品记账"菜单项,系统弹出"查询条件选择"对话框,单击该对话框中的"确定"按钮,系统打开"未记账单据一览表"窗口。

(2) 销售专用发票记账。在"未记账单据一览表"窗口中,选中本业务生成的销售发票,然后单击工具栏中的"记账"按钮,系统弹出信息框提示记账成功,单击"确定"按钮,完成记账工作。

(3) 退出。单击"未记账单据一览表"窗口右上角的"关闭"按钮,退出当前窗口。

【财务部会计张兰进行销售专用发票制单】

(1) 打开"生成凭证"窗口。在"存货核算"子系统中,依次单击"财务核算/生成凭证"菜单项,系统打开"生成凭证"窗口。

(2) 打开"选择单据"窗口。单击工具栏中的"选择"按钮,在系统弹出的"查询条件"对话框中,单击"确定"按钮,系统打开"选择单据"窗口。

(3) 生成记账凭证。在"选择单据"窗口中,选中本业务生成销售发票,然后单击工具栏中的"确定"按钮,系统退出"选择单据"窗口返回"生成凭证"窗口,单击工具栏中的"生成"按钮,系统打开"填制凭证"窗口,并默认显示了凭证信息为"借记:主营业务成本,贷记:发出商品"。

(4) 保存凭证。单击工具栏中的"保存"按钮,保存该凭证,结果如图7-45所示。

图 7-45 第一期销售出库凭证

(5) 退出。单击"填制凭证"和"生成凭证"窗口右上角的"关闭"按钮,退出窗口。
请确认系统日期和业务日期为 2017 年 7 月 13 日。

8. 第二期销售专用发票生成并复核的操作步骤

任务说明:销售部赵飞参照发货单生成第二期的销售专用发票并复核。

相关任务的操作步骤,请参见本节的"上一操作步骤"(请注意修改"发票号"为81306805,并确认发票表体的"数量"为40,现结时"转账支票号"为22586712,"金额"为280 800元,其余的相同),在此不再赘述,结果如图7-46所示。

9. 第二期销售专用发票审核、制单并结转销售成本的操作步骤

任务说明:财务部会计张兰对第二期的发票进行应收审核与制单、销售成本结转。

相关任务的操作步骤,请参见本节的"上一操作步骤",结果如图7-47、图7-48所示。

图 7-46 第二期销售发票

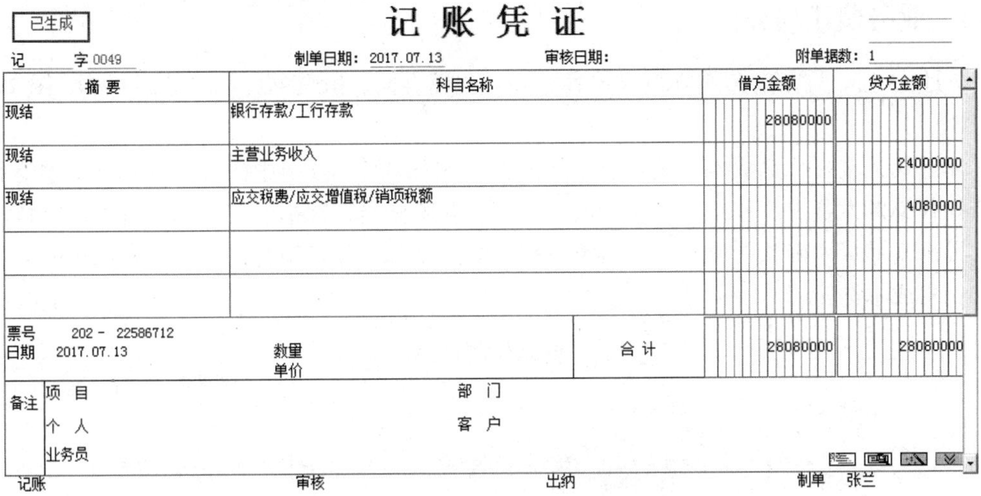

已生成

记账凭证

记 字 0049　制单日期：2017.07.13　审核日期：　附单据数：1

摘要	科目名称	借方金额	贷方金额
现结	银行存款/工行存款	28080000	
现结	主营业务收入		24000000
现结	应交税费/应交增值税/销项税额		4080000
票号 202 - 22586712 日期 2017.07.13　数量 单价	合计	28080000	28080000

备注　项目　部门
个人　客户
业务员

记账　审核　出纳　制单　张兰

图 7-47　第二期销售发票制单结果

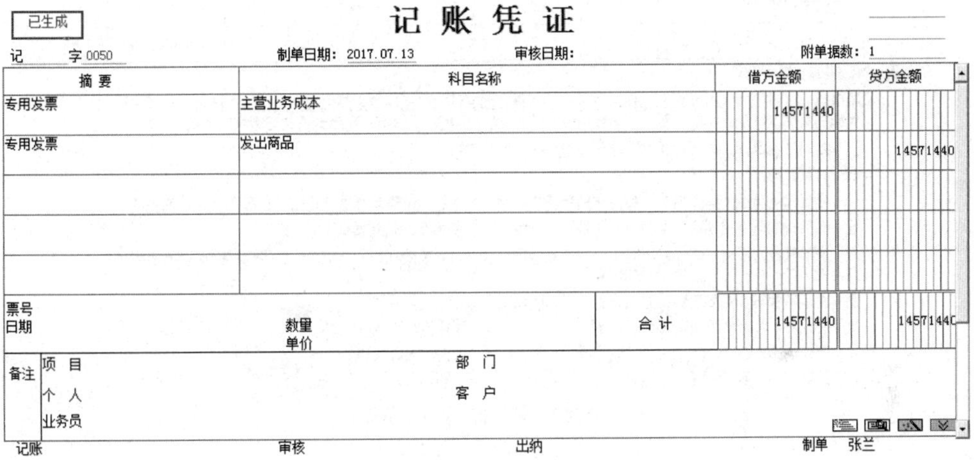

已生成

记账凭证

记 字 0050　制单日期：2017.07.13　审核日期：　附单据数：1

摘要	科目名称	借方金额	贷方金额
专用发票	主营业务成本	14571440	
专用发票	发出商品		14571440
票号 日期　数量 单价	合计	14571440	14571440

备注　项目　部门
个人　客户
业务员

记账　审核　出纳　制单　张兰

图 7-48　第二期销售出库凭证

7.5　委托代销业务

委托代销业务，指企业将商品委托他人进行销售但商品所有权仍归本企业的销售方式。委托代销的特点是受托方只是一个代理商，委托方将商品发出后，所有权并未转移给受托方，因此商品所有权上的主要风险和报酬仍在委托方。只有在受托方将商品售出后，商品所有权上的主要风险和报酬才转移给委托方。所以，企业采用委托代销方式销售商品时，应在受托方售出商品并取得受托方提供的代销清单时，才确认销售收入。

委托代销业务只能先发货后开票，不能开票直接发货。

委托代销商品销售后，受托方与企业进行结算，并开具正式的销售发票，形成销售收入。在用友 ERP-U8 系统中，委托代销结算之后，系统自动生成发票。

7.5.1 业务概述与分析

7月13日,与北京鑫凯家电公司签订委托代销合同,相应单据可参见图7-49、图7-50、图7-51。

本公司的委托代销成本是按发出商品核算(详见第3章3.3节中的3.3.1小节),本笔业务是委托代销的发货出库和结算业务,故需要填制并审核委托代销的订单和发货单,审核出库单,发出商品成本确认,填制并审核委托代销的结算单、复核销售发票,委托销售的应收确认和销售成本结转。

商品代销合同

合同编号:WT003

委托方:北京伊莱特电器有限公司
受托方:北京鑫凯家电公司

为保护委托方和受托方的合法权益,委托方与受托方根据《中华人民共和国合同法》的有关规定,经友好协商,一致同意签订本合同,共同遵守:

一、货物的名称、数量及金额

货物的名称	规格型号	计量单位	数量	单价(不含税)	金额(不含税)	税率	价税合计
海信电视机		台	100	8000	800000.00	17%	936000.00
合计					¥800000.00		¥936000.00

二、委托代销方式:
采用收手续费的方式由委托方委托受托方代销货物,即受托方只能按照合同规定的价格进行销售。受托方将代销的商品销售后,按总价款(不含增值税)的10%给予受托方手续费,商品销售款归委托方所有。

三、合同总金额:人民币玖拾叁万陆仟元整(¥936000.00)。

四、付款时间及付款方式:
根据代销商品的销售情况,每月15日受托方向委托方发送代销清单并进行月结。付款方式:转账支票

五、交货时间与交货地点:交货时间为签订合同当日,交货地点:北京鑫凯家电公司

六、如果受托方没有将商品售出时可以将商品退回给委托方,或受托方因代销商品出现毁损时可以要求委托方补偿。

七、发运方式与运输费用承担方式:由委托方送货,运输费用由委托方承担。

委托方:北京伊莱特电器有限公司   受托方:北京鑫凯家电公司
授权代表:赵×   授权代表:朱达
日期:2017年7月13日   日期:2017年7月13日

图7-49　WT003合同的单据

商品代销清单

日期:2017年7月15日　　　NO:00000112

	委托方	北京伊莱特电器有限公司	受托方	北京鑫凯家电公司
	账号	1102020526782987908	账号	6227000526782987973
	开户银行	中国工商银行北京市昌平支行	开户银行	中国光大银行北京市海淀支行

代销货物	代销货物名称	规格型号	计量单位	数量	单价(不含税)	金额	税率	税额
	海信电视机		台	100	8000.00	800000.00	17%	136000.00
	价税合计	大写:玖拾叁万陆仟元整				小写:¥936000.00		

代销方式:收手续费
代销货款结算时间:根据代销货物销售情况于每月15日结算一次货款
代销款结算方式:转账支票

本月代销货物销售情况	代销货物名称	规格型号	计量单位	数量	单价(不含税)	金额	税率	税额
	海信电视机		台	50	8000.00	400000.00	17%	68000.00
	价税合计	大写:肆拾陆万捌仟元整				小写:¥468000.00		
本月代销款结算金额	大写:肆拾陆万捌仟元整					小写:¥468000.00		

主管:略　　审核:略　　制单:略　　受托方盖章:(财务专用章)

图7-50　销售清单

图 7-51 销售专用发票

备注：本业务的代销手续费发票和货款，将在第 8 章 8.4 节处理，相应的操作包括应付手续费的红字应收单填制、审核与制单，应收核销。

7.5.2 操作指导

1. 操作流程

图 7-52 所示是本业务的操作流程。

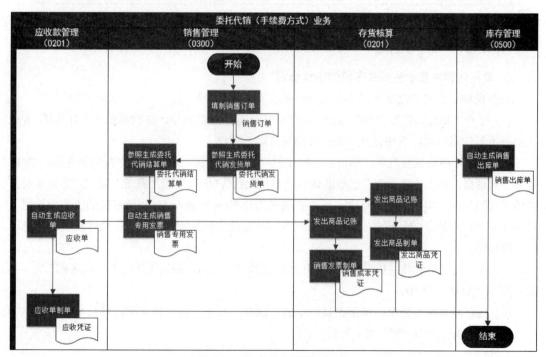

图 7-52 委托代销业务的操作流程

请确认系统日期和业务日期为 2017 年 7 月 13 日。

2. 委托代销订单填制并审核的操作步骤

任务说明：销售部赵飞填制并审核委托代销订单。

(1) 打开"销售订单"窗口。在"企业应用平台"的"业务工作"页签中，依次单击"供应链/销售管理/销售订货/销售订单"菜单项，系统打开"销售订单"窗口。

(2) 编辑委托代销订单。单击工具栏中的"增加"按钮，新增一张销售订单，然后做如下编辑：

① 编辑表头。修改"订单号"为 WT003，选择"业务类型"为"委托代销"，参照生成"客户简称"为"鑫凯公司"，"销售部门"为"批发部"，"业务员"为"赵飞"，其他项为默认。

② 编辑表体。参照生成"存货名称"为"海信电视机"，"数量"为 100，"无税单价"为 8000，其他项为默认。

(3) 保存并审核销售订单。单击工具栏中的"保存"按钮，保存该单据，然后单击工具栏中的"审核"按钮，结果如图 7-53 所示。

图 7-53 委托代销订单

(4) 退出。单击"销售订单"窗口右上角的"关闭"按钮，关闭并退出该窗口。

3. 委托代销发货单生成并审核的操作步骤

任务说明：销售部赵飞参照委托代销订单生成发货单并审核。

(1) 打开"委托代销发货单"窗口。在"销售管理"子系统中，依次单击"委托代销/委托代销发货单"菜单项，系统打开"委托代销发货单"窗口。

(2) 参照订单生成发货单。单击工具栏中的"增加"按钮，系统弹出"查询条件选择-参照订单"对话框，其"业务类型"已经默认为"委托代销"，所以单击"确定"按钮，并在系统打开的"参照生单"窗口的上窗格中，双击要选择的订单(编号为 WT003)所对应的"选择"栏，再单击工具栏中的"OK 确定"按钮，系统返回"委托代销发货单"窗口，此时相关的信息已经有默认值。

(3) 确认发货单的相关信息。在"委托代销发货单"窗口，确认表体的"仓库名称"为"商品仓库"、"数量"为 100。

(4) 保存并审核发货单。单击工具栏中的"保存"按钮，保存该单据，然后单击工具栏中的"审核"按钮，结果如图 7-54 所示。

图 7-54 委托代销发货单

(5) 退出。单击"委托代销发货单"窗口右上角的"关闭"按钮,关闭并退出该窗口。

提示:

根据本公司的账套初始设置,系统将自动生成销售出库单。

4. 委托代销出库单审核的操作步骤

任务说明: 仓管部李莉审核出库单。

(1) 打开"销售出库单"窗口。在"企业应用平台"的"业务工作"页签中,依次单击"供应链/库存管理/出库业务/销售出库单"菜单项,系统打开"销售出库单"窗口。

(2) 查阅并审核销售出库单。单击工具栏中的"末张"按钮,查阅到相应的销售出库单,然后单击工具栏中的"审核"按钮,系统弹出信息框提示审核成功,单击"确定"按钮,完成审核工作。

(3) 退出。单击"销售出库单"窗口右上角的"关闭"按钮,关闭并退出该窗口。

5. 委托代销发出商品成本结转的操作步骤

任务说明: 财务部会计张兰进行委托代销发出商品成本结转。

【财务部会计张兰进行发出商品记账】

(1) 打开"未记账单据一览表"窗口。在"企业应用平台"的"业务工作"页签下,依次单击"供应链/存货核算/业务核算/发出商品记账"菜单项,系统弹出"查询条件选择"对话框,单击"确定"按钮,系统打开"未记账单据一览表"窗口。

(2) 发出商品记账。在"未记账单据一览表"窗口中,选中本业务生成的委托代销发货单,然后单击工具栏中的"记账"按钮,系统弹出信息框提示记账成功,单击"确定"按钮,完成记账工作。

(3) 退出。单击"未记账单据一览表"窗口右上角的"关闭"按钮,退出当前窗口。

【财务部会计张兰进行发出商品的存货制单】

(1) 打开"生成凭证"窗口。在"存货核算"子系统中,依次单击"财务核算/生成凭证"菜单项,系统打开"生成凭证"窗口。

(2) 打开"单据选择"窗口。单击工具栏中的"选择"按钮,在系统弹出的"查询条件"对话框中,单击"确定"按钮,系统退出对话框并打开"选择单据"窗口。

(3) 生成记账凭证。

① 选择单据。在"选择单据"窗口中，选中本业务生成的委托代销发货单，然后单击工具栏中的"确定"按钮，系统退出"选择单据"窗口返回"生成凭证"窗口。

② 生成凭证。在"生成凭证"窗口，单击工具栏中的"生成"按钮，系统打开"填制凭证"窗口，并默认显示凭证的信息为"借记：发出商品，贷记：库存商品"。

(4) 保存凭证。单击工具栏中的"保存"按钮，保存该凭证，结果如图7-55所示。

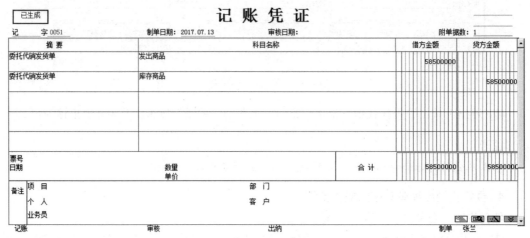

图7-55 委托代销发出商品记账凭证

(5) 退出。单击"填制凭证"和"生成凭证"窗口右上角的"关闭"按钮，退出窗口。
请确认系统日期和业务日期为2017年7月15日。

6. 委托代销结算单填制及发票复核的操作步骤

任务说明：销售部赵飞参照生成委托代销结算单并审核结算单和复核发票。

【**销售部赵飞参照生成委托代销结算单并审核**】

(1) 打开"委托代销结算单"窗口。在"销售管理"子系统中，依次单击"委托代销/委托代销结算单"菜单项，系统打开"委托代销结算单"窗口。

(2) 参照订单生成结算单。

① 打开"参照生单"窗口。单击工具栏中的"增加"按钮，新增一张委托代销结算单，系统弹出"查询条件选择-委托结算参照发货单"对话框，单击"确定"按钮，系统打开"参照生单"窗口。

② 拷贝信息。在"参照生单"窗口的上窗格中，双击要选择的订单(订单号为WT003)所对应的"选择"栏，然后单击工具栏中的"OK 确定"按钮，系统返回"委托代销结算单"窗口，此时相关的信息已经有默认值。

(3) 编辑结算单。在"委托代销结算单"窗口，修改表头的"发票号"为81306806，修改表头的"数量"为50，其他项为默认。

(4) 保存并审核委托代销结算单。单击工具栏中的"保存"按钮，保存该结算单，然后单击工具栏中的"审核"按钮，系统弹出"请选择发票类型"提示框，选中"专用发票"单选按钮后单击"确定"按钮，系统返回"委托代销结算单"窗口，结果如图7-56所示。

图 7-56 委托代销结算单

(5) 退出。单击"委托代销结算单"窗口右上角的"关闭"按钮,关闭并退出该窗口。

提示:

委托代销结算单审核时,ERP-U8 系统将自动生成销售专用发票。

【销售部赵飞复核委托代销结算的销售专用发票】

(1) 打开"销售专用发票"窗口。在"销售管理"子系统中,依次单击"销售开票/销售专用发票"菜单项,系统打开"销售专用发票"窗口。

(2) 查阅并复核销售专用发票。单击工具栏中的"上张"按钮,查阅到委托代销的销售专用发票,然后单击工具栏中的"复核"按钮,完成复核工作,结果如图 7-57 所示。

(3) 退出。单击"销售专用发票"窗口右上角的"关闭"按钮,关闭并退出该窗口。

图 7-57 销售专用发票

7. 销售专用发票审核、制单及销售成本结转的操作步骤

任务说明: 财务部会计张兰进行应收确认和销售成本结转。

【财务部会计张兰进行销售专用发票的应收审核与制单】

(1) 打开应收"单据处理"窗口。在"企业应用平台"的"业务工作"页签下,依次单击"财务会计/应收款管理/应收单据处理/应收单据审核"菜单项,系统弹出"应收单查询条件"对话框,单击"确定"按钮,系统打开应收"单据处理"窗口。

(2) 查阅发票。在应收"单据处理"窗口中,双击本笔业务中生成的销售专用发票,系统打开"销售发票"窗口,窗口中默认显示相应的发票。

(3) 审核并制单。单击工具栏中的"审核"按钮,系统审核完成并弹出提示框"是否立即制单?",单击"是"按钮,系统打开"填制凭证"窗口,并默认显示凭证的信息为"借记:应收账款,贷记:主营业务收入、应交税费/应交增值税/销项税额"。

(4) 保存该凭证。单击工具栏中的"保存"按钮,保存该凭证,结果如图 7-58 所示。

已生成		记 账 凭 证		
记 字 0057	制单日期:2017.07.15	审核日期:		附单据数:1
摘 要	科目名称		借方金额	贷方金额
销售专用发票	应收账款		46800000	
销售专用发票	主营业务收入			40000000
销售专用发票	应交税费/应交增值税/销项税额			6800000
票号 日期	数量 单价	合 计	46800000	46800000
备注	项 目 个 人 业务员 赵飞	部 门 客 户 鑫凯公司		
记账	审核	出纳	制单	张兰

图 7-58 销售发票制单结果

(5) 退出。单击"填制凭证""销售发票"和"单据处理"窗口右上角的"关闭"按钮,关闭并退出窗口。

【财务部会计张兰进行委托代销发票的存货记账】

(1) 打开"未记账单据一览表"窗口。在"企业应用平台"的"业务工作"页签下,依次单击"供应链/存货核算/业务核算/发出商品记账"菜单项,系统弹出"查询条件选择"对话框,单击"确定"按钮,系统打开"未记账单据一览表"窗口。

(2) 销售发票记账。在"未记账单据一览表"窗口中,选中本业务生成的销售发票,然后单击工具栏中的"记账"按钮,系统弹出信息框提示记账成功,单击"确定"按钮,完成记账工作。

(3) 退出。单击"未记账单据一览表"窗口右上角的"关闭"按钮,退出当前窗口。

【财务部会计张兰进行委托代销的存货制单】

(1) 打开"生成凭证"窗口。在"存货核算"子系统中,依次单击"财务核算/生成凭证"菜单项,系统打开"生成凭证"窗口。

(2) 打开"单据选择"窗口。单击工具栏中的"选择"按钮,在系统弹出的"查询条件"对话框中,单击"确定"按钮,系统退出对话框并打开"选择单据"窗口。

(3) 生成记账凭证。做如下操作:

① 选择单据。在"选择单据"窗口中,选中本业务生成的销售发票,然后单击工具栏中的"确定"按钮,系统退出"选择单据"窗口返回"生成凭证"窗口。

② 生成凭证。在"生成凭证"窗口，单击工具栏中的"生成"按钮，系统打开"填制凭证"窗口，并默认显示凭证的信息为"借记：主营业务成本，贷记：发出商品"。

(4) 保存凭证。单击工具栏中的"保存"按钮，保存该凭证，结果如图 7-59 所示。

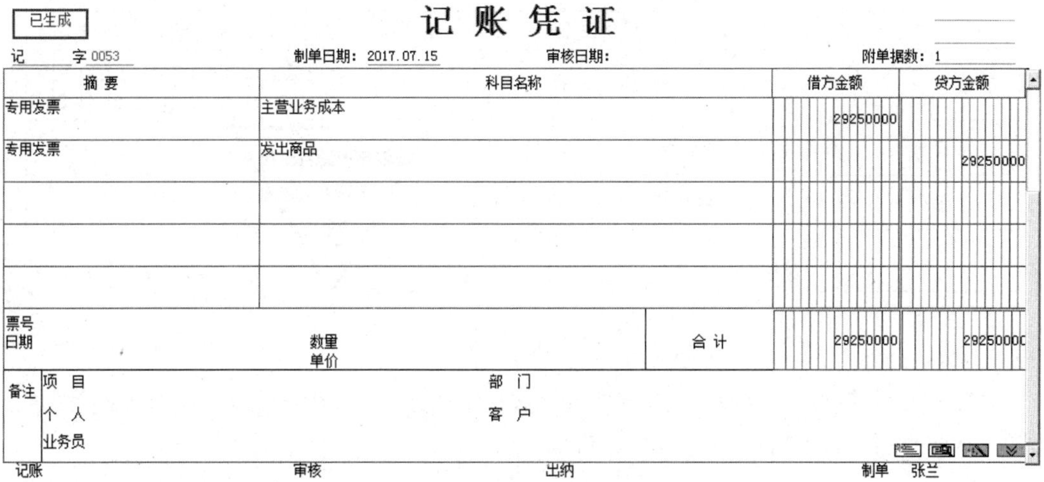

图 7-59 委托代销结算的存货凭证

(5) 退出。单击"填制凭证"和"生成凭证"窗口右上角的"关闭"按钮，退出窗口。

7.6 销售收款与转账业务

企业的销售收款，是收到客户的款项，款项性质包括应收款、预收款、销售定金、现款结算、其他费用等。在用友 U8 中，销售收款通过应收款管理系统中的收款单据处理，进行收款单据的录入与审核。

如果希望指明收款是收的哪几笔销售业务的款项，可以对该收款单进行核销处理。收款核销是指确定收款、付款单(即红字收款单)与原始的发票、应收单之间的对应关系的操作。

企业的应收转账，通常包括应收冲应收、预收冲应收、应收冲应付和红票对冲。应收冲应收是指将客户、部门、业务员、项目和合同的应收款转到另一个中去，以调整应收业务，解决应收款业务在不同客户、部门、业务员、项目和合同间入错户或合并户问题。预收冲应收是处理客户的预收款和该客户应收欠款的转账核销业务。应收冲应付是用某客户的应收账款，冲抵某供应商的应付款项。红票对冲是用某客户的红字发票与其蓝字发票进行冲抵。

7.6.1 业务概述与分析

7 月 15 日，收到北京跃辉电器商贸公司尾款和代垫运费款，相应的银行进账单参见图 7-60。

图 7-60 银行进账单

本笔业务是收款、预收冲应收的转账和应收核销业务,需要填制收款单,对收款单审核与制单,应收核销,做预收冲应收的转账与制单。

7.6.2 操作指导

1. 操作流程

图 7-61 所示是本业务的操作流程。

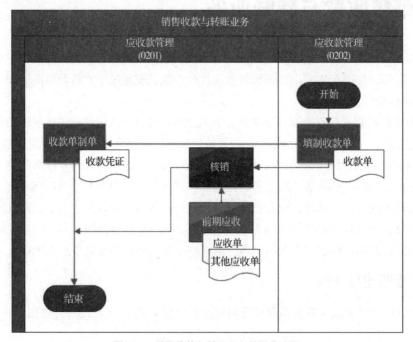

图 7-61 销售收款与转账业务的操作流程

请确认系统日期和业务日期为 2017 年 7 月 15 日。

2．本业务的操作步骤

任务说明：财务部出纳罗迪填制收款单，会计张兰审核收款单并制单以及应收核销、预收冲应收处理。

【财务部出纳罗迪填制收款单】

(1) 打开"收付款单录入"窗口。在"企业应用平台"的"业务工作"页签中，依次单击"财务会计/应收款管理/收款单据处理/收款单据录入"菜单项，打开"收付款单录入"窗口。

(2) 编辑收款单。单击工具栏中的"增加"按钮，新增一张收款单，编辑其表头的"客户"为"跃辉公司"，"结算方式"为"转账支票"，"金额"为 466 661，"票据号"为 32002101，然后单击表体部分，系统将自动生成一条记录，注意确认"款项类型"为"应收款"，然后单击工具栏中的"保存"按钮，结果如图 7-62 所示。

图 7-62　XS002 合同尾款和代垫运费的收款单

(3) 退出。单击"收付款单录入"窗口右上角的"关闭"按钮，关闭并退出该窗口。

【财务部会计张兰对收款单进行审核与制单】

(1) 打开"收付款单列表"窗口。在"应收款管理"子系统中，依次单击"收款单据处理/收款单据审核"菜单项，系统弹出"收款单查询条件"对话框，单击"确定"按钮，系统退出该对话框并打开"收付款单列表"窗口。

(2) 查阅收款单。双击本业务填制的收款单所在行，系统打开"收付款单录入"窗口，默认显示本业务生成的收款单。

(3) 审核收款单并制单。单击工具栏中的"审核"按钮，系统完成审核工作，并弹出信息提示框，询问"是否立即制单？"，单击"是"按钮，系统弹出"填制凭证"窗口，并显示默认生成的凭证(借记：银行存款/工行存款，贷记：应收账款)。

(4) 保存凭证。单击工具栏中的"保存"按钮，保存该凭证，结果如图 7-63 所示。

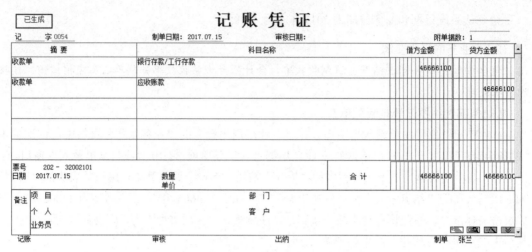

图 7-63 XS002 合同尾款与运费的收款制单结果

（5）退出。单击"填制凭证""收付款单录入"和"收付款单列表"窗口右上角的"关闭"按钮，关闭并退出窗口。

【财务部会计张兰进行应收核销】

（1）打开"单据核销"窗口。在"应收款管理"子系统中，依次单击"核销处理/手工核销"菜单项，在系统打开的"核销条件"对话框中，参照生成"客户"为"跃辉公司"，单击"确定"按钮，系统打开"单据核销"窗口。

（2）核销设置。双击下窗格中"单据日期"为 7 月 12 日的 2 个单据所在的行(需要先双击运费所在行，再双击销售发票所在行)，使其"本次结算"金额出现结算数据，结果如图 7-64 所示。

（3）核销。单击工具栏中的"保存"按钮，系统自动完成应收核销工作。

（4）退出。单击"单据核销"窗口右上角的"关闭"按钮，关闭并退出窗口。

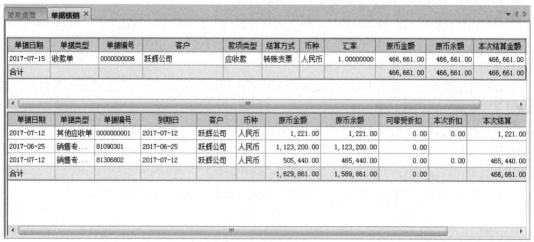

图 7-64 核算设置结果

7.7 销售退货业务(现结)

销售退货业务，是指客户因货物质量、品种、数量不符合要求或者其他原因，而将已购货物退回给本单位的业务。销售退货与正常销售的流程基本相同，若销售退货时未开票、未出库，则可直接修改或作废发货单；若销售退货时已开票，则需要先填写退货单，审核退货单时系统自动生成红字销售出库单，到库房办理入库手续，再根据退货单开具红字销售发票。

销售退货单是发货单的红字单据，可以处理客户的退货业务，退货数量≤0。退货单也可以处理换货业务，货物发出后客户要求换货，则用户先按照客户要求退货的货物开退货单，然后再按照客户所换的货物开发货单。

7.7.1 业务概述与分析

7月16日，收到北京跃辉电器商贸公司退来的商品。相应单据可参见图7-65、图7-66、图7-67。

1100163320　　北京增值税专用发票　　No 81306807

记账联　　开票日期：2017年7月16日

购货单位	
名称	北京跃辉电器商贸公司
纳税人识别号	200106653865885
地址、电话	北京海淀学院路1号 010-62338229
开户行及账号	工行海淀支行 6227000526782987908

密码区：172312-4-275 <1+46*54* 181321> <8182*59*09618 <4 <3*2702-9> 9*+153 </0 *08/4> *> > 2-3*0/9/> > 25

货物或应税劳务名称	规格型号	单位	数量	单价	金额	税率	税额
松下电视机		台	-1	9000.00	-9000	17%	-1530
合计					¥-9000.00		¥-1530.00
价税合计（大写）	⊗壹万零伍佰叁拾元整				（小写）¥-10530.00		

销货单位	
名称	北京伊莱特电器有限公司
纳税人识别号	210019995461202
地址、电话	北京市昌平区昌平路78号 010-60228226
开户行及账号	工行昌平支行110202052678298790 8

备注：（印章：北京伊莱特电器有限公司 210019995461202 发票专用章）

收款人：（略）　复核：（略）　开票人：（略）　销货单位：（章）

税总函（2017）362号北京市印钞有限公司　　第一联：记账联　销货方记账凭证

图7-65　红字发票示意图(发票上是红字)

付款报告书

部门：采购部　　2017年 7月 16日　　编号：016

开支内容	金额	结算方式
支付退货货款（xs002）	￥10530.00	转账支票
合计（大写）	人民币壹万零伍佰叁拾元整	

会计主管：略　单位负责人：略　出纳：略　经办人：略

图7-66　支付报告单

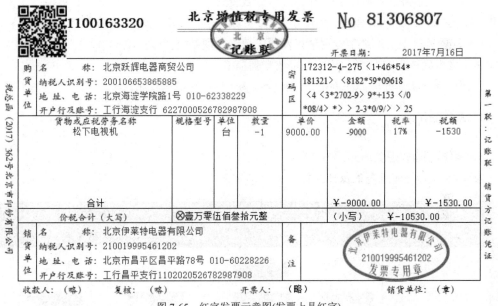

图 7-67 支票存根

本笔业务是已完成开票和收款工作的、同时收货和退款的退货业务,其操作可先退货后开票,也可开票直接退货,相应的业务流程和操作说明如下。

(1) 先退货后开票:退货单的填制、审核(数量为-1);红字出库单的填制、审核;红字专用销售发票的填制、现结(金额为-10 530)、复核;成本确认和应收确认(应收单审核与制单)。

(2) 开票直接退货:红字专用销售发票的填制、现结(金额为-10 530)、复核;红字出库单的审核;成本确认和应收确认(应收单审核与制单)。

下面以先退货后开票方法为例,进行业务场景和操作流程说明。

7.7.2 操作指导

1. 操作流程(先退货后开票方法)

图 7-68 所示是本业务的操作流程。

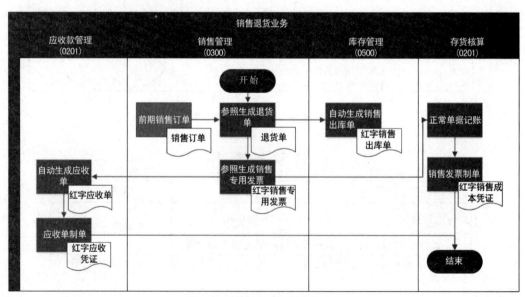

图 7-68 销售退货业务的操作流程

请确认系统日期和业务日期为 2017 年 7 月 16 日。

2. 退货单填制并审核的操作步骤

任务说明： 销售部赵飞参照销售订单生成退货单并审核。

(1) 打开"退货单"窗口。在"企业应用平台"的"业务工作"页签中，依次单击"供应链/销售管理/销售发货/退货单"菜单项，系统打开"退货单"窗口。

(2) 参照销售订单生成退货单。

① 打开"参照生单"窗口。单击工具栏中的"增加"按钮，系统打开"查询条件选择-参照订单"对话框，单击对话框中的"确定"按钮，系统打开"参照生单"窗口。

② 拷贝信息。在"参照生单"窗口的上窗格中，双击要选择的销售订单(订单编号为 XS002)所对应的"选择"栏，再单击工具栏中的"OK 确定"按钮，系统返回"退货单"窗口，此时相关的信息已经有默认值。

(3) 编辑退货单。修改表头的"销售类型"为"销售退回"，表体的"数量"为-1，其他项为默认。

(4) 保存并审核退货单。单击工具栏中的"保存"按钮，保存该退货单，然后单击工具栏中的"审核"按钮，结果如图 7-69 所示。

(5) 退出。单击"发货单"窗口右上角的"关闭"按钮，关闭并退出该窗口。

图 7-69 退货单

提示：

根据本公司的账套初始设置，系统将自动生成红字销售出库单。

3. 销售出库单审核的操作步骤

任务说明： 仓管部李莉审核红字出库单。

(1) 打开"销售出库单"窗口。在"企业应用平台"的"业务工作"页签中，依次单击"供应链/库存管理/出库业务/销售出库单"菜单项，系统打开"销售出库单"窗口。

(2) 查阅并审核红字销售出库。在"销售出库单"窗口，单击工具栏中的"末张"按钮，查阅到本业务生成的红字销售出库单，然后单击"审核"按钮，系统弹出信息框提示审核成功，单击"确定"按钮，完成审核工作。

(3) 退出。单击"销售出库单"窗口右上角的"关闭"按钮，关闭并退出该窗口。

4. 红字销售专用发票生成并审核的操作步骤

任务说明： 销售部赵飞参照退货单生成红字销售专用发票并现结和复核。

(1) 打开红字的"销售专用发票"窗口。在"销售管理"子系统中，依次单击"销售开票/红字专用销售发票"菜单项，系统打开红字的"销售专用发票"窗口。

(2) 参照退货单生成红字销售专用发票。

① 打开"参照生单"窗口。单击工具栏中的"增加"按钮，系统弹出"查询条件选择-发票参照订单"对话框，直接单击"取消"按钮，系统返回"销售专用发票"窗口，单击工具栏中的"生单/参照发货单"命令，系统弹出"查询条件选择-发票参照发货单"对话框，选择其"发货单"为"红字记录"，然后单击"确定"按钮，系统打开"参照生单"窗口，并已经显示本业务的退货单。

② 拷贝信息。在"参照生单"窗口的上窗格中，选中相应的退货单(其"订单号"为 XS002)，单击工具栏中的"OK 确定"按钮，系统返回"销售专用发票"窗口。

(3) 编辑销售专用发票。编辑表头的"发票号"为 81306807，其他项为默认。

(4) 保存销售专用发票。单击工具栏中的"保存"按钮，保存该发票，结果如图 7-70 所示。

(5) 现结销售专用发票。单击工具栏中的"现结"按钮，系统弹出"现结"对话框，选择其"结算方式"为"转账支票"，编辑"原币金额"为-10 530 元、"票据号"为 22456706，再单击"确定"按钮，系统返回"销售专用发票"窗口，结果如图 7-70 所示。

图 7-70 红字销售专用发票

(6) 复核红字销售专用发票。单击工具栏中的"复核"按钮，完成复核工作。

(7) 退出。单击"销售专用发票"窗口右上角的"关闭"按钮，关闭并退出窗口。

5. 已现结红字专用发票审核并制单的操作步骤

任务说明： 财务部会计张兰对现结的应收审核与制单、销售成本结转。

【财务部会计张兰进行现结的应收审核与制单】

(1) 打开应收"单据处理"窗口。在"企业应用平台"的"业务工作"页签下，依次单击"财务会计/应收款管理/应收单据处理/应收单据审核"菜单项，系统弹出"应收单查询条件"对话框，增加勾选"包括已现结发票"复选框，然后单击"确定"按钮，系统打开应收"单据处理"窗口。

(2) 查阅发票。在应收“单据处理”窗口中，双击本笔业务中生成的销售专用发票，系统打开“销售发票”窗口，窗口中默认显示相应的红字发票。

(3) 审核并制单。单击工具栏中的“审核”按钮，系统审核完成并弹出提示框“是否立即制单？”，单击“是”按钮，系统打开“填制凭证”窗口，并默认显示凭证的信息为“借记：银行存款/工行存款，贷记：主营业务收入、应交税费/应交增值税/销项税额”，均为红字。

(4) 保存凭证。单击工具栏中的“保存”按钮，保存该凭证，结果如图 7-71 所示。

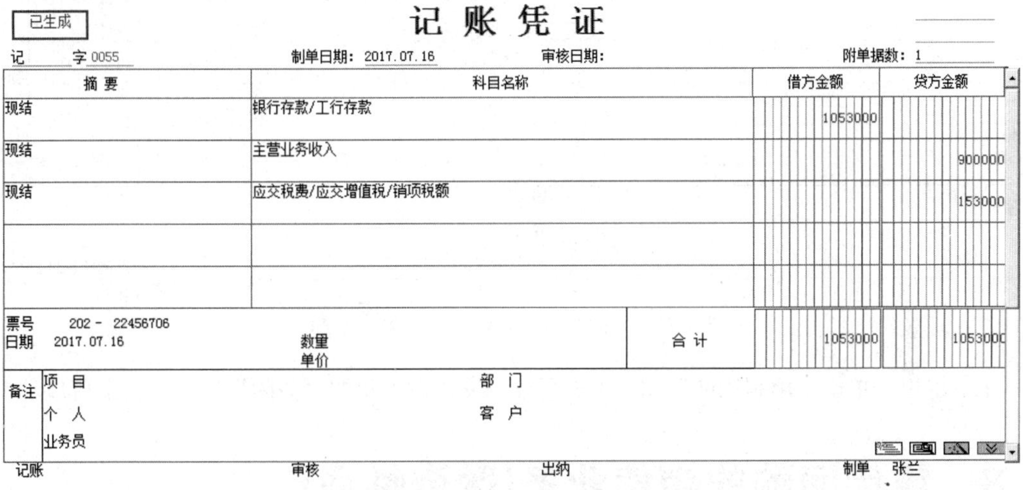
已生成

记账凭证

记 字 0055　　制单日期：2017.07.16　　审核日期：　　附单据数：1

摘要	科目名称	借方金额	贷方金额
现结	银行存款/工行存款	1053000	
现结	主营业务收入		900000
现结	应交税费/应交增值税/销项税额		153000
票号 202 - 22456706 日期 2017.07.16　数量 单价	合计	1053000	1053000

备注　项目　　部门
个人　　客户
业务员

记账　　审核　　出纳　　制单 张兰

图 7-71　红字销售专用发票制单结果(借贷方金额均为红字)

(5) 退出。单击“填制凭证”“销售发票”和“单据处理”窗口右上角的“关闭”按钮，关闭并退出窗口。

【财务部会计张兰进行销售专用发票记账】

(1) 打开“未记账单据一览表”窗口。在“企业应用平台”的“业务工作”页签下，依次单击“供应链/存货核算/业务核算/正常单据记账”菜单项，系统弹出“查询条件选择”对话框，单击“确定”按钮，系统打开“未记账单据一览表”窗口。

(2) 销售专用发票记账。在“未记账单据一览表”窗口中，选中本业务生成的销售发票，然后单击工具栏中的“记账”按钮，系统弹出信息框提示记账成功，单击“确定”按钮，完成记账工作。

(3) 退出。单击“未记账单据一览表”窗口右上角的“关闭”按钮，退出当前窗口。

【财务部会计张兰进行销售专用发票制单】

(1) 打开“生成凭证”窗口。在“存货核算”子系统中，依次单击“财务核算/生成凭证”菜单项，系统打开“生成凭证”窗口。

(2) 打开“选择单据”窗口。单击工具栏中的“选择”按钮，在系统弹出的“查询条件”对话框中，单击“确定”按钮，系统打开“选择单据”窗口。

(3) 打开“填制凭证”窗口。在“选择单据”窗口中，选中本业务生成的销售发票，然后单击工具栏中的“确定”按钮，系统返回“生成凭证”窗口，此时单击工具栏中的“生成”按钮，系统打开“填制凭证”窗口，已默认显示的凭证信息为“借记：主营业务成本，贷记：库存商品",均为红字。

(4) 保存凭证。单击工具栏中的"保存"按钮,保存该凭证,结果如图7-72所示。

摘 要	科目名称	借方金额	贷方金额
专用发票	主营业务成本	676882	
专用发票	库存商品		676882
	合 计	676882	676882

记账凭证 记字 0056 制单日期:2017.07.16 审核日期: 附单据数:1 制单 张兰

图7-72 红字出库凭证(借贷方金额均为红字)

(5) 退出。单击"填制凭证"和"生成凭证"窗口右上角的"关闭"按钮,退出窗口。

7.8 售后回购的销售业务(融资性质)

售后回购交易是一种特殊形式的销售业务,它是指卖方在销售商品的同时,与购货方签订合同,规定日后按照合同条款(如回购价格等内容),将售出的商品又重新买回的一种交易方式。我国《企业会计制度》规定,在售后回购业务中,在通常情况下,所售商品所有权上的主要风险和报酬没有从销售方转移到购货方,因而不能确认相关的销售商品收入。

企业应在签订合同并收到销售款的当天,确认其他应付款等负债科目;在支付售后回购的商品款时,确认财务费用(详见7.12节)。

7.8.1 业务概述与分析

7月16日,与北京跃辉电器商贸公司签订售后回购合同,相应单据可参见图7-73、图7-74、图7-75。

本笔是售后回购业务的签订合同和收款业务商品未发出,所以不需要进行销售业务处理和销售成本结转,而是直接在总账填制凭证。

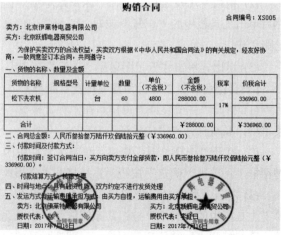

图7-73 售后回购合同XS005的单据

销售与应收业务 第7章

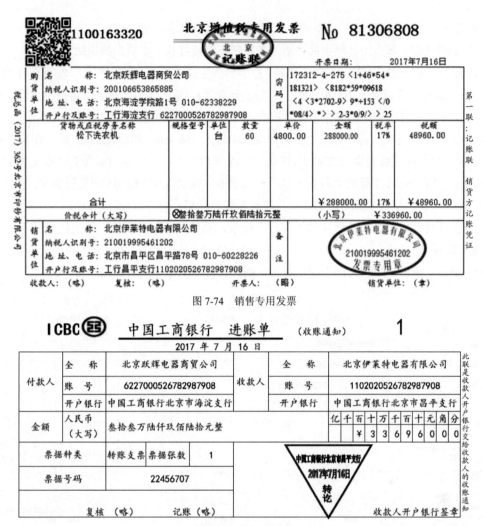

图 7-74　销售专用发票

图 7-75　银行进账单

7.8.2　操作指导

1. 操作流程

图 7-76 所示是本业务的操作流程。

请确认系统日期和业务日期为 2017 年 7 月 16 日。

2. 凭证填制操作步骤

任务说明：财务部会计张兰进行售后回购凭证的填制。

(1) 打开"凭证填制"窗口。在"企业应用平台"的"业务工作"页签中，依次单击"财

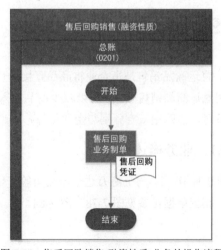

图 7-76　售后回购销售(融资性质)业务的操作流程

务会计/总账/凭证/填制凭证”菜单项，系统打开“填制凭证”窗口。

(2) 新增凭证。单击工具栏中的“增加”按钮，系统打开一张空白的记账凭证。

(3) 编辑凭证分录。在第 1 行的“摘要”栏中参照生成或录入“售后回购”，在第 1 行的“科目名称”栏参照生成或录入 100201(银行存款/工行存款)，单击其他区域系统将弹出“辅助项”对话框，在其“结算方式”编辑框参照生成为“转账支票”，“票号”为 22456707，单击“确定”按钮，返回“填制凭证”窗口，在“借方金额”中输入 336 960，然后按 Enter 键；在第 2 行的“科目名称”栏参照生成或录入 224102(其他应付款/单位往来)，在“贷方金额”中输入 288 000，然后按 Enter 键；在第 3 行的“科目名称”栏参照生成或录入 22210103(应交税费/应交增值税/销项税额)，再在“贷方金额”栏按“＝”键，系统自动填充贷方金额(48 960)。

(4) 保存凭证。单击工具栏中的“保存”按钮，系统提示保存成功，退出信息提示框，结果如图 7-77 所示。

(5) 退出。单击“填制凭证”窗口右上角的“关闭”按钮，关闭并退出窗口。

记 账 凭 证

记 字 0057　　制单日期：2017.07.16　　审核日期：　　附单据数：

摘要	科目名称	借方金额	贷方金额
售后回购	银行存款/工行存款	33696000	
售后回购	其他应付款/单位往来		28800000
售后回购	应交税费/应交增值税/销项税额		4896000
票号 202 - 22456707 日期 2017.07.16	数量 单价 合计	33696000	33696000

备注 项 目　　部 门

个 人　　客 户

业务员

记账　　审核　　出纳　　制单 张兰

图 7-77　售后回购制单结果

7.9 直运业务

直运商品销售是指企业将商品直接由供货单位调运给购货单位，不经过企业仓库的销售。采用直运商品销售方式，可以减少商品出入库手续，有利于加速商品流转，节约商品流通费用。结算时，由购销双方分别与企业结算，不通过“库存商品”科目。

7.9.1 业务概述与分析

7 月 16 日，与上海万达电器公司签订销售合同，与山东青岛海尔股份有限公司签订采购合同，相应单据可参见图 7-78～图 7-84。

购销合同

合同编号：XS006

卖方：北京伊莱特电器有限公司
买方：上海万达电器公司

为保护买卖双方的合法权益，买卖双方根据《中华人民共和国合同法》的有关规定，经友好协商，一致同意签订本合同，共同遵守：

一、货物的名称、数量及金额

货物的名称	规格型号	计量单位	数量	单价（不含税）	金额（不含税）	税率	价税合计
海尔空调		台	200	3800	760000.00	17%	889200.00
合计					￥760000.00		￥889200.00

二、合同总金额：人民币捌拾捌万玖仟贰佰元整（￥889200.00）。

三、付款时间及付款方式：

付款时间：签订合同当日，买方向卖方支付全部货款，即人民币捌拾捌万玖仟贰佰元整（￥889200.00）。

付款结算方式：转账支票

四、时间与地点：交货时间为2017年7月16日，交货地点：上海万达电器公司

五、发运方式与运输费用承担方式：由卖方发货，运输费用由买方承担

卖方：北京伊莱特电器有限公司　　　买方：上海万达电器公司
授权代表：赵飞　　　　　　　　　　授权代表：王强
日期：2017年7月16日　　　　　　　日期：2017年7月16日

图7-78　XS006合同的单据

图7-79　销售专用发票

中国工商银行 进账单 (收账通知)

2017年7月16日

付款人	全称	上海万达电器公司	收款人	全称	北京伊莱特电器有限公司
	账号	1102020526782987158		账号	1102020526782987908
	开户银行	中国工商银行上海市徐汇支行		开户银行	中国工商银行北京市昌平支行

金额	人民币（大写）	捌拾捌万玖仟贰佰元整	￥ 88920000（亿千百十万千百十元角分）

| 票据种类 | 转账支票 | 票据张数 | 1 |
| 票据号码 | 22586713 | | |

复核（略）　记账（略）

（中国工商银行北京市昌平支行 2017年7月16日 转讫）

收款人开户银行签章

此联是收款人开户银行交给收款人的收账通知

图7-80 银行进账单

购销合同

合同编号：CG005

卖方：山东青岛海尔股份有限公司
买方：北京伊莱特电器有限公司

为保护买卖双方的合法权益，买卖双方根据《中华人民共和国合同法》的有关规定，经友好协商，一致同意签订本合同，共同遵守：

一、货物的名称、数量及金额

货物的名称	规格型号	计量单位	数量	单价（不含税）	金额（不含税）	税率	价税合计
海尔空调		台	200	3000	600000.00	17%	702000.00
合计					￥600000.00		￥702000.00

二、合同总金额：人民币柒拾万贰仟元整（￥702000.00）。
三、付款时间及付款方式：
　　付款时间：自签订合同之日起30天内，买方向卖方支付全部货款，即人民币柒拾万贰仟元整（￥702000.00）。
　　付款结算方式：转账支票
四、时间与地点：交货时间为2017年7月16日，交货地点：北京伊莱特电器有限公司
五、发运方式与运输费用承担方式：由卖方发货，运输费用由买方承担

卖方：山东青岛海尔股份有限公司　　买方：北京伊莱特电器有限公司
授权代表：刘小雨　　　　　　　　　授权代表：刘静
日期：2017年7月16日　　　　　　　日期：2017年7月16日

图7-81　CG005合同的单据

图 7-82　采购专用发票

图 7-83　付款报告书

图 7-84　支票存根

　　本笔是直运业务，需要填制并审核直运销售订单、直运采购订单；填制、现结并复核销售发票，填制并现付采购发票，销售的应收确认和成本确认，采购的应付确认与成本确认。

7.9.2 操作指导

1. 操作流程

图 7-85 所示是本业务的操作流程。

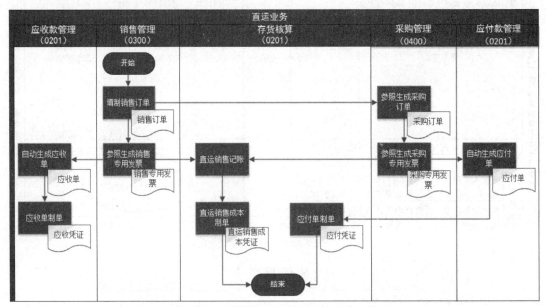

图 7-85　直运业务的操作流程

请确认系统日期和业务日期为 2017 年 7 月 16 日。

2. 直运销售订单填制并审核的操作步骤

任务说明：销售部赵飞填制并审核直运销售订单。

(1) 打开"销售订单"窗口。在"企业应用平台"的"业务工作"页签中，依次单击"供应链/销售管理/销售订货/销售订单"菜单项，系统打开"销售订单"窗口。

(2) 编辑直运销售订单。单击工具栏中的"增加"按钮，新增一张销售订单，然后做如下编辑：

① 编辑表头。修改"订单号"为 XS006，选择"业务类型"为"直运销售"，"销售类型"为"直运销售"，参照生成"客户简称"为"万达公司"，"销售部门"为"批发部"，"业务员"为"赵飞"，其他项为默认。

② 编辑表体。参照生成"存货名称"为"海尔空调"，编辑"数量"为 200，编辑"无税单价"为 3800，确认"预发货日期"为 2017-07-16。

(3) 保存并审核直运销售订单。单击工具栏中的"保存"按钮，保存该单据，然后单击工具栏中的"审核"按钮，结果如图 7-86 所示。

```
简易桌面  销售订单 ×
                              销售订单                    打印模版  销售订单打印模版
   表体排序                                               合并显示 □
   订单号   XS006          订单日期  2017-07-16         业务类型  直运销售
   销售类型  直运销售        客户简称  万达公司            付款条件
   销售部门  批发部          业务员    赵飞               税率      17.00
   汇率    1               定金原币金额  0.00            备注
   币种    人民币    必有定金 否    定金本... 0.00

   | | 存货编码 | 存货名称 | 规格型号 | 主计量 | 数量 | 报价 | 含税单价 | 无税单价 | 无税金额 |
   | 1 | 00009 | 海尔空调 | | 台 | 200.00 | 0.00 | 4446.00 | 3800.00 | 760000.00 |
   | 2 |
```

图 7-86 直运销售订单

(4) 退出。单击"销售订单"窗口右上角的"关闭"按钮,关闭并退出该窗口。

3. 直运销售专用发票生成并现结和复核的操作步骤

任务说明:销售部赵飞参照直运销售订单生成直运销售专用发票并现结和复核。

(1) 打开"销售专用发票"窗口。在"销售管理"子系统中,依次单击"销售开票/销售专用发票"菜单项,系统打开"销售专用发票"窗口。

(2) 参照销售订单生成直运销售专用发票。

① 增加单据。单击工具栏中的"增加"按钮,新增一张销售专用发票,系统弹出"查询条件选择-发票参照订单"对话框,因其"业务类型"默认为普通销售,且不能修改为"直运销售",所以直接单击"取消"按钮,系统返回"销售专用发票"窗口。

② 打开"参照生单"窗口。选择销售发票的"业务类型"为"直运销售",单击工具栏中的"生单/参照订单"命令,系统弹出"查询条件选择-参照订单"对话框,默认其"业务类型"为"直运销售",单击"确定"按钮,系统打开"参照生单"窗口。

③ 拷贝信息。在"参照生单"窗口中选中相应的销售订单(订单号为XS006),单击工具栏中的"OK确定"按钮,返回"销售专用发票"窗口,此时销售发票上已经有系统默认的信息。

(3) 编辑并保存。在"销售专用发票"窗口中,编辑表头的"发票号"为81306809,其他项为默认,然后单击工具栏中的"保存"按钮,结果如图7-87所示。

(4) 现结。在"销售专用发票"窗口,单击工具栏中的"现结"按钮,系统打开"现结"对话框,在该对话框的表体部分,选择"结算方式"为"转账支票",录入相应的"原币金额" 889 200,输入"票据号"为22586713,然后单击对话框中的"确定"按钮返回"销售专用发票"窗口,此时窗口左上方出现"已现结"字样,结果如图7-87所示。

图 7-87 直运销售专用发票

(5) 复核销售专用发票。单击工具栏中的"复核"按钮,完成复核工作。

(6) 退出。单击"销售专用发票"窗口右上角的"关闭"按钮,关闭并退出该窗口。

4. 直运采购订单填制并审核的操作步骤

任务说明:采购部刘静填制并审核直运采购订单。

(1) 打开"采购订单"窗口。在"采购管理"子系统中,依次单击"采购订货/采购订单"菜单项,系统打开"采购订单"窗口。

(2) 生成直运采购订单。单击工具栏中的"增加"按钮,新增一张采购订单,然后做如下操作:

① 打开"拷贝并执行"窗口。在"采购订单"窗口的表头,选择"业务类型"为"直运采购",再单击工具栏中的"生单/销售订单"命令,并在系统弹出的"查询条件选择-销售订单列表过滤"对话框中,直接单击"确定"按钮,系统退出对话框并打开"拷贝并执行"窗口。

② 拷贝信息。选择"拷贝并执行"窗口上窗格中相应的销售订单(订单号为 XS006),再单击其工具栏中的"OK 确定"按钮,系统返回"采购订单"窗口,此时采购订单上已经有系统默认的信息。

(3) 编辑直运采购订单。修改"订单编号"为 CG005,"供应商"为"海尔公司","采购类型"为"直运采购","部门"为"采购部","业务员"为"刘静",其他项为默认。

(4) 保存。单击工具栏中的"保存"按钮,保存该单据,结果如图 7-88 所示。

图 7-88 直运采购订单

(5) 退出。单击"采购订单"窗口右上角的"关闭"按钮,关闭并退出该窗口。

【采购部主管刘静审核采购订单】

(1) 打开"采购订单"窗口。

(2) 查阅并审核采购订单。单击工具栏中的"上张"按钮,查阅到相应的采购订单,然后单击工具栏中的"审核"按钮,完成审核工作。

(3) 退出。单击"采购订单"窗口右上角的"关闭"按钮,关闭并退出该窗口。

5. 直运采购专用发票生成并现付的操作步骤

任务说明:采购部刘静参照直运采购订单生成直运采购专用发票,并现付。

(1) 打开采购"专用发票"窗口。在"采购管理"子系统中,依次单击"采购发票/专用采购发票"菜单项,系统打开"专用发票"窗口。

(2) 参照直运采购订单生成直运采购专用发票。先单击工具栏中的"增加"按钮,新增一张采购专用发票,然后做如下操作:

① 打开"拷贝并执行"窗口。修改发票表头的"业务类型"为"直运采购",然后单击工具栏中的"生单/采购订单"命令,系统弹出"查询条件选择-采购订单列表过滤"对话框,单击"确定"按钮,系统打开"拷贝并执行"窗口。

② 拷贝信息。在"拷贝并执行"窗口的上窗格中,双击要选择的采购订单(订单号为CG005)所对应的"选择"栏,再单击其工具栏中的"OK 确定"按钮,系统返回"专用发票"窗口,此时发票上已经有系统默认的信息。

(3) 编辑并保存。在"专用发票"窗口中,编辑表头的"发票号"为61234508,其他项为默认,然后单击工具栏中的"保存"按钮,结果如图7-89所示。

(4) 采购发票现付。在"专用发票"窗口,单击工具栏中的"现付"按钮,系统打开"采购现付"对话框,在该对话框的表体部分,选择"结算方式"为"转账支票",录入相应的"原币金额"702 000,输入"票据号"为22586734,然后单击对话框中的"确定"按钮返回"专用发票"窗口,此时窗口左上方出现"已现付"字样,结果如图7-89所示。

(5) 退出。单击"专用发票"窗口右上角的"关闭"按钮,关闭并退出该窗口。

图7-89 直运采购专用发票

6. 应收确认的操作步骤

任务说明：财务部会计张兰对销售业务进行应收确认。

【财务部会计张兰进行直运业务的应收审核与制单】

(1) 打开应收"单据处理"窗口。在"企业应用平台"的"业务工作"页签下，依次单击"财务会计/应收款管理/应收单据处理/应收单据审核"菜单项，系统弹出"应收单查询条件"对话框，增加勾选"已现结发票"，然后单击"确定"按钮，系统打开应收"单据处理"窗口。

(2) 查阅发票。在应收"单据处理"窗口中，双击本笔业务中生成的销售专用发票，系统打开"销售发票"窗口，窗口中默认显示本业务的销售专用发票。

(3) 审核并制单。单击工具栏中的"审核"按钮，系统审核完成并弹出提示框"是否立即制单？"，单击"是"按钮，系统打开"填制凭证"窗口，并默认显示凭证的信息为"借记：银行存款/工行存款，贷记：主营业务收入、应交税费/应交增值税/销项税额"。

(4) 保存凭证。单击工具栏中的"保存"按钮，保存该凭证，结果如图 7-90 所示。

图 7-90 销售专用发票制单结果

(5) 退出。单击"填制凭证""销售发票"和"单据处理"窗口右上角的"关闭"按钮，关闭并退出窗口。

7. 直运采购专用发票审核的操作步骤

任务说明：财务部会计张兰进行应付单据审核。

(1) 打开应付"单据处理"窗口。在"企业应用平台"的"业务工作"页签下，依次单击"财务会计/应付款管理/应付单据处理/应付单据审核"菜单项，系统弹出"应付单查询条件"对话框，增加勾选"已现结发票"复选框，然后单击"确定"按钮，系统打开应付"单据处理"窗口。

(2) 查阅发票。在应付"单据处理"窗口中，单击左上角的"全选"按钮，选中本业务生成的采购发票，然后单击工具栏中的"审核"按钮，系统弹出"审核成功"窗口，单击"确定"按钮，系统返回应付"单据处理"窗口。

(3) 退出。单击"单据处理"窗口右上角的"关闭"按钮，关闭并退出窗口。

8. 直运采购发票制单和销售成本确认的操作步骤

任务说明： 财务部会计张兰进行应付确认、采购成本确认和销售成本确认。

【财务部会计张兰进行直运采购发票和销售发票记账】

(1) 打开"未记账单据一览表"窗口。在"企业应用平台"的"业务工作"页签下，依次单击"供应链/存货核算/业务核算/直运销售记账"菜单项，系统弹出"直运采购发票核算查询条件"对话框，单击"确定"按钮，系统打开"未记账单据一览表"窗口。

(2) 存货记账。在"未记账单据一览表"窗口中，单击左上角的"全选"按钮，选中本业务生成的采购发票和销售专用发票，然后单击工具栏中的"记账"按钮，系统弹出信息框提示记账成功，单击"确定"按钮，完成记账工作。

(3) 退出。单击"未记账单据一览表"窗口右上角的"关闭"按钮，退出当前窗口。

【财务部会计张兰进行直运采购和直运销售制单】

(1) 打开"生成凭证"窗口。在"存货核算"子系统中，依次单击"财务核算/生成凭证"菜单项，系统打开"生成凭证"窗口。

(2) 打开"选择单据"窗口。单击工具栏中的"选择"按钮，在系统弹出的"查询条件"对话框中，单击"确定"按钮，系统打开"选择单据"窗口。

(3) 生成直运销售凭证。在"选择单据"窗口中，单击左上角的"全选"按钮，选中本业务生成的采购发票和销售发票，然后单击工具栏中的"确定"按钮，系统返回"生成凭证"窗口，补充相关科目信息，再单击工具栏中的"生成"按钮，系统打开"填制凭证"窗口，并默认显示了销售发票上的相关信息(借记：主营业务成本，贷记：在途物资)。

(4) 保存凭证。单击工具栏中的"保存"按钮，保存该凭证，结果如图 7-91 所示。

(5) 生成直运采购凭证。在"填制凭证"窗口中，单击左上角的"下一张"箭头按钮，显示凭证的信息为"借记：在途物资、应交税费/应交增值税/进项税额，贷记：银行存款/工行存款(确认银行存款的辅助项)"。

(6) 保存凭证。单击工具栏中的"保存"按钮，保存该凭证，结果如图 7-92 所示。

图 7-91　销售成本结转凭证

已生成

记 账 凭 证

记　字 0065　　制单日期：2017.07.16　　审核日期：　　附单据数：1

摘 要	科目名称	借方金额	贷方金额
采购发票	在途物资	60000000	
采购发票	应交税费/应交增值税/进项税额	10200000	
采购发票	银行存款/工行存款		70200000
票号 202 - 22586734 日期	数量 单价　　合 计	70200000	70200000
备注	项 目　　部 门 个 人　　客 户 业务员		

记账　　审核　　出纳　　制单 张兰

图 7-92　直运采购专用发票制单结果

(7) 退出。单击“填制凭证”和“生成凭证”窗口右上角的“关闭”按钮，退出窗口。

提示：

直运业务中，直运采购成本的确认不需要生成凭证。

7.10　零售日报业务(有赠品)

零售业务是一种特殊的销售业务种类。零售日报不是原始的销售单据，而是零售业务数据的日汇总。零售日报可以用来处理企业比较零散客户的销售。对于这部分客户，企业可以用一个公共客户代替(如零散客户)，然后将零散客户的销售凭单先按日汇总，再录入零售日报进行管理。

送赠品是商家常用的促销手段之一。赠品的形式较为多样，本业务是对不同种商品买二赠一的活动，所以需要将其中 2 件商品按售价作正常商品销售处理。根据税法规定纳税人与购买方约定购买指定货物或达到约定的购买金额、数量后赠送货物等与直接销售货物行为相关的赠送行为，是纳税人促销经营手段，是销售折扣的一种形式，纳税人可按取得的进货发票计算进项税额，按最终实现的销售价格计算销项税额，附带赠送货物不作视同销售处理。但前提条件是要在销售单据(发票)上填列销售和折扣货物的名称、数量、金额。

7.10.1　业务概述与分析

7 月 16 日，门市部零售商品“买二赠一”，相应单据可参见图 7-93、图 7-94。

销售清单

编制单位：门市部　　　　　2017 年 7 月 16 日

编码	产品名称	规格	单位	单价（含税）	数量	金额	备注
00009	海尔空调		台	4446	10	44460.00	有买二赠一活动
00005	松下洗衣机		台	5616	20	112320.00	
00014	鲁花5S压榨一级花生油3.68L		桶		5		赠品
合计						156780.00	

制单：略

图 7-93　零售清单示意图

收　据　　No　0013564

入账日期：2017 年　7 月　16　日

今 收 到　　门市部

现金收讫

金额（大写）　　佰 壹拾　伍万　陆仟　柒佰　捌拾　零元　零角　零分

备注　　零售款　　¥156,780.00

一存根　二顾客　三回单

发据单位及盖章　　会计　　出纳　　经手人

图 7-94　收据示意图

本笔业务是零售日报业务，需要填制、现结并复核零售日报单(含赠品)，审核销售出库单，销售的应收确认和成本确认。

7.10.2　操作指导

1. 操作流程

图 7-95 所示是本业务的操作流程。

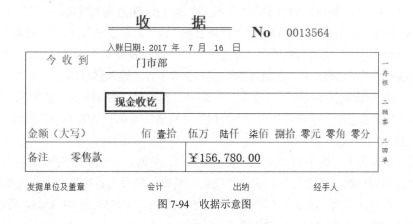

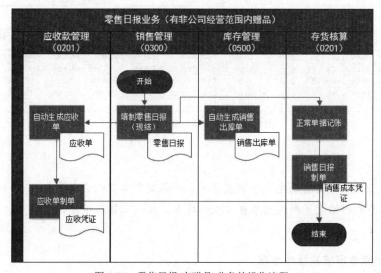

图 7-95　零售日报(有赠品)业务的操作流程

请确认系统日期和业务日期为 2017 年 7 月 16 日。

2. 零售日报填制并现结、复核的操作步骤

任务说明：销售部赵飞填制并现结、复核零售日报。

(1) 打开"零售日报"窗口。在"企业应用平台"的"业务工作"页签中，依次单击"供应链/销售管理/零售日报/零售日报"菜单项，系统打开"零售日报"窗口。

(2) 编辑零售日报。单击工具栏中的"增加"按钮，新增一张零售日报单，然后做如下编辑：

① 编辑表头。修改"销售类型"为"门市销售"，"客户简称"为"零散客户"，"销售部门"为"门市部"，"业务员"为"李华"，"税率"为 17，其他项为默认。

② 编辑表体。在第 1 行，参照生成"存货名称"为"海尔空调"，编辑"数量"为 10、"含税单价"为 4446 元，其他项为默认；在第 2 行，输入"存货名称"为"松下洗衣机"、"数量"为 20、"含税单价"为 5616 元，其他项为默认；在第 3 行，输入赠品信息，即"存货名称"为"鲁花 5S 一级压榨花生油 3.68L"、"数量"为 5、"含税单价"为 111 元，其他项为默认；在第 4 行，输入折扣信息，即"存货名称"为"折扣"、"数量"为 0、"含税单价"为 0，"无税金额"为-500，其他项为默认。

(3) 保存。单击工具栏中的"保存"按钮，保存该单据，结果如图 7-96 所示。

(4) 现结零售日报。单击工具栏中的"现结"按钮，然后在系统打开的"现结"对话框中参照生成"结算方式"为"现金"，"原币金额"为 156 780，"票号"为 0013565，再单击"确定"按钮，返回"零售日报"窗口，结果如图 7-96 所示。

(5) 复核零售日报。单击工具栏中的"复核"按钮，完成复核工作。

(6) 退出。单击"零售日报"窗口右上角的"关闭"按钮，关闭并退出该窗口。

图 7-96 海尔空调与赠品的零售日报

提示：

一张零售日报复核时自动生成一张发货单，一张发货单可以分仓库生成多张销售出库单。根据本公司账套的初始设置和以上零售日报的特点，在此零售日报复核时将自动生成一张发货单和一张出库单。

3. 销售出库单审核的操作步骤

任务说明：仓管部李莉审核出库单。

(1) 打开"销售出库单"窗口。在"企业应用平台"的"业务工作"页签中，依次单击"供应链/库存管理/出库业务/销售出库单"菜单项，系统打开"销售出库单"窗口。

(2) 查阅并审核销售出库单。单击工具栏中的"末张""上张"按钮，查阅到相应的销售出库单，然后在需要审核的销售出库单窗口，单击工具栏中的"审核"按钮，审核零售日报单复核时自动生成的出库单，完成审核工作。

(3) 退出。单击"销售出库单"窗口右上角的"关闭"按钮，关闭并退出该窗口。

4. 零售日报的应收审核、制单及销售出库记账并制单的操作步骤

任务说明：财务部会计张兰对现结的零售日报进行审核与制单，以及销售成本结转。

【财务部会计张兰进行零售日报的应收审核】

(1) 打开"单据处理"窗口。在"企业应用平台"的"业务工作"页签下，依次单击"财务会计/应收款管理/应收单据处理/应收单据审核"菜单项，系统弹出"应收单查询条件"对话框，增加勾选"包括已现结发票"复选框，然后单击"确定"按钮，系统打开"单据处理"窗口。

(2) 审核应收单据。在"单据处理"窗口中，系统已列出本业务的销售零售日报，选中这些单据并单击工具栏中的"审核"按钮，系统提示审核成功，单击"确定"按钮，退出信息提示框，返回"单据处理"窗口。

(3) 退出。单击"单据处理"窗口右上角的"关闭"按钮，退出该窗口。

【财务部会计张兰进行应收制单】

(1) 打开"制单"窗口。在"应收款管理"子系统中，双击"制单处理"菜单项，在系统弹出的"制单查询"对话框中，增加勾选"现结制单"复选框，然后单击"确定"按钮，系统打开"制单"窗口。

(2) 打开"填制凭证"窗口。单击工具栏中的"全选"按钮，以选中本业务填制的销售零售日报，然后单击工具栏中的"制单"按钮，系统打开"填制凭证"窗口。其凭证信息为"借记：库存现金，贷记：主营业务收入、应交税费/应交增值税/销项税额"，其他项为默认。

(3) 保存凭证。单击工具栏中的"保存"按钮，保存该凭证，结果如图 7-97 所示。

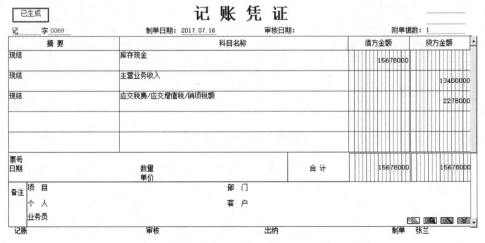

图 7-97 海尔空调、松下洗衣机及赠品的现结制单结果

(4) 退出。单击"填制凭证"和"制单"窗口右上角的"关闭"按钮,关闭并退出窗口。

【财务部会计张兰进行销售日报记账】

(1) 打开"未记账单据一览表"窗口。在"企业应用平台"的"业务工作"页签下,依次单击"供应链/存货核算/业务核算/正常单据记账"菜单项,系统弹出"查询条件选择"对话框,单击"确定"按钮,系统打开"未记账单据一览表"窗口。

(2) 销售日报记账。在"未记账单据一览表"窗口中,选中本业务生成的销售日报(3 条记录),然后单击工具栏中的"记账"按钮,系统弹出信息框提示记账成功,单击"确定"按钮,完成记账工作。

(3) 退出。单击"未记账单据一览表"窗口右上角的"关闭"按钮,退出当前窗口。

【财务部会计张兰进行销售日报制单】

(1) 打开"生成凭证"窗口。在"存货核算"子系统中,依次单击"财务核算/生成凭证"菜单项,系统打开"生成凭证"窗口。

(2) 打开"选择单据"窗口。单击工具栏中的"选择"按钮,在系统弹出的"查询条件"对话框中,单击"确定"按钮,系统打开"选择单据"窗口。

(3) 修改科目并生成凭证。在"选择单据"窗口中,选中本业务生成的销售日报,单击工具栏中的"确定"按钮,系统返回"生成凭证"窗口,再单击工具栏中的"生成"按钮,系统打开"填制凭证"窗口。其凭证信息为"借记:主营业务成本,贷记:库存商品"。

(4) 保存凭证。单击工具栏中的"保存"按钮,保存该凭证,结果如图 7-98 所示。

已生成	记 账 凭 证			
记 字 0070	制单日期:2017.07.16	审核日期:		附单据数:1
摘 要	科目名称		借方金额	贷方金额
销售日报	主营业务成本		9227780	
销售日报	库存商品			9227780
票号 日期	数量 单价	合 计	9227780	9227780
备注 项 目 个 人 业务员		部 门 客 户		
记账	审核	出纳	制单	张兰

图 7-98 海尔空调出库凭证

(5) 退出。单击"填制凭证"和"生成凭证"窗口右上角的"关闭"按钮,退出窗口。

7.11 对外捐赠处理

对外捐赠是企业非日常或非固定产生的经济利益的流出,该支出不分公益救济性与非公益救济性捐赠,一律在营业外支出科目核算。对外捐赠引起企业的库存商品等资产流出事项(虽然税法是作为视同销售处理)并不符合《企业会计准则第 14 日——收入》中销售收入确认的 5 个条件,企业不会因为捐赠增加现金流量,也不会增加企业的利润。因此会计核算不作销售处理,而按成本转账。

若涉及捐出固定资产应首先通过固定资产清理科目核算,对捐出固定资产的账面价值、发生的清理费用、相关税费等进行归集,最后将其余额转入营业外支出的借方。若企业对捐出资产已计提了减值准备的,捐出资产会计核算还必须同时结转已计提的资产减值准备。

7.11.1 业务概述与分析

7 月 16 日,对外捐赠,相应单据可见图 7-99(10 台,单位成本价为 3250 元)。

本笔业务是对外捐赠本公司的主营产品,不是销售业务,所以可以通过填制其他出库单完成赠品出库,然后进行赠品的成本结转(借记:营业外支出 33 350,贷记:库存商品 32 500、应交税费/应交增值税/销项税额 850)。

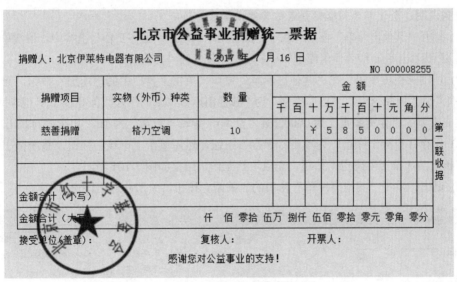

图 7-99　原始单据(市场价)

7.11.2 操作指导

1. 操作流程

图 7-100 所示是本业务的操作流程。

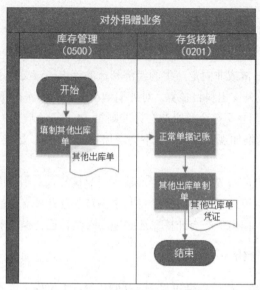

图 7-100 对外捐赠业务的操作流程

请确认系统日期和业务日期为 2017 年 7 月 16 日。

2. 其他出库单填制并审核的操作步骤

任务说明：仓管部李莉填制并审核其他出库单。

(1) 打开"其他出库单"窗口。在"企业应用平台"的"业务工作"页签中，依次单击"供应链/库存管理/出库业务/其他出库单"菜单项，系统打开"其他出库单"窗口。

(2) 填制其他出库单。在"其他出库单"窗口，单击工具栏中的"增加"按钮，修改表头的"仓库"为"商品仓库"、"出库类别"为"其他出库"，"部门"为"仓管部"，其他项为默认；参照生成表体的"存货编码"为00002(格力空调)，编辑"数量"为10，其他项为默认。

(3) 保存并审核出库单。先单击"保存"按钮，然后单击"审核"按钮，系统弹出信息框提示审核成功，单击"确定"按钮，完成审核工作，结果如图 7-101 所示。

(4) 退出。单击"其他出库单"窗口的"关闭"按钮，关闭并退出该窗口。

图 7-101 其他出库单

3. 对外捐赠成本结转的操作步骤

任务说明：财务部会计张兰进行对外捐赠的成本结转。

【财务部会计张兰进行其他出库记账】

(1) 打开"未记账单据一览表"窗口。在"企业应用平台"的"业务工作"页签下，依次单击"供应链/存货核算/业务核算/正常单据记账"菜单项，系统弹出"查询条件选择"对话框，单击"确定"按钮，系统打开"未记账单据一览表"窗口。

(2) 出库记账。在"未记账单据一览表"窗口中，选中本业务生成的出库单，然后单击工具栏中的"记账"按钮，系统弹出信息框提示记账成功，单击"确定"按钮，完成记账工作。

(3) 退出。单击"未记账单据一览表"窗口右上角的"关闭"按钮，退出当前窗口。

【财务部会计张兰进行出库制单】

(1) 打开"生成凭证"窗口。在"存货核算"子系统中，依次单击"财务核算/生成凭证"菜单项，系统打开"生成凭证"窗口。

(2) 打开"选择单据"窗口。单击工具栏中的"选择"按钮，在系统弹出的"查询条件"对话框中，单击"确定"按钮，系统打开"选择单据"窗口。

(3) 打开"填制凭证"窗口。在"选择单据"窗口中，选中本业务生成的出库单，然后单击工具栏中的"确定"按钮，系统返回"生成凭证"窗口，此时单击工具栏中的"生成"按钮，系统打开"填制凭证"窗口，并修改凭证信息为"借记：营业外支出/捐赠支出，贷记：应交税费/应交增值税/销项税额、库存商品"。

(4) 保存存货凭证。单击工具栏中的"保存"按钮，结果如图7-102所示。

(5) 退出。单击"填制凭证"和"生成凭证"窗口右上角的"关闭"按钮，退出窗口。

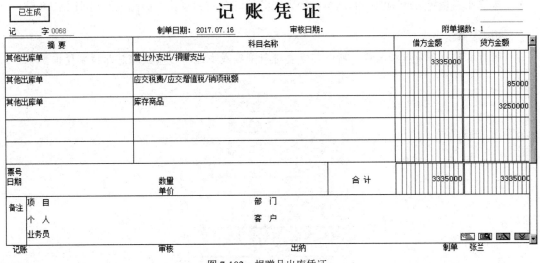

图 7-102 捐赠品出库凭证

7.12 售后回购的回购业务(支付回购款)

7.12.1 业务概述与分析

7月25日,回购商品,相应单据可参见图7-103、图7-104。

图7-103 采购专用发票

本笔业务是售后回购业务的回购,因为在其签订合同和收款时商品未发出(详见7.8节)。

提示:

因为本笔业务是虚拟采购,所以不需要进行采购成本结转,直接在总账填制凭证。

图7-104 支票存根

7.12.2 操作指导

1. 操作流程

图 7-105 所示是本业务的操作流程。

图 7-105 售后回购(融资性质)业务的操作流程

请确认系统日期和业务日期为 2017 年 7 月 25 日。

2. 凭证填制操作步骤

任务说明：财务部会计张兰进行售后回购凭证的填制。

(1) 打开"凭证填制"窗口。在"企业应用平台"的"业务工作"页签中，依次单击"财务会计/总账/凭证/填制凭证"菜单项，系统打开"填制凭证"窗口。

(2) 新增凭证。单击工具栏中的"增加"按钮，系统打开一张空白的记账凭证。

(3) 编辑地税凭证分录。在第 1 行的"摘要"栏中参照生成或录入"回购售后回购商品"，在"科目名称"栏参照生成或录入 224102(其他应付款/单位往来)，在"借方金额"中输入 288 000，然后按 Enter 键；在第 2 行的"科目名称"栏参照生成或录入 660302(财务费用/利息支出)，在"借方金额"中输入 12 000，然后按 Enter 键；在第 3 行的"科目名称"栏参照生成或录入 22210101(应交税费/应交增值税/进项税额)，再在"借方金额"中输入 51 000，然后按 Enter 键；在第 4 行的"科目名称"栏录入 100201(银行存款/工行存款)，单击其他区域系统将弹出"辅助项"对话框，在其"结算方式"编辑框参照生成为"转账支票"，票号为 22456724，然后单击"确定"按钮，返回"填制凭证"窗口，在"贷方金额"栏中输入"＝"键，系统自动填充贷方金额(351 000)。

(4) 保存凭证。单击工具栏中的"保存"按钮，系统提示保存成功，退出信息提示框，结果如图 7-106 所示。

记账凭证

摘要	科目名称	借方金额	贷方金额
记 字 0064	制单日期：2017.07.25　审核日期：	附单据数：	
回购售后回购商品	其他应付款/单位往来	28800000	
回购售后回购商品	财务费用/利息支出	1200000	
回购售后回购商品	应交税费/应交增值税/进项税额	5100000	
回购售后回购商品	银行存款/工行存款		35100000
	合 计	35100000	35100000

制单 张兰

图 7-106　回购售后回购商品制单结果

(5) 退出。单击"填制凭证"窗口右上角的"关闭"按钮，关闭并退出窗口。

7.13　销售代销商品业务(收取手续费方式下)

7.13.1　业务概述与分析

7月26日，销售代销商品以现金结清，相应单据可参见图7-107、图7-108。

销售清单

编制单位：门市部　　2017 年 7 月 26 日

编码	产品名称	规格	单位	单价（含税）	数量	金额	备注
00006	松下电饭煲		个	3276	50	163800.00	受托代销商品（手续费）
合计						163800.00	

制单：略

图 7-107　销售清单

图 7-108　收据图

7.13.2 操作指导

1. 操作流程
图 7-109 所示是本业务的操作流程。

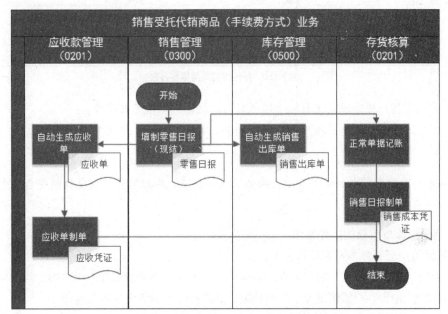

图 7-109 销售受托代销商品(收取手续费方式)业务的操作流程

请确认系统日期和业务日期为 2017 年 7 月 26 日。

2. 零售日报填制并现结和复核的操作步骤

任务说明：销售部赵飞填制并现结、复核零售日报。

(1) 打开"零售日报"窗口。在"企业应用平台"的"业务工作"页签中，依次单击"供应链/销售管理/零售日报/零售日报"菜单项，系统打开"零售日报"窗口。

(2) 编辑松下电饭煲的零售日报。单击工具栏中的"增加"按钮，新增一张零售日报单，然后做如下编辑：

① 编辑表头。修改"销售类型"为"门市销售"，"客户简称"为"零散客户"，"销售部门"为"门市部"，"业务员"为"李华"，"税率"为 17，其他项为默认。

② 编辑表体。在第 1 行，参照生成"仓库名称"为"代销商品库"，参照生成"存货名称"为"松下电饭煲"，编辑"数量"为 50、"含税单价"为 3276 元，其他项为默认。

(3) 保存。单击工具栏中的"保存"按钮，保存该单据，结果如图 7-109 所示。

(4) 现结零售日报。单击工具栏中的"现结"按钮，然后在系统打开的"现结"对话框中参照生成"结算方式"为"现金"，"原币金额"为 163 800，"票号"为空，再单击"确定"按钮，返回"零售日报"窗口，结果如图 7-110 所示。

图 7-110 受托代销商品零售日报

(5) 复核零售日报。单击工具栏中的"复核"按钮，完成复核工作。

(6) 退出。单击"零售日报"窗口右上角的"关闭"按钮，关闭并退出该窗口。

提示：

根据本公司账套的初始设置和以上零售日报的特点，在此零售日报复核时将自动生成一张发货单和一张出库单。

3. 销售出库单审核的操作步骤

任务说明： 仓管部李莉审核出库单。

(1) 打开"销售出库单"窗口。在"企业应用平台"的"业务工作"页签中，依次单击"供应链/库存管理/出库业务/销售出库单"菜单项，系统打开"销售出库单"窗口。

(2) 查阅并审核销售出库单。单击工具栏中的"末张"按钮，查阅到相应的销售出库单，然后在需要审核的销售出库单窗口，单击工具栏中的"审核"按钮，审核零售日报单复核时自动生成的出库单，完成审核工作。

(3) 退出。单击"销售出库单"窗口右上角的"关闭"按钮，关闭并退出该窗口。

4. 零售日报的应收审核、制单及销售出库记账并制单的操作步骤

任务说明： 财务部会计张兰进行现结的零售日报审核与制单，以及销售成本结转。

【财务部会计张兰进行零售日报的应收审核】

(1) 打开"单据处理"窗口。在"企业应用平台"的"业务工作"页签下，依次单击"财务会计/应收款管理/应收单据处理/应收单据审核"菜单项，系统弹出"应收单查询条件"对话框，增加勾选"包括已现结发票"复选框，然后单击"确定"按钮，系统打开"单据处理"窗口。

(2) 审核应收单据。在"单据处理"窗口中，系统已列出本业务的销售零售日报，选中这些单据并单击工具栏中的"审核"按钮，系统提示审核成功，单击"确定"按钮，退出信息提示框，返回"单据处理"窗口。

(3) 退出。单击"单据处理"窗口右上角的"关闭"按钮，退出该窗口。

【财务部会计张兰进行应收制单】

(1) 打开"制单"窗口。在"应收款管理"子系统中，双击"制单处理"菜单项，在系统弹出的"制单查询"对话框中，增加勾选"现结制单"复选框，然后单击"确定"按钮，系统打开"制单"窗口。

(2) 打开"填制凭证"窗口。单击工具栏中的"全选"按钮,以选中本业务填制的销售零售日报,然后单击工具栏中的"制单"按钮,系统打开"填制凭证"窗口。其凭证信息为"借记:库存现金,贷记:应付账款/暂估应付账款(辅助项:供应商为松下公司)、应交税费/应交增值税/销项税额",其他项为默认。

(3) 保存凭证。单击工具栏中的"保存"按钮,保存该凭证,结果如图7-111所示。

记 账 凭 证

记 字 0065		制单日期: 2017.07.26	审核日期:	附单据数: 1	
	摘 要	科目名称		借方金额	贷方金额
现结		库存现金		16380000	
现结		应付账款/暂估应付账款			14000000
现结		应交税费/应交增值税/销项税额			2380000
票号 日期		数量 单价	合 计	16380000	16380000
备注	项 目 个 人 业务员		部 门 客 户		
记账	审核	出纳		制单 张兰	

图7-111 受托代销商品现结制单结果

(4) 退出。单击"填制凭证"和"制单"窗口右上角的"关闭"按钮,关闭并退出窗口。

【财务部会计张兰进行销售日报记账】

(1) 打开"未记账单据一览表"窗口。在"企业应用平台"的"业务工作"页签下,依次单击"供应链/存货核算/业务核算/正常单据记账"菜单项,系统弹出"查询条件选择"对话框,单击"确定"按钮,系统打开"未记账单据一览表"窗口。

(2) 销售日报记账。在"未记账单据一览表"窗口中,选中本业务生成的销售日报(1条记录),然后单击工具栏中的"记账"按钮,系统弹出信息框提示记账成功,单击"确定"按钮,完成记账工作。

(3) 退出。单击"未记账单据一览表"窗口右上角的"关闭"按钮,退出当前窗口。

【财务部会计张兰进行销售日报制单】

(1) 打开"生成凭证"窗口。在"存货核算"子系统中,依次单击"财务核算/生成凭证"菜单项,系统打开"生成凭证"窗口。

(2) 打开"选择单据"窗口。单击工具栏中的"选择"按钮,在系统弹出的"查询条件"对话框中,单击"确定"按钮,系统打开"选择单据"窗口。

(3) 修改科目并生成凭证。在"选择单据"窗口中,选中本业务生成的销售日报,单击工具栏中的"确定"按钮,系统返回"生成凭证"窗口,再单击工具栏中的"生成"按钮,系统打开"填制凭证"窗口。其凭证信息为"借记:受托代销商品款(辅助项:供应商为松下公司),贷记:受托代销商品"。

(4) 保存凭证。单击工具栏中的"保存"按钮,保存该凭证,结果如图7-112所示。

图 7-112 受托代销商品出库凭证

(5) 退出。单击"填制凭证"和"生成凭证"窗口右上角的"关闭"按钮,退出窗口。

7.14 销售代销商品业务(视同买断方式下)

7.14.1 业务概述与分析

7月26日,零售受托代销商品以现金结清,相应单据可参见图 7-113、图 7-114。

编制单位:门市部				2017 年 7 月 26 日			
编码	产品名称	规格	单位	单价(含税)	数量	金额	备注
00011	华为手机		部	2925	100	292500.00	受托代销商品(视同买断)
合计						292500.00	
制单:略							

图 7-113 销售清单

图 7-114 收据图

7.14.2 操作指导

1. 操作流程

图 7-115 所示是本业务的操作流程。

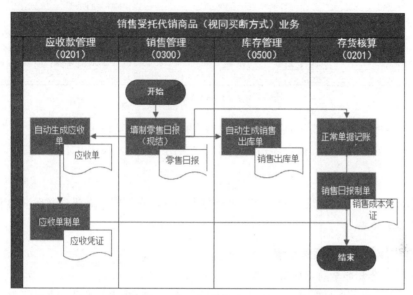

图 7-115　销售受托代销商品(视同买断方式)业务的操作流程

请确认系统日期和业务日期为 2017 年 7 月 26 日。

2. 零售日报填制并现结和复核的操作步骤

任务说明：销售部赵飞填制并现结和复核零售日报。

(1) 打开"零售日报"窗口。在"企业应用平台"的"业务工作"页签中，依次单击"供应链/销售管理/零售日报/零售日报"菜单项，系统打开"零售日报"窗口。

(2) 编辑华为手机的零售日报。单击工具栏中的"增加"按钮，新增一张零售日报单，然后做如下编辑：

① 编辑表头。修改"销售类型"为"门市销售"，"客户简称"为"零散客户"，"销售部门"为"门市部"，"业务员"为"李华"，"税率"为17，其他项为默认。

② 编辑表体。在第 1 行，参照生成"仓库名称"为"代销商品库"，参照生成"存货名称"为"华为手机"，编辑"数量"为 100、"含税单价"为 2925 元，其他项为默认。

(3) 保存。单击工具栏中的"保存"按钮，保存该单据，结果如图 7-114 所示。

(4) 现结零售日报。单击工具栏中的"现结"按钮，然后在系统打开的"现结"对话框中参照生成"结算方式"为"现金"，"原币金额"为 292 500，"票号"为"空"，再单击"确定"按钮，返回"零售日报"窗口，结果如图 7-116 所示。

图7-116 受托代销商品零售日报

(5) 复核零售日报。单击工具栏中的"复核"按钮,完成复核工作。

(6) 退出。单击"零售日报"窗口右上角的"关闭"按钮,关闭并退出该窗口。

提示:

根据本公司账套的初始设置和以上零售日报的特点,在此零售日报复核时将自动生成一张发货单和一张出库单。

3. 销售出库单审核的操作步骤

任务说明:仓管部李莉审核出库单。

(1) 打开"销售出库单"窗口。在"企业应用平台"的"业务工作"页签中,依次单击"供应链/库存管理/出库业务/销售出库单"菜单项,系统打开"销售出库单"窗口。

(2) 查阅并审核销售出库单。单击工具栏中的"末张"按钮,查阅到相应的销售出库单,然后在需要审核的销售出库单窗口,单击工具栏中的"审核"按钮,审核零售日报单复核时自动生成的出库单,完成审核工作。

(3) 退出。单击"销售出库单"窗口右上角的"关闭"按钮,关闭并退出该窗口。

4. 零售日报的应收审核、制单及销售出库记账并制单的操作步骤

任务说明:财务部会计张兰进行现结的零售日报审核与制单,以及销售成本结转。

【财务部会计张兰进行零售日报的应收审核】

(1) 打开"单据处理"窗口。在"企业应用平台"的"业务工作"页签下,依次单击"财务会计/应收款管理/应收单据处理/应收单据审核"菜单项,系统弹出"应收单查询条件"对话框,增加勾选"包括已现结发票"复选框,然后单击"确定"按钮,系统打开"单据处理"窗口。

(2) 审核应收单据。在"单据处理"窗口中,系统已列出本业务的销售零售日报,选中这些单据并单击工具栏中的"审核"按钮,系统提示审核成功,单击"确定"按钮,退出信息提示框,返回"单据处理"窗口。

(3) 退出。单击"单据处理"窗口右上角的"关闭"按钮,退出该窗口。

【财务部会计张兰进行应收制单】

(1) 打开"制单"窗口。在"应收款管理"子系统中,双击"制单处理"菜单项,在系统弹出的"制单查询"对话框中,增加勾选"现结制单"复选框,然后单击"确定"按钮,系统打开"制单"窗口。

(2) 打开"填制凭证"窗口。单击工具栏中的"全选"按钮,以选中本业务填制的销售零售日报,然后单击工具栏中的"制单"按钮,系统打开"填制凭证"窗口。其凭证信息为"借记:库存现金,贷记:主营业务收入、应交税费/应交增值税/销项税额",其他项为默认。

(3) 保存凭证。单击工具栏中的"保存"按钮,保存该凭证,结果如图 7-117 所示。

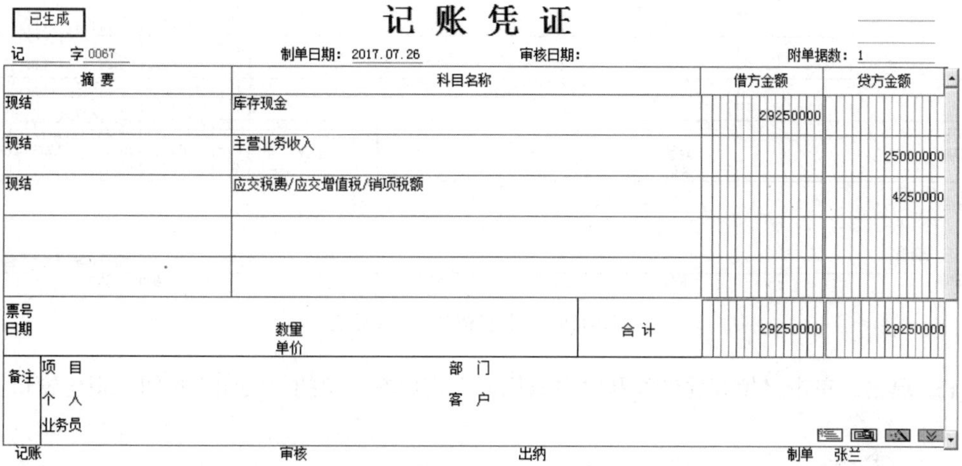

图 7-117　受托代销商品现结制单结果

(4) 退出。单击"填制凭证"和"制单"窗口右上角的"关闭"按钮,关闭并退出窗口。

【财务部会计张兰进行销售日报记账】

(1) 打开"未记账单据一览表"窗口。在"企业应用平台"的"业务工作"页签下,依次单击"供应链/存货核算/业务核算/正常单据记账"菜单项,系统弹出"查询条件选择"对话框,单击"确定"按钮,系统打开"未记账单据一览表"窗口。

(2) 销售日报记账。在"未记账单据一览表"窗口中,选中本业务生成的销售日报(1 条记录),然后单击工具栏中的"记账"按钮,系统弹出信息框提示记账成功,单击"确定"按钮,完成记账工作。

(3) 退出。单击"未记账单据一览表"窗口右上角的"关闭"按钮,退出当前窗口。

【财务部会计张兰进行销售日报制单】

(1) 打开"生成凭证"窗口。在"存货核算"子系统中,依次单击"财务核算/生成凭证"菜单项,系统打开"生成凭证"窗口。

(2) 打开"选择单据"窗口。单击工具栏中的"选择"按钮,在系统弹出的"查询条件"对话框中,单击"确定"按钮,系统打开"选择单据"窗口。

(3) 确认科目并生成凭证。在"选择单据"窗口中,选中本业务生成的销售日报,单击工具栏中的"确定"按钮,系统返回"生成凭证"窗口,再单击工具栏中的"生成"按钮,系统打开"填制凭证"窗口。其凭证信息为"借记:主营业务成本,贷记:受托代销商品"。

(4) 保存凭证。单击工具栏中的"保存"按钮,保存该凭证,结果如图 7-118 所示。

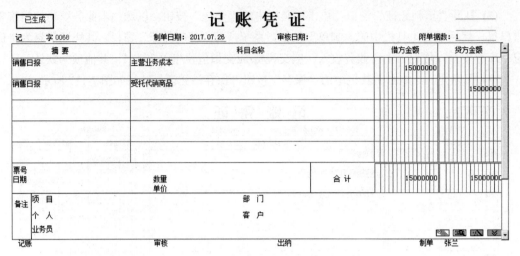

图 7-118 受托代销商品出库凭证

(5) 退出。单击"填制凭证"和"生成凭证"窗口右上角的"关闭"按钮，退出窗口。

第 8 章 应收其他业务

用友 ERP-U8 的应收款管理,通过对发票、其他应收单、收款单等单据的管理,可及时、准确地提供客户的往来账款余额资料,提供各种分析报表,如账龄分析、周转分析、欠款分析、坏账分析、回款分析等,有利于企业合理地进行资金的调配,提高资金的利用效率。

应收管理的日常业务工作,包括企业日常的应收/收款单据处理、应收/收款单据核销、应收转账、汇兑损益、坏账处理和制单处理等。

应收单据处理,是指用友 ERP-U8 的用户,可通过应收款管理系统进行单据的录入、查阅和分析等工作。由于本公司同时启用了应收款管理和销售管理系统,所以销售发票和代垫费用产生的应收单据由销售系统录入,在应收款管理系统中对这些单据进行审核、弃审、查询、核销、制单等处理,而且在应收款管理系统只需要录入应收单。相应的业务,可参见第 7 章中的 7.1~7.5 节、7.8~7.9 节等。

收款单据处理主要是对结算单据(收款单、付款单即红字收款单)的录入与审核。相应的业务,可参见本章 8.2~8.4 节。

单据核销,是指应用收款来核销应收款的工作。单据核销的作用是建立收款与应收款的核销记录,加强往来款项的管理。相应的业务,可参见本章 8.2~8.4 节。

应收转账,是进行应收冲应收(将一家客户的应收款转到另一家客户中)、预收冲应收(处理客户的预收款和该客户应收欠款的转账核销业务)、应收冲应付(用某客户的应收账款冲抵某供应商的应付款项)、红票对冲(用某客户的红字发票与其蓝字发票进行冲抵)等操作,本教程以预收冲应收为例(详见第 7 章中的 7.6 节),进行了相关业务的分析与操作说明。

坏账处理包括计提应收坏账准备处理、坏账发生后的处理、坏账收回后的处理等功能,其作用是系统自动计提应收款的坏账准备,当坏账发生时即可进行坏账核销,当被核销坏账又收回时,即可进行相应处理。坏账计提业务,请参见本章 8.6 节;坏账发生与收回业务,请参见本章 8.1 节。

制单即生成凭证并将凭证传递至总账,相应的业务可参见本书的各个章节,如第 4 章中的 4.1~4.3 节、第 5 章中的 5.2~5.4 节、第 7 章中的 7.1~7.4 节和 7.6~7.12 节,通过手工制单生成应收、应付的记账凭证。

本章的操作,请按照业务描述中的系统日期(如 7 月 25 日)和操作员(如财务部会计张兰),在第 7 章完成的基础上,在应收款管理系统中进行。

如果没有完成第 7 章的业务操作,可以到百度网盘空间的"实验账套数据"文件夹中,将"07 销售应收.rar"下载到实验用机上,然后"引入"(操作步骤详见第 1 章 1.3 节中的 1.3.5 小节)ERP-U8 系统中。而且,本章完成的账套,其"输出"压缩的文件名为"08 其他应收.rar"。

需要说明的是:

因网盘中的账套备份文件均为"压缩"文件,所以下载完成后引入前,需要用解压缩工具进行解压(建议用 WinRAR 3.42 或以上版本),得到相应可以引入的账套数据文件。

本章的所有业务实验操作,都有配套的微视频,读者可通过百度网盘下载观看。

8.1 坏账发生与收回

本公司采用备抵法,设置了"坏账准备"账户,按期(每月)估计坏账损失,提取坏账准备并转作当期费用。在实际发生坏账时,直接冲减已计提坏账准备,同时转销相应的应收账款余额。

- 发生坏账时,借记:坏账准备,贷记:应收账款。
- 确认坏账收回时,借记:应收账款,贷记:坏账准备;同时,借记:银行存款,贷记:应收账款。

8.1.1 业务概述与分析

7 月 26 日,有确切消息表明,太原公司经营出现问题,赊销给太原公司的全部货款(190008)已无法收回。因此,本公司决定对相应的应收账款进行注销。

7 月 27 日,经与太原公司的多次交涉,太原公司支付欠款总额的 50%,即 95 004 元,用现金支票转入(票号 10516502),如图 8-1 所示。

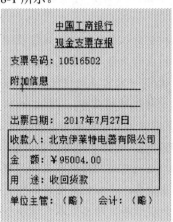

图 8-1 现金支票

本笔业务是坏账的发生与收回业务。在坏账发生时,记录坏账发生的金额并制单;在坏账收回时,填制收款单(注意,收款单不能审核),坏账收回制单。

8.1.2 操作指导

1. 操作流程

图 8-2 所示是本业务的操作流程。

请确认系统日期和业务日期为 2017 年 7 月 26 日。

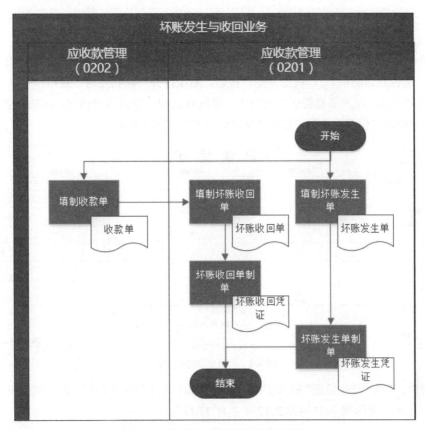

图 8-2　坏账发生与收回业务的操作流程

2. 坏账发生处理的操作步骤

任务说明：财务部会计张兰记录发生的坏账并制单。

(1) 打开"发生坏账"对话框。在"企业应用平台"的"业务工作"页签中，依次单击"财务会计/应收款管理/坏账处理/坏账发生"菜单项，系统弹出"坏账发生"对话框。

(2) 打开"发生坏账损失"窗口。在"坏账发生"对话框中，参照生成"客户"为太原公司，然后单击"确定"按钮，系统打开"发生坏账损失"窗口。

(3) 设置坏账发生的金额。在"发生坏账损失"窗口中，双击"余额"栏，使"本次发生坏账金额"栏的数字为"余额"数字（即 190 008），结果如图 8-3 所示。

图 8-3 坏账发生单据设置

(4) 确认并制单。单击工具栏中的"确认"按钮,系统记录该坏账损失,并弹出信息提示框,询问"是否立即制单?",单击"是"按钮,系统打开"填制凭证"窗口。

(5) 保存凭证。在"填制凭证"窗口中,系统默认相关信息为"借记:坏账准备,贷记:应收账款",单击"保存"按钮,保存该凭证,结果如图 8-4 所示。

图 8-4 坏账发生制单结果

(6) 退出。单击"填制凭证"和"发生坏账损失"窗口右上角的"关闭"按钮,关闭并退出窗口。请确认系统日期和业务日期为 2017 年 7 月 27 日。

3. 坏账收回收款单填制的操作步骤

任务说明:财务部出纳罗迪填制坏账收回的收款单。

提示:

当收回一笔坏账时,应该首先录入一张收款单,该收款单的金额即为收回的坏账的金额,该收款单不能审核。

(1) 打开"收付款单录入"窗口。在"应收款管理"子系统中,依次单击"收款单据处理/收款单据录入"菜单项,系统打开"收付款单录入"窗口。

(2) 编辑收款单。单击工具栏中的"增加"按钮,新增一张收款单,然后做如下编辑:

① 编辑表头。参照生成"客户"为"太原公司","结算方式"为"现金支票","金额"为 95 004,"票据号"为 10516502,其他项为默认。

② 编辑表体。在表体区域单击,则表头的相关信息自动带入表体的第一行,确认"款项类型"为"应收款",其他项为默认。

(3) 保存。单击工具栏中的"保存"按钮,保存该单据,结果如图 8-5 所示。

图 8-5　收款单

(4) 退出。单击"收付款单录入"窗口右上角的"关闭"按钮,关闭并退出该窗口。

4. 坏账收回及制单的操作步骤

任务说明：财务部会计张兰做坏账收回的记录与制单。

(1) 打开"坏账收回"对话框。在"应收款管理"子系统中,依次单击"坏账处理/坏账收回"菜单项,系统弹出"坏账收回"对话框。

(2) 坏账收回记录。在"坏账收回"对话框中,参照生成"客户"为"太原公司","结算单号"为本业务填制的收款单号,单击"确定"按钮,系统完成坏账收回的信息处理,并弹出"是否立即制单？"信息提示框。

(3) 坏账收回制单。单击信息提示框中的"是"按钮,系统打开"填制凭证"窗口,其默认的信息为"借记：银行存款/工行存款、应收账款,贷记：应收账款、坏账准备",单击"保存"按钮,保存该凭证,结果如图 8-6 所示。

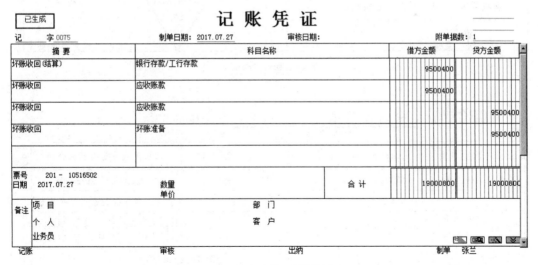

图 8-6　坏账收回制单结果

(4) 退出。单击"填制凭证"窗口右上角的"关闭"按钮,退出该窗口。

8.2 上月销售的到款及核销

核销是指对某项往来款项的清偿,它与冲销、转销不同。冲销是对错误的会计记录进行冲抵,如红字冲销法。而转销是按照一定的法规和会计政策,对某项会计记录予以撤销,如对无法回收的应收账款予以转销。

8.2.1 业务概述与分析

7 月 27 日,收到跃辉公司的转账支票("票号"为 22586708,"金额"为 1 123 200 元),用于支付上月从本公司购买海信电视机 120 台的全部货款;收到万达公司的转账支票("票号"为 22586709,"金额"为 631 800 元),用于支付上月向本公司购买松下空调 60 台的全部货款。相应的银行进账单如图 8-7、图 8-8 所示。

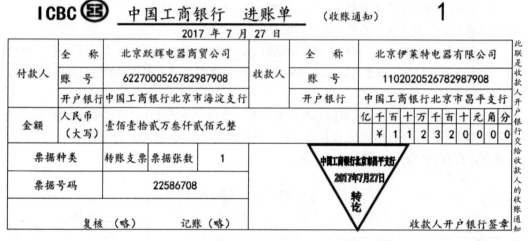

图 8-7 银行进账单 1

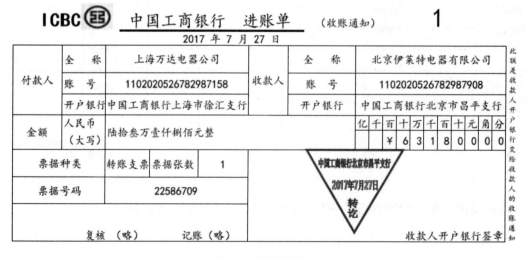

图 8-8 银行进账单 2

本笔业务是收款与应收核销业务，需要填制收款单、收款单审核与制单，应收核销。

8.2.2 操作指导

1. 操作流程

图 8-9 所示是本业务的操作流程。

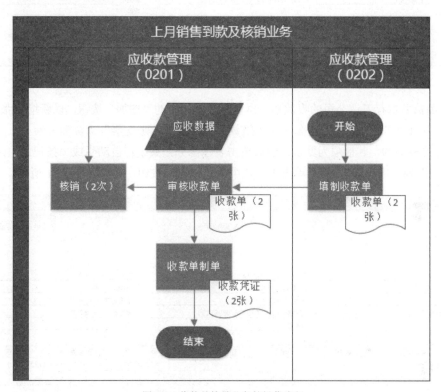

图 8-9　收款并核销业务的操作流程

请确认系统日期和业务日期为 2017 年 7 月 27 日。

2. 收款单填制的操作步骤

任务说明：财务部出纳罗迪填制收款单。

(1) 打开"收付款单录入"窗口。在"企业应用平台"的"业务工作"页签中，依次单击"财务会计/应收款管理/收款单据处理/收款单据录入"菜单项，打开"收付款单录入"窗口。

(2) 编辑并保存跃辉公司的收款单。单击工具栏中的"增加"按钮，新增一张收款单，编辑其表头的"客户"为"跃辉公司"，"结算方式"为"转账支票"，"金额"为 1 123 200，"票据号"为 22586708，其他项为默认，然后单击表体部分，系统将自动生成一条记录，注意确认"款项类型"为"应收款"，最后单击工具栏中的"保存"按钮，结果如图 8-10 所示。

图 8-10 跃辉公司的收款单

(3) 编辑并保存万达公司的收款单。再单击工具栏中的"增加"按钮,以新增一张收款单,编辑其表头的"客户"为"万达公司","结算方式"为"转账支票","金额"为 631 800,"票据号"为 22586709,其他项为默认,然后单击表体部分,系统将自动生成一条记录,注意确认"款项类型"为"应收款",最后单击工具栏中的"保存"按钮,结果如图 8-11 所示。

图 8-11 万达公司的收款单

(4) 退出。单击"收付款单录入"窗口右上角的"关闭"按钮,关闭并退出该窗口。

3. 收款单审核、制单并核销的操作步骤

任务说明:财务部会计张兰进行收款单的审核与制单,以及应收核销。

【财务部会计张兰审核收款单】

(1) 打开"收付款单列表"窗口。在"应收款管理"子系统中,依次单击"收款单据处理/收款单据审核"菜单项,系统弹出"收款单查询条件"对话框,单击"确定"按钮,系统退出该对话框并打开"收付款单列表"窗口。

(2) 查阅并审核收款单。在"收付款单列表"窗口中,选中本业务生成的 2 张单据,然后单击工具栏中的"审核"按钮,系统弹出信息框提示审核成功,单击"确定"按钮,完成审核工作。

(3) 退出。单击"收付款单列表"窗口右上角的"关闭"按钮,关闭并退出该窗口。

【财务部会计张兰进行收款单制单】

(1) 打开应收"制单"窗口。在"应收款管理"子系统中,双击"制单处理"菜单项,在系统弹出的"制单查询"对话框中,增加勾选"收付款单制单"复选框,然后单击"确定"按

钮,系统打开应收"制单"窗口。

(2) 编辑并保存收款凭证。具体的操作步骤如下:

① 选择单据。在"制单"窗口中,选中本业务填制的 2 张收款单,然后单击"制单"按钮,系统打开"填制凭证"窗口。

② 保存跃辉公司的收款凭证。凭证上默认显示信息为"借记:银行存款/工行存款,贷记:应收账款",单击工具栏中的"保存"按钮,结果如图 8-12 所示。

③ 保存万达公司的凭证。单击工具栏中的"下张凭证"按钮,默认显示信息为"借记:银行存款/工行存款,贷记:应收账款",单击工具栏中的"保存"按钮,结果如图 8-13 所示。

图 8-12 跃辉公司的收款单制单结果

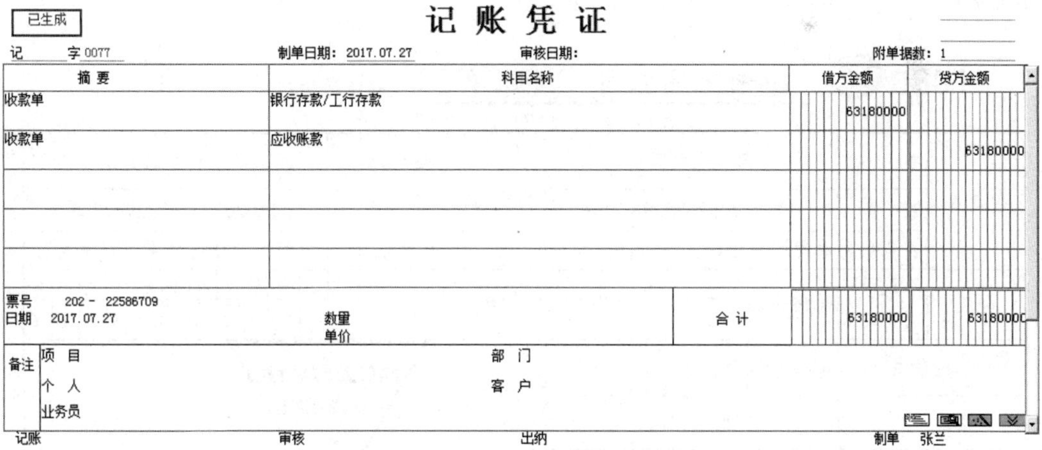

图 8-13 万达公司的收款单制单结果

(3) 退出。单击"填制凭证"和"制单"窗口右上角的"关闭"按钮,关闭并退出窗口。

【财务部会计张兰进行应收核销】

(1) 打开"单据核销"窗口。在"应收款管理"子系统中,依次单击"核销处理/手工核销"菜单项,在系统弹出的"核销条件"对话框中,参照生成"客户"为"跃辉公司",单击"确定"按钮,系统打开"单据核销"窗口。

(2) 核销跃辉公司上月的应收款。在“单据核销”窗口的下窗格，双击“单据编号”为 81090301 所在的行，系统自动在该行的“本次结算”栏填入与“原币余额”相等的数字，单击工具栏中的“保存”按钮，完成跃辉公司的上月应收款核销。

(3) 核销万达公司上月的应收款。单击工具栏中的“查询”按钮，在系统弹出的“核销条件”对话框中，参照生成“客户”为“万达公司”，然后单击“确定”按钮，系统返回“单据核销”窗口，然后在其下窗格，双击“单据编号”为 81320302 所在的行，系统自动在该行的“本次结算”栏填入与“原币余额”相等的数字，单击工具栏中的“保存”按钮，完成万达公司的上月应收款核销。

(4) 退出。单击“单据核销”窗口的“关闭”按钮，关闭并退出该窗口。

8.3 现金折扣处理

通常，核算现金折扣的方法有 3 种：总价法、净价法和备抵法。我国新企业会计准则要求采用总价法入账，即在销售商品时以发票价格同时记录应收账款和销售收入，不考虑现金折扣。如购货企业享受现金折扣，则以“销售折扣”账户或在“财务费用”账户中反映现金折扣。案例企业规定在“财务费用”账户中反映现金折扣。

8.3.1 业务概述与分析

7 月 27 日，万达公司依据合同 XS003，以转账支票(票号 22586714)向本公司转入 98%的不含税货款 976 650 元，税款 169 418.8 元，合计 1 146 068.8 元(按合同的付款条件，给予对方 2%的现金折扣)。相应的银行进账单如图 8-14 所示。

ICBC 中国工商银行 进账单 (收账通知) 1

2017 年 7 月 27 日

付款人	全　称	上海万达电器公司	收款人	全　称	北京伊莱特电器有限公司
	账　号	1102020526782987158		账　号	1102020526782987908
	开户银行	中国工商银行上海市徐汇支行		开户银行	中国工商银行北京市昌平支行
金额	人民币(大写)	壹佰壹拾肆万陆仟零陆拾捌元捌角整		亿 千 百 十 万 千 百 十 元 角 分	1 1 4 6 0 6 8 8 0
票据种类	转账支票	票据张数	1		
票据号码	22586714				
复核 (略)	记账 (略)			中国工商银行北京市昌平支行 2017年7月27日 转讫	收款人开户银行签章

此联是收款人开户银行交给收款人的收账通知

图 8-14　银行进账单

本笔业务是有现金折扣的收款业务，需要通过“选择收款”进行收款单的填制和应收核销，然后制单。“选择收款”功能，可以一次对多个客户、多笔款项进行收款与核销的业务处理，而且收款单不需要审核和核销(自动完成核销处理)。

8.3.2 操作指导

图 8-15 所示是本业务的操作流程。

请确认系统日期和业务日期为 2017 年 7 月 27 日。

1. 选择收款单的操作步骤

任务说明：财务部出纳罗迪填制选择收款单。

(1) 打开"选择收款-单据"窗口。在"企业应用平台"的"业务工作"页签中，依次单击"财务会计/应收款管理/选择收款"菜单项，系统弹出"选择收款-条件"对话框；参照生成"客户"为"万达公司"，并勾选"可享受折扣"复选框，然后单击"确定"按钮，系统退出对话框并打开"选择收款-单据"窗口。

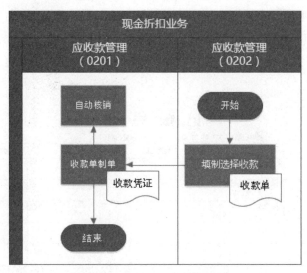

图 8-15 现金折扣业务的操作流程

(2) 编辑收款单。双击"单据编号"为 81306803 所在行，在其"收款金额"栏自动填入 1 146 068.8，然后在"本次折扣"栏中输入 19 931.2，结果如图 8-16 所示。

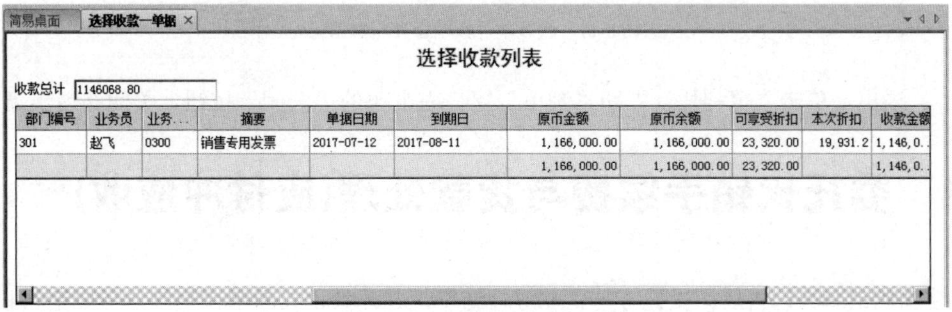

图 8-16 "选择收款-单据"窗口

(3) 保存收款单。单击工具栏中的"OK 确认"按钮，系统打开"选择收款-收款单"对话框，选择"结算方式"为"转账支票"，"票据号"为 22586714，单击"确定"按钮，系统完成收款与核销处理，并返回"选择收款-单据"窗口。

提示：

选择收款的收款单，不需要审核和核销，系统自动完成核销处理。

(4) 退出。单击"选择收款-单据"窗口右上角的"关闭"按钮，关闭并退出该窗口。

2. 收款单核销的操作步骤

任务说明： 财务部会计张兰进行选择收款单与核销合并制单。

(1) 打开"制单"窗口。在"应收款管理"子系统中，双击"制单处理"菜单项，在系统弹出的"制单查询"对话框中，增加选中"收付款单制单"和"核销制单"，然后单击"确定"按钮，系统打开"制单"窗口。

(2) 生成凭证。在"制单"窗口的单据列表中，选中本业务中生成的收款单和核销单（"金额"为 1 166 000 和 1 146 068.8 所在的行），选择标志输入一样的，再单击工具栏中的"制单"按钮，系统打开"填制凭证"窗口，默认已生成 1 张凭证。

(3) 编辑与保存凭证。首先查阅到收款单凭证，然后单击工具栏中的"保存"按钮，结果如图 8-17 所示。

图 8-17 收款单与核销合并制单结果

(4) 退出。单击"填制凭证"和"制单"窗口右上角的"关闭"按钮，关闭并退出窗口。

8.4 委托代销手续费与货款处理(应付冲应收)

委托代销商品销售后，受托方与企业进行结算，并开具正式的销售发票，形成销售收入。在用友 ERP-U8 系统中，委托代销结算之后，系统自动生成发票。

本公司规定，委托代销手续费属于销售费用中的其他费用。

8.4.1 业务概述与分析

7月27日，收到代销手续费发票，相应单据可参见图8-18、图8-19。

案例公司的委托代销成本是按发出商品核算(详见第3章3.3节中的3.3.1小节)，而且WT003合同约定按不含税货款的10%收取手续费。本笔业务是收到委托代销手续费发票和货款业务，故需要进行货款收款单的填制、审核与制单，应付手续费的采购发票的填制、审核与制单，应收核销与红票对冲。

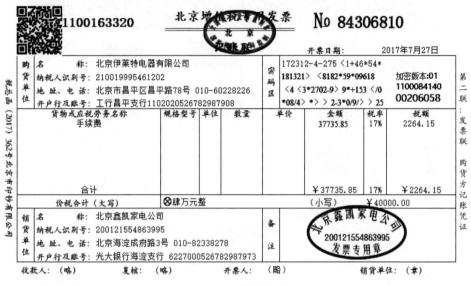

图 8-18 手续费发票

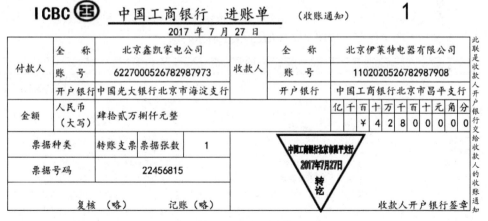

图 8-19 银行进账单

8.4.2 操作指导

1. 操作流程

图 8-20 所示是本业务的操作流程。

请确认系统日期和业务日期为 2017 年 7 月 27 日。

2. 收款单填制并审核制单的操作步骤

任务说明：财务部出纳罗迪填制收款单，会计张兰对收款单进行审核制单。

【财务部出纳罗迪填制收款单】

(1) 打开"收付款单录入"窗口。在"企业应用平台"的"业务工作"页签中，依次单击"财务会计/应收款管理/收款单据处理/收款单据录入"菜单项，打开"收付款单录入"窗口。

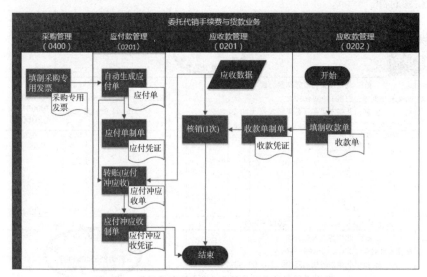

图 8-20 委托代销手续费与货款处理业务的操作流程

(2) 编辑并保存蓝字收款单。单击工具栏中的"增加"按钮，新增一张收款单，编辑其表头的"客户"为"鑫凯公司"，"结算方式"为"转账支票"，"金额"为 428 000，"票据号"为22456815，然后单击表体部分，系统将自动生成一条记录，注意确认"款项类型"为"应收款"，最后单击工具栏中的"保存"按钮，结果如图 8-21 所示。

图 8-21 委托代销货款收款单

【财务部会计张兰对收款单进行审核制单】

(1) 打开"收付款单列表"窗口。在"应收款管理"子系统中，依次单击"收款单据处理/收款单据审核"菜单项，系统弹出"收款单查询条件"对话框，单击"确定"按钮，系统退出该对话框并打开"收付款单列表"窗口。

(2) 查阅收款单。在"收付款单列表"窗口中,双击本业务生成的单据所在行,系统打开"收付款单录入"窗口,并默认显示相应的收款单。

(3) 审核收款单并制单。在"收付款单录入"窗口,单击工具栏中的"审核"按钮,系统自动审核并弹出信息框,询问"是否立即制单?",单击"是"按钮,系统打开"填制凭证"窗口,默认显示的凭证信息为"借记:银行存款/工行存款,贷记:应收账款"。

(4) 保存凭证。单击工具栏中的"保存"按钮,保存该凭证,结果如图 8-22 所示。

图 8-22 委托代销货款收款单制单结果

(5) 退出。单击"填制凭证""收付款单录入"和"收付款单列表"窗口右上角的"关闭"按钮,关闭并退出窗口。

【财务部会计张兰进行应收核销处理】

(1) 打开"单据核销"窗口。在"应收款管理"子系统中,依次单击"核销处理/手工核销"菜单项,在系统弹出的"核销条件"对话框中,参照生成"客户"为"鑫凯公司",单击"确定"按钮,系统打开"单据核销"窗口。

(2) 核销应收款。在"单据核销"窗口的下窗格,双击"单据编号"为 81306806 所在的行,系统自动在该行的"本次结算"栏填入与上窗格的"本次结算金额"相等的数字(428 000),此时单击工具栏中的"保存"按钮,完成应收款的核销。

(3) 退出。单击"单据核销"窗口中的"关闭"按钮,关闭并退出该窗口。

3. 手续费发票填制与制单的操作步骤

任务说明:采购部刘静填制手续费采购专用发票,会计张兰对发票进行审核并制单。

【采购部刘静填制手续费采购专用发票】

(1) 打开"专用发票"窗口。在"采购管理"子系统中,依次单击"采购发票/专用采购发票"菜单项,系统打开"专用发票"窗口。

(2) 编辑运费的专用发票。在"专用发票"窗口,单击工具栏中的"增加"按钮,新增一张采购专用发票,然后做如下编辑:

① 编辑表头。编辑"发票号"为84306810,"税率"为6,参照生成"供应商"为"鑫凯公司","部门"为"采购部","业务员"为"刘静",其他项为默认。

② 编辑表体。参照生成"存货编码"为00015(手续费),编辑"数量"为空、"原币金额"为37 735.85,其他项为默认。

(3) 保存。单击工具栏中的"保存"按钮,保存该单据,结果如图8-23所示。

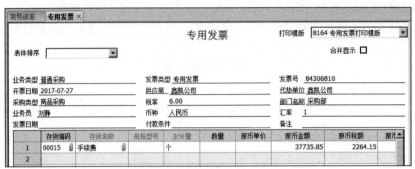

图8-23 委托代销手续费专用发票

(4) 退出。单击"专用发票"窗口右上角的"关闭"按钮,关闭并退出该窗口。

【财务部会计张兰对手续费采购专用发票进行审核制单】

(1) 打开"单据处理"窗口。在"应付款管理"子系统中,依次单击"应付单据处理/应付单据审核"菜单项,系统弹出"应付单查询条件"对话框,勾选"未完全报销"复选框,然后单击该对话框中的"确定"按钮,系统打开"单据处理"窗口。

(2) 查阅应付单据。在"单据处理"窗口中,系统列出了本业务的采购专用发票,双击该单据所在的行,系统打开相应的专用发票窗口。

(3) 审核并制单。查阅信息无误后,单击工具栏中的"审核"按钮,审核通过该单据,系统弹出信息框提示"是否立即制单?",单击"是"按钮,系统打开"填制凭证"窗口,并确认显示了已生成的凭证信息(借记:销售费用/手续费、应交税费/应交增值税/进项税额,贷记:应付账款/一般应付账款)。

(4) 保存凭证。单击"保存"按钮,保存该凭证,结果如图8-24所示。

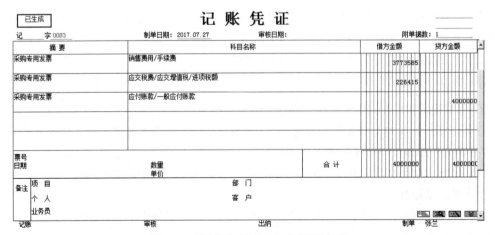

图8-24 委托代销手续费专用发票制单结果

(5) 退出。单击"填制凭证""采购发票"和"单据处理"窗口右上角的"关闭"按钮,关闭并退出窗口。

4. 应付单与应收对冲及制单的操作步骤

任务说明: 财务部会计张兰对应付单和应收单进行对冲并制单,以及核销处理。

【财务部会计张兰对应付单和应收单进行对冲并制单】

(1) 打开"应付冲应收"窗口。在"应付款管理"子系统中,依次单击"转账/应付冲应收/手工对冲"菜单项,在系统弹出的"应付冲应收条件"对话框中,参照生成"客户"为"鑫凯公司","供应商"为"鑫凯公司",然后单击"确定"按钮,系统打开"应付冲应收"窗口,结果如图 8-25 所示。

图 8-25 应付冲应收列表

(2) 对冲并制单。在"应付冲应收"窗口的下窗格,双击"单据编号"为 81306806 和 84306810 所在的行,系统自动在该行的"对冲金额"栏填入与上窗格的"对冲金额"相等的数字(40 000),此时单击工具栏中的"保存"按钮,系统完成应收款的对冲,并弹出信息框询问"是否立即制单?",单击"是"按钮,系统打开"填制凭证"窗口,默认显示的凭证信息为"借记:应付账款/一般应付账款,贷记:应收账款"。

(3) 保存凭证。单击工具栏中的"保存"按钮,结果如图 8-26 所示。

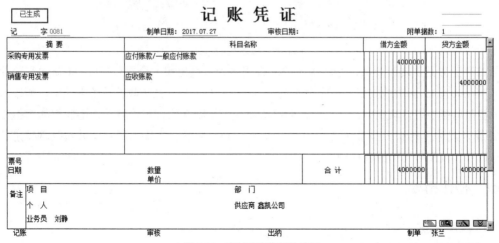

图 8-26 应付冲应收制单结果

(4) 退出。单击"填制凭证"和"应收冲应付"窗口中的"关闭"按钮,关闭并退出窗口。

8.5 债务重组业务

债务重组又称债务重整,是指债权人在债务人发生财务困难的情况下,债权人按照其与债务人达成的协议或者法院的裁定做出让步的事项。也就是说,只要修改了原定债务偿还条件的,即债务重组时确定的债务偿还条件不同于原协议的,均作为债务重组。包括:以低于债务账面价值的现金清偿债务;以非现金资产清偿债务;债务转为资本;修改其他债务条件,如延长债务偿还期限、延长债务偿还期限并加收利息、延长债务偿还期限并减少债务本金或债务利息等;以上两种或两种以上方式的组合。

债务重组本身意味着债权人做出了让步,遭受了一定的利益损失。

8.5.1 业务概述与分析

7月27日,与山西华飞电器公司签订债务重组协议,相应单据可参见图8-27。

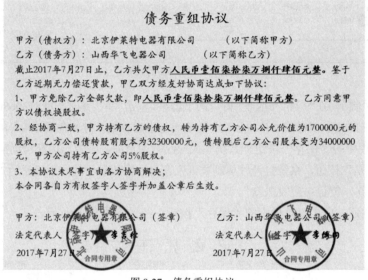

图8-27 债务重组协议

本笔业务是债转股业务,是将华飞的应收款转为可供出售的金融资产(1 700 000)和营业外支出(78 400元)。因为应收账款是应收款系统的受控科目,只能在应收款系统中使用,所以本业务不能在总账中直接填制凭证,需要在应收款系统中填制2张虚拟收款单,即股权的虚拟收款单(结算方式选择其他)和营业外支出的虚拟收款单(在结算科目中输入科目),并对收款单进行审核与制单,以及华飞的应收核销。

8.5.2 操作指导

1. 操作流程

图8-28所示是本业务的操作流程。

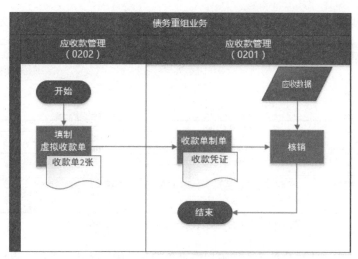

图 8-28　债务重组业务的操作流程

请确认系统日期和业务日期为 2017 年 7 月 27 日。

2．本业务的操作步骤

任务说明：财务部出纳罗迪填制虚拟收款单 2 张，会计张兰进行收款单的审核、制单，以及应收核销。

(1) 打开"收付款单录入"窗口。在"企业应用平台"的"业务工作"页签中，依次单击"财务会计/应收款管理/收款单据处理/收款单据录入"菜单项，打开"收付款单录入"窗口。

(2) 编辑并保存转为股权的收款单。单击工具栏中的"增加"按钮，新增一张收款单，编辑其表头的"客户"为"华飞公司"，"结算方式"为"其他"，"结算科目"为"可供出售金融资产/成本(150301)"，"金额"为 1 700 000，"项目"为"华飞公司债券"，然后单击表体部分，系统将自动生成一条记录，注意确认"款项类型"为"应收款"，最后单击工具栏中的"保存"按钮，结果如图 8-29 所示。

图 8-29　华飞公司的货款转股权的虚拟收款单

(3) 编辑并保存转为营业外支出的收款单。再单击工具栏中的"增加"按钮，新增一张收款单，编辑其表头的"客户"为"华飞公司"，"结算方式"为"其他"，"结算科目"为"营业外支出(6711)"，"金额"为 78 400，然后单击表体部分，系统将自动生成一条记录，注意确认"款项类型"为"应收款",最后单击工具栏中的"保存"按钮,结果如图8-30所示。

图8-30 华飞公司的货款转营业外支出的虚拟收款单

(4) 退出。单击"收付款单录入"窗口右上角的"关闭"按钮,关闭并退出该窗口。

【财务部会计张兰审核收款单】

(1) 打开"收付款单列表"窗口。在"应收款管理"子系统中,依次单击"收款单据处理/收款单据审核"菜单项,系统弹出"收款单查询条件"对话框,单击"确定"按钮,系统退出该对话框并打开"收付款单列表"窗口。

(2) 查阅并审核收款单。单击工具栏中的"全选"按钮,以选中本业务中填制的2张收款单单据,然后单击"审核"按钮,系统完成审核工作并弹出信息框,提示审核成功,单击其"确定"按钮,返回"收付款单列表"窗口。

(3) 退出。单击"收付款单列表"窗口右上角的"关闭"按钮,关闭并退出该窗口。

【财务部会计张兰进行收款单制单】

(1) 打开"制单"窗口。在"应收款管理"子系统中,双击"制单处理"菜单项,在系统弹出的"制单查询"对话框中,单击选中"收付款单制单"复选框,然后单击"确定"按钮,系统打开"制单"窗口。

(2) 编辑并保存收款凭证。具体的操作步骤如下:

① 制单。在"制单"窗口中,选中本业务填制的2张收款单,再单击工具栏中的"制单"按钮,系统打开"填制凭证"窗口,并自动生成2张凭证,其默认的信息与2张收款单对应。

② 保存凭证。单击工具栏中的"成批保存凭证"按钮,系统自动生成的凭证结果如图8-31和图8-32所示。

(3) 退出。单击"填制凭证"和"制单"窗口右上角的"关闭"按钮,关闭并退出窗口。

【财务部会计张兰进行应收核销】

(1) 打开"单据核销"窗口。在"应收款管理"子系统中,依次单击"核销处理/手工核销"菜单项,在系统弹出的"核销条件"对话框中,参照生成"客户"为"华飞公司",然后单击"确定"按钮,系统打开"单据核销"窗口。

(2) 核销应收款。在"单据核销"窗口的下窗格,双击"单据编号"为81890303所在的行,系统自动在该行的"本次结算"栏填入与"原币金额"相等的数字(1 778 400),此时单击工具栏中的"保存"按钮,完成应收款核销。

(3) 退出。单击"单据核销"窗口中的"关闭"按钮,关闭并退出该窗口。

已生成

记账凭证

记 字 0086　制单日期：2017.07.27　审核日期：　附单据数：1

摘要	科目名称	借方金额	贷方金额
收款单	可供出售金融资产/成本	170000000	
收款单	应收账款		170000000
票号 日期	数量 单价 合计	170000000	170000000

备注：项目 华飞公司债券　部门

个人　客户

业务员

记账　审核　出纳　制单 张兰

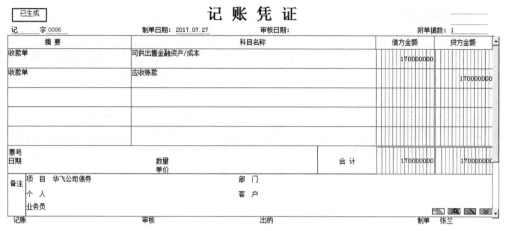

图 8-31　华飞公司的货款转股权的虚拟收款单制单结果

已生成

记账凭证

记 字 0087　制单日期：2017.07.27　审核日期：　附单据数：1

摘要	科目名称	借方金额	贷方金额
收款单	营业外支出/债务重组损失	7840000	
收款单	应收账款		7840000
票号 日期	数量 单价 合计	7840000	7840000

备注：项目　部门

个人　客户

业务员

记账　审核　出纳　制单 张兰

图 8-32　华飞公司的货款转营业外支出的虚拟收款单制单结果

8.6　计提坏账准备金

坏账计提是指对坏账准备科目的计提。计提坏账准备的会计分录是“借记：资产减值损失，贷记：坏账准备”。

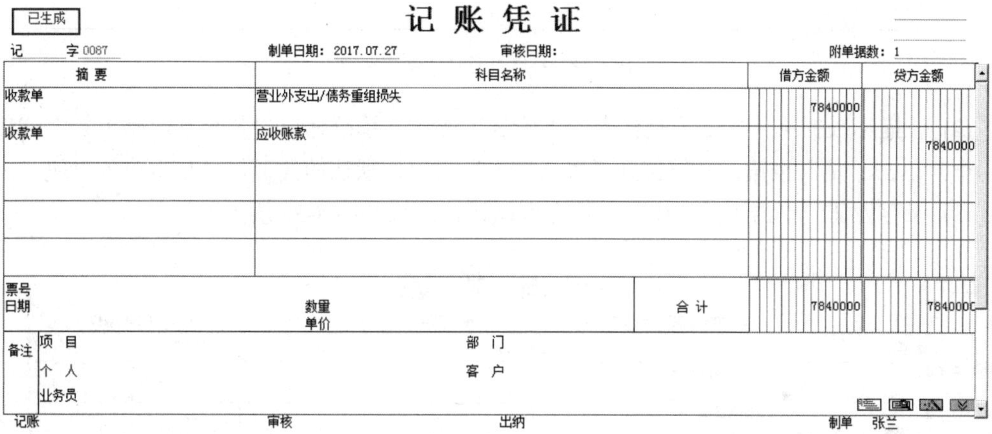

8.6.1　业务概述

7 月 27 日，视同年末计提坏账准备金。

8.6.2　操作指导

1. 操作流程

图 8-33 所示是本业务的操作流程。

请确认系统日期和业务日期为 2017 年 7 月 27 日。

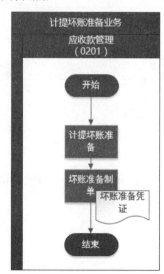

图 8-33　计提坏账准备业务的操作流程

2. 本业务的操作步骤

任务说明：财务部会计张兰计提本月的坏账准备金并制单。

(1) 计提坏账准备金。在"企业应用平台"的"业务工作"页签下，依次单击"财务会计/应收款管理/坏账处理/计提坏账准备"菜单项，系统完成计提并打开"应收账款百分比法"窗口，显示本月的计提结果，如图8-34所示。

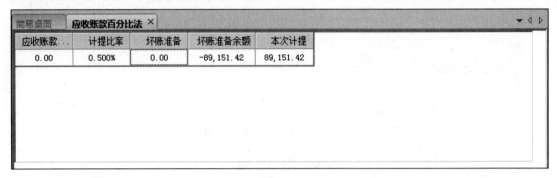

图8-34 坏账准备金计提结果

(2) 计提坏账制单。单击工具栏中的"确认"按钮，系统弹出"是否立即制单？"的信息提示框，单击"是"按钮，系统打开"填制凭证"窗口，默认的凭证信息与本业务对应。

(3) 保存凭证。单击工具栏中的"保存"按钮，结果如图8-35所示。

图8-35 坏账准备金计提制单结果

(4) 退出。单击"填制凭证"和"应收账款百分比法"窗口中的"关闭"按钮，关闭窗口。

第 9 章

薪资业务

用友 ERP-U8 的薪资管理系统,可进行各类企事业单位的工资基本数据管理、工资核算、工资发放、工资费用分摊、工资统计分析和个人所得税核算等。

本章的操作,请按照业务描述中的系统日期(如 7 月 27 日)和操作员(如财务部会计张兰),在第 8 章完成的基础上,在薪资管理和总账系统中进行。

如果没有完成第 8 章的应付业务的操作,可以到百度网盘空间的"实验账套数据"文件夹中,将"08 其他应收.rar"下载到实验用机上,然后"引入"(操作步骤详见第 1 章 1.3 节中的 1.3.5 小节)ERP-U8 系统中。而且,本章完成的账套,其"输出"压缩的文件名为"09 薪资管理.rar"。

需要说明的是:

因网盘中的账套备份文件均为"压缩"文件,所以下载完成后引入前,需要用解压缩工具进行解压(建议用 WinRAR 3.42 或以上版本),得到相应可以引入的账套数据文件。

本章的所有业务实验操作,都有配套的微视频,读者可通过百度网盘下载观看。

9.1 新员工的薪资处理

9.1.1 业务概述与分析

7 月 27 日,招聘林意(编号:0402,性别:女)到采购部做采购人员,本月为试用期且月末报到,所以仅发工资 2000 元的一半(1000 元),交通补助 50 元,代发银行为工商银行,工资账号为 6222020220332016018。

本笔业务是新员工的薪资处理业务,需要新增人员档案、新增在职人员和进行工资变动操作。在操作时,需要在基础档案的人员档案和薪资管理模块分别添加。

9.1.2 操作指导

1. 操作流程

图 9-1 所示是本业务的操作流程。

请确认系统日期和业务日期为2017年7月27日。

2. 在基础档案的人员档案新增人员档案、在薪资管理中新增在职人员和进行工资变动的操作步骤

任务说明：财务部会计张兰，在基础档案的人员档案新增人员档案、在薪资管理中新增在职人员和进行工资变动。

【财务部会计张兰新增人员档案】

(1) 打开基础档案的"人员档案"窗口。在"企业应用平台"的"基础设置"页签中，依次单击"基础档案/机构人员/人员档案"菜单项，系统打开"人员档案"窗口。

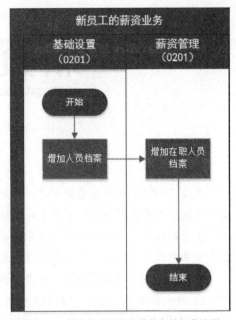

图9-1 薪资管理新增人员业务的操作流程

(2) 编辑新增人员档案。单击工具栏中的"增加"按钮，在系统弹出的"人员档案"对话框中，做如下编辑：在"人员编码"栏输入 0402，"人员姓名"栏输入"林意"，"性别"选择为"女"，"行政部门"参照生成"采购部"，"雇佣状态"选择"在职"，"人员类别"参照生成"采购人员"，在"银行名称"栏中选择"中国工商银行"，在"账号"栏输入 6222020220332016018，选中"是否业务员"复选框。

(3) 保存新增人员档案。单击"保存"按钮，保存该人员档案，系统自动增加下一个单据。

(4) 退出。单击"人员列表"窗口工具栏中的"退出"按钮，系统提示"是否保存对当前单据的编辑？"，单击"否"按钮退出；再单击"人员档案"窗口右上角的"关闭"按钮，关闭并退出该窗口。

【财务部会计张兰新增在职人员】

(1) 打开薪资管理的"人员档案"窗口。在"企业应用平台"的"业务工作"页签中，依次单击"人力资源/薪资管理/设置/人员档案"菜单项，系统打开"人员档案"窗口。

(2) 编辑并保存在职人员信息。单击工具栏中的"增加"按钮，系统打开"人员档案明细"对话框，参照生成"人员姓名"为"林意"，然后单击"确定"按钮，系统保存该人员档案并返回"人员档案明细"对话框自动打开下一条人员记录，单击对话框中的"取消"按钮，系统返回"人员档案"窗口，结果如图9-2所示。

(3) 退出。单击"人员档案"窗口右上角的"关闭"按钮，关闭并退出该窗口。

【财务部会计张兰做工资变动操作】

(1) 打开薪资管理的"人员档案"窗口。

薪资部门名称	工号	人员编号	人员姓名	人员类别	账号	中方人员	是否计税	工资停发
经理办公室	0100		李吉棕	企管人员	6222020223320016000	是	是	否
行政办公室	0101		陈虹	企管人员	6222020223320016002	是	是	否
财务部	0200		曾志伟	企管人员	6222020223320016003	是	是	否
财务部	0201		张兰	企管人员	6222020223320016004	是	是	否
财务部	0202		罗迪	企管人员	6222020223320016005	是	是	否
批发部	0300		赵飞	销售人员	6222020223320016006	是	是	否
批发部	0301		夏于	销售人员	6222020223320016007	是	是	否
门市部	0302		李华	合同工	6222020223320016008	是	是	否
采购部	0400		刘静	采购人员	6222020223320016009	是	是	否
采购部	0401		张新海	采购人员	6222020223320016010	是	是	否
采购部	0402		林意	企管人员	6222020223320016011	是	是	否
仓管部	0500		李莉	企管人员	6222020223320016011	是	是	否
仓管部	0501		赵林	企管人员	6222020223320016012	是	是	否
仓管部	0502		李东	企管人员	6222020223320016013	是	是	否
人力资源部	0600		王军	企管人员	6222020223320016014	是	是	否
人力资源部	0601		梁京	企管人员	6222020223320016015	是	是	否
人力资源部	0602		刘正	企管人员	6222020223320016016	是	是	否
人力资源部	0603		李江	企管人员	6222020223320016017	是	是	否

图 9-2　新增人员后的人员档案列表

(2) 打开"人员档案明细"对话框。双击"林意"所在行，系统打开"人员档案明细"对话框。

(3) 编辑"林意"的工资信息。单击对话框中的"数据档案"按钮，系统弹出"工资数据录入-页编辑"对话框，编辑其"基本工资"为 1000，"交通补助"为 50，然后单击对话框中的"保存"按钮，系统返回"人员档案明细"对话框。

(4) 保存"林意"的工资信息。单击对话框中的"确定"按钮，在系统弹出的"写入该人员档案信息吗？"提示框中单击"确定"按钮完成录入，系统返回"人员档案明细"对话框并自动进入下一条记录。

(5) 返回。单击"人员档案明细"对话框中的"取消"按钮，返回"人员档案"窗口。

(6) 退出。单击"人员档案"窗口右上角的"关闭"按钮，关闭并退出该窗口。

9.2　工资数据变动与计算工资

9.2.1　业务概述与分析

7 月 28 日，设置本月的职工工资数据。经过人力资源部绩效考核，总经理李吉棕批准：7 月份对销售部每人增加绩效工资 500 元，其他人按上月标准发放；自 7 月份开始给每位职工发放交通补助，标准为"企管人员"和"销售人员"补助 100 元/月，其他人员 50 元/月。

本笔业务是设置工资项目公式和变更本月职工工资数据的业务，需要首先进行工资项目公式编辑(交通补助的公式设置)，然后进行工资数据变动，最后计算与汇总工资。

9.2.2 操作指导

1. 操作流程

图 9-3 所示是本业务的操作流程。

请确认系统日期和业务日期为 2017 年 7 月 28 日。

2. 进行工资项目公式设置、做工资数据变动和工资计算的操作步骤

任务说明：财务部会计张兰进行工资项目公式设置，做工资数据变动和工资计算。

【财务部会计张兰进行工资项目公式设置】

(1) 打开"工资项目设置"对话框。在"企业应用平台"的"业务工作"页签中，依次单击"人力资源/薪资管理/设置/工资项目设置"菜单项，系统打开"工资项目设置"对话框。

(2) 设置"交通补助"工资项目的公式。首先选择"工资项目设置"对话框中的"公式设置"选项卡，然后单击"增加"按钮，并选中左上角"工资项目"列表中的"交通补助"，做如下公式设置操作：

① 单击"函数公式导入"按钮，打开"函数向导——步骤之 1"对话框，单击"函数名"列表中的"iff"函数。

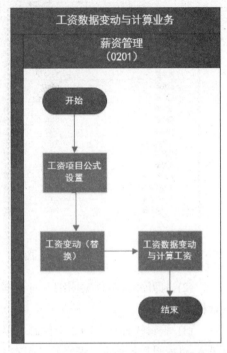

图 9-3 工资数据变动与计算业务的操作流程

② 单击"下一步"按钮，打开"函数向导——步骤之 2"对话框，单击"逻辑表达式"栏的参照按钮，打开"参照"对话框，选择"参照列表"栏的"人员类别"，并选中"企管人员"，单击"确定"按钮，返回"函数向导——步骤之 2"对话框，在"算术表达式 1"文本框中输入 100，单击"完成"按钮，返回"工资项目设置"对话框。

③ 将光标置于右括号前面，再单击"函数公式导入"按钮，打开"函数向导——步骤之 1"对话框，然后单击"函数名"列表中的"iff"函数。

④ 单击"下一步"按钮，打开"函数向导——步骤之 2"对话框，单击"逻辑表达式"栏的参照按钮，打开"参照"对话框，选择"参照列表"栏的"人员类别"，并选中"销售人员"，单击"确定"按钮，返回"函数向导——步骤之 2"对话框，在"算术表达式 1"文本框中输入 100，在"算术表达式 2"文本框中输入 50。

⑤ 单击"完成"按钮，返回"工资项目设置"对话框，此时"交通补助定义公式"为"iff(人员类别="企管人员",100,iff(人员类别="销售人员",100,50))"（结果如图 9-4 所示），单击"公式确认"按钮，完成"交通补助"的公式定义。

(3) 退出。在"工资项目设置"对话框中，单击"确定"按钮，退出该对话框。

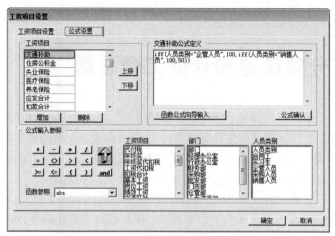

图 9-4　工资项目公式设置的结果

【财务部会计张兰做工资数据变动与计算工资】

(1) 打开"工资变动"窗口。在"薪资管理"子系统中，依次单击"业务处理/工资变动"菜单项，系统打开"工资变动"窗口。

(2) 打开"工资项数据更替"对话框。单击工具栏中的"全选"按钮，选择所有员工，然后单击"替换"按钮，系统弹出"工资项数据更替"对话框。

(3) 编辑工资数据。在"工资数据更替"对话框中，选中"将工资项目"下拉列表中的"绩效工资"，并在"替换成"栏输入"绩效工资+500"，设置"替换条件"为"部门""=""销售部"，再单击"确定"按钮，系统弹出"数据更替后将不可恢复，是否继续？"信息提示框，单击"是"按钮，系统弹出"3 条记录被替换，是否重新计算？"信息提示框，单击"是"按钮，返回"工资变动"窗口。

(4) 计算工资。再单击工具栏中的"全选""计算"和"汇总"按钮，完成全部工资项内容的计算与汇总，结果如图 9-5 所示。

图 9-5　本月工资变动的结果

(5) 退出。单击"工资变动"窗口右上角的"关闭"按钮,关闭并退出该窗口。

9.3 工资分摊设置和计提工资总额

工资是应付职工薪酬的一部分,应付职工薪酬包括工资、奖金、社保(医疗保险费、养老保险费、失业保险费、工伤保险费和生育保险费)、住房公积金、工会经费和职工教育经费等。

医疗保险、养老保险和失业保险,通常简称为"三险",这三种险是由企业和个人共同缴纳的保费;"一金"通常指住房公积金,也是由企业和个人共同缴纳。

工资分配时,职工的应发工资(即工资总额),包括职工的实发工资,以及个人承担的"三险一金"。本公司规定,职工个人承担的养老保险、医疗保险、失业保险分别按照本人本月五险一金计提基数的8%、2%、0.2%计算,住房公积金按照本人本月五险一金计提基数的12%计算。

9.3.1 业务概述与分析

7月28日,分配和计提本月职工工资。计提工资总额中每个工资项目的分摊科目设置如表 9-1 所示。

表 9-1 计提工资总额中每个工资项目的分摊科目设置

工资分摊		工资总额 100%	
部门与人员类别		借方科目	贷方科目
总经理办公室 行政办公室 财务部 仓管部 人力资源部	企管人员	660201 管理费用—职工薪酬	221101 应付职工薪酬—工资
采购部	采购人员	660201 管理费用—职工薪酬	
批发部	销售人员	660101 销售费用—职工薪酬	
门市部	合同工		

本笔业务是职工工资的分摊设置,以及本月职工工资的计提业务,需要进行工资费用分摊科目设置,以及对职工实发工资与个人承担的"三险一金"的归集与制单。

需要说明的是,个人承担的"三险一金"计提比例,是在账套初始设置时,通过工资项目公式设置实现的,详见第 3 章 3.5 节中的 3.5.4 小节。

9.3.2 操作指导

1. 操作流程

图 9-6 所示是本业务的操作流程。
请确认系统日期和业务日期为 2017 年 7 月 28 日。

2. 进行工资分摊设置,归集职工实发工资与个人承担的"三险一金",并制单的操作步骤

任务说明： 财务部会计张兰进行工资分摊设置，归集职工实发工资与个人承担的"三险一金"，并制单。

【财务部会计张兰进行工资分摊科目设置】

(1) 打开"工资分摊"对话框。在"企业应用平台"的"业务工作"页签中，依次单击"人力资源/薪资管理/业务处理/工资分摊"菜单项，系统打开"工资分摊"对话框。

(2) 工资总额分摊计提比例设置。在"工资分摊"对话框中，单击"工资分摊设置"按钮，系统打开"分摊类型设置"对话框，再单击对话框中的"增加"按钮，系统打开"分摊计提比例设置"对话框，在"计提类型名称"栏录入"计提工资总额"，"分摊计提比例"为100%。

(3) 工资总额分摊构成设置。单击"下一步"按钮，系统打开"分摊构成设置"对话框，在该对话框中，根据表9-1逐一编辑"部门名称""人员类别""工资项目(即应发合计)""借方科目""贷方科目"，结果如图9-7所示。

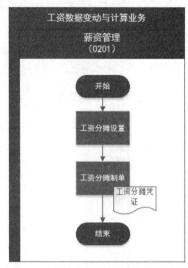

图9-6 工资分摊设置和计提工资业务的操作流程

部门名称	人员类别	工资项目	借方科目	借方项目…	借方项目	贷方科目
门市部	合同工	应发合计	660101			221101
经理办公室,行政办公室,财务部,仓管部,人力资源部	企管人员	应发合计	660201			221101
采购部	采购人员	应发合计	660201			221101
批发部	销售人员	应发合计	660101			221101

图9-7 工资总额分摊构成设置的结果

(4) 退出。单击"分摊构成设置"对话框中的"完成"按钮，系统返回"分摊类型设置"对话框，单击其"返回"按钮，返回"工资分摊"对话框。

【财务部会计张兰进行工资分配与制单】

(1) 打开"工资分摊"对话框。

(2) 本月职工工资的分配归集。在"工资分摊"对话框中，选中"计提费用类型"选项区的"计提工资总额"复选框，并且选中所有的核算部门，确认勾选"明细到工资项目"和"按项目核算"复选框，然后单击"确定"按钮，完成本月职工工资的分配归集工作，系统打开"工资分摊明细"窗口，在其中显示"计提工资总额一览表"，结果如图9-8所示。

(3) 工资分配的制单。在"工资分摊明细"窗口中，选中"合并科目相同、辅助项相同的分录"，再单击工具栏中的"制单"按钮，系统打开"填制凭证"窗口，选择凭证分类为"记账凭证"，单击工具栏中的"保存"按钮，结果如图9-9所示。

(4) 退出。单击"填制凭证"和"工资分摊明细"窗口右上角的"关闭"按钮，关闭并退出窗口。

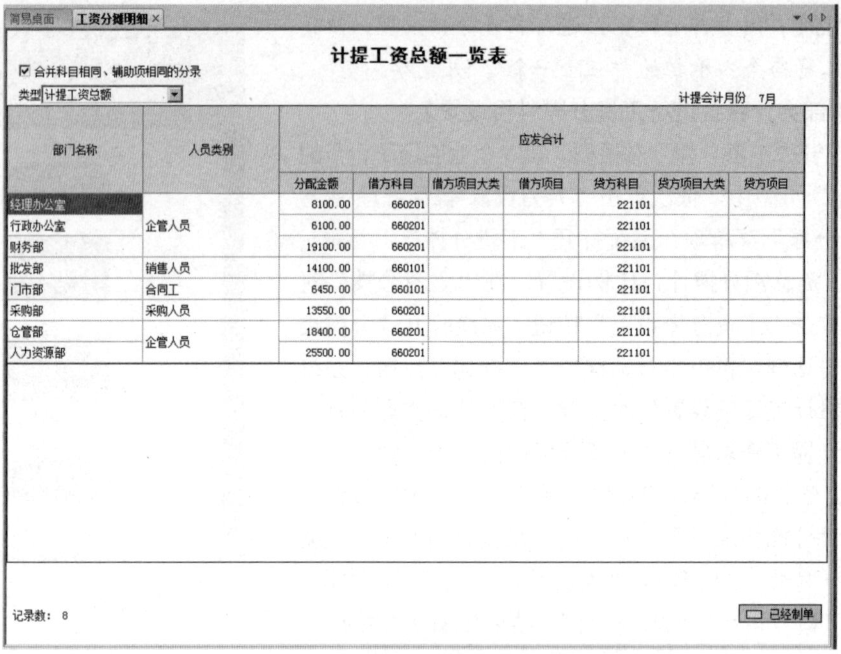

图 9-8 计提工资总额一览表

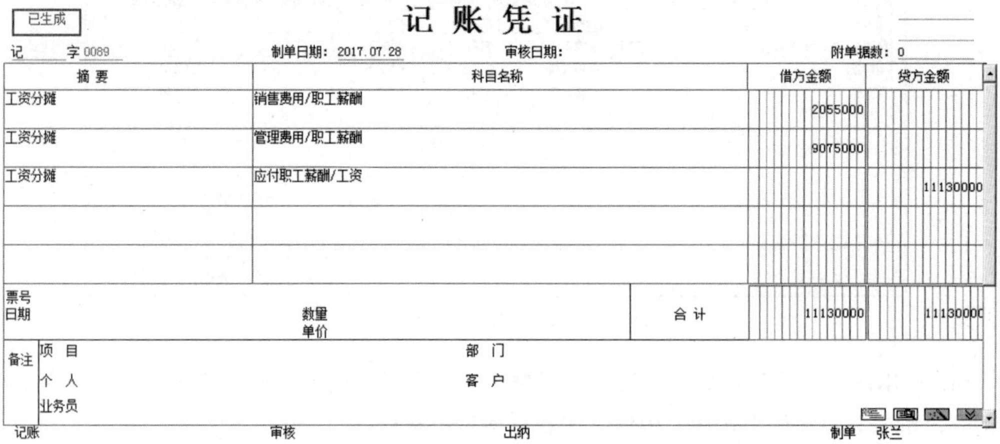

图 9-9 工资总额制单结果

9.4 计提单位承担社会保险费与住房公积金

7月28日，计提单位承担社会保险(五险一金计提基数的32.8%，包括养老保险20%、医疗保险10%、失业保险1%、工伤保险1%、生育保险0.8%)和住房公积金(五险一金计提基数的12%)。

9.4.1 业务概述与分析

7月28日，计提单位承担社会保险和住房公积金的分摊科目设置，如表9-2所示。

表 9-2　单位承担社会保险和住房公积金的分摊科目设置

部门与人员类别	工资分摊	单位承担社会保险(32.8%)		单位承担住房公积金(12%)	
		借方科目	贷方科目	借方科目	贷方科目
总经理办公室 行政办公室 财务部 仓管部 人力资源部	企管人员	660201　管理费用—职工薪酬	22110301　应付职工薪酬—养老保险 22110401　应付职工薪酬—医疗保险 22110501　应付职工薪酬—失业保险 221106　应付职工薪酬—工伤保险 221107　应付职工薪酬—生育保险	660201　管理费用—职工薪酬	22110801　应付职工薪酬工资—住房公积金
采购部	采购人员	660201　管理费用—职工薪酬		660201　管理费用—职工薪酬	
批发部	销售人员	660101　销售费用—职工薪酬		660201　管理费用—职工薪酬	
门市部	合同工			660101　销售费用—职工薪酬	

本笔业务是单位承担社会保险费和住房公积金的设置、分摊与制单,需要进行单位承担社会保险和住房公积金费用分摊科目设置、工资费用分摊与制单。

9.4.2　操作指导

1. 操作流程

图 9-10 所示是本业务的操作流程。

请确认系统日期和业务日期为 2017 年 7 月 28 日。

2. 单位承担社会保险和住房公积金的科目设置、计提与制单的操作步骤

任务说明:财务部会计张兰进行单位承担社会保险和住房公积金的科目设置、计提与制单。

【财务部会计张兰进行单位承担社会保险和住房公积金的分摊科目设置】

(1) 打开"工资分摊"对话框。在"企业应用平台"的"业务工作"页签中,依次单击"人力资源/薪资管理/业务处理/工资分摊"菜单项,系统打开"工资分摊"对话框。

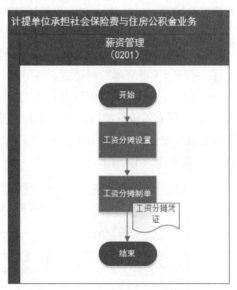

图 9-10　计提单位承担社会保险费与住房公积金业务的操作流程

(2) 打开"分摊类型设置"对话框。在"工资分摊"对话框中,单击"工资分摊设置"按钮,系统打开"分摊类型设置"对话框。

(3) 单位承担养老保险计提比例设置。在"分摊类型设置"对话框中,单击"增加"按钮,系统打开"分摊计提比例设置"对话框,在"计提类型名称"栏录入"计提单位承担养老保险","分摊计提比例"为 20%。

(4) 单位承担社会保险费分摊构成设置。单击"下一步"按钮，系统打开"分摊构成设置"对话框，在该对话框中，根据表 9-2 逐一编辑"部门名称""人员类别""工资项目(五险一金计提基数)""借方科目""贷方科目"，录入完成的结果如图 9-11 所示。

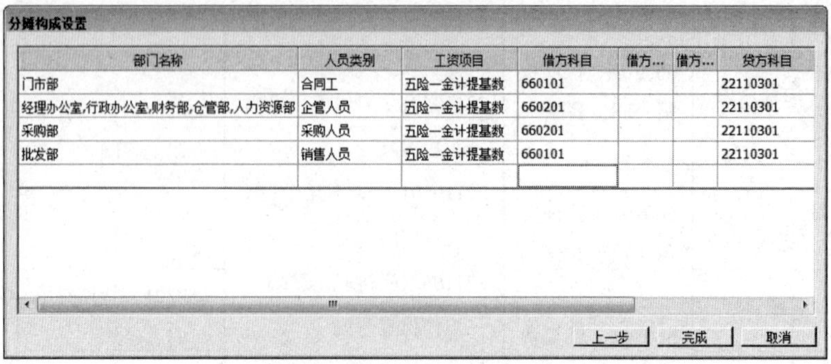

图 9-11 单位承担养老保险费分摊科目设置的结果

(5) 单击"完成"按钮，保存该分摊构成设置，系统返回"分摊类型设置"对话框。

(6) 重复步骤(3)~(5)，完成"计提单位承担医疗保险""计提单位承担失业保险""计提单位承担工伤保险""计提单位承担生育保险"和"计提单位承担住房公积金"的分摊设置，"分摊比例"分别为 10%、1%、1%、0.8%、12%。

(7) 退出。单击"分摊构成设置"对话框中的"返回"按钮，系统返回"工资分摊"对话框。

【财务部会计张兰进行单位承担社会保险和住房公积金的计提与制单】

(1) 打开"工资分摊"对话框。

(2) 计提单位承担养老保险费。在"工资分摊"窗口中，仅选中"计提单位承担养老保险费"，并选中所有的核算部门，确认勾选"明细到工资项目"和"按项目核算"，然后单击"确定"按钮以完成计提工作，系统打开"工资分摊明细"窗口，显示"计提单位承担养老保险一览表"，结果如图 9-12 所示。

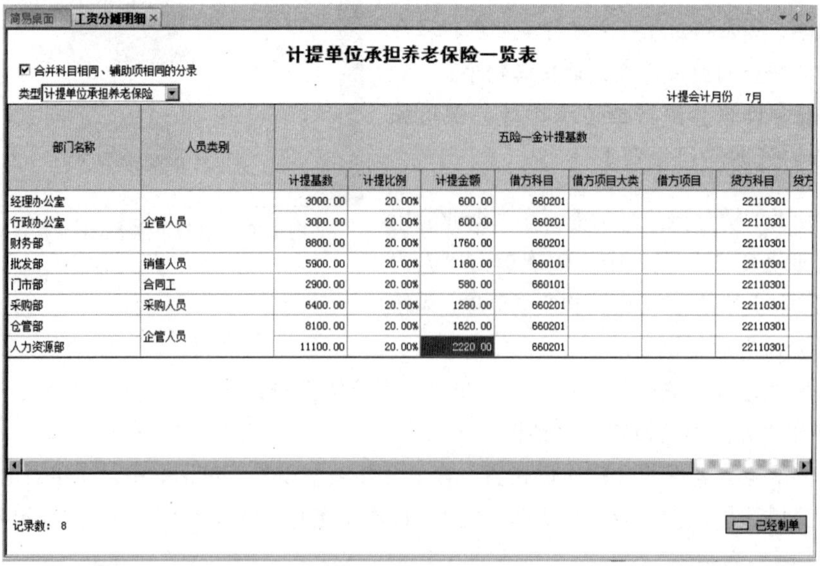

图 9-12 计提单位承担养老保险费一览表

(3) 计提单位承担养老保险费的分摊制单。在"计提单位承担养老保险一览表"窗口中，选中"合并科目相同、辅助项相同的分录"，再单击工具栏中的"制单"按钮，系统打开"填制凭证"窗口，选择凭证分类为"记账凭证"，单击"保存"按钮，保存该凭证，结果如图9-13所示。

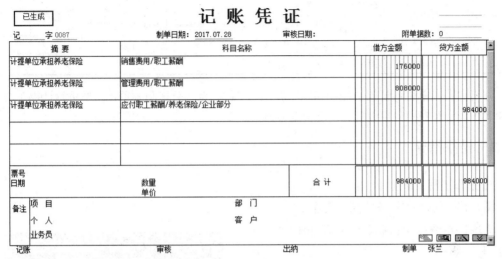

图 9-13　计提单位承担养老保险费制单结果

(4) 退出。单击"填制凭证"和"工资分摊明细"窗口中的"关闭"按钮，退出窗口。
(5) 计提单位承担医疗保险、失业保险、工伤保险、生育保险和住房公积金制单。重复步骤(1)~(4)，完成单位承担医疗保险、失业保险、工伤保险、生育保险和住房公积金计提和制单。

9.5　计提工会经费和职工教育经费

工会经费是指工会依法取得并开展正常活动所需的费用，职工教育经费是指企业按工资总额的一定比例提取用于职工教育事业的一项费用，是企业为职工学习先进技术和提高文化水平而支付的费用。

本公司规定，按应发工资总额的2%计提工会经费，2.5%计提职工教育经费。

9.5.1　业务概述与分析

7月28日，单位计提工会经费和职工教育经费的分摊科目如表9-3所示。

表 9-3　单位计提工会经费和职工教育经费的分摊科目

部门与人员类别	工资分摊	工会经费(2%)		职工教育经费(2.5%)	
		借方科目	贷方科目	借方科目	贷方科目
总经理办公室 行政办公室 财务部 仓管部 人力资源部	企管人员	660201　管理费用—职工薪酬	221109　应付职工薪酬—工会经费	660201　管理费用—职工薪酬	221110　应付职工薪酬—职工教育经费

(续表)

部门与人员类别	工资分摊	工会经费(2%)		职工教育经费(2.5%)	
		借方科目	贷方科目	借方科目	贷方科目
采购部	采购人员	660201 管理费用—职工薪酬	221109 应付职工薪酬—工会经费	660101 销售费用—职工薪酬	221110 应付职工薪酬—职工教育经费
批发部	销售人员	660101 销售费用—职工薪酬			
门市部	合同工				

本笔业务是单位计提工会经费和职工教育经费的设置、分摊与制单，需要进行计提工会经费和职工教育经费的科目设置、工资费用分摊与制单。

9.5.2 操作指导

1. 操作流程

图 9-14 所示是本业务的操作流程。

请确认系统日期和业务日期为 2017 年 7 月 28 日。

2. 单位承担工会经费和职工教育经费的科目设置，计提与制单的操作步骤

任务说明：财务部会计张兰进行单位承担工会经费和职工教育经费的科目设置，计提与制单。

【财务部会计张兰进行工会经费和职工教育经费的分摊科目设置】

(1) 打开"工资分摊"对话框。在"企业应用平台"的"业务工作"页签中，依次单击"人力资源/薪资管理/业务处理/工资分摊"菜单项，系统打开"工资分摊"对话框。

(2) 打开"分摊类型设置"对话框。在"工资分摊"对话框中，单击"工资分摊设置"按钮，系统打开"分摊类型设置"对话框。

(3) 工会经费的计提比例设置。在"分摊类型设置"对话框中，单击"增加"按钮，系统打开"分摊计提比例设置"对话框，在"计提类型名称"栏录入"计提工会经费"，"分摊计提比例"为2%。

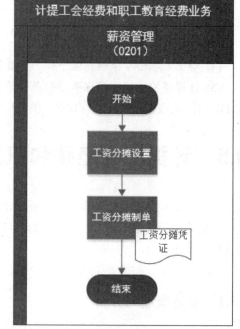

图 9-14 计提工会经费和职工教育经费业务的操作流程

(4) 工会经费的分摊构成设置。单击"下一步"按钮，系统打开"分摊构成设置"对话框，在该对话框中，根据表 9-3 逐一编辑"部门名称""人员类别""工资项目(应发合计)""借方科目""贷方科目"，录入完成的结果如图 9-15 所示。

图 9-15　工会经费分摊科目设置的结果

(5) 单击"完成"按钮，保存该分摊构成设置，系统返回"分摊类型设置"对话框。

(6) 重复步骤(3)～(5)，完成"计提职工教育经费"分摊设置，"分摊比例"为 2.5%，录入完成的结果如图 9-16 所示。

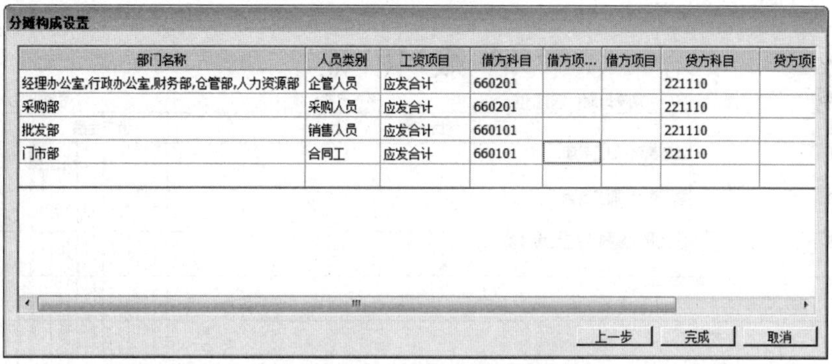

图 9-16　职工教育经费分摊科目设置的结果

(7) 退出。单击"分摊构成设置"对话框中的"返回"按钮，系统返回"工资分摊"对话框。

【财务部会计张兰进行工会经费和职工教育经费的计提与制单】

(1) 打开"工资分摊"对话框。

(2) 计提工会经费。在"工资分摊"对话框中，仅选中"计提工会经费"，并选中所有的核算部门，确认勾选"明细到工资项目"和"按项目核算"，单击"确定"按钮以完成计提工作，系统打开"工资分摊明细"窗口，显示"计提工会经费一览表"。

(3) 工会经费的分摊制单。在"工资分摊明细"窗口中，选中"合并科目相同、辅助项相同的分录"，再单击工具栏中的"制单"按钮，系统打开"填制凭证"窗口，选择凭证分类为"记账凭证"，单击"保存"按钮，保存该凭证，结果如图 9-17 所示。

(4) 退出。单击"填制凭证"和"工资分摊明细"窗口中的"关闭"按钮，退出窗口。

(5) 计提职工教育经费。重复步骤(1)～(4)，完成职工教育经费的计提和制单，结果如图 9-18 所示。

(6) 退出。单击"填制凭证"和"工资分摊明细"窗口中的"关闭"按钮，退出窗口。

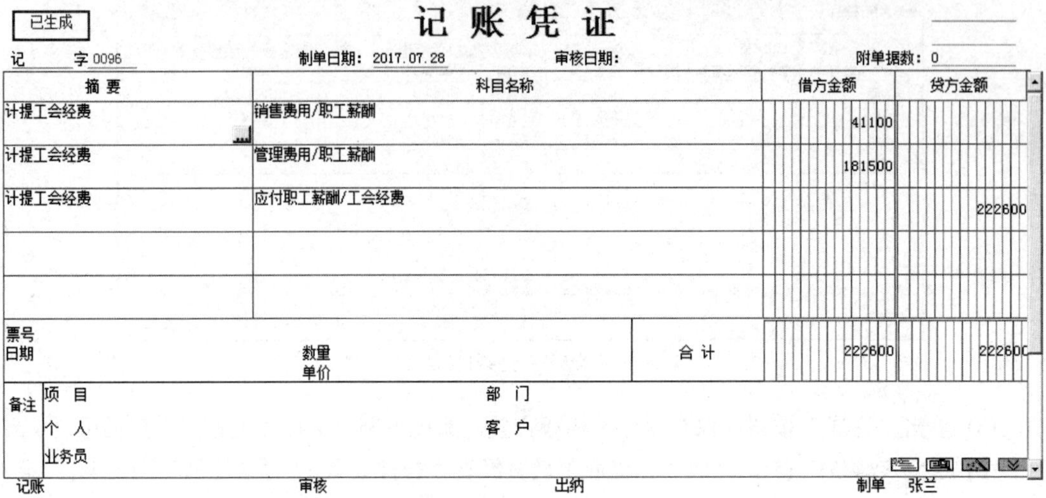

已生成

记 账 凭 证

记 字 0096 制单日期：2017.07.28 审核日期： 附单据数：0

摘要	科目名称	借方金额	贷方金额
计提工会经费	销售费用/职工薪酬	41100	
计提工会经费	管理费用/职工薪酬	181500	
计提工会经费	应付职工薪酬/工会经费		222600
票号 日期	数量 单价 合计	222600	222600

备注 项目 部门
个人 客户
业务员

记账 审核 出纳 制单 张兰

图 9-17 工会经费制单结果

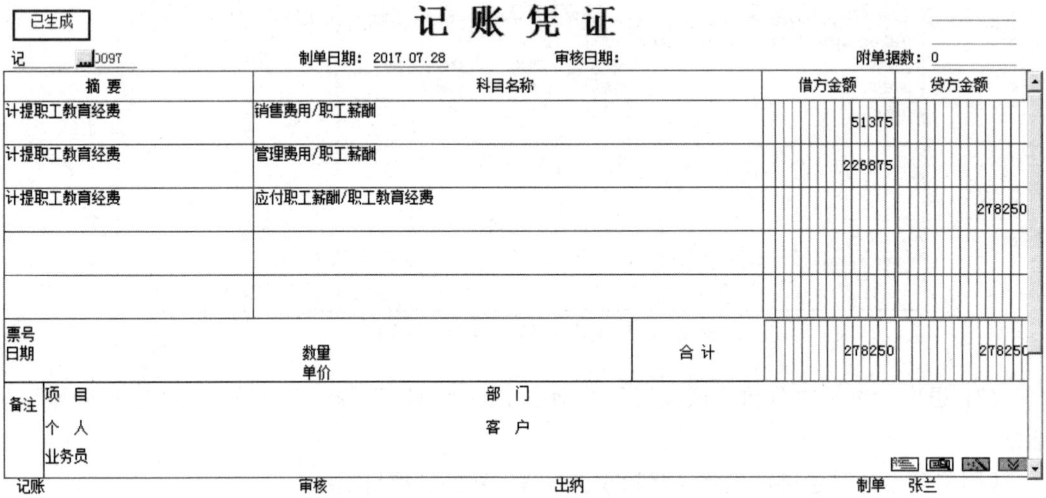

已生成

记 账 凭 证

记 字 0097 制单日期：2017.07.28 审核日期： 附单据数：0

摘要	科目名称	借方金额	贷方金额
计提职工教育经费	销售费用/职工薪酬	51375	
计提职工教育经费	管理费用/职工薪酬	226875	
计提职工教育经费	应付职工薪酬/职工教育经费		278250
票号 日期	数量 单价 合计	278250	278250

备注 项目 部门
个人 客户
业务员

记账 审核 出纳 制单 张兰

图 9-18 职工教育经费制单结果

9.6 计提个人三险一金和代扣个人所得税

“三险一金”是指养老保险、失业保险、医疗保险以及住房公积金。

个人所得税是国家对本国公民、居住在本国境内的个人的所得和境外个人来源于本国的所得征收的一种所得税。根据有关规定，本公司代扣个人所得税，相关的设置和初始值，参见第 3 章 3.5 节中的 3.5.5 小节。

9.6.1 业务概述与分析

7 月 28 日，计提个人三险一金(养老保险 8%、医疗保险 2%、失业保险 0.2%、住房公积金

12%)和代扣个人所得税,分摊科目如表9-4、表9-5所示。

表9-4 职工个人承担社会保险和住房公积金的分摊科目

工资分摊 部门与人员类别		个人承担社会保险费(10.2%)		个人承担住房公积金(12%)	
		借方科目	贷方科目	借方科目	贷方科目
总经理办公室 行政办公室 财务部 仓管部 人力资源部	企管人员	221101 应付职工薪酬—工资	22110302 应付职工薪酬—养老保险 22110402 应付职工薪酬—医疗保险 22110502 应付职工薪酬—失业保险	221101 应付职工薪酬—工资	22110802 应付职工薪酬—住房公积金
采购部	采购人员				
批发部	销售人员				
门市部	合同工				

表9-5 个人所得税科目

工资分摊 部门与人员类别		代扣个人所得税(100%扣税合计)	
		借方科目	贷方科目
总经理办公室 行政办公室 财务部 仓管部 人力资源部	企管人员	221101 应付职工薪酬—工资	222111 应交税费—应交个人所得税
采购部	采购人员		
批发部	销售人员		
门市部	合同工		

9.6.2 操作指导

1. 操作流程

图9-19所示是本业务的操作流程。

请确认系统日期和业务日期为2017年7月28日。

2. 个人社会保险与住房公积金分摊设置并制单的操作步骤

任务说明:财务部会计张兰进行个人承担的养老保险、医疗保险、失业保险和住房公积金分摊设置、计提与制单。

【财务部会计张兰进行个人承担养老保险和住房公积金的分摊科目设置】

(1)打开"工资分摊"对话框。在"企业应用平台"的"业务工作"页签中,依次

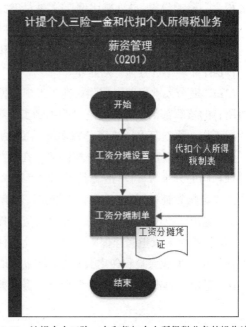

图9-19 计提个人三险一金和代扣个人所得税业务的操作流程

单击"人力资源/薪资管理/业务处理/工资分摊"菜单项,系统打开"工资分摊"对话框。

(2) 打开"分摊类型设置"对话框。在"工资分摊"对话框中,单击"工资分摊设置"按钮,系统打开"分摊类型设置"对话框。

(3) 个人承担养老保险的计提比例设置。在"分摊类型设置"对话框中,单击"增加"按钮,系统打开"分摊计提比例设置"对话框,在"计提类型名称"栏录入"个人承担养老保险","分摊计提比例"为8%。

(4) 个人承担养老保险的分摊构成设置。单击"下一步"按钮,系统打开"分摊构成设置"对话框,在该对话框中,根据表9-4逐一编辑"部门名称""人员类别""工资项目(五险一金计提基数)""借方科目""贷方科目",录入完成的结果如图9-20所示。

部门名称	人员类别	工资项目	借方科目	借…	借…	贷方科目	贷
经理办公室,行政办公室,财务部,仓管部,人力资源部	企管人员	五险一金计提基数	221101			22110302	
采购部	采购人员	五险一金计提基数	221101			22110302	
批发部	销售人员	五险一金计提基数	221101			22110302	
门市部	合同工	五险一金计提基数	221101			22110302	

图9-20 个人承担养老保险费分摊科目设置的结果

(5) 单击"完成"按钮,保存该分摊构成设置,系统返回"分摊类型设置"对话框。

(6) 重复步骤(3)~(5),完成"个人承担医疗保险""个人承担失业保险"和"个人承担住房公积金"分摊设置,"分摊比例"分别为2%、0.2%、12%。

(7) 退出。单击"分摊构成设置"对话框中的"返回"按钮,系统返回"工资分摊"对话框。

【财务部会计张兰进行个人承担社会保险和住房公积金的计提与制单】

(1) 打开"工资分摊"对话框。

(2) 计提个人承担养老保险。在"工资分摊"对话框中,仅选中"个人承担养老保险",并选中所有的核算部门,确认勾选"明细到工资项目"和"按项目核算",单击"确定"按钮以完成计提工作,系统打开"工资分摊明细"窗口,显示"计提个人承担养老保险一览表"。

(3) 个人承担养老保险的分摊制单。在"工资分摊明细"窗口中,选中"合并科目相同、辅助项相同的分录",再单击工具栏中的"制单"按钮,系统打开"填制凭证"窗口,选择凭证分类为"记账凭证",单击"保存"按钮,保存该凭证,结果如图9-21所示。

(4) 退出。单击"填制凭证"和"工资分摊明细"窗口中的"关闭"按钮,退出窗口。

(5) 计提个人承担医疗保险、失业保险和住房公积金制单。重复步骤(1)~(4),完成个人承担医疗保险、失业保险和住房公积金的计提和制单。

(6) 退出。单击"填制凭证"和"工资分摊明细"窗口中的"关闭"按钮,退出窗口。

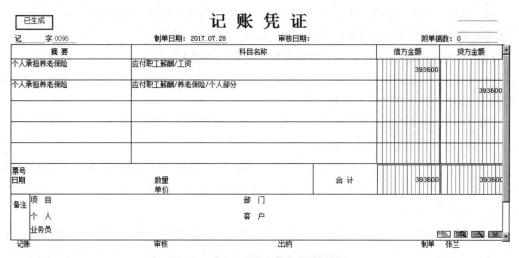

图 9-21　个人承担养老保险费制单结果

3. 代扣个人所得税制表与分摊设置并制单的操作步骤

任务说明：财务部会计张兰进行代扣个人所得税制表、分摊设置、计提与制单。

【财务部会计张兰进行代扣个人所得税制表】

(1) 打开"个人所得税申报模板"对话框。在"薪资管理"子系统中，依次单击"业务处理/扣缴所得税"菜单项，系统打开"个人所得税申报模板"对话框。

(2) 所得税申报。在"个人所得税申报模板"对话框中，在"请选择所在地区名"中选择"北京"，并在其表体中选中"北京扣缴个人所得税报表"选项，然后单击该对话框中的"打开"按钮，系统打开"所得税申报"对话框，单击"确定"按钮，系统打开"所得税申报"窗口，显示"系统扣缴个人所得税报表"，结果如图 9-22 所示。

图 9-22　扣缴个人所得税报表

(3) 退出。单击"所得税申报"窗口工具栏中的"退出"按钮,退出该窗口;再单击"个人所得税申报模板"对话框中的"取消"按钮,返回企业应用平台。

【财务部会计张兰进行代扣个人所得税的分摊科目设置】

(1) 打开"工资分摊"对话框。在"薪资管理"子系统中,依次单击"业务处理/工资分摊"菜单项,系统打开"工资分摊"对话框。

(2) 打开"分摊类型设置"对话框。在"工资分摊"对话框中,单击"工资分摊设置"按钮,系统打开"分摊类型设置"对话框。

(3) 代扣个人所得税的计提比例设置。在"分摊类型设置"对话框中,单击"增加"按钮,系统打开"分摊计提比例设置"对话框,在"计提类型名称"栏录入"代扣个人所得税","分摊计提比例"为100%。

(4) 代扣个人所得税的分摊构成设置。单击"下一步"按钮,系统打开"分摊构成设置"对话框,在该对话框中,根据表9-5逐一编辑"部门名称""人员类别""工资项目(代扣税)""借方科目""贷方科目",录入完成的结果如图9-23所示。

部门名称	人员类别	工资项目	借方科目	借方项...	借方...	贷方科目
门市部	合同工	代扣税	221101			222111
经理办公室,行政办公室,财务部,仓管部,人力资源部	企管人员	代扣税	221101			222111
采购部	采购人员	代扣税	221101			222111
批发部	销售人员	代扣税	221101			222111

图9-23 个人所得税分摊科目设置的结果

(5) 单击"完成"按钮,保存该分摊构成设置,系统返回"分摊类型设置"对话框。

(6) 退出。单击"分摊构成设置"对话框中的"返回"按钮,系统返回"工资分摊"对话框。

【财务部会计张兰进行个人所得税的查阅与制单】

(1) 打开"工资分摊"对话框。

(2) 查阅个人所得税。在"工资分摊"对话框中,仅选中"代扣个人所得税",并选中所有的核算部门,确认勾选"明细到工资项目",单击工具栏中的"确定"按钮以完成计提工作,系统打开"工资分摊明细"窗口,显示"代扣个人所得税一览表"。

(3) 代扣个人所得税制单。在"代扣个人所得税一览表"窗口中,选中"合并科目相同、辅助项相同的分录",再单击工具栏中的"制单"按钮,系统打开"填制凭证"窗口,选择凭证分类为"记账凭证",单击"保存"按钮,保存该凭证,结果如图9-24所示。

(4) 退出。单击"填制凭证"和"工资分摊明细"窗口中的"关闭"按钮,退出窗口。

图 9-24 个人所得税制单结果

9.7 查询并输出工资信息

9.7.1 业务概述与分析

7月28日,财务部会计张兰查看薪资发放条、部门工资汇总表等,输出为"薪资发放条.xls""部门工资汇总表.xls"。

本笔业务是查询与输出工资统计信息,需要进行账表查询,并以 Excel 文件格式输出。

9.7.2 操作指导

1. 操作流程

图 9-25 所示是本业务的操作流程。

请确认系统日期和业务日期为 2017 年 7 月 28 日。

2. 查看并输出薪资发放条和部门工资汇总表的操作步骤

任务说明:财务部会计张兰查看并输出薪资发放条和部门工资汇总表。

【财务部会计张兰查看并输出薪资发放条】

(1) 打开"工资表"对话框。在"企业应用平台"的"业务工作"页签中,依次单击"人力资源/薪资管理/统计分析/账表/工资表"菜单项,系统打开"工资表"对话框。

(2) 打开"工资发放条"窗口。在"工资表"对话框中,选中"工资发放条",然后单击"查看"按钮,系统打开"工资发放条"对话框,选中"所有部门"和"选定下级部门",单击"确定"按钮,系统打开"工

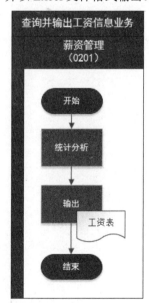

图 9-25 查询并输出工资信息业务的流程

资发放条"窗口。

(3) 输出"工资发放条"。在"工资表"对话框中,单击"输出"按钮,系统打开"另存为"对话框;在该对话框中,选择输出的路径,编辑"文件名"为"薪资发放条","文件类型"为".xls",然后单击"保存"按钮,系统打开"请输入表/工作单名"对话框,直接单击"确认"按钮,完成工资条的输出。

(4) 退出。单击"工资发放条"窗口中的"退出"按钮退出窗口。

【财务部会计张兰查看并输出部门工资汇总表】

(1) 打开"工资表"对话框。

(2) 打开"部门工资汇总表"窗口。在"工资表"对话框中,选中"部门工资汇总表",然后单击"查看"按钮,系统打开"部门工资汇总表-选择部门范围"对话框,选中"所有部门"和"选定下级部门",单击"确定"按钮,系统弹出"部门工资汇总表"对话框并默认选定了"一级部门"和"二级部门"复选框,单击"确定"按钮,系统打开"部门工资汇总表"窗口。

(3) 输出"部门工资汇总表"。在"部门工资汇总表"对话框中,单击"输出"按钮,系统打开"另存为"对话框;在该对话框中,选择输出的路径,编辑"文件名"为"部门工资汇总表","文件类型"为".xls",然后单击"保存"按钮,系统打开"请输入表/工作单名"对话框,直接单击"确认"按钮,完成部门工资汇总表的输出。

(4) 退出。单击"部门工资汇总表"窗口中的"退出"按钮,退出窗口。

第 10 章

固定资产业务

固定资产是企业为生产产品、提供劳务、出租或者经营管理而持有的、使用时间超过 12 个月的，价值达到一定标准的非货币性资产，包括房屋、建筑物、机器、机械、运输工具以及其他与生产经营活动有关的设备、器具、工具等。

用友 ERP-U8 的固定资产系统，可以处理资产购置、资产变动和计提折旧等日常业务，以及各种账表查询。资产变动包括原值变动、部门转移、使用状况变动、使用年限调整、折旧方法调整、净残值(率)调整、工作总量调整、累计折旧调整、资产类别调整等；计提折旧功能提供折旧公式的自定义，并按分配表自动生成记账凭证。

本章设计了购置固定资产、固定资产调配、固定资产报废业务，以及计提固定资产折旧。

本章的操作请按照业务描述中的系统日期(如 7 月 28 日)和操作员(如财务部会计张兰)，在第 9 章完成的基础上，在固定资产和总账系统中进行。

如果没有完成第 9 章的薪资业务的操作，可以到百度网盘空间的"实验账套数据"文件夹中，将"09 薪资管理.rar"下载到实验用机上，然后"引入"(操作步骤详见第 1 章 1.3 节中的 1.3.5 小节)ERP-U8 系统中。而且，本章完成的账套其"输出"压缩的文件名为"10 固定资产.rar"。

需要说明的是：

因网盘中的账套备份文件均为"压缩"文件，所以下载完成后引入前，需要用解压缩工具进行解压(建议用 WinRAR 3.42 或以上版本)，得到相应可以引入的账套数据文件。

本章的所有业务实验操作都有配套的微视频，读者可通过百度网盘下载观看。

10.1 购置固定资产业务

10.1.1 业务概述与分析

7 月 28 日，与河北极速商贸签订购买固定资产合同，相应单据可参见图 10-1～图 10-4。

购销合同

合同编号：CG007

卖方：河北极速商贸公司

买方：北京伊莱特电器有限公司

为保护买卖双方的合法权益，买卖双方根据《中华人民共和国合同法》的有关规定，经好友协商，一致同意签订本合同，共同遵守：

一、货物的名称、数量及金额

货物的名称	规格型号	计量单位	数量	单价（不含税）	金额（不含税）	税率	价税合计
联想电脑	天逸5050台式机	台	2	6000	12000.00	17%	14040.00
合计					￥12000.00		￥14040.00

二、合同总金额：人民币壹万肆仟零肆拾元整（￥14040.00）

三、付款时间及付款方式：

付款时间：签订合同之日，买方向卖方支付全部货款，即人民币壹万肆仟零肆拾元整（￥14040.00）

付款方式：转账支票

四、时间与地点：交货时间为2017年7月28日，交货地点：北京伊莱特电器有限公司

五、发运方式与运输费用承担方式：由卖方免费运货

卖方：河北极速商贸公司　　买方：北京伊莱特电器有限公司

授权代表：刘浩　　授权代表：刘静

日期：2017年7月28日　　日期：2017年7月28日

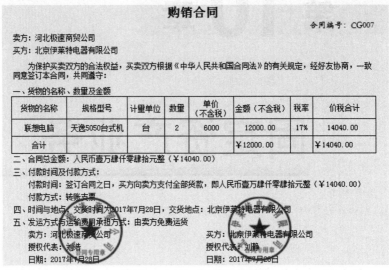

图 10-1　CG007 合同的原始单据

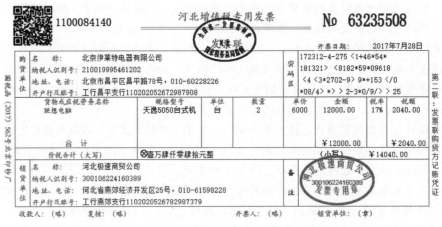

1100084140　　**河北增值税专用发票**　　No 63235508

发票联

开票日期：2017年7月28日

购货单位　名　　称：北京伊莱特电器有限公司
纳税人识别号：210019995461202
地址、电话：北京市昌平区昌平路78号，010-60228226
开户行及账号：工行昌平支行110202052672987908

密码区　172312-4-275 <1+46*54*
181321> <8182*59*09618
<4 <3*2702-9> 9*+153 </0
*08/4> *> > 2-3*0/9/> > 25

货物或应税劳务名称	规格型号	单位	数量	单价	金额	税率	税额
联想电脑	天逸5050台式机	台	2	6000	12000.00	17%	2040.00
合　计					￥12000.00		￥2040.00

价税合计（大写）　⊗壹万肆仟零肆拾元整　（小写）￥14040.00

销货单位　名　　称：河北极速商贸公司
纳税人识别号：300106224160389
地址、电话：何北省燕郊经济开发区25号，010-61598228
开户行及账号：工行燕郊支行1102020526782987379

备注

收款人：（略）　复核：（略）　开票人：（略）　销货单位：（章）

国税函（2017）562号北京印钞厂

第二联：发票联购货方记账凭证

图 10-2　采购专用发票

固定资产验收交接单

固定资产类别：办公设备

固定资产项目名称	联想电脑	规格及型号	天逸5050台式机	供货商	极速公司	取得来源	直接购入
原值	6000.00	其中安装费		预计净残值率	3%		
建造日期		验收日期	2017.7.28	开始使用日期	2017.7.28	预计使用年限	5
年折旧额		年折旧率		月折旧额		月折旧率	1.62%
投入日期	2017.7.28	投入时已使用年限		尚能使用年限		投入时已计提折旧额	
验收意见	符合规定质量标准，验收合格						
移交单位	采购部	接受单位负责人		略		移交人	略
接管单位	经理办公室	接管单位负责人		略		移交人	略

图 10-3　固定资产验收交接单(以一台电脑为例)

中国工商银行
转账支票存根
10203520
22456825
附加信息

出票日期：2017年7月28日
收款人：河北极速商贸公司
金　额：￥14040.00
用　途：付联想电脑货款
单位主管　　会计

图 10-4　支票存根

本笔业务是固定资产购置业务，购置的固定资产将于当月使用，所以在用友 ERP-U8 系统中，可以通过采购管理系统进行固定资产的采购订单、到货单、采购专用发票的处理，在库存

管理中进行采购入库处理,在应付款管理中进行应付确认,最后在固定资产系统中通过"采购资产"生成固定资产卡片。本笔业务需要填制与审核固定资产采购订单、到货单和入库单,填制、现付与结算采购专用发票,应付确认,固定资产卡片增加。

10.1.2 操作指导

1. 操作流程

图 10-5 所示是本业务的操作流程。

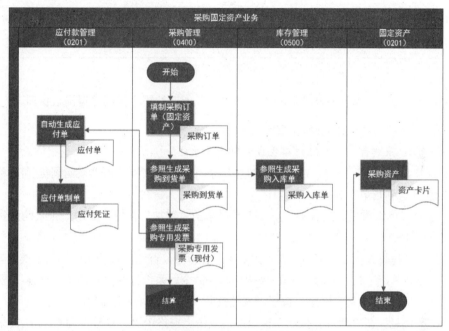

图 10-5 采购固定资产业务的操作流程

请确认系统日期和业务日期为 2017 年 7 月 28 日。

2. 采购订单填制并审核的操作步骤

任务说明: 采购部刘静填制并审核采购订单。

(1) 打开"采购订单"窗口。在"企业应用平台"的"业务工作"页签中,依次单击"供应链/采购管理/采购订货/采购订单"菜单项,系统打开"采购订单"窗口。

(2) 填制采购订单。在"采购订单"窗口,单击工具栏中的"增加"按钮,新增一张采购订单,然后做如下编辑:

① 编辑表头。修改表头的"业务类型"为"固定资产"、"订单编号(即合同编号)"为 CG007、"采购类型"为"资产采购"、"供应商"为"极速公司"、"部门"为"采购部"、"业务员"为"刘静",其他项为默认。

② 编辑表体。在第 1 行,参照生成"存货编码"为 00013(联想电脑)、"数量"编辑为 2、"原币单价"为 6000,其他项为默认。

(3) 保存。单击工具栏中的"保存"按钮,保存该单据,然后单击"审核"按钮,结果如图 10-6 所示。

图 10-6 固定资产采购订单

（4）退出。单击"采购订单"窗口右上角的"关闭"按钮，关闭并退出该窗口。

3. 到货单填制并审核的操作步骤

任务说明：采购部刘静参照订单生成到货单并审核。

（1）打开"到货单"窗口。在"采购管理"子系统中，依次单击"采购到货/到货单"菜单项，系统打开"到货单"窗口。

（2）参照订单生成采购到货单。单击工具栏中的"增加"按钮，新增一张采购到货单，然后做如下操作：

① 打开"拷贝并执行"窗口。在"到货单"窗口中，首先设置表头的"业务类型"为"固定资产"，然后单击工具栏中的"生单/采购订单"命令，系统打开"查询条件选择-采购订单列表过滤"对话框，单击其"确定"按钮，系统打开"拷贝并执行"窗口。

② 拷贝信息。在"拷贝并执行"窗口中，双击上窗格中"订单号"为 CG007 的采购订单所在行的"选择"栏，再单击其工具栏中的"OK 确定"按钮，系统返回"到货单"窗口，此时相关的信息已经有默认值，不需要修改。

（3）保存。单击工具栏中的"保存"按钮，保存该单据，然后单击"审核"按钮，结果如图 10-7 所示。

图 10-7 固定资产采购到货单

(4) 退出。单击"到货单"窗口右上角的"关闭"按钮,关闭并退出该窗口。

4. 入库单生成并审核的操作步骤

任务说明:仓管部李莉参照到货单生成入库单并审核。

(1) 打开库存管理的"采购入库单"窗口。在"企业应用平台"的"业务工作"页签中,依次单击"供应链/库存管理/入库业务/采购入库单"菜单项,系统打开"采购入库单"窗口。

(2) 参照到货单生成采购入库单。在"采购入库单"窗口,单击工具栏中的"增加"按钮,新增一张采购入库单,然后做如下操作:

① 打开"到货单生单列表"窗口。单击表头的"到货单号"的参照按钮,系统弹出"查询条件选择-采购到货单列表"对话框,先设置其"业务类型"为"固定资产",然后单击"确定"按钮,系统打开"到货单生单列表"窗口。

② 拷贝信息。在"到货单生单列表"窗口中,双击要选择的采购到货单所对应的"选择"栏目(即上一步骤完成的采购到货单),再单击工具栏中的"确定"按钮,系统返回"采购入库单"窗口,此时相关的信息已经默认显示在入库单上。

(3) 保存。单击工具栏中的"保存"按钮,再单击工具栏中的"审核"按钮,结果如图 10-8 所示。

图 10-8 固定资产采购入库单

(4) 退出。单击"采购入库单"窗口右上角的"关闭"按钮,关闭并退出该窗口。

5. 采购专用发票生成、现付并结算的操作步骤

任务说明:采购部刘静参照入库单生成采购专用发票,并且现付和窗口结算。

(1) 打开"专用发票"窗口。在"采购管理"子系统中,依次单击"采购发票/专用采购发票"菜单项,系统打开"专用发票"窗口。

(2) 新增发票。在"专用发票"窗口,单击工具栏中的"增加"按钮,新增一张采购专用发票。

(3) 参照入库单生成发票。首先设置表头的"业务类型"为"固定资产",再单击工具栏中的"生单/入库单"命令,系统打开"查询条件选择-采购入库单列表过滤"对话框;单击"确定"按钮,并在系统打开的"拷贝并执行"窗口中,双击上窗格中要选择的采购入库单(即上一步骤完成的采购入库单)所对应的"选择"栏,然后单击工具栏中的"OK 确定"按钮,返回"专用发票"窗口。

(4) 编辑并保存发票。在"专用发票"窗口中,编辑表头的"发票号"为 63235508,其他项为默认,然后单击工具栏中的"保存"按钮,结果如图 10-9 所示。

(5) 采购发票现付。在"专用发票"窗口,单击工具栏中的"现付"按钮,系统打开"采购现付"对话框;在该对话框的表体部分,选择"结算方式"为"转账支票",录入相应的"原币金额" 14 040,输入"票据号"为 22456825,然后单击对话框中的"确定"按钮,返回"专用发票"窗口,此时窗口左上方出现"已现付"字样,结果如图 10-9 所示。

(6) 采购发票窗口结算。在"专用发票"窗口,单击工具栏中的"结算"按钮,此时窗口左上方出现"已结算"字样,表示该发票已经采购结算了,结果如图 10-9 所示。

图 10-9 固定资产采购的专用发票(已现付、已结算)

(7) 退出。单击"专用发票"窗口右上角的"关闭"按钮,关闭并退出该窗口。

6. 采购专用发票审核并制单的操作步骤

任务说明:财务部会计张兰进行现付审核与制单。

(1) 打开"单据处理"窗口。在"企业应用平台"的"业务工作"页签下,依次单击"财务会计/应付款管理/应付单据处理/应付单据审核"菜单项,系统弹出"应付单查询条件"对话框,增加勾选"包含已现结发票"复选框,然后单击该对话框中的"确定"按钮,系统退出该对话框并打开"单据处理"窗口。

(2) 查阅应付单据。在"单据处理"窗口中,系统列出了本业务的采购专用发票,双击该单据所在的行,系统打开"采购发票"窗口,显示相应的专用发票。

(3) 审核并制单。查阅信息无误后,单击工具栏中的"审核"按钮,审核通过该单据,系统弹出信息框提示"是否立即制单?",单击"是"按钮,系统打开"填制凭证"窗口,并确认显示了已生成的凭证信息(借记:固定资产、应交税费/应交增值税/进项税额,贷记:银行存款/工行存款)。

(4) 保存凭证。单击"保存"按钮,保存该凭证,结果如图 10-10 所示。

图 10-10 固定资产采购专用发票的制单结果

(5) 退出。单击"填制凭证""采购发票"和"单据处理"窗口右上角的"关闭"按钮,关闭并退出窗口。

7. 采购资产处理的操作步骤

任务说明:财务部会计张兰做采购资产处理。

(1) 打开"采购资产"窗口。在"企业应用平台"的"业务工作"页签中,依次单击"财务会计/固定资产/卡片/采购资产"菜单项,系统打开"采购资产"窗口,列出"未转采购资产订单列表";双击上窗格的"选择"栏,使其出现"Y"字样,结果如图 10-11 所示。

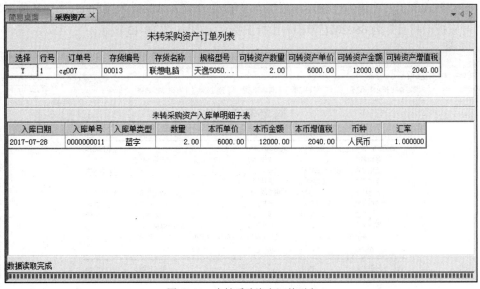

图 10-11 未转采购资产订单列表

(2) 打开"采购资产分配设置"窗口。单击工具栏中的"增加"按钮,系统弹出"采购资产分配设置"窗口,结果如图 10-12 所示。

(3) 卡片设置。在"采购资产分配设置"窗口的表体中,参照生成资产"类别编号"为 02(办公设备),"使用部门"为"经理办公室",修改"按存货数量生成卡片"为"是","使用状况"为"在用",结果如图 10-12 所示。

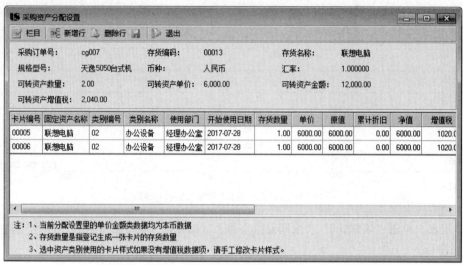

图 10-12　"采购资产分配设置"窗口

(4) 打开"固定资产卡片"窗口。单击"采购资产分配设置"窗口中的"保存"按钮,系统打开"固定资产卡片"窗口,并默认新增了 2 张卡片。

(5) 编辑卡片。在"固定资产卡片"窗口,编辑或确认"固定资产名称"为"联想电脑","规格型号"为"天逸 5050 台式机","使用部门"为"经理办公室","增加方式"为"直接购入","使用状况"为"在用","使用年限"为 5 年(60 个月),"原值"为 6000,"净残值率"为 3%,"对应折旧科目"为 660202(管理费用/折旧费),结果如图 10-13 所示。

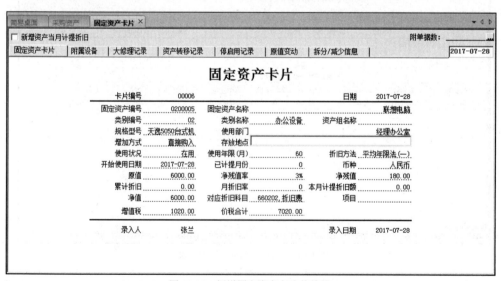

图 10-13　新增固定资产卡片的结果

(6) 保存第 1 张卡片。单击工具栏中的"保存"按钮,系统提示保存成功,单击提示框中的"确定"按钮，系统自动进入下一张卡片。

（7）编辑并保存第 2 张卡片。重复步骤(5)和(6)，保存第 2 张卡片，系统弹出信息提示框，提示成功生成了 2 张卡片，单击其"确定"按钮，系统返回"采购资产"窗口。

（8）退出。单击"采购资产"和"固定资产卡片"窗口右上角的"关闭"按钮，关闭并退出窗口。

10.2 固定资产调配业务

10.2.1 业务概述与分析

7 月 28 日，公司领导陈虹批复将批发部的联想 T4202 电脑转给行政办公室使用，变动原因是公司统一调配资源。

本笔业务是公司固定资产变动业务，需要填制部门转移的固定资产变动单。

需要注意的是，进行部门转移变动的资产，在变动当月就按变动后的部门计提折旧。

10.2.2 操作指导

1. 操作流程

图 10-14 所示是本业务的操作流程。

请确认系统日期和业务日期为 2017 年 7 月 28 日。

2. 填制固定资产变动单的操作步骤

任务说明：财务部会计张兰填制固定资产变动单。

（1）打开"固定资产变动单"窗口。在"企业应用平台"的"业务工作"页签中，依次单击"财务会计/固定资产/卡片/变动单/部门转移"菜单项，系统打开"固定资产变动单"窗口。

（2）编辑变动单。在"固定资产变动单"窗口中，参照生成或直接录入"卡片编号"为 00003(联想 T4202 电脑)，"变动后部门"为"单部门使用"下的"行政办公室"，在"变动原因"栏输入"公司统一调配资源"，其他项为默认。

（3）保存。单击工具栏中的"保存"按钮，系统弹出"数据成功保存！部门已改变，请检查资产对应折旧科目是否正确！"信息提示框，单击"确定"按钮，系统返回"固定资产变动单"窗口，结果如图 10-15 所示。

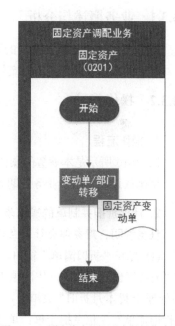

图 10-14 固定资产调配业务的操作流程

（4）退出。单击"固定资产变动单"窗口中的"关闭"按钮，关闭并退出该窗口。

图 10-15　固定资产变动单编辑结果

10.3　计提本月固定资产折旧

固定资产折旧是指在固定资产使用寿命内，按照确定的方法对应计折旧额进行系统分摊。常见的固定资产计提折旧的方法有平均年限法、工作量法、双倍余额递减法以及年数总和法。

10.3.1　业务概述与分析

7月30日，会计对各部门的固定资产计提本月折旧。

本笔业务是计提当月的固定资产折旧业务，需要进行本月的折旧计提与制单。

10.3.2　操作指导

1. 操作流程

图 10-16 所示是本业务的操作流程。

请确认系统日期和业务日期为 2017 年 7 月 30 日。

2. 计提折旧并制单的操作步骤

任务说明： 财务部会计张兰计提折旧并制单。

（1）打开"折旧清单"窗口。在"企业应用平台"的"业务工作"页签中，依次单击"财务会计/固定资产/处理/计提本月折旧"菜单项，系统弹出"是否要查看折旧清单？"信息提示框；单击"是"按钮，系统提示"本操作将计提本月折旧，并花费一定时间，是否继续？"，单击"是"按钮，系统打开"折旧清单"窗口，结果如图 10-17 所示。

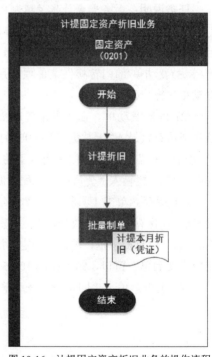

图 10-16　计提固定资产折旧业务的操作流程

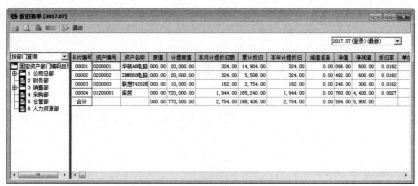

图 10-17　7 月份固定资产折旧清单

(2) 打开"折旧分配表"窗口。单击"折旧清单"窗口中的"退出"按钮，系统提示计提折旧完成，单击信息提示框中的"确定"按钮，系统打开"折旧分配表"窗口，结果如图 10-18 所示。

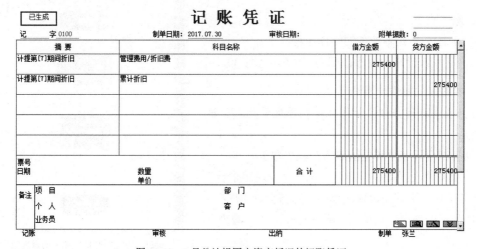

图 10-18　7 月份固定资产部门折旧分配表

(3) 退出。单击"折旧分配表"窗口中的"关闭"按钮，关闭并退出该窗口。

(4) 折旧制单。在"企业应用平台"的"业务工作"页签中，依次单击"财务会计/固定资产/处理/批量制单"菜单项，系统弹出"查询条件选择-批量制单"对话框，单击"确定"按钮，系统退出该对话框并打开"批量制单"窗口，双击要选择的单据所对应的"选择"栏目(即上一步骤完成的折旧计提)，然后打开"制单设置"窗口，单击工具栏中的"凭证"按钮，系统打开"填制凭证"窗口，显示凭证信息为"借：管理费用/折旧费(660202)，贷：累计折旧(1602)"，然后单击工具栏中的"保存"按钮，保存该凭证，结果如图 10-19 所示。

图 10-19　7 月份计提固定资产折旧的记账凭证

(5) 退出。单击"填制凭证"和"折旧分配表"窗口中的"关闭"按钮,关闭并退出窗口。

10.4 固定资产报废处理(有残值收入)

固定资产报废是固定资产清理的一种,是固定资产减少业务。因为本账套设置了计提折旧,所以需在计提折旧后才可执行资产减少。

10.4.1 业务概述与分析

7月30日,对固定资产进行清理,相应单据可参见图10-20。

图10-20 残值收入发票示意图

本笔业务是公司固定资产减少业务,需要进行固定资产减少单据的录入与制单;固定资产清理转营业外支出的制单。

10.4.2 操作指导

1. 操作流程

图10-21所示是本业务的操作流程。

请确认系统日期和业务日期为2017年7月30。

2. 本业务的操作步骤

任务说明:财务部会计张兰填制固定资产减少单据并制单。

【财务部会计张兰填制固定资产减少单】

(1) 打开"资产减少"窗口。在"企业应用平台"的"业务工作"页签中,依次单击"财务会计/固定资产/卡片/资产减少"菜单项,系统打开"资产减少"窗口。

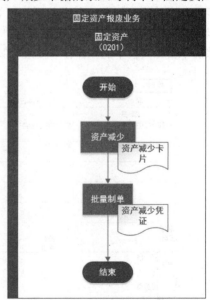

图10-21 固定资产报废业务的操作流程图

(2) 编辑资产减少单的表头。在"资产减少"窗口中，首先录入或参照生成其表头的"卡片编号"为00001(华硕 A8 电脑)，然后单击其右上角的"增加"按钮，使其表体增加一条记录。

(3) 编辑资产减少单的表体。在表体，参照生成"减少方式"为"报废"，"清理收入"为351，"增值税"为 51，"清理原因"为"报废"，结果如图 10-22 所示。

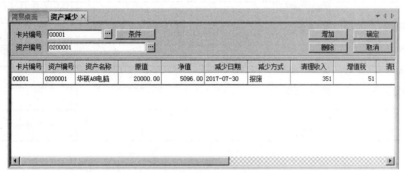

图 10-22　资产减少单结果

(4) 保存与退出。单击"资产减少"窗口中的"确定"按钮，系统提示"所选卡片已经减少成功"，单击"确定"按钮退出。

【财务部会计张兰对报废的固定资产制单】

(1) 打开"批量制单"窗口。在"固定资产"子系统中，依次单击"处理/批量制单"菜单项，系统弹出"查询条件选择-批量制单"对话框，单击"确定"按钮，系统打开"批量制单"窗口。

(2) 选择需要制单的业务。在"制单选择"选项卡中，双击其"业务类型"为"资产减少"所在行的"选择"栏，使其出现"Y"字样，表明选中了要制单的业务。

(3) 科目设置。在"制单设置"页签下，确认或编辑第 1 行科目为 1602(累计折旧)，第 2 行科目为 1606(固定资产清理)，第 3 行科目为 1601(固定资产)，第 4 行科目为 1001(库存现金)，第 5 行科目为 1606(固定资产清理)，第 6 行科目为 1606(固定资产清理)，第 7 行科目为 22210103(销项税额)，结果如图 10-23 所示。

序号	业务日期	业务类型	业务描述	业务号	方向	发生额	科目		部门核算
1	2017-07-30	资产减少	减少资产	00001	借	14,904.00	1602	累计折旧	
2	2017-07-30	资产减少	减少资产	00001	借	5,096.00	1606	固定资产清理	
3	2017-07-30	资产减少	减少资产	00001	贷	20,000.00	1601	固定资产	
4	2017-07-30	资产减少	减少资产	00001	借	351.00	1001	库存现金	
5	2017-07-30	资产减少	减少资产	00001	贷	351.00	1606	固定资产清理	
6	2017-07-30	资产减少	减少资产	00001	借	51.00	1606	固定资产清理	
7	2017-07-30	资产减少	减少资产	00001	贷	51.00	22210103	销项税额	

图 10-23　制单设置结果

(4) 生成与编辑凭证。单击工具栏中的"凭证"按钮，系统生成凭证并打开"填制凭证"窗口，设置或确认其凭证类别为"记账凭证"。

(5) 保存凭证。单击工具栏中的“保存”按钮，保存该凭证，结果如图 10-24 所示。

已生成

记账凭证

记 字 0101 - 0001/0002　制单日期：2017.07.30　审核日期：　附单据数：0

摘要	科目名称	借方金额	贷方金额
资产减少	固定资产清理	509600	
资产减少 - 累计折旧	累计折旧	1490400	
资产减少 - 清理收入	库存现金	35100	
资产减少 - 增值税	固定资产清理	5100	
资产减少 - 清理收入	固定资产清理		35100
票号 日期	数量 单价 合计	2040200	2040200

备注　项目　部门　个人　客户　业务员

记账　审核　出纳　制单 张兰

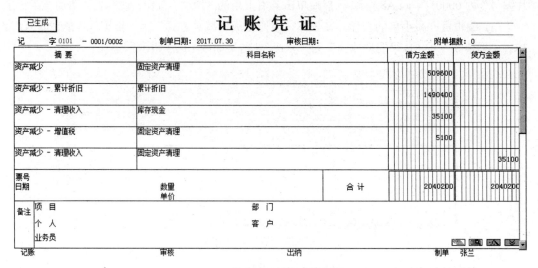

图 10-24　固定资产清理的制单结果

(6) 退出。单击“填制凭证”和“批量制单”窗口中的“关闭”按钮，关闭并退出窗口。

【财务部会计张兰做固定资产清理转营业外支出】

(1) 打开“填制凭证”窗口。在“企业应用平台”的“业务工作”页签中，依次单击“财务会计/总账/凭证/填制凭证”菜单项，系统打开“填制凭证”窗口。

(2) 增加凭证。单击工具栏中的“增加”按钮(“+”标志)，系统打开一张空白的记账凭证。

(3) 编辑凭证和查询科目余额。先参照生成“摘要”为“固定资产清理转营业外支出”，第 1 笔分录的科目为 1606(固定资产清理)，然后单击工具栏中的“余额”按钮，系统弹出“最新余额一览表”对话框，结果如果 10-25 所示。

最新余额一览表

科　目：固定资产清理(1606)
辅助项：
时　间：2017.07　计量单位：　币种：

	方向	金额	外币	数量
期初余额	平			
本期借方发生		5,147.00		
本期贷方发生		351.00		
借方累计		5,147.00		
贷方累计		351.00		
期末余额	借	4,796.00		

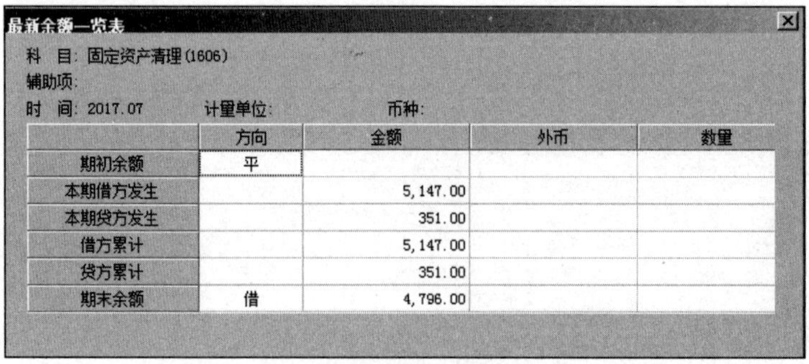

图 10-25　固定资产清理科目的最新余额

(4) 编辑并保存凭证。单击“最新余额一览表”对话框中的“关闭”按钮，退出该对话框，然后在第 1 笔分录的“贷方余额”录入 4796，再按 Enter 键，并设置第 2 笔分录的科目为 6711(营业外支出)，在其“借方金额”栏按“=”键，最后单击工具栏中的“保存”按钮，系统提示保存成功，单击提示框中的“确定”按钮，系统返回“填制凭证”窗口，结果如图 10-26 所示。

记 账 凭 证

记　　字 0102　　制单日期：2017.07.30　　审核日期：　　附单据数：

摘要	科目名称	借方金额	贷方金额
固定资产清理转营业外支出	固定资产清理		479600
固定资产清理转营业外支出	营业外支出/处理非流动资产损益	479600	
票号 日期	数量 单价 合计	479600	479600

备注　项　目　　部　门

　　　个　人　　客　户

　　　业务员

记账　　审核　　出纳　　制单　张兰

图 10-26　资产报废凭证

(5) 退出。单击“填制凭证”窗口右上角的“关闭”按钮，关闭并退出窗口。

第 11 章

总账月末业务

总账的月末业务，一般有计算应交增值税及结转未缴增值税、计算并结转城市维护建设税及教育费附加税、期间损益结转处理、计算并结转本月企业所得税，以及所有凭证的出纳签字、会计主管签字与审核。为保证业务的完整性，本教程在总账月末业务中，增加了报销差旅费和银行对账业务。

本章的操作，请按照业务描述中的系统日期(如 7 月 31 日)和操作员(如财务部会计张兰)，在第 10 章完成的基础上，在总账系统中进行。

如果没有完成第 10 章的固定资产业务的操作，可以到百度网盘空间的"实验账套数据"文件夹中，将"10 固定资产.rar"下载到实验用机上，然后"引入"(操作步骤详见第 1 章 1.3 节中的 1.3.5 小节)ERP-U8 系统中。而且，本章完成的账套，其"输出"压缩的文件名为"11 总账月末.rar"。

需要说明的是：

因网盘中的账套备份文件均为"压缩"文件，所以下载完成后引入前，需要用解压缩工具进行解压(建议用 WinRAR 3.42 或以上版本)，得到相应可以引入的账套数据文件。

本章的所有业务实验操作，都有配套的微视频，读者可通过百度网盘下载观看。

11.1 支付本月贷款利息

7 月 30 日，收到贷款计息(回单)，相应单据可见图 11-1。

本笔业务是贷款利息费用 3600(600 000×0.6%)的记账业务，需要在总账中进行填制凭证、凭证的出纳签字、主管审核与签字。为简化操作，凭证的出纳签字、主管审核与签字，在本笔业务中从略。

中国工商银行贷款利息（回单）

2017 年 7 月 31 日

收款单位	户 名	中国工商银行北京市昌平支行	付款单位	户 名	北京伊莱特电器有限公司
	账 号	4032718		账 号	11020205267829879O8
	开户银行	工行北京分行		开户银行	中国工商银行北京市昌平支行
	计息起止时间	2017年7月1日-2022年06月30日		利息：3600	
	___户第 4 季度利息。			科目 对方科目 复核员： 　　　　记账员	

（中国工商银行北京昌平分行 2017年07月31日 转讫）

图 11-1　银行贷款计息(回单)示意图

1. 操作流程

图 11-2 所示是本业务的操作流程。

请确认系统日期和业务日期为 2017 年 7 月 31 日。

2. 凭证填制的操作步骤

任务说明：财务部会计张兰填制凭证。

（1）打开"填制凭证"窗口。在"企业应用平台"的"业务工作"页签中，依次单击"财务会计/总账/凭证/填制凭证"菜单项，系统打开"填制凭证"窗口。

（2）新增凭证。单击工具栏中的"增加"按钮，系统打开一张空白的记账凭证。

（3）编辑第 1 笔分录。修改"制单日期"为 2017.07.31，在凭证第 1 行的"摘要"栏中参照生成或录入"支付本月贷款利息"，"科目名称"栏参照生成或录入 6603(财务费用/利息支出)，"借方金额"中输入 3600，然后按 Enter 键。

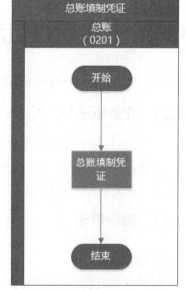

图 11-2　本月支付利息的操作流程

（4）编辑第 2 笔分录。在第 2 行，参照生成或录入"科目名称"为 100201(银行存款/工行存款)，单击其他区域系统将弹出"辅助项"对话框，在其"结算方式"编辑框参照生成为"其他"，然后单击"确定"按钮，返回"填制凭证"窗口，最后在"贷方金额"栏按"="键，系统自动填充贷方金额(3600)。

（5）保存。单击工具栏中的"保存"按钮，系统提示保存成功，退出信息提示框，结果如图 11-3 所示。

（6）退出。单击"填制凭证"窗口右上角的"关闭"按钮，关闭并退出该窗口。

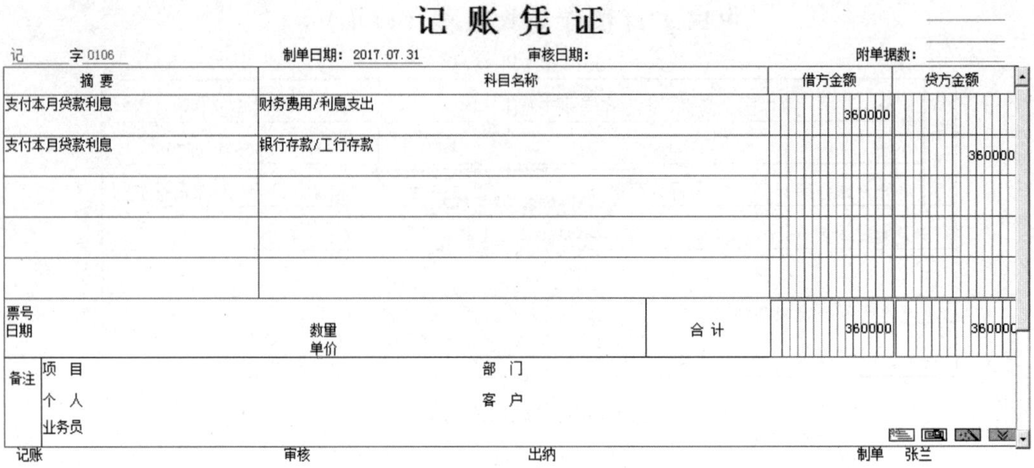

图 11-3 支付本月贷款利息费用的记账凭证

11.2 总经理报销房租费用

职工报销的房租费用属于非货币性职工福利,总经理的房租费用属于管理费用。

11.2.1 业务概述与分析

7 月 30 日,总经理报销本月房租 6000 元,不考虑个人所得税。

本笔业务是非货币性职工福利的报销业务,在第 4 章 4.6 节已经预支了该笔费用,所以在此仅需要通过"填制凭证"进行报销凭证的填制。

11.2.2 操作指导

1. 操作流程

图 11-4 所示是本业务的操作流程。

请确认系统日期和业务日期为 2017 年 7 月 31 日。

2. 凭证填制操作步骤

任务说明:财务部会计张兰填制凭证。

(1) 打开"填制凭证"窗口。在"企业应用平台"的"业务工作"页签中,依次单击"财务会计/总账/凭证/填制凭证"菜单项,系统打开"填制凭证"窗口。

(2) 新增凭证。单击"填制凭证"窗口中的"增加"按钮,新增一张记账凭证。

(3) 编辑第 1 笔分录。首先在凭证的"摘要"栏中参照生成或录入"报销房租费",在第 1 行的"科目名称"栏中参照生成或录入 660206(管理费用/房租费),"借方金额"中输入

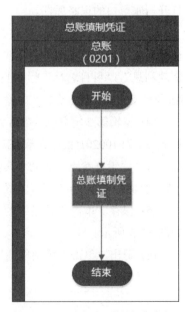

图 11-4 报销房租业务的操作流程

6000，并按 Enter 键。

(4) 编辑第 2 笔分录。在第 2 行的“科目名称”栏中参照生成或录入 22110202(应付职工薪酬/职工福利/非货币性福利)，在“贷方金额”栏按“=”由系统自动填充金额(6000)。

(5) 保存凭证。单击工具栏中的“保存”按钮，系统提示保存成功，退出信息提示框，结果如图 11-5 所示。

记 账 凭 证

记 字 0101　　制单日期：2017.07.31　　审核日期：　　附单据数：

摘 要	科目名称	借方金额	贷方金额
报销房租费	管理费用/房租费	600000	
报销房租费	应付职工薪酬/职工福利/非货币性福利		600000
票号 日期	数量 单价 合 计	600000	600000

备注　项 目　　部 门
个 人　　客 户
业务员

记账　　审核　　出纳　　制单 张兰

图 11-5　总经理报销房租的记账凭证

(6) 退出。单击“填制凭证”窗口右上角的“关闭”按钮，关闭并退出该窗口。

11.3 报销差旅费

差旅费报销是指企业员工把领用款项或收支账目开列清单，报请上级核销。

11.3.1 业务概述与分析

7 月 31 日，夏于、张新海报销差旅费，相应单据可参见图 11-6～图 11-11。

差 旅 费 报 销 单

部门：销售部　　填报日期：2015 年 7 月 31 日

姓 名			夏于			出差事由				开会		出差日期			7 月 28 日—7 月 30 日	
起讫时间及地点						车船票		夜间乘车补助			出差补助费			住宿费	其他	
月	日	起	月	日	讫	类别	金额	时间	标准	金额	日数	标准	金额	金额	摘要	金额
7	28	北京	7	28	广州	车票	851.00	2	100	200.00	3	50	150.00	748.00		
7	30	广州	7	30	北京	车票	851.00									
小计							1702.00			200.00			150.00	748.00		
总计金额（大写）人民币贰仟捌佰元整								预支 3000.00 元			核销 2800.00 元			退补 200.00 元		

主管　　记账　　审核　　制表

图 11-6　夏于差旅费报销单

1100084140　　广东增值税专用发票　　№ 00237012

发票联　全国统一发票监制章　国家税务总局监制

开票日期：2017年7月31日

购货单位	名　　称：北京伊莱特电器有限公司 纳税人识别：210019995461202 地址、电话：北京市昌平区昌平路78号，010-60228226 开户行及账：工行昌平支行110202052672987908	密码区	172312-4-275 <1+46*54* 181321> <8182*59*09618 <4 <3*2702-9> 9*+153 </0 *08/4> *> > 2-3*0/9/> > 25

货物或应税劳务名称	规格型号	单位	数量	单价	金额	税率	税额
住宿费		元			705.66	6%	42.34
合　计					￥705.66		￥42.34
价税合计（大写）	⊗柒佰肆拾捌元整					（小写）￥748.00	

销货单位	名　　称：广州市斯特威酒店 纳税人识别：110251245866 5657 地址、电话：广东佛山顺德区6号，0757-2655666 开户行及账：工行佛山支行110202052678 2985703	备注	广州市斯特威酒店 110251245866 5657 发票专用章

收款人：（略）　复核：（略）　开票人：（略）　销货单位：（章）

国税函（2017）562号北京印钞厂

第二联：发票联　购货方记账凭证

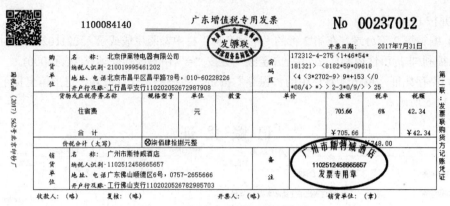

图 11-7　夏于住宿费增值税专用发票

收　据

No　0013575

入账日期：2017 年　7 月　31 日

收　到	销售部夏于出差报销退回款项
	现金收讫
金额（大写）	佰　拾　万　仟　贰　佰　零　拾　零元　零角　零分
备注　　差旅费	￥200.00

发据单位及盖章　　会计　　出纳　　经手人

一存根　二顾客　三回单

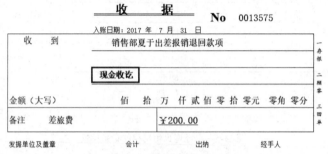

图 11-8　夏于出差报销退回款项收据

差旅费报销单

部门：采购部　　填报日期：2015 年 7 月 31 日

姓名			张新海			出差事由				询价		出差日期			7 月 24 日—7 月 26 日	
起讫时间及地点						车船票		夜间乘车补助			出差补助费			住宿费	其他	
月	日	起	月	日	讫	类别	金额	时间	标准	金额	日数	标准	金额	金额	摘要	金额
7	24	北京	7	24	湖北	车票	396.50				3	50	150.00	557.00		
7	26	湖北	7	26	北京	车票	396.50									
小计							793.00						150.00	557.00		
总计金额（大写）人民币壹仟伍佰元整								预支 1000.00 元			核销 1500.00 元			退补 500.00 元		

主管　　记账　　审核　　制表

图 11-9　张新海差旅费报销单

1100084140　　湖北增值税专用发票　　№ 00247013

发票联　全国统一发票监制章　国家税务总局监制

开票日期：2017年7月31日

购货单位	名　　称：北京伊莱特电器有限公司 纳税人识别：210019995461202 地址、电话：北京市昌平区昌平路78号，010-60228226 开户行及账：工行昌平支行110202052672987908	密码区	172312-4-275 <1+46*54* 181321> <8182*59*09618 <4 <3*2702-9> 9*+153 </0 *08/4> *> > 2-3*0/9/> > 25

货物或应税劳务名称	规格型号	单位	数量	单价	金额	税率	税额
住宿费		元			525.47	6%	31.53
合　计					￥525.47		￥31.53
价税合计（大写）	⊗伍佰伍拾柒元整					（小写）￥557.00	

销货单位	名　　称：湖北佳怡连锁酒店 纳税人识别：110341245866 6657 地址、电话：武汉市汉江区远安路162号，0754-2656565 开户行及账：汉江支行110202052678 2987379	备注	湖北佳怡连锁酒店 110341245866 6657 发票专用章

收款人：（略）　复核：（略）　开票人：（略）　销货单位：（章）

国税函（2017）562号北京印钞厂

第二联：发票联　购货方记账凭证

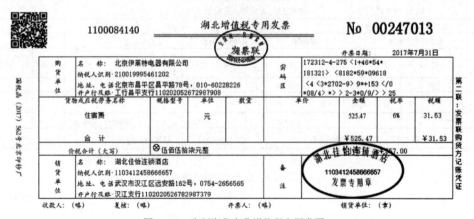

图 11-10　张新海住宿费增值税专用发票

图 11-11 张新海出差报销差额领款单

本笔业务是员工报销有借款的差旅费,需要凭证的会计填制,凭证的出纳签字、会计主管的签字和审核,凭证的记账。

11.3.2 操作指导

1. 操作流程

图 11-12 所示是本业务的操作流程。

请确认系统日期和业务日期为 2017 年 7 月 31 日。

2. 夏于差旅费报销凭证处理的操作步骤

任务说明:财务部会计张兰填制夏于的差旅费报销凭证。

(1) 打开"填制凭证"窗口。在"企业应用平台"的"业务工作"页签中,依次单击"财务会计/总账/凭证/填制凭证"菜单项,系统打开"填制凭证"窗口。

(2) 填制销售部夏于报销差旅费的凭证。单击工具栏中的"增加"按钮,系统打开一张空白的记账凭证,在其"摘要"栏中参照生成或填入"报销差旅费",在第 1 行的"科目名称"栏参照生成或录入

图 11-12 报销差旅费业务的操作流程

660105(销售费用/差旅费),"借方金额"中输入 2757.66,然后按 Enter 键;在第 2 行的"科目名称"栏参照生成或录入 22210101(应交税费/应交增值税/进项税额),在"借方金额"栏输入 42.34,然后按 Enter 键;在第 3 行的"科目名称"栏参照生成或录入 1001(库存现金),在"借方金额"栏输入 200,然后按 Enter 键;再在第 4 行的"科目名称"栏中参照生成或录入 122101(其他应收款/个人往来),单击其他区域,系统打开"辅助项"对话框,在"部门"编辑框中参照生成"批发部","个人"参照生成"夏于",然后单击"确定"按钮,返回"填制凭证"窗口,再在"贷方金额"栏按"="键,系统自动填充贷方金额(3000)。

(3) 保存夏于报销差旅费的凭证。单击工具栏中的"保存"按钮,完成夏于预支差旅费凭证的填制,结果如图 11-13 所示。

(4) 退出。单击"填制凭证"窗口右上角的"关闭"按钮,关闭并退出该窗口。

记 账 凭 证

记 字 0108 制单日期：2017.07.31 审核日期： 附单据数：

摘要	科目名称	借方金额	贷方金额
报销差旅费	销售费用/差旅费	275766	
报销差旅费	应交税费/应交增值税/进项税额	4234	
报销差旅费	库存现金	20000	
报销差旅费	其他应收款/个人往来		300000
票号 日期	数量 单价 合计	300000	300000

备注 项目 部门

个人 客户

业务员

记账 审核 出纳 制单 张兰

图 11-13 销售部夏于报销差旅费的记账凭证

3. 张新海差旅费报销凭证处理的操作步骤

任务说明：财务部会计张兰填制张新海的差旅费报销凭证。

(1) 打开“填制凭证”窗口。

(2) 填制采购部张新海报销差旅费的凭证。单击工具栏中的“增加”按钮，系统打开一张空白的记账凭证，然后在其“摘要”栏中参照生成或填入“报销差旅费”，在第 1 行的“科目名称”栏参照生成或录入 660205(管理费用/差旅费)，在“借方金额”中输入 1468.47，然后按 Enter 键；在第 2 行的“科目名称”栏参照生成或录入 22210101(应交税费/应交增值税/进项税额)，在“借方金额”栏输入 31.53，然后按 Enter 键；在第 3 行的“科目名称”栏参照生成或录入 122101(其他应收款/个人往来)，单击其他区域，系统打开“辅助项”对话框，在“部门”编辑框中参照生成“采购部”，“个人”参照生成“张新海”，然后单击“确定”按钮，返回“填制凭证”窗口，在“贷方金额”栏输入 1000，在第 4 行的“科目名称”栏参照生成或录入 1001(库存现金)，然后按 Enter 键；再在“贷方金额”栏按“=”键，系统自动填充贷方金额(500)。

(3) 保存张新海报销差旅费的凭证。单击工具栏中的“保存”按钮，完成张新海预支差旅费凭证的填制，结果如图 11-14 所示。

记 账 凭 证

记 字 0109 制单日期：2017.07.31 审核日期： 附单据数：

摘要	科目名称	借方金额	贷方金额
报销差旅费	管理费用/差旅费	146847	
报销差旅费	应交税费/应交增值税/进项税额	3153	
报销差旅费	其他应收款/个人往来		100000
报销差旅费	库存现金		50000
票号 日期	数量 单价 合计	150000	150000

备注 项目 部门

个人 客户

业务员

记账 审核 出纳 制单 张兰

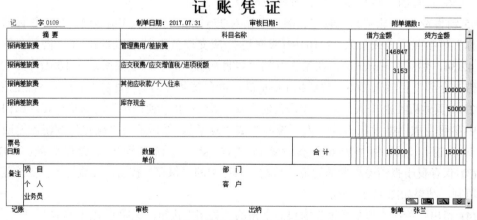

图 11-14 采购部张新海报销差旅费的记账凭证

(4) 退出。单击"填制凭证"窗口中的"关闭"按钮,关闭并退出该窗口。

4. 出纳签字与主管审核及记账的操作步骤

任务说明：报销差旅费凭证及其他凭证的出纳罗迪签字、主管曾志伟签字与审核。

需要说明的是,为使11.5节的转账生成和11.6节对应结转生成凭证的顺利进行,本节对相关的已有凭证都做出纳签字(若需要)、会计主管签字、会计主管审核,以及记账操作。

【财务部出纳罗迪对凭证进行出纳签字】

(1) 打开"出纳签字列表"窗口。在"总账"子系统中,依次单击"凭证/出纳签字"菜单项,系统弹出"出纳签字"对话框,单击"确定"按钮,系统打开"出纳签字列表"窗口。

(2) 出纳签字。在"出纳签字列表"窗口中做如下操作：

① 单张签字。双击夏于报销差旅费凭证所在的行,进入该凭证的"出纳签字"窗口,查阅信息无误后单击工具栏中的"签字"按钮,即在凭证下方"出纳"处显示"罗迪"的名字,表示该张凭证出纳签字完成。

② 成批签字。单击工具栏中的"下张凭证"或"上张凭证"按钮,查阅所有未出纳签字的收付款凭证,审核信息无误后,单击工具栏中的"批处理/成批出纳签字"菜单项,以完成对所有未签字凭证的出纳签字工作。

(3) 退出。单击"出纳签字"和"出纳签字列表"窗口中的"关闭"按钮,关闭并退出窗口。

【财务部曾志伟对凭证进行主管签字】

(1) 打开"主管签字列表"窗口。在"总账"子系统中,依次单击"凭证/主管签字"菜单项,系统弹出"主管签字"过滤条件对话框,单击"确定"按钮,打开"主管签字列表"窗口。

(2) 会计主管签字。在"主管签字列表"窗口中做如下操作：

① 单张签字。双击夏于报销差旅费凭证所在的行,进入该凭证的"主管签字"窗口,查阅信息无误后单击工具栏中的"签字"按钮,即在凭证右上方出现"曾志伟"的红字印章,表示该张凭证主管签字完成。

② 成批签字。单击工具栏中的"下张凭证"或"上张凭证"按钮,查阅到所有需要会计主管签字的凭证,审核信息无误后,单击工具栏中的"批处理/成批主管签字"菜单项,以完成对所有未签字凭证的主管签字工作。

(3) 退出。单击"主管签字"和"主管签字列表"窗口中的"关闭"按钮,关闭并退出窗口。

【财务部曾志伟对凭证进行主管审核】

(1) 打开"凭证审核列表"窗口。在"总账"子系统中,依次单击"凭证/审核凭证"菜单项,系统弹出"凭证审核"过滤条件对话框,单击"确定"按钮,系统打开"凭证审核列表"窗口。

(2) 会计主管审核。在"凭证审核列表"窗口中做如下操作：

① 单张审核。双击夏于报销差旅费凭证所在的行,进入该凭证的"审核凭证"窗口,查阅信息无误后单击工具栏中的"审核"按钮,即在凭证下方"审核"处显示"曾志伟"的名字,表示该张凭证审核完成,并且自动打开下一张凭证。

② 成批审核。单击工具栏中的"下张凭证"或"上张凭证"按钮,查阅到所有需要主管审核的凭证,审核信息无误后,单击工具栏中的"批处理/成批审核凭证"菜单项,以完成对所有未审核凭证的审核工作。

(3) 退出。单击"审核凭证"和"凭证审核列表"窗口中的"关闭"按钮,关闭并退出该窗口。

【财务部会计张兰进行凭证记账】

(1) 打开"记账"对话框。在"总账"子系统中，依次单击"凭证/记账"菜单项，系统打开"记账"对话框。

(2) 会计记账。单击对话框中的"全选""记账"按钮，系统自动完成记账工作，并给出信息提示框和记账报告，单击提示框中的"确定"按钮，系统返回"记账"对话框。

(3) 退出。单击"记账"对话框中的"退出"按钮，退出该对话框。

11.4 存货清查结果的账务处理

造成存货账实不符的原因是多种多样的，应根据不同的情况做不同的处理。通常情况下，定额内的盘亏，应增加费用；责任事故造成的损失，应由过失人进行赔偿；非常事故（如自然灾害），在扣除保险公司理赔及残料价值后，经批准应列作营业外支出等。反之，发生盘盈一般应冲减费用。

11.4.1 业务概述与分析

7月31日，经主管领导批示，盘盈的美的电饭煲因对方多送，作为非正常收入600元，转入营业外收入；盘亏的2台松下电视机，属于水灾损失（共计13 000元），转入营业外支出。

本笔业务是经领导批准后的存货盘盈盘亏的账务处理，直接在总账系统填制凭证。

11.4.2 操作指导

1. 操作流程

图11-15所示是本业务的操作流程。

请确认系统日期和业务日期为2017年7月31日。

2. 本业务的操作步骤

任务说明：财务部会计张兰进行报批后的盘盈盘亏相应凭证的填制。

【财务部会计张兰处理报批后的盘盈业务凭证填制】

(1) 打开"填制凭证"窗口。在"企业应用平台"的"业务工作"页签中，依次单击"财务会计/总账/凭证/填制凭证"菜单项，系统打开"填制凭证"窗口。

(2) 填制盘盈业务的凭证。单击工具栏中的"增加"按钮，系统打开一张空白的记账凭证，在其"摘要"栏中参照生成或填入"盘盈转营业外收入"，在第1行的"科目名称"栏参照生成或录入 190101（待处理财产损溢/待处理流动资产损溢），"借方金额"中输入600，然后按Enter键；在第2行的"科目名称"栏参照生成或录入 6301（营业外收入），在"贷方金额"栏按"="键，系统自动填充贷方金额(600)。

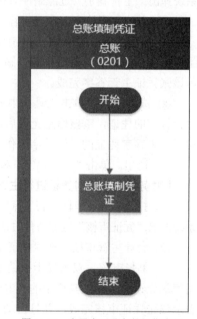

图11-15 盘盈盘亏业务的操作流程

(3) 保存盘盈的凭证。单击工具栏中的"保存"按钮，完成盘盈凭证填制，结果如图11-16所示。

记 账 凭 证

记 字 0110 制单日期：2017.07.31 审核日期： 附单据数：

摘要	科目名称	借方金额	贷方金额
盘盈转营业外收入	待处理财产损溢/待处理流动资产损溢	60000	
盘盈转营业外收入	营业外收入		60000
票号 日期	数量 单价 合计	60000	60000

备注 项目 部门 个人 客户 业务员

记账 审核 出纳 制单 张兰

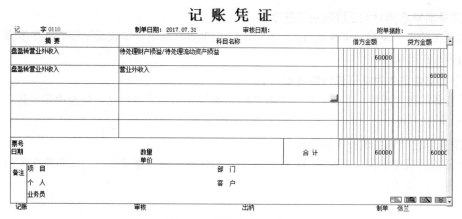

图 11-16 报批后的盘盈凭证

(4) 退出。单击“填制凭证”窗口右上角的“关闭”按钮，关闭并退出该窗口。

【财务部会计张兰处理报批后的盘亏业务凭证填制】

(1) 打开“填制凭证”窗口。在“企业应用平台”的“业务工作”页签中，依次单击“财务会计/总账/凭证/填制凭证”菜单项，系统打开“填制凭证”窗口。

(2) 填制盘亏业务的凭证。单击工具栏中的“增加”按钮，系统打开一张空白的记账凭证，在其“摘要”栏中参照生成或填入“盘亏转营业外支出”，在第 1 行的“科目名称”栏参照生成或录入 671102(营业外支出/盘亏支出)，“借方金额”中输入 13 000，然后按 Enter 键；在第 2 行的“科目名称”栏参照生成或录入 190101(待处理财产损溢/待处理流动资产损溢)，在“贷方金额”栏按“=”键，系统自动填充贷方金额(13 000)。

(3) 保存盘亏的凭证。单击工具栏中的“保存”按钮，完成盘亏凭证填制，结果如图 11-17 所示。

记 账 凭 证

记 字 0111 制单日期：2017.07.31 审核日期： 附单据数：

摘要	科目名称	借方金额	贷方金额
盘亏转营业外支出	营业外支出/盘亏支出	1300000	
盘亏转营业外支出	待处理财产损溢/待处理流动资产损溢		1300000
票号 日期	数量 单价 合计	1300000	1300000

备注 项目 部门 个人 客户 业务员

记账 审核 出纳 制单 张兰

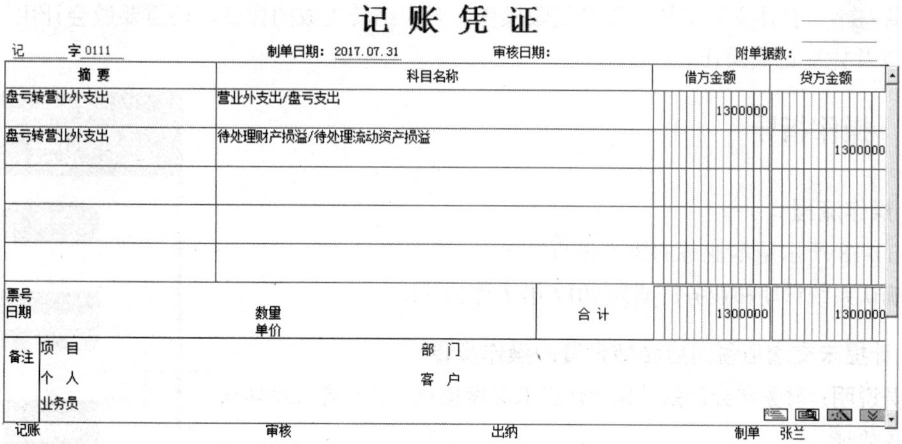

图 11-17 报批后的盘亏凭证

(4) 退出。单击“填制凭证”窗口右上角的“关闭”按钮，关闭并退出该窗口。

3. 主管签字、审核并记账的操作步骤

任务说明：财务部曾志伟进行凭证的主管签字、审核，会计张兰记账。

【财务部曾志伟对凭证进行主管签字】

本任务的操作步骤,可参见 11.3 节的"4. 出纳签字与主管审核及记账的操作步骤"中的相关内容,在此从略。

【财务部曾志伟对凭证进行主管审核】

本任务的操作步骤,可参见 11.3 节的"4. 出纳签字与主管审核及记账的操作步骤"中的相关内容,在此从略。

【财务部会计张兰进行凭证记账】

本任务的操作步骤,可参见 11.3 节的"4. 出纳签字与主管审核及记账的操作步骤"中的相关内容,在此从略。

11.5 计提并结转增值税

增值税是对销售货物或者提供加工、修理修配劳务以及进口货物的单位和个人,就其实现的增值额征收的一个税种。企业的应交增值税是销项税额扣减进项税额后的数字,它专门用来核算未缴或多缴的增值税。

11.5.1 业务概述与分析

7月31日,计算本月未交增值税并结转本月未缴增值税。

本笔业务是计算本月未交增值税并结转本月未缴增值税业务,需要使用自定义结转方式生成凭证并记账。自定义结转时,将"应交税费/应交增值税/转出未交增值税"转入"应交税费/未交增值税",生成凭证。

需要说明的是,本节自定义结转生成凭证之前,需要对相关的已有凭证做出纳签字(若需要)、会计主管签字、会计主管审核,以及记账操作。对应结转生成的凭证,还需要做会计主管签字、审核,以及凭证记账操作。

11.5.2 操作指导

1. 操作流程

图 11-18 所示是本业务的操作流程。

请确认系统日期和业务日期为 2017 年 7 月 31 日。

2. 计提未交增值税对应结转设置的操作步骤

任务说明:财务部会计张兰做"计提未交增值税"的自定义结转设置和生成凭证。

没有做对应结转,此时"未交增值税"科目是没有余额的。

【财务部会计张兰进行对应结转设置】

(1) 打开"自定义转账设置"窗口。在"总账"子系统中,依次单击"期末/转账定义/自定义转账"菜单项,系统打开"自定义转账设置"窗口。

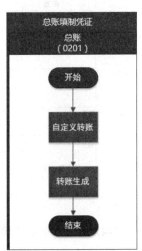

图 11-18 计提并结转增值税业务的操作流程

(2) 增加计提未交增值税转账公式。单击工具栏中的"增加"按钮,在打开的对话框中编辑"转账序号"为 0001,"转账说明"为"计提未交增值税",单击"确定"按钮,返回"自定义转账设置"窗口。

(3) 编辑转账公式。编辑 2 行,具体如下:

① 编辑第 1 行。单击工具栏中的"增行"按钮,在"科目编码栏"输入 22210107(应交税费/应交增值税/转出未交增值税),"方向"为"借",单击"金额公式"参照按钮,弹出"公式向导"对话框;在该对话框中,选择"公式名称"为"期末余额",单击"下一步"按钮,确认"科目"为 222101,单击"完成"按钮,返回"自定义转账设置"窗口,其公式结果为"QM(222101,月)"。

② 编辑第 2 行。单击"增行"按钮,然后在"科目编码"栏输入 222102(应交税费/未交增值税),"方向"为"贷",输入"金额公式"为 JG( )(取对方科目计算结果)。

(4) 保存。单击工具栏中的"保存"按钮,以保存"计提未交增值税"的公式定义,结果如图 11-19 所示。

图 11-19 计提未交增值税的设置结果

(5) 退出。单击"自定义转账设置"窗口中的"退出"按钮,退出该窗口。

【财务部会计张兰进行自定义结转凭证生成】

提示:

进行下列操作前,需要先对之前的相关凭证进行签字、审核与记账,相应的操作可参见 11.3 节的"4. 出纳签字与主管审核及记账的操作步骤"中的相关内容。

(1) 打开"转账生成"对话框。在"总账"子系统中,依次单击"期末/转账生成"菜单项,系统打开"转账生成"对话框,并默认选中"自定义转账"单选项。

(2) 生成并保存转账凭证。双击编码为 0001 的记录行,以使其"是否结转"栏出现"Y"字样,表明选中了这一行,然后单击"转账生成"对话框中的"确定"按钮,系统打开"转账"窗口,默认显示计提未交增值税记账凭证,单击"保存"按钮,保存该凭证,结果如图 11-20 所示。

```
┌─────────┐                    记 账 凭 证
│ 已生成  │
└─────────┘
 记   字 0112        制单日期：2017.07.31    审核日期：         附单据数：0
┌──────────────┬──────────────────────────┬─────────────┬─────────────┐
│    摘  要    │        科目名称          │  借方金额   │  贷方金额   │
├──────────────┼──────────────────────────┼─────────────┼─────────────┤
│ 计提未交增值税│应交税费/应交增值税/转出未交增值税│  29783023   │             │
├──────────────┼──────────────────────────┼─────────────┼─────────────┤
│ 计提未交增值税│应交税费/未交增值税       │             │  29783023   │
├──────────────┼──────────────────────────┼─────────────┼─────────────┤
│              │                          │             │             │
├──────────────┼──────────────────────────┼─────────────┼─────────────┤
│              │                          │             │             │
├──────────────┼──────────────────────────┼─────────────┼─────────────┤
│              │                          │             │             │
├──────────────┴──────────────────────────┼─────────────┼─────────────┤
│ 票号                                    │             │             │
│ 日期          数量                 合计 │  29783023   │  29783023   │
│               单价                      │             │             │
├─────────────────────────────────────────┴─────────────┴─────────────┤
│ 备注  项  目                  部  门                                │
│       个  人                  客  户                                │
│       业务员                                                        │
└─────────────────────────────────────────────────────────────────────┘
   记账              审核              出纳              制单  张兰
```

图 11-20 计提未交增值税凭证

(3) 退出。单击"转账"窗口中的"退出"按钮，退出该窗口返回"转账生成"对话框，再单击对话框中的"取消"按钮，返回企业应用平台。

3. 主管签字、审核并记账的操作步骤

任务说明：财务部曾志伟进行凭证的主管签字、审核，会计张兰记账。

【财务部曾志伟对凭证进行主管签字】

本任务的操作步骤，可参见 11.3 节的"4. 出纳签字与主管审核及记账的操作步骤"中的相关内容，在此从略。

【财务部曾志伟对凭证进行主管审核】

本任务的操作步骤，可参见 11.3 节的"4. 出纳签字与主管审核及记账的操作步骤"中的相关内容，在此从略。

【财务部会计张兰进行凭证记账】

本任务的操作步骤，可参见 11.3 节的"4. 出纳签字与主管审核及记账的操作步骤"中的相关内容，在此从略。

11.6 计提并结转相关税费

城市建设维护税是国家对缴纳增值税、消费税(以下简称"两税")的单位和个人就其缴纳的"两税"税额为计税依据而征收的一种税。按规定，本公司的城市维护建设税税率为 7%。

教育费附加和地方教育费附加是对缴纳"两税"的单位和个人征收的一种附加费，征收率分别为 3%和 2%。

11.6.1 业务概述与分析

7月31日,计提本月应交的城市维护建设税、教育费附加和地方教育费附加费。

本笔业务是计提本月应交城市维护建设税及教育费附加费的业务,需要使用自定义转账方式生成凭证并记账,所以需要进行自定义转账设置并制单,凭证的主管签字、审核和会计记账。

11.6.2 操作指导

1. 操作流程

图 11-21 所示是本业务的操作流程。

请确认系统日期和业务日期为 2017 年 7 月 31 日。

2. 本业务的操作步骤

任务说明:财务部会计张兰进行自定义转账设置并生成凭证,财务部曾志伟进行凭证的主管签字、审核,会计张兰记账。

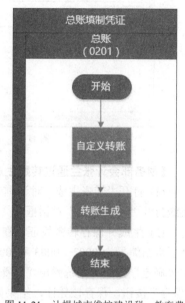

图 11-21 计提城市维护建设税、教育费附加和地方教育费附加业务的操作流程

【财务部会计张兰进行自定义转账设置】

(1) 打开"自定义转账设置"窗口。在"企业运用平台"的"业务工作"页签中,依次单击"财务会计/总账/期末/转账定义/自定义转账"菜单项,系统打开"自定义转账设置"窗口。

(2) 进行"计提城市维护建设税"转账设置。单击工具栏中的"增加"按钮,系统弹出"转账目录"对话框,编辑"转账序号"为 0002,"转账说明"为"计提城市维护建设税",单击"确定"按钮,返回"自定义转账设置"窗口。

(3) 转账公式的第 1 行设置。首先单击工具栏中的"增行"按钮,然后编辑其"科目编码"为 6403(税金及附加),"方向"设定为借;再单击其"金额公式"的参照按钮,在弹出的"公式向导"对话框中,选择"公式名称"为 JG( )(取对方科目计算结果),单击"完成"按钮,公式带回"自定义转账设置"窗口,按 Enter 键完成第 1 行的编辑。

(4) 转账公式的第 2 行设置。再单击工具栏中的"增行"按钮,然后编辑其"科目编码"为 222112(应交城市维护建设税),"方向"设定为"贷";再单击其"金额公式"的参照按钮,在弹出的"公式向导"对话框中,选择"公式名称"为"期末余额",单击"下一步"按钮,编辑"科目"为 222102(未交增值税),其他项为默认,单击"完成"按钮,公式带回"自定义转账设置"窗口,然后将光标移至公式末尾,输入"*0.07",此时"金额公式"一栏中显示"QM(222102,月)*0.07"(期末余额的 7%),最后按 Enter 键,完成第 2 行的编辑。

(5) 保存。单击"自定义转账设置"窗口工具栏中的"保存"按钮,保存转账公式设置,其结果如图 11-22 所示。

(6) 重复步骤(2)~(5),依据 3%、2%计提比率,完成计提教育费附加和地方教育费附加的自定义转账设置。

(7) 退出。单击"自定义转账设置"窗口右上角的"关闭"按钮,关闭并退出该窗口。

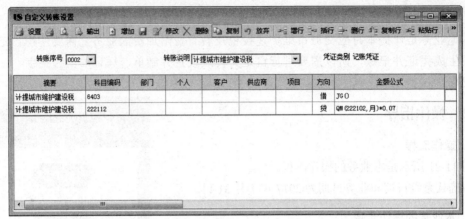

图 11-22 "计提城市维护建设税"转账公式定义结果

【财务部会计张兰通过转账生成凭证】

(1) 打开"转账生成"对话框。在"总账"子系统中,依次单击"期末/转账生成"菜单项,系统打开"转账生成"对话框。

(2) 生成并保存转账凭证。在"转账生成"对话框中,选中左侧的"自定义转账"选项,然后双击编号为 0002、0003 和 0004 的记录行的"是否结转"栏,使其出现"Y"字样,再单击"确定"按钮,系统弹出"转账"窗口,默认显示"计提城市维护建设税"记账凭证,单击"保存"按钮,保存该凭证,结果如图 11-23 所示。

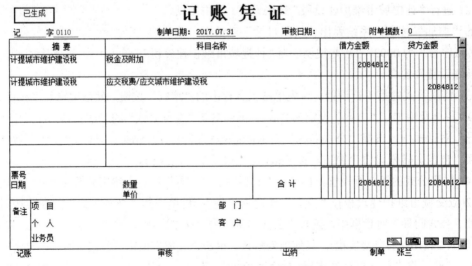

图 11-23 "计提城市维护建设税"转账凭证

(3) 继续生成其他凭证并保存。单击"下一张凭证"按钮,再保存生成其他凭证,结果如图 11-24、图 11-25 所示。

(4) 退出。单击"转账"窗口中的"退出"按钮,退出该窗口;再单击"转账生成"对话框右上角的"关闭"按钮,关闭该对话框。

【财务部曾志伟对凭证进行主管签字】

本任务的操作步骤，可参见 11.3 节的“4. 出纳签字与主管审核及记账的操作步骤”中的相关内容，在此从略。

已生成

记账凭证

记 字 0111　制单日期：2017.07.31　审核日期：　附单据数：0

摘要	科目名称	借方金额	贷方金额
计提教育费附加	税金及附加	893491	
计提教育费附加	应交税费/应交教育费附加		893491
票号 日期	数量 单价 合计	893491	893491

备注　项目　部门　个人　客户　业务员

记账　审核　出纳　制单 张兰

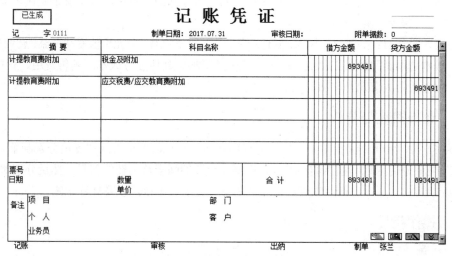

图 11-24　“计提教育费附加”转账凭证

已生成

记账凭证

记 字 0112　制单日期：2017.07.31　审核日期：　附单据数：0

摘要	科目名称	借方金额	贷方金额
计提地方教育费附加	税金及附加	595660	
计提地方教育费附加	应交税费/应交地方教育费附加		595660
票号 日期	数量 单价 合计	595660	595660

备注　项目　部门　个人　客户　业务员

记账　审核　出纳　制单 张兰

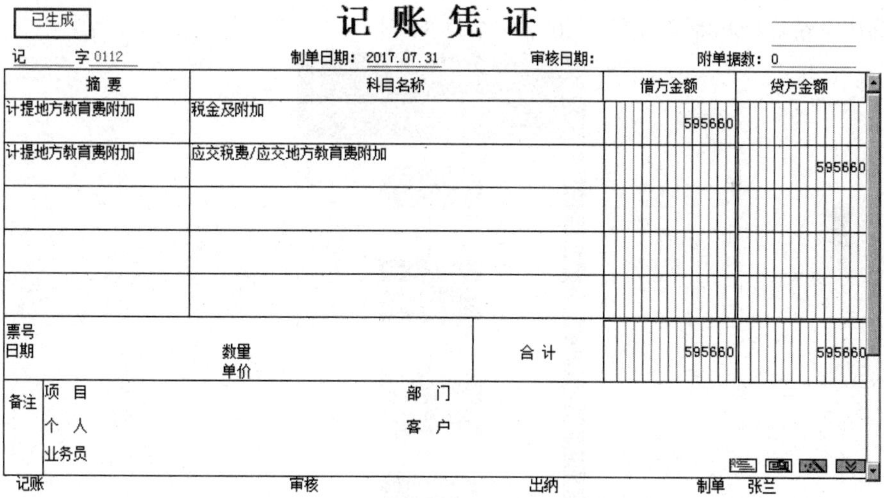

图 11-25　“计提地方教育费附加”转账凭证

【财务部曾志伟对凭证进行主管审核】

本任务的操作步骤，可参见 11.3 节的“4. 出纳签字与主管审核及记账的操作步骤”中的相关内容，在此从略。

【财务部会计张兰进行凭证记账】

本任务的操作步骤，可参见 11.3 节的“4. 出纳签字与主管审核及记账的操作步骤”中的相关内容，在此从略。

11.7 期间损益结转

会计期末时,应将各损益类科目的余额转入"本年利润"科目,以反映企业在一个会计期间内实现的利润或亏损总额。
- 收入类科目:主营业务收入、其他业务收入、投资收益、公允价值变动损益、营业外收入。
- 成本费用类科目:主营业务成本、税金及附加、其他业务成本、销售费用、管理费用、财务费用、营业外支出、企业所得税。

11.7.1 业务概述与分析

7月31日,利用期间损益结转方式进行期间损益结转,要求收入和支出分别制单。

本笔业务是月末期间损益结转业务,需要先设置期间损益结转的科目,然后分别对收入和支出进行期间损益制单,最后进行相应凭证的主管签字、审核,以及凭证记账。

11.7.2 操作指导

1. 操作流程

图 11-26 所示是本业务的操作流程。

请确认系统日期和业务日期为 2017 年 7 月 31 日。

图 11-26 期间损益结转业务的操作流程

2. 期间损益结转业务的操作步骤

任务说明: 财务部会计张兰进行期间损益结转设置并生成凭证,财务部曾志伟进行凭证的主管签字、审核,会计张兰记账。

【财务部会计张兰进行期间损益结转设置】

(1) 打开"期间损益结转设置"对话框。在"企业运用平台"的"业务工作"页签中,依次单击"财务会计/总账/期末/转账定义/期间损益"菜单项,系统打开"期间损益结转设置"对话框。

(2) 设置本年利润科目。在“期间损益结转设置”对话框中，参照生成或直接输入“本年利润科目”为4103(本年利润)，然后在对话框的列表区单击，结果如图11-27所示。

期间损益结转设置

凭证类别 记 记账凭证　　本年利润科目 4103

损益科目编号	损益科目名称	损益科目账类	本年利润科目编码	本年利润科目名称	本年利润科目账类
6001	主营业务收入		4103	本年利润	
6011	利息收入		4103	本年利润	
6021	手续费及佣金收入		4103	本年利润	
6031	保费收入		4103	本年利润	
6041	租赁收入		4103	本年利润	
6051	其他业务收入		4103	本年利润	
6061	汇兑损益		4103	本年利润	
6101	公允价值变动损益		4103	本年利润	
6111	投资收益		4103	本年利润	
6201	摊回保险责任准备金		4103	本年利润	
6202	摊回赔付支出		4103	本年利润	
6203	摊回分保费用		4103	本年利润	
6301	营业外收入		4103	本年利润	
6401	主营业务成本		4103	本年利润	

每个损益科目的期末余额将结转到与其同一行的本年利润科目中.若损益科目与之对应的本年利润科目都有辅助核算，那么两个科目的辅助账类必须相同　。损益科目为空的期间损益结转将不参与

打印　预览　确定　取消

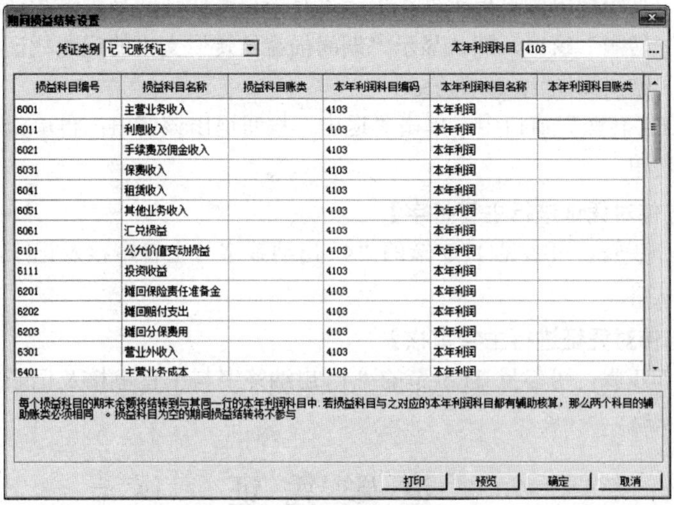

图 11-27　期间损益结转设置结果

(3) 确定并退出。单击“期间损益结转设置”窗口中的“确定”按钮，确定设置并退出该窗口。

【财务部会计张兰进行期间损益结转凭证生成】

(1) 打开“转账生成”对话框。在“总账”子系统中，依次单击“期末/转账生成”菜单项，打开“转账生成”对话框。

(2) 设置收入结转项。在“转账生成”对话框中，先选中左侧的“期间损益结转”单选项，再选择对话框上方的“类型”为“收入”，并单击“全选”按钮，使表体的所有记录行的“是否结转”栏，出现“Y”字样。

(3) 生成并保存收入转账凭证。单击“转账生成”对话框中的“确定”按钮，系统弹出“转账”窗口，默认显示“期间损益结转”收入的记账凭证，单击“保存”按钮，保存该凭证，结果如图11-28所示。

已生成

记 账 凭 证

记 字 0113　　制单日期：2017.07.31　　审核日期：　　附单据数：0

摘要	科目名称	借方金额	贷方金额
期间损益结转	本年利润		390138875
期间损益结转	主营业务收入	388758120	
期间损益结转	其他业务收入	1320755	
期间损益结转	营业外收入	60000	
票号 日期　数量 单价	合计	390138875	390138875

备注　项目　　部门
　　　个人　　客户
　　　业务员

记账　　审核　　出纳　　制单 张兰

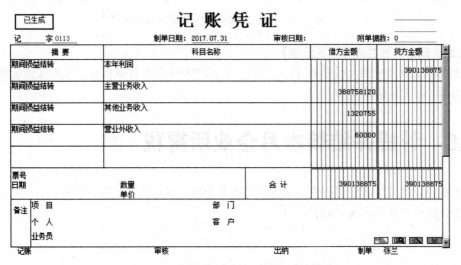

图 11-28　“期间损益结转”的收入结转凭证

(4) 生成并保存支出转账凭证。单击“转账”窗口中的“退出”按钮，退出该窗口，返回“转账生成”对话框，此时选择对话框上方的“类型”为“支出”，并单击“全选”按钮，再单击“确定”按钮，系统弹出信息提示框，提示“有未记账凭证，是否继续结转？”，单击“是”按钮，系统弹出“转账”窗口，默认显示“期间损益结转”支出的记账凭证，单击“保存”按钮，保存该凭证，结果如图 11-29 所示。

(5) 退出。在“转账”窗口中，单击“退出”按钮退出该窗口；再单击“转账生成”对话框中的“取消”按钮。

【财务部曾志伟对凭证进行主管签字】

本任务的操作步骤，可参见 11.3 节的“4. 出纳签字与主管审核及记账的操作步骤”中的相关内容，在此从略。

【财务部曾志伟对凭证进行主管审核】

本任务的操作步骤，可参见 11.3 节的“4. 出纳签字与主管审核及记账的操作步骤”中的相关内容，在此从略。

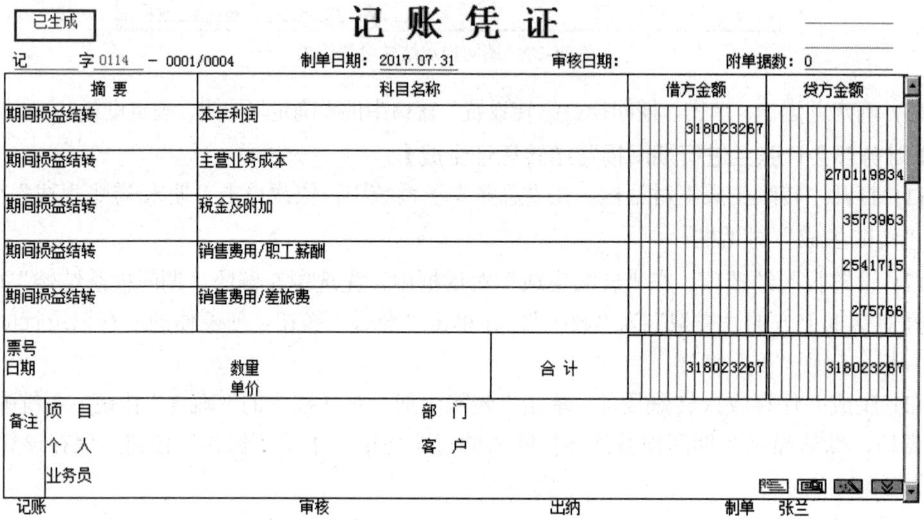
已生成

记账凭证

记 字 0114 - 0001/0004 制单日期：2017.07.31 审核日期： 附单据数：0

摘要	科目名称	借方金额	贷方金额
期间损益结转	本年利润	318023267	
期间损益结转	主营业务成本		270119834
期间损益结转	税金及附加		3573963
期间损益结转	销售费用/职工薪酬		2541715
期间损益结转	销售费用/差旅费		275766
票号 日期	数量 单价 合计	318023267	318023267

备注 项目 部门 个人 客户 业务员

记账 审核 出纳 制单 张兰

图 11-29 “期间损益结转”的支出结转凭证

【财务部会计张兰进行凭证记账】

本任务的操作步骤，可参见 11.3 节的“4. 出纳签字与主管审核及记账的操作步骤”中的相关内容，在此从略。

11.8 计提并结转本月企业所得税

根据会计制度，本公司的企业所得税税率为 25%，按月预计，按月预缴，全年汇总清缴，其计算公式为“本年利润×0.25”。

11.8.1 业务概述与分析

7月31日,计提并结转本月企业所得税。

本笔业务是计提并结转本月企业所得税业务,需要使用自定义转账方式和期间损益结转方式生成企业所得税费的凭证,并进行凭证的主管签字、审核与记账,具体的包括计算本月企业所得税的自定义转账设置与制单,所得税费结转的凭证生成,凭证的主管签字与审核,以及凭证的会计记账。

11.8.2 操作指导

1. 操作流程

图 11-30 所示是本业务的操作流程。

请确认系统日期和业务日期为 2017 年 7 月 31 日。

2. 自定义结转设置并制单的操作步骤

任务说明:财务部会计张兰进行自定义转账设置并生成凭证。

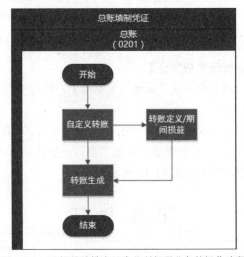

图 11-30 计提并结转本月企业所得税业务的操作流程

【财务部会计张兰进行自定义转账设置】

(1) 打开"自定义转账设置"窗口。在"企业运用平台"的"业务工作"页签中,依次单击"财务会计/总账/期末/转账定义/自定义转账"菜单项,系统打开"自定义转账设置"窗口。

(2) 进行"计算本月企业所得税"转账设置。在"自定义转账设置"窗口,单击工具栏中的"增加"按钮,系统弹出"转账目录"对话框,编辑"转账序号"为 0005,"转账说明"为"计提本月企业所得税",单击"确定"按钮,返回"自定义转账设置"窗口。

(3) 转账公式的第 1 行设置。增加并编辑第 1 行。单击工具栏中的"增行"按钮,编辑其"科目编码"为 6801(所得税费用),"方向"设定为"借",单击"金额公式"的参照按钮,系统弹出"公式向导"对话框,选择"公式名称"为"QM(期末)",单击"下一步"按钮,编辑"科目"为 4103(本年利润),勾选"继续输入公式"复选框,其他选项为默认,单击"下一步"按钮，返回"公式向导"对话框；再选择"公式名称"为"常数"，单击"下一步"按钮，编辑"*"，在常数框输入0.25，然后单击"完成"按钮，完成第1行的编辑，公式带回"自定义转账设置"窗口。

(4) 转账公式的第2行设置。单击工具栏中的"增行"按钮，编辑"科目编码"为222110(应交所得税)，"方向"设定为"贷"，"金额公式"为JG( )(取对方科目计算结果)。

(5) 保存。单击工具栏中的"保存"按钮，保存转账公式设置，其结果如图11-31所示。

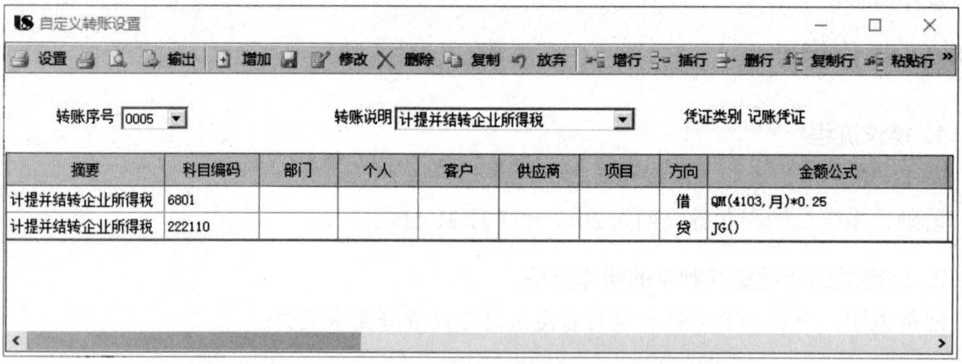

图11-31 "计提本月企业所得税"转账公式定义结果

(6) 退出。单击"自定义转账设置"窗口右上角的"关闭"按钮，关闭并退出该窗口。

【财务部会计张兰通过转账生成凭证】

(1) 打开"转账生成"对话框。在"总账"子系统中，依次单击"期末/转账生成"菜单项，系统打开"转账生成"对话框。

(2) 生成并保存转账凭证。双击编号为0005的记录所在行的"是否结转"栏，使其出现"Y"字样，然后单击"确定"按钮，系统弹出"转账"窗口，默认显示本月企业所得税凭证，单击"保存"按钮，保存该凭证，结果如图11-32所示。

图11-32 "计提本月企业所得税"凭证

(3) 退出。在"转账"窗口中，单击"退出"按钮退出该窗口；再单击"转账生成"对话框中的"取消"按钮。

3. 所得税结转凭证生成的操作步骤

任务说明：财务部曾志伟对本月企业所得税凭证进行凭证的主管签字、审核，会计张兰记账；会计张兰进行"所得税费用"的期间损益结转凭证生成。

【财务部曾志伟对凭证进行主管签字】

本任务的操作步骤，可参见 11.3 节的"4. 出纳签字与主管审核及记账的操作步骤"中的相关内容，在此从略。

【财务部曾志伟对凭证进行主管审核】

本任务的操作步骤，可参见 11.33 节的"4. 出纳签字与主管审核及记账的操作步骤"中的相关内容，在此从略。

【财务部会计张兰进行凭证记账】

本任务的操作步骤，可参见 11.3 节的"4. 出纳签字与主管审核及记账的操作步骤"中的相关内容，在此从略。

【财务部会计张兰进行期间损益结转凭证生成】

(1) 打开"转账生成"对话框。在"总账"子系统中，依次单击"期末/转账生成"菜单项，系统打开"转账生成"对话框。

(2) 生成并保存转账凭证。先选中左侧的"期间损益结转"选项，然后双击"所得税费用"科目所在行，使其"是否结转"栏出现"Y"字样，再单击"确定"按钮，系统弹出"转账"窗口，默认显示"期间损益结转"记账凭证，单击"保存"按钮，保存该凭证，结果如图 11-33 所示。

已生成		记 账 凭 证			
记 字 0116		制单日期：2017.07.31	审核日期：	附单据数：0	
摘 要		科目名称		借方金额	贷方金额
期间损益结转		本年利润		19168902	
期间损益结转		所得税费用			19168902
票号 日期	数量 单价		合 计	19168902	19168902
备注	项 目 个 人 业务员		部 门 客 户		
记账		审核		出纳	制单 张兰

图 11-33 "期间损益结转"凭证

(3) 退出。在"转账"窗口中，单击"退出"按钮退出该窗口，再单击"转账生成"对话框中的"取消"按钮。

4. 凭证签字、审核并记账的操作步骤

任务说明：财务部曾志伟对所得税费用结转凭证进行凭证的主管签字、审核，会计张兰记账。

【财务部曾志伟对凭证进行主管签字】

本任务的操作步骤，可参见 11.3 节的"4. 出纳签字与主管审核及记账的操作步骤"中的相关内容，在此从略。

【财务部曾志伟对凭证进行主管审核】

本任务的操作步骤，可参见 11.3 节的"4. 出纳签字与主管审核及记账的操作步骤"中的相关内容，在此从略。

【财务部会计张兰进行凭证记账】

本任务的操作步骤，可参见 11.3 节的"4. 出纳签字与主管审核及记账的操作步骤"中的相关内容，在此从略。

11.9 银行对账

11.9.1 业务概述与分析

7 月 31 日，由出纳进行银行对账，编制银行存款余额调节表。本公司银行账的启用日期为 2017 年 7 月 1 日，工行存款企业日记账调整前余额为 348 661.44 元，银行对账单调整前余额为 344 661.44 元，2017 年 06 月 25 日有一笔 4000 元的企业已收但银行未记账业务。

7 月份工行的银行对账单参见表 11-1。

表 11-1　7 月份工行的银行对账单

月	日	摘要	结算方式与票号	借方	贷方
07	01	缴纳税费(地税)	其他		3210.96
07	01	缴纳税费(国税)	其他		146 500
07	01	缴纳社会保险费和住房公积金	委托收款		49 898.04
07	01	银行放贷	转账支票—22587710	600 000	
07	01	代发上月职工工资	现金支票—10891202		82 340
07	01	预支房租费	现金支票—21622007		6 000
07	01	预付定金	转账支票—22456704		50 000
07	05	采购格力空调 60 台	转账支票—22456705		245 700
07	05	暂估票到海信电视机 50 台	转账支票—22456706		362 700
07	07	采购海尔空调 100 台拒收 1 台	转账支票—22856820		297 490
07	12	收到 XS001 货款	转账支票—22586710	379 080	
07	12	跃辉公司 XS002 的定金	转账支票—22416505	40 000	
07	12	销售松下空调 100 台收款 60 台	转账支票—22586711	421 200	
07	13	销售松下空调 100 台收款 40 台	转账支票—22586712	280 800	

(续表)

月	日	摘要	结算方式与票号	借方	贷方
07	15	收到 XS002 尾款和代垫运费款	转账支票—32002101	466 661	
07	16	销售退货松下电视机 1 台	转账支票—22456706	-10 530	
07	16	直运销售海尔空调 200 台	转账支票—22586713	889 200	
07	16	直运销售海尔空调 200 台	转账支票—22586734		702 000
07	16	售后回购	转账支票—22456707	336 960	
07	25	虚拟采购松下洗衣机 60 台	转账支票—22456724		351 000
07	27	跃辉公司上月货款	转账支票—22586708	1 123 200	
07	27	万达公司上月货款	转账支票—22586709	631 800	
07	27	销售格力空调 200 台有折扣	转账支票—22586714	1 146 068.8	
07	27	鑫凯公司委托代销货款	转账支票—22456815	428 000	
07	28	采购联想电脑	转账支票—22456825		14 040
07	30	支付本月贷款利息	其他		3 600

本笔业务是公司银行对账业务，需要进行银行对账期初设置、银行对账单录入，以及自动或手动地银行对账。

11.9.2 操作指导

1. 操作流程

图 11-34 所示是本业务的操作流程。

请确认系统日期和业务日期为 2017 年 7 月 31 日。

2. 本业务的操作步骤

任务说明：财务部出纳罗迪进行银行对账期初设置、银行对账单录入、银行对账、查询银行存款余额调节表。

【**财务部出纳罗迪进行银行对账期初设置**】

(1) 打开"银行对账期初"对话框。在"企业运用平台"的"业务工作"页签中，依次单击"财务会计/总账/出纳/银行对账/银行对账期初录入"菜单项，系统弹出"银行科目选择"对话框，默认"科目"为"工行存款(100201)"，单击"确定"按钮，系统打开"银行对账期初"对话框。

(2) 设置余额。在"银行对账期初"对话框中，确认"启用日期"为 2017.07.01，录入单位日记账的"调整前余额"为 348 661.44 元，银行对账单的"调整前余额"为 344 661.44 元，结果如图 11-35 所示。

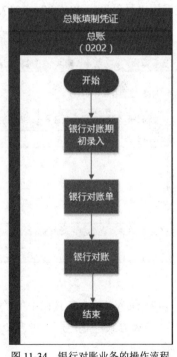

图 11-34 银行对账业务的操作流程

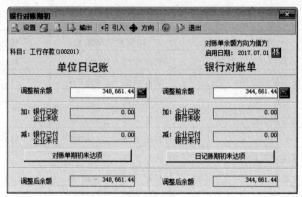

图 11-35 "银行对账期初"对话框

(3) 设置日记期初未达项。在"银行对账期初"对话框中,单击"日记期初未达项"按钮,系统打开"企业方期初"窗口;单击其工具栏中的"增加"按钮,输入"凭证日期"为2017.06.25,"借方金额"为4000,然后单击"保存"按钮,结果如图11-36所示。

(4) 退出。单击"企业方期初"窗口工具栏中的"退出"按钮,系统返回"银行对账期初"对话框;单击对话框中的"退出"按钮,退出该对话框。

【财务部出纳罗迪录入银行对账单】

(1) 打开"银行对账单"窗口。在"总账"子系统中,依次单击"出纳/银行对账/银行对账单"菜单项,系统弹出"银行科目选择"对话框,默认"科目"为"工行存款(100201)",确认或设置"月份"为2017.07—2017.07,然后单击"确定"按钮,系统打开"银行对账单"窗口。

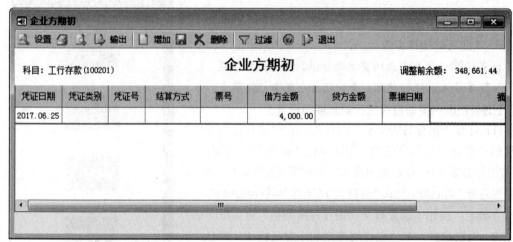

图 11-36 "企业方期初"窗口

(2) 录入。单击工具栏中的"增加"按钮,参照表11-1依次输入银行对账单数据,包括"日期""结算方式""票号""借方金额"或"贷方金额",完成后单击"保存"按钮,结果如图11-37所示。

图 11-37 "银行对账单"窗口

(3) 退出。单击"银行对账单"窗口中的"关闭"按钮,关闭并退出该窗口。

【财务部出纳罗迪进行银行对账】

(1) 打开"银行对账"窗口。在"总账"子系统中,依次单击"出纳/银行对账/银行对账"菜单项,系统弹出"银行科目选择"对话框,默认"科目"为"工行存款(100201)",确认或设置"月份"为 2017.07—2017.07,然后单击"确定"按钮,系统打开"银行对账"窗口。

(2) 自动对账。单击工具栏中的"对账"按钮,打开"自动对账"对话框,设置"截止日期"为 2017.07.31,默认系统提供的其他对账条件,单击"确定"按钮,系统显示自动对账结果,结果如图 11-38 所示。

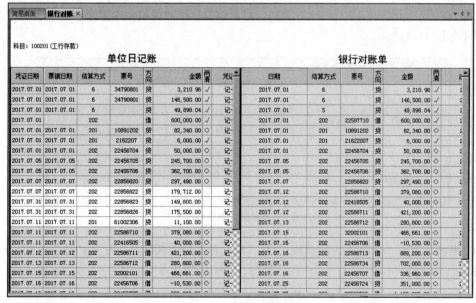

图 11-38 "银行对账"窗口

提示：

对于已达账项，系统自动在单位日记账和银行对账单双方的"两清"栏画上"○"标志。在自动对账窗口，对于一些应勾对而未勾对上的账项，可分别双击"两清"栏，直接进行手工调整。

(3) 所有数据对账完毕后，单击"检查"按钮，检查结果平衡，单击"确定"按钮。

(4) 保存。单击工具栏中的"保存"按钮，保存对账结果(如果不保存，系统会弹出保存提示信息框)。

(5) 退出。单击"银行对账"窗口中的"关闭"按钮，关闭并退出该窗口。

【财务部出纳罗迪查询余额调节表】

(1) 打开"银行存款余额调节表"窗口。在"总账"子系统中，依次单击"出纳/银行对账/余额调节表查询"菜单项，系统打开"银行存款余额调节表"窗口。

(2) 查看总的银行存款余额。双击表体中"银行科目(账号)"栏的"工行存款(100201)"所在行，系统弹出"银行存款余额调节表"对话框，结果如图11-39所示。

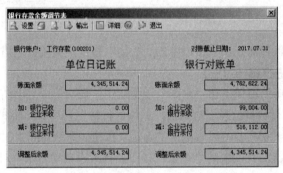

图11-39 "银行存款余额调节表"窗口

(3) 查看详细的银行存款余额。单击"银行存款余额调节表"对话框工具栏中的"详细"按钮，系统打开"余额调节表(详细)"窗口，显示该银行账户的银行存款余额调节表的详细情况，结果如图11-40所示。

图11-40 "余额调节表(详细)"窗口

(4) 退出。单击"余额调节表(详细)"和"银行存款余额调节表"窗口中的"关闭"按钮，关闭并退出该窗口。

第 12 章

企业业务活动月末处理

企业业务活动的月末处理,是指在月末时对各个模块进行结转处理,把一定时期内应记入账簿的经济业务全部登记入账后,计算和记录本期发生额及期末余额,并将本月余额结转至下期或新的账簿。

在用友 ERP-U8 系统中,各个业务模块的月末结账,需要遵循以下顺序:
- 采购管理系统月末结账后,才能进行应付款管理系统的月末结账。
- 销售管理系统月末结账后,才能进行应收款管理系统的月末结账。
- 采购与销售管理系统月末结账后,才能进行库存管理与存货核算系统的月末结账。
- 库存管理系统月末结账后,才能进行存货核算系统的月末结账。
- 总账系统必须是最后进行月末结转。

在月末结账时,需要注意以下几点:
- 在月末结账前,一定要进行账套数据的备份,否则一旦数据发生错误,损失将无法挽回。
- 只有在当前会计月的所有工作全部完成后才能进行月末结账,否则会遗漏某些业务,导致业务数据不全面。
- 若没有期初记账,则不能进行月末结账。
- 若上月尚未结账,则本月业务不能记账;不允许跳月取消月末结账,只能从最后一个月逐月取消。
- 在月末结账后,该月的单据将不能修改和删除,该月末录入的单据将视为下个会计月的单据。

本账套的业务模块,包括采购管理、销售管理、库存管理、存货核算、固定资产和薪资管理,月末结账是对以上 6 个模块的经济业务进行月末处理和月末结账。

本章的操作,请按照业务描述中的系统日期(如 7 月 31 日)和操作员(如财务部会计张兰),在第 11 章完成的基础上,在供应链和财务会计的各个子系统中进行。

如果没有完成第 11 章的总账月末业务的操作,可以到百度网盘空间的"实验账套数据"文件夹中,将"11 总账月末.rar"下载到实验用机上,然后"引入"(操作步骤详见第 1 章 1.3 节中的 1.3.5 小节)ERP-U8 系统中。而且,本章完成的账套,其"输出"压缩的文件名为"12 企业业务活动.rar"。

需要说明的是:

因网盘中的账套备份文件均为"压缩"文件,所以下载完成后引入前,需要用解压缩工具进行解压(建议用 WinRAR 3.42 或以上版本),得到相应可以引入的账套数据文件。

本章的所有业务实验操作,都有配套的微视频,读者可通过百度网盘下载观看。

12.1 各业务模块的月末处理

本账套的业务模块,包括采购管理、销售管理、库存管理、存货核算和薪资管理,月末结账是对以上 5 个模块的经济业务进行月末处理和月末结账。

12.1.1 业务概述与分析

7 月 31 日,对公司账套的各个业务模块中的经济业务进行月末结账处理。

本笔业务是对采购、销售、库存、存货、固定资产和薪资管理模块的经济业务进行期末处理的业务。

需要说明的是,存货核算系统的期末处理,需要首先进行仓库和存货的期末处理,然后才能进行月末结账处理。

12.1.2 操作指导

请确认系统日期和业务日期为 2017 年 7 月 31 日。

本业务的操作步骤
任务说明:

- 采购部主管刘静进行采购管理系统的月末结账。
- 销售部主管赵飞进行销售管理系统的月末结账。
- 仓管部主管李莉进行库存管理系统的月末结账。
- 财务部会计张兰做仓库和存货的期末处理。
- 财务部会计张兰做存货核算系统的月末结账。
- 财务部会计张兰做薪资管理的月末结账。

【采购部主管刘静进行采购管理系统的月末结账】

(1) 打开采购"结账"对话框。在"企业运用平台"的"业务工作"页签中,依次单击"供应链/采购管理/月末结账"菜单项,系统打开"结账"对话框,结果如图 12-1 所示。

(2) 结账。在"结账"对话框中,系统已经默认选择会计月份"7",单击"结账"按钮,系统弹出"月末结账"信息提示框(结果如图 12-2 所示),提示"是否关闭订单?",单击"否"按钮,系统自动进行月末结账,将所选月份采购单据按会计期间分月记入有关账表中。

(3) 退出。单击"结账"对话框中的"退出"按钮,退出该对话框。

 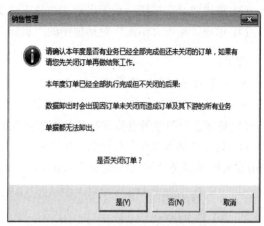

图 12-1 "结账"对话框　　　　　图 12-2 "是否关闭订单?"信息提示框

提示:
- 采购管理系统的月末结账,可以对多个月的单据一次性结账,但不允许跨月结账。
- 只有对采购管理系统进行月末处理了,才能对库存管理、存货核算和应付款管理系统进行月末处理。
- 若采购管理系统要取消月末结账,必须先取消库存管理、存货核算和应付款管理的月末结账,若它们中的任何一个系统不能取消月末结账,则采购管理系统的月末结账也不能取消。

【销售部赵飞进行销售管理系统的月末结账】

(1) 打开销售"结账"对话框。在"企业运用平台"的"业务工作"页签中,依次单击"供应链/销售管理/月末结账"菜单项,系统打开"结账"对话框,结果如图12-1所示。

(2) 结账。在"结账"对话框中,系统已经默认选择会计月份"7",单击"结账"按钮,系统弹出"月末结账"信息提示框(结果如图12-2所示),提示"是否关闭订单?",单击"否"按钮,系统自动进行月末结账,将所选月份销售单据按会计期间分月记入有关账表中。

(3) 退出。单击"结账"对话框中的"退出"按钮,退出该对话框。

提示:
- 只有对销售管理系统进行月末处理了,才能对库存管理、存货核算和应收款管理系统进行月末处理。
- 若销售管理系统要取消月末结账,必须先取消库存管理、存货核算和应收款管理的月末结账;若它们中的任何一个系统不能取消月末结账,则销售管理系统的月末结账也不能取消。

【仓管部李莉进行库存管理系统的月末结账】

(1) 打开库存"结账"对话框。在"企业运用平台"的"业务工作"页签中,依次单击"供应链/库存管理/月末结账"菜单项,系统打开库存"结账"对话框。

(2) 在"结账"对话框中,系统已经默认选择会计月份"7",直接单击"结账"按钮,系统弹出"库存管理"信息提示框,提示"结账后将不能修改期初数据,是否继续结账?"。

(3) 单击"是"按钮，系统自动完成月末结账。

(4) 退出。单击"结账"对话框中的"退出"按钮，退出该对话框。

提示：
- 只有对采购和销售管理系统进行月末结账之后，才能对库存管理系统进行月末处理。
- 只有在存货核算系统当月未结账或取消结账后，库存管理系统才能取消结账。

【财务部会计张兰做仓库和存货的期末处理】

(1) 打开"期末处理"对话框。在"企业运用平台"的"业务工作"页签中，依次单击"供应链/存货核算/业务核算/期末处理"菜单项，系统打开"期末处理"对话框，结果如图 12-3 所示。

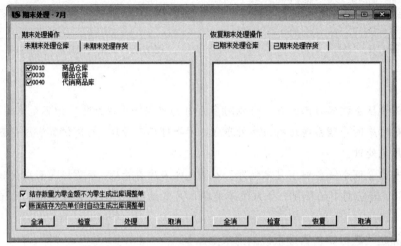

图 12-3　存货核算的"期末处理"对话框

(2) 在"期末处理"对话框中，系统已经默认选中了所有的仓库，单击左侧的"处理"按钮，系统自动完成各个仓库的期末处理任务，并弹出信息框提示"期末处理完毕"，单击"确定"按钮返回。

(3) 退出"期末处理"对话框。单击"期末处理"对话框右上角的"关闭"按钮，关闭并退出该对话框。

提示：
- 只有采购和销售系统做结账处理后，才能进行月末处理。
- 恢复期末处理的功能，在总账结账后将不可用。

【财务部会计张兰做存货核算的月末结账】

(1) 打开存货核算"结账"对话框。在"存货核算"子系统中，依次单击"业务核算/月末结账"菜单项，系统打开存货核算的"结账"对话框，结果如图 12-4 所示。

(2) 月结检查。单击"结账"对话框中的"月结检查"按钮，系统开始进行合法性检查；若检查通过，系统弹出"检测成功！"的信息提示框，单击"确定"按钮退出信息提示框。

(3) 月结结账。在"结账"对话框中，单击"结账"按钮，系统完成月末结账并弹出"月末结账完成！"的信息提示框，单击"确定"按钮退出信息提示框和"结账"对话框。

提示：
- 只有对采购、销售和库存管理系统进行月末结账之后，才能对存货核算系统进行月末结账处理。
- 在进行存货核算系统月末结账后，只有以下一个会计期间时间登录 ERP-U8 系统，才能恢复月末结账。

【财务部会计张兰做薪资管理的月末结账】

(1) 打开"月末处理"对话框。在"企业运用平台"的"业务工作"页签中，依次单击"人力资源/薪资管理/业务处理/月末处理"菜单项，系统打开"月末处理"对话框，结果如图 12-5 所示。

图 12-4 存货核算系统"结账"对话框

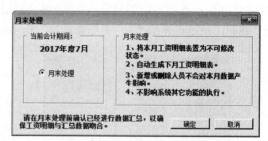

图 12-5 薪资管理系统月末处理对话框

(2) 结账。在"月末处理"对话框中，直接单击"确定"按钮，系统弹出"月末处理之后，本月工资将不许变动！继续月末处理吗？"提示框，单击"是"按钮，系统弹出"是否选择清零项？"提示框，单击"否"按钮，系统弹出"月末处理完毕！"提示框，单击"确定"按钮，即完成薪资管理系统的月末结账。

12.2 各财务模块的月末处理

本账套的财务模块，包括应收款管理、应付款管理、固定资产和总账管理，月末结账是对以上 4 个模块的经济业务进行月末处理和月末结账。

12.2.1 业务概述与分析

7 月 31 日，对公司账套的各个财务模块中的经济业务进行月末结账处理。

本笔业务是对应收款管理、应付款管理、固定资产和总账管理模块的经济业务进行期末处理的业务。

需要注意的是，总账系统的月末结账，需要首先对账，然后才能进行月末结账处理。

12.2.2 操作指导

请确认系统日期和业务日期为 2017 年 7 月 31 日。

本业务的操作步骤

任务说明：

- 财务部会计张兰进行应收款管理系统的月末结账。
- 财务部会计张兰进行应付款管理系统的月末结账。
- 财务部会计张兰做固定资产模块的月末结账。
- 财务部曾志伟进行总账系统的月末对账。
- 财务部曾志伟进行总账系统的月末结账。

【财务部会计张兰做应收款管理系统的月末结账】

(1) 打开"月末结账"对话框。在"企业运用平台"的"业务工作"页签中，依次单击"财务会计/应收款管理/期末处理/月末结账"菜单项，系统打开"月末处理"对话框，结果如图12-6所示。

(2) 结账。在"月末处理"对话框中，双击"七月"的"结账标志"栏，使其出现"Y"字样(结果如图12-6所示)，然后单击"下一步"按钮，系统弹出如图12-7所示的对话框，单击"完成"按钮，系统再弹出"7月份结账成功"提示框，表示系统已经自动结账完成。

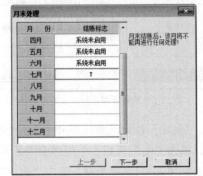
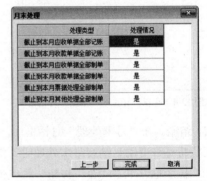

图12-6 应收款管理系统"月末处理"对话框(1)　　图12-7 应收款管理系统"月末处理"对话框(2)

(3) 退出。单击提示框中的"确定"按钮，完成月末结账，系统返回企业应用平台界面。

提示：

- 只有在销售管理系统结账后，才能对应收系统进行结账处理。
- 因为本账套设置的审核日期为单据日期，所以本月的单据(发票和应收单)在结账前需要全部审核。但若设置的审核日期为业务日期，则截止到本月末还有未审核单据(发票和应收单)，照样可以进行月结处理。
- 如果本月的收款单还有未审核的，不能结账。

【财务部会计张兰做应付款管理系统的月末结账】

(1) 打开"月末结账"对话框。在"企业运用平台"的"业务工作"页签中，依次单击"财务会计/应付款管理/期末处理/月末结账"菜单项，系统打开"月末处理"对话框，结果如图12-6所示。

(2) 结账。在"月末处理"对话框中，双击"七月"结账标志栏，使其出现"Y"字样，然后单击"下一步"按钮，在系统弹出的对话框(如图12-7所示)中，单击"完成"按钮，系统弹出"7月份结账成功"提示框，表示系统已经自动结账完成。

(3) 退出。单击提示框中的"确定"按钮，系统返回企业应用平台界面。

提示：
- 只有在采购管理系统结账后，才能对应付系统进行结账处理。
- 因为本账套设置的审核日期为单据日期，所以本月的单据(发票和应付单)在结账前需要全部审核。但若设置的审核日期为业务日期，则截止到本月末还有未审核单据(发票和应付单)，照样可以进行月结处理。
- 如果本月的付款单还有未审核的，不能结账。

【财务部会计张兰做固定资产模块的月末结账】

(1) 打开"月末结账"对话框。在"企业运用平台"的"业务工作"页签中，依次单击"财务会计/固定资产/处理/月末结账"菜单项，系统打开"月末结账"对话框，结果如图 12-8 所示。

(2) 结账。在"月末结账"对话框中，单击"开始结账"按钮，系统弹出"与账务对账结果"信息提示框，结果如图 12-9 所示。

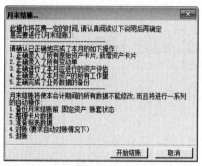
图 12-8 固定资产系统月末结账

图 12-9 固定资产与账务对账结果

(3) 确认。单击信息提示框中的"确定"按钮，系统弹出"月末结账完毕!"提示框，表示系统已经自动结账完成。

(4) 退出。单击提示框中的"确定"按钮，并在再次弹出的提示框中单击"确定"按钮，系统返回企业应用平台界面。

【财务部曾志伟做总账系统的月末对账与试算】

(1) 打开"对账"对话框。在"企业运用平台"的"业务工作"页签中，依次单击"财务会计/总账/期末/对账"菜单项，系统打开"对账"对话框，结果如图 12-10 所示。

图 12-10 总账系统月末对账示意图

(2) 对账设置。在"对账"对话框中,将光标定位在"2017.07"所在行,然后单击工具栏中的"选择"按钮,使其"是否对账"栏出现"Y"字样,结果如图 12-10 所示。

(3) 对账。单击工具栏中的"对账"按钮,系统自动对账并显示对账结果,结果如图 12-10 所示。

(4) 试算。单击"试算"按钮,可以对各科目类别余额进行试算平衡,结果如图 12-11 所示。

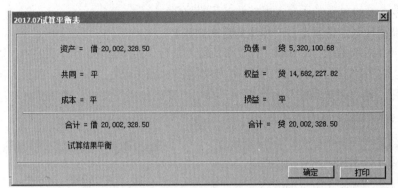

图 12-11　总账系统月末试算结果

(5) 退出。单击试算结果对话框中的"确定"按钮,返回"对账"对话框,再单击"对账"对话框中的"退出"按钮,退出该对话框。

提示:
- 若对账结果为账账相符,则对账月份的"对账结果"栏显示"正确";若对账结果为账账不符,则对账月份的"对账结果"栏显示"错误",单击工具栏中的"错误"按钮,可查看引起账账不符的原因。
- 若需要恢复记账前状态,其操作步骤如下:
  - 在"企业运用平台"的"业务工作"页签中,依次单击"财务会计/总账/期末/对账"菜单项,系统打开"对账"对话框。
  - 在期末对账界面,按下 Ctrl+H 键,则在"凭证"菜单中的增加"恢复记账前状态"菜单项(若再次按下 Ctrl+H 键则隐藏此菜单项)。
  - 选择恢复方式:"最近一次记账前状态",这种方式一般用于记账时系统造成的数据错误的恢复;"上个月初状态",恢复到上个月初未记账时的状态,例如果登录时间为 2017.7,则系统提示可恢复到 2017.6 初状态。
  - 选择是否恢复"往来两清标志"和选择恢复两清标志的月份,系统根据选择在恢复时,清除恢复月份的两清标志。
  - 系统提供灵活的恢复方式,可以根据需要不必恢复所有的会计科目,将需要恢复的科目从"不恢复的科目"选入"恢复的科目",即可只恢复需要恢复的科目。

【财务部曾志伟做总账系统的月末结账】

(1) 打开"结账"对话框。在"总账"子系统中,依次单击"期末/结账"菜单项,系统打开"结账"对话框。

(2) 对账。在"结账"对话框中,单击要结账月份 2017.07 所在行,然后单击"下一步"按钮，再单击"对账"按钮，系统对要结账的月份进行账账核对。

(3) 结账。单击"下一步"按钮，系统显示"2017 年 7 月工作报告"，结果如图 12-12 所示。

图 12-12　总账系统月末结账对话框

(4) 查看"7 月工作报告"后，再单击"下一步"按钮，若符合结账要求，则系统自动进行结账，否则不予结账。

(5) 结账并退出。单击"结账"对话框中的"结账"按钮，系统结账并退出该对话框。

提示：

- 结账只能由有结账权的人进行。
- 结账必须按月连续进行，若上月未结账，则本月不能结账。
- 如本月还有未记账凭证(包括作废凭证)时，则本月不能结账。
- 若总账与明细账对账不符，则不能结账。
- 已结账月份不能再填制凭证。
- 反结账操作只能由账套主管执行，操作步骤如下：
  - 在"企业运用平台"的"业务工作"页签中，依次单击"财务会计/总账/期末/结账"菜单项，系统打开"结账"对话框。
  - 选择要取消结账的月份"2017.07"。
  - 按下 Ctrl+Shift+F6 键，激活"取消结账"功能。
  - 单击"确认"按钮，取消结账标志。

第 13 章

企业会计报表编制

企业会计报表是企业根据日常会计核算资料定期编制的、综合反映企业某一特定日期财务状况和某一会计期间经营成果、现金流量的总结性书面文件。它是企业财务报告的主要部分，是企业向外传递会计信息的主要手段。现在的会计报表是企业的会计人员，根据一定时期(例如月、季、年)的会计记录，按照既定的格式和种类编制的报告文件。

UFO 报表系统是报表处理的工具，在 UFO 报表中可以设计报告的格式和编制公式，从总账系统或其他子系统中读取有关的财务信息，自动编制各种会计报表(包括资产负债表、利润表、现金流量表等)，对报表进行审核、汇总，生成各种分析图表(如企业财务指标分析表)，并按预定格式输出各种会计报表。在 UFO 报表系统中，有以下专业术语和功能内容：

- 格式状态：此状态下仅显示报表的格式，报表的数据全部隐藏。在此状态下所做的操作，对本报表所有的表页都起作用，但不能进行数据的录入、计算等操作。
- 数据状态：此状态下显示报表的全部内容，包括格式和数据。在此状态下，可管理报表的数据，如输入关键字、计算表页等，但不能修改报表的格式。
- 格式设置：利用报表模板提供的丰富的格式设计功能，可根据实际需要设置表格的格式，如定义组合单元、画表格线、调整行高和列宽等。
- 公式设置：UFO 报表系统提供了绝对单元和相对单元计算公式的定义等功能。在格式状态下可以定义各种计算公式，在数据状态下进行单元格式的计算。
- 表页：一个 UFO 报表最多可容纳 99 999 张表页，每一张表页是由许多单元组成的，一个报表中的所有表页具有相同的格式，但其中的数据不同。
- 关键字：关键字是特殊的数据单元，可以唯一标识一个表页，可方便快捷地选择表页。关键字的显示位置在格式状态下设置，其值在数据状态下录入。每个报表可以定义多个关键字。

本章设计的业务，有利于读者系统学习使用报表模板生成报表的方法，学习使用自定义方式绘制报表样式、设置单元公式并生成报表数据的方法。

本章的操作，请按照业务描述中的系统日期(如 7 月 31 日)和操作员(如财务部曾志伟)，在第 12 章完成的基础上进行。

如果没有完成第 12 章的各个子系统月末处理的操作,可以到百度网盘空间的"实验账套数据"文件夹中,将"12 企业业务活动.rar"下载到实验用机上,然后"引入"(操作步骤详见第 1 章 1.3 节中的 1.3.5 小节)ERP-U8 系统中。另外,本章已经完成的资产负债表、利润表和财务分析表文件,压缩存放在网盘的"13 会计报表.rar"文件中。

需要说明的是:

因网盘中的账套备份文件均为"压缩"文件,所以下载完成后引入前,需要用解压缩工具进行解压(建议用 WinRAR 3.42 或以上版本),得到相应可以引入的账套数据文件。

本章的所有业务实验操作,都有配套的微视频,读者可通过百度网盘下载观看。

13.1 利用 UFO 报表模板制作资产负债表

资产负债表是将企业的资产、负债、股东权益科目,根据"资金运用=资金来源"的会计恒等式,分为"资产"和"负债及股东权益"两大区块,在经过分录、过账、试算、调整等会计程序后,以特定日期的静态企业财务状况为基准,浓缩成的一张报表。

13.1.1 业务概述与分析

7 月 31 日,利用"2007 年新会计制度科目"报表模板,生成"918"账套的 2017 年 6 月份和 7 月份的"资产负债表",并输出(文件名为"资产负债表.rep")。

本笔业务是月末对资产负债表进行编制的业务,需要调用"资产负债表"报表模板、调整报表格式、生成资产负债表数据并保存。

需要说明的是,因为在编制 7 月份企业"财务指标分析表"时,需要使用到 6 月份和 7 月份资产负债表的数据,所以在本节需要做 6 月份和 7 月份的资产负债表。

13.1.2 操作指导

请确认系统日期和业务日期为 2017 年 7 月 31 日。

本业务的操作步骤

任务说明: 财务部曾志伟调用"资产负债表"报表模板、调整报表格式、生成资产负债表数据并保存。

【财务部曾志伟调用"资产负债表"报表模板】

(1) 打开"UFO 报表"窗口。在"企业运用平台"的"业务工作"页签中,依次单击"财务会计/UFO 报表"菜单项,系统打开"UFO 报表"窗口;单击菜单栏中的"文件/新建"菜单项,系统新建一个报表,默认"报表名"为 report1。

(2) 调用"资产负债表"模板格式。

① 单击菜单栏中的"格式/报表模板"菜单项,系统打开"报表模板"对话框。

② 在"报表模板"对话框中,选择"所在的行业"为"2007 年新会计制度科目","财务报表"为"资产负债表",然后单击"确认"按钮,系统弹出"模板格式将覆盖本表格式!是否继续?"提示框。

③ 单击提示框中的“确定”按钮，即可打开“资产负债表”模板，系统返回 report1 窗口，此时处于格式状态(该窗口的左下角有“格式”字样)，结果如图 13-1 所示。

	A	B	C	D	E	F	G	H
1					资产负债表			
2								会企01表
3	编制单位：xxxxxxxxxxxxxxxxxxxxxxxxxxxxxxxx		xxxx 年	xx 月	xx 日			单位:元
4–5	资　产	行次	期末余额	年初余额	负债和所有者权益（或股东权益）	行次	期末余额	年初余额
6	流动资产：				流动负债：			
7	货币资金	1	公式单元	公式单元	短期借款	32	公式单元	公式单元
8	交易性金融资产	2	公式单元	公式单元	交易性金融负债	33	公式单元	公式单元
9	应收票据	3	公式单元	公式单元	应付票据	34	公式单元	公式单元
10	应收账款	4	公式单元	公式单元	应付账款	35	公式单元	公式单元
11	预付款项	5	公式单元	公式单元	预收款项	36	公式单元	公式单元
12	应收利息	6	公式单元	公式单元	应付职工薪酬	37	公式单元	公式单元
13	应收股利	7	公式单元	公式单元	应交税费	38	公式单元	公式单元
14	其他应收款	8	公式单元	公式单元	应付利息	39	公式单元	公式单元
15	存货	9	公式单元	公式单元	应付股利	40	公式单元	公式单元
16	一年内到期的非流动资产	10			其他应付款	41	公式单元	公式单元
17	其他流动资产	11			一年内到期的非流动负债	42		
18	流动资产合计	12	公式单元	公式单元	其他流动负债	43		
19	非流动资产：				流动负债合计	44	公式单元	公式单元
20	可供出售金融资产	13	公式单元	公式单元	非流动负债：			

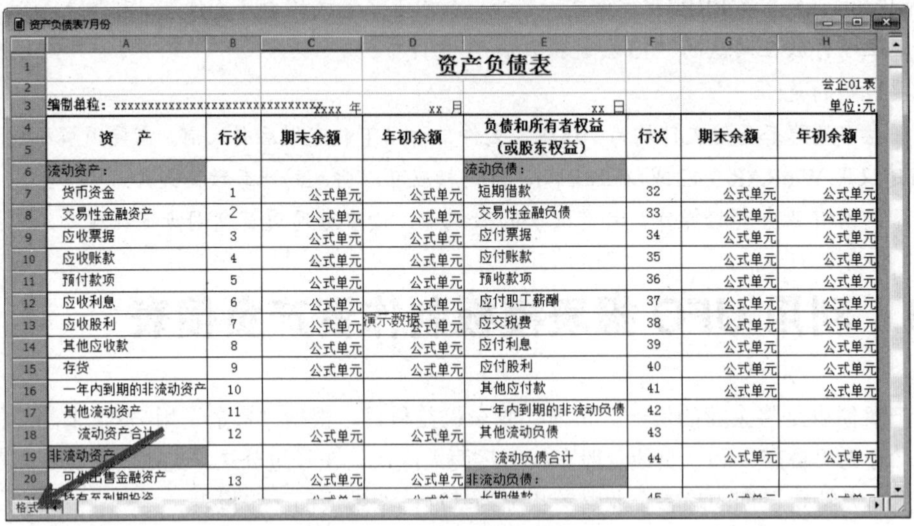

图 13-1　“资产负债表”模板

【财务部曾志伟调整报表模板格式并保存】

(1) 删除“编制单位：”。在 report1 窗口(此时处于格式状态)中，选中 A3 单元格，按 Delete 键将“编制单位：”删除。

(2) 打开“设置关键字”对话框。单击菜单栏中的“数据/关键字/设置”菜单项，系统打开“设置关键字”对话框，如图 13-2 所示。

图 13-2　“设置关键字”对话框

(3) 设置关键字“单位名称”。在“设置关键字”对话框中，选中“单位名称”单选项(系统已默认选中)，然后单击“确定”按钮，系统返回 report1 窗口，此时 A3 单元格的内容已经改为“单位名称：××××”。

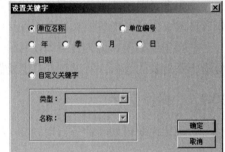

(4) 保存报表模板。在 report1 窗口，单击菜单栏中的“文件/保存”菜单项，如果是第一次保存，则系统打开“另存为”对话框；在“另存为”对话框中，选择要“保存在”的文件夹，并输入报表的“文件名”为“资产负债表”，选择“文件类型”为*.rep，然后单击“另存为”按钮，保存报表格式，此时 report1 窗口的标题变为“资产负债表”，即现在 report1 窗口已经变为“资产负债表”窗口了。

提示：

- 报表格式设置过程中，切记要随时“保存”，以防电脑故障导致编辑结果丢失，也便于以后随时调用。
- 如果没有保存就退出，系统会提示“是否保存报表？”，以防止误操作。
- 报表文件的输出格式，除了.rep(用友报表文件专用扩展名)外，还包括.xls、.mdb、.txt 和.wk4。

【财务部曾志伟生成资产负债表数据并保存】

(1) 切换状态为“数据”状态。在“资产负债表”窗口中，单击其左下角的“格式”按钮，则该按钮切换为“数据”，表明当前状态是“数据”状态。

(2) 设置提示选择账套。单击菜单栏的“数据/计算时提示选择账套”菜单项，设置在进行报表的数据计算时，提示选择账套。

(3) 打开“录入关键字”对话框。单击菜单栏中的“数据/关键字/录入”菜单项，系统打开“录入关键字”对话框(如图 13-3 所示)。

(4) 录入关键字。在“录入关键字”对话框中，输入关键字“单位名称”为“北京伊莱特电器有限公司”，“年”为 2017，“月”为 6，“日”为 30，结果如图 13-3 所示。

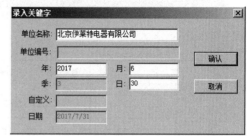

图 13-3　“录入关键字”对话框

(5) 打开选择账套窗口。在“录入关键字”对话框中，单击“确认”按钮，系统弹出“是否重算第 1 页？”提示框，单击“是”按钮，系统弹出企业应用平台的“登录”界面。

(6) 选择账套。在“操作员”编辑栏，输入“曾志伟”，选择账套“[918]”，然后单击“登录”按钮，系统会自动根据单元公式计算 6 月份的数据，结果如图 13-4 所示。

资产负债表

会企01表

编制单位：北京伊莱特电器有限公司　2017 年　6 月　30 日　单位:元

资　产	行次	期末余额	年初余额	负债和所有者权益（或股东权益）	行次	期末余额	年初余额
流动资产：				流动负债：			
货币资金	1	6,371,326.44	6,371,326.44	短期借款	32		
交易性金融资产	2			交易性金融负债	33		
应收票据	3			应付票据	34		
应收账款	4	3,717,555.42	3,717,555.42	应付账款	35	3,693,000.00	3,693,000.00
预付款项	5			预收款项	36		
应收利息	6			应付职工薪酬	37	159,659.60	159,659.60
应收股利	7			应交税费	38	149,710.96	149,710.96
其他应收款	8			应付利息	39		
存货	9	7,435,000.00	7,435,000.00	应付股利	40		
一年内到期的非流动资产	10			其他应付款	41	24,064.80	24,064.80
其他流动资产	11			一年内到期的非流动负债	42		
流动资产合计	12	17,523,881.86	17,523,881.86	其他流动负债	43	演示数据	
非流动资产：				流动负债合计	44	4,026,435.36	4,026,435.36
可供出售金融资产	13			非流动负债：			
持有至到期投资				长期借款	45		

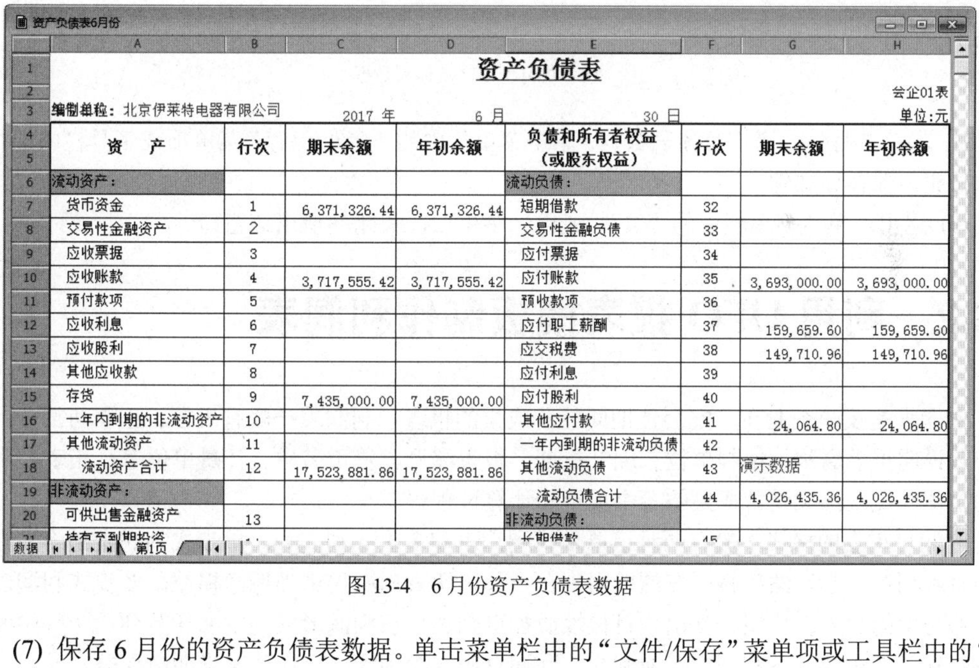

图 13-4　6 月份资产负债表数据

(7) 保存 6 月份的资产负债表数据。单击菜单栏中的“文件/保存”菜单项或工具栏中的“保存”按钮，保存该文件。

(8) 追加 7 月份的表页，并计算和保存。

① 新增表页。单击菜单栏中的“编辑/追加/表页”菜单项，系统打开“追加表页”对话框，输入追加表页的数量为“1”，单击“确认”按钮，新增一张表页。

② 选中“第 2 页”表页。在“资产负债表”窗口中，单击其底部的“第 2 页”以选中该表页，结果如图 13-5 所示。

③ 录入第 2 页的关键字。单击窗口菜单栏中的“数据/关键字/录入”菜单项，系统打开“录入关键字”对话框，输入关键字“单位名称”为“北京伊莱特电器有限公司”，“年”为 2017，“月”为 7，“日”为 31，单击“确认”按钮，系统弹出“是否重算第 2 页？”提示框，单击“是”按钮，系统会自动根据单元公式计算 7 月份的数据，结果如图 13-5 所示。

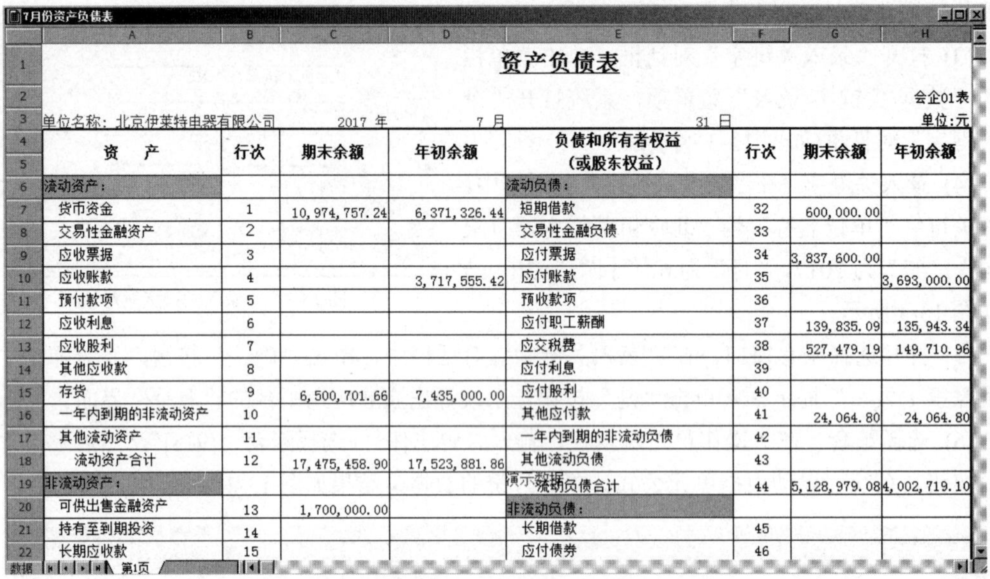
7月份资产负债表

资产负债表

会企01表

单位名称：北京伊莱特电器有限公司 2017 年 7 月 31 日 单位:元

资　产	行次	期末余额	年初余额	负债和所有者权益（或股东权益）	行次	期末余额	年初余额
流动资产：				流动负债：			
货币资金	1	10,974,757.24	6,371,326.44	短期借款	32	600,000.00	
交易性金融资产	2			交易性金融负债	33		
应收票据	3			应付票据	34	3,837,600.00	
应收账款	4		3,717,555.42	应付账款	35		3,693,000.00
预付款项	5			预收款项	36		
应收利息	6			应付职工薪酬	37	139,835.09	135,943.34
应收股利	7			应交税费	38	527,479.19	149,710.96
其他应收款	8			应付利息	39		
存货	9	6,500,701.66	7,435,000.00	应付股利	40		
一年内到期的非流动资产	10			其他应付款	41	24,064.80	24,064.80
其他流动资产	11			一年内到期的非流动负债	42		
流动资产合计	12	17,475,458.90	17,523,881.86	其他流动负债	43		
非流动资产：				流动负债合计	44	5,128,979.08	4,002,719.10
可供出售金融资产	13	1,700,000.00		非流动负债：			
持有至到期投资	14			长期借款	45		
长期应收款	15			应付债券	46		

演示数据

数据 第1页

图 13-5　7 月份资产负债表数据

④ 保存 7 月份的资产负债表数据。单击菜单栏中的“文件/保存”菜单项或工具栏中的“保存”按钮，保存该文件。

(9) 退出。单击菜单栏中的“文件/退出”菜单项，关闭并退出该窗口。

13.2　利用 UFO 报表模板制作利润表

利润表是反映企业在一定会计期间经营成果的报表。利润表一般有表首、正表两部分。表首部分说明报表名称、编制单位、编制日期、报表编号、货币名称、计量单位等；正表是利润表的主体，反映形成经营成果的各个项目和计算过程。

利润表正表的格式一般有两种：单步式利润表和多步式利润表。单步式利润表是将当期所有的收入列在一起，然后将所有的费用列在一起，两者相减得出当期净损益。多步式利润表是通过对当期的收入、费用、支出项目按性质加以归类，按利润形成的主要环节列示一些中间性利润指标，如主营业务利润、营业利润、利润总额、净利润，分步计算当期净损益。

13.2.1　业务概述与分析

7 月 30 日，利用“2007 年新会计制度科目”报表模板，生成 918 账套的 2017 年 7 月份的“利润表”，并输出(文件名为“利润表.rep”)。

本笔业务是月末对利润表进行编制的业务，需要调用“利润表”报表模板、调整报表格式、生成利润表数据并保存。

13.2.2 操作指导

请确认系统日期和业务日期为 2017 年 7 月 31 日。

本业务的操作步骤

任务说明：财务部曾志伟调用"利润表"报表模板、调整报表格式、生成利润表数据并保存。

【财务部曾志伟调用"利润表"报表模板】

(1) 打开"UFO 报表"窗口。在"财务会计"子系统中，双击"UFO 报表"菜单项，系统打开"UFO 报表"窗口；单击菜单栏中的"文件/新建"菜单项，系统新建一个报表，报表名默认为 report1。

(2) 调用"利润表"模板格式。

① 单击菜单栏中的"格式/报表模板"菜单项，系统打开"报表模板"对话框。

② 在"报表模板"对话框中，选择"所在的行业"为"2007 年新会计制度科目"，"财务报表"为"利润表"，然后单击"确认"按钮，系统弹出"模板格式将覆盖本表格式！是否继续？"提示框。

③ 单击提示框中的"确认"按钮，即可打开"利润表"模板，系统返回 report1 窗口，此时处于格式状态(该窗口的左下角有"格式"字样)，结果如图 13-6 所示。

	A	B	C	D
1		利润表		
2				会企02表
3	单位名称：xxxxxxxxxxxxxxxxxxxxxxxxxx	xxxx 年	xx 月	单位:元
4	项　　　目	行数	本期金额	上期金额
5	一、营业收入	1	公式单元	公式单元
6	减：营业成本	2	公式单元	公式单元
7	税金及附加	3	公式单元	公式单元
8	销售费用	4	公式单元	公式单元
9	管理费用	5	公式单元	公式单元
10	财务费用	6	公式单元	公式单元
11	资产减值损失	7	演示数据	公式单元
12	加：公允价值变动收益（损失以"-"号填列）	8	公式单元	公式单元
13	投资收益（损失以"-"号填列）	9	公式单元	公式单元
14	其中:对联营企业和合营企业的投资收益	10		
15	二、营业利润（亏损以"-"号填列）	11	公式单元	公式单元
16	加：营业外收入	12	公式单元	公式单元
17	减：营业外支出	13	公式单元	公式单元
18	其中：非流动资产处置损失	14		
19	三、利润总额（亏损总额以"-"号填列）	15	公式单元	公式单元
20	减：所得税费用	16	公式单元	公式单元
21	四、净利润（净亏损以"-"号填列）	17	公式单元	公式单元
22	五、每股收益：	18		
23	（一）基本每股收益	19		
24	（二）稀释每股收益	20		

图 13-6 "利润表"模板

【财务部曾志伟调整报表模板格式并保存】

(1) 删除"编制单位："。在 report1 窗口(此时处于格式状态)中，选中 A3 单元格，按 Delete 键将"编制单位："删除。

(2) 打开"设置关键字"对话框。单击窗口菜单栏中的"数据/关键字/设置"菜单项，系统打开"设置关键字"对话框，结果如图 13-2 所示。

(3) 设置关键字"单位名称"。在"设置关键字"对话框中，系统已默认选中"单位名称"

单选项,直接单击"确定"按钮,系统返回report1窗口,此时A3单元格的内容已经改为"单位名称:××××"。

(4) 保存报表模板。单击菜单栏中的"文件/保存"菜单项或工具栏中的"保存"按钮,如果是第一次保存,则系统打开"另存为"对话框;在"另存为"对话框中,选择要"保存在"的文件夹,并输入报表的"文件名"为"利润表",选择"文件类型"为*.rep,然后单击"另存为"按钮,保存报表格式,此时report1窗口的标题变为"利润表"。

【财务部曾志伟生成利润表数据并保存】

(1) 切换状态为"数据"状态。在"利润表"窗口中,单击其左下角的"格式"按钮,则该按钮切换为"数据",表明当前状态是"数据"状态。

(2) 设置提示选择账套。单击菜单栏中的"数据/计算时提示选择账套"菜单项,设置在进行报表的数据计算时,提示选择账套。

(3) 打开"录入关键字"对话框。单击窗口菜单栏中的"数据/关键字/录入"菜单项,系统打开"录入关键字"对话框(如图13-3所示)。

(4) 录入关键字。在"录入关键字"对话框中,输入关键字"单位名称"为"北京伊莱特电器有限公司","年"为2017,"月"为7。

(5) 打开选择账套窗口。在"录入关键字"对话框中,单击"确认"按钮,系统弹出"是否重算第1页?"提示框,单击"是"按钮,系统弹出企业应用平台的"登录"界面。

(6) 选择账套。在"操作员"编辑栏输入"曾志伟",选择账套"[918]",然后单击"登录"按钮,系统会自动根据单元公式计算7月份的数据,结果如图13-7所示。

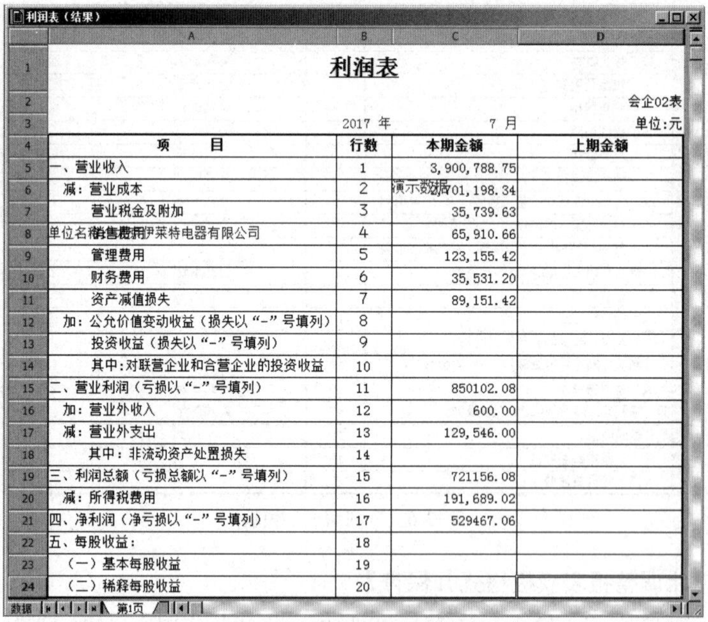

图13-7 7月份利润表数据

(7) 保存7月份的利润表数据。单击工具栏中的"保存"按钮,保存该文件。

(8) 退出。单击窗口菜单栏中的"文件/退出"菜单项,退出该窗口。

13.3 利用自定义报表功能编制企业财务指标分析表

企业的财务指标，是对企业经营结果进行分析的指标，一般包括偿债能力分析指标(如流动比率、速动比率、资产负债率)、营运能力分析指标(如应收账款周转率、总资产周转率)和盈利能力分析指标(如资产利润率、销售净利率)。表 13-1 所示是一般企业常用的企业主要财务指标分析表。

表 13-1 企业主要财务指标分析表格式

企业主要财务指标分析表

单位名称：北京伊莱特电器有限公司 2017 年 7 月

能力	指标	数值
偿债能力分析	流动比率	
	速动比率	
	资产负债率	
营运能力分析	应收账款周转率	
	总资产周转率	
盈利能力分析	资产利润率	
	销售净利率	

13.3.1 业务概述与分析

7 月 31 日，编制企业 2017 年 7 月份的企业主要财务指标分析表(文件名为"财务指标分析表.rep")，格式如表 13-1 所示。

本笔业务是月末对企业财务指标分析表进行编制，首先需要进行格式编制，然后定义关键字和单元计算公式，最后做报告数据计算。

在 UFO 报表系统中，通过自定义方式做表 13-1 的格式编辑时，需要分为以下 7 步：即新建报表、定义组合单元、画表格线、输入报表项目、定义报表行高和列宽、设置单元风格和定义单元属性。

针对本业务的需求，结合 UFO 报表系统的特点，需要进行如表 13-2 所示的公式定义。

表 13-2 财务指标分析表中单元格的公式定义

指标	公式	单元格公式	单元格位置
流动比率	流动资产/流动负债	"C:\ufjs\CbtesExam\ERP001\7月份资产负债表.rep"-> c18/"C:\ufjs\CbtesExam\ERP001\7月份资产负债表.rep"->g19	C4
速动比率	(流动资产－预付款项－存货)/流动负债	("C:\ufjs\CbtesExam\ERP001\7月份资产负债表.rep"->c18-"C:\ufjs\CbtesExam\ERP001\7月份资产负债表.rep"->c11-"C:\ufjs\CbtesExam\ERP001\7月份资产负债表.rep"->c15)/"C:\ufjs\CbtesExam\ERP001\7月份资产负债表.rep"->g19	C5

(续表)

指标	公式	单元格公式	单元格位置
资产负债率	负债总额/资产总额	"C:\ufjs\CbtesExam\ERP001\7月份资产负债表.rep"->g29/"C:\ufjs\CbtesExam\ERP001\7月份资产负债表.rep"->c38	C6
应收账款周转率	营业收入/(期初应收账款+期末应收账款)/2	"C:\ufjs\CbtesExam\ERP002\利润表.rep"->c5/(("C:\ufjs\CbtesExam\ERP001\7月份资产负债表.rep"->c10+"C:\ufjs\CbtesExam\ERP001\7月份资产负债表.rep"->d10)/2)	C7
总资产周转率	营业收入/(期初资产总额+期末资产总额)/2	"C:\ufjs\CbtesExam\ERP002\利润表.rep"->c5/(("C:\ufjs\CbtesExam\ERP001\7月份资产负债表.rep"->c38+"C:\ufjs\CbtesExam\ERP001\7月份资产负债表.rep"->d38)/2)	C8
资产利润率	利润总额/(期初资产总额+期末资产总额)/2	"C:\ufjs\CbtesExam\ERP002\利润表.rep"->c19/(("C:\ufjs\CbtesExam\ERP001\7月份资产负债表.rep"->c38+"C:\ufjs\CbtesExam\ERP001\7月份资产负债表.rep"->d38)/2)	C9
销售净利率	净利润/营业收入	"C:\ufjs\CbtesExam\ERP002\利润表.rep"->c21/"C:\ufjs\CbtesExam\ERP002\利润表.rep"->c5	C10

13.3.2 操作指导

请确认系统日期和业务日期为2017年7月31日。

本业务的操作步骤

任务说明：财务部曾志伟进行企业财务指标分析表的格式编制、定义关键字和单元计算公式，以及报告数据计算。

【财务部曾志伟进行企业财务指标分析表的格式编制】

(1) 新建报表。

① 打开"UFO报表"窗口。在"财务会计"子系统中，双击"UFO报表"菜单项，系统打开"UFO报表"窗口，单击菜单栏中的"文件/新建"菜单项，系统新建一个报表，默认报表名为report1。

② 保存为"财务指标分析表"报表。在"UFO报表"窗口，单击菜单栏中的"文件/另存为"菜单项，系统打开"另存为"对话框；在对话框中，选择要"保存在"的文件夹，并输入报表的"文件名"为"财务指标分析表"，选择"文件类型"为*.rep，然后单击"另存为"按钮，保存该报表格式，此时report1窗口的标题变为"财务指标分析表"，且其左下角为"格式"，表明当前状态是"格式"状态。

③ 定义行列数。单击菜单栏中的"格式/表尺寸"菜单项，打开"表尺寸"对话框，输入"行数"为10、"列数"为3，然后单击"确认"按钮，退出对话框返回"财务指标分析表"窗口，结果如图13-8所示。

(2) 定义组合单元。

① 打开"组合单元"对话框。首先，选中A1:C1区域(从A1拖动鼠标到C1单元)，然后单击菜单栏中的"格式/组合单元"菜单项，系统打开"组合单元"对话框。

② 组合A1:C1单元(即合并单元格)。在"组合单元"对话框中，单击"整体组合"或"按行组合"按钮，系统退出对话框返回窗口，此时可见A1:C1区域合并为一个单元格。

③ 参照步骤①和②，组合A2:C2、A4:A6、A7:A8和A9:A10单元。

(3) 画表格线。首先，选中A3:C10区域，然后单击菜单栏中的"格式/区域画线"菜单项，系统打开"区域画线"窗口,默认"画线类型"为"网线",单击"确认"按钮,系统返回窗口并完成画线,结果如图 13-8 所示。

(4) 输入报表项目。

依据表 13-1,在图 13-8 所示表的对应单元格或组合单元格中,输入报表项目文字内容,结果如图 13-9 所示。

提示:
- 报表项目是指报表的文字内容,主要包括表头内容、表体项目、表尾项目等,但不包括关键字。
- 报表的编制日期、单位名称,是关键字,不能作为文字内容输入。

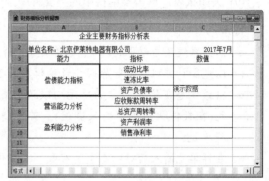

图 13-8 画表格线结果示意图　　　图 13-9 报表项目示意图

(5) 定义报表行高和列宽。

① 设置 A1 单元格的行高为 10。首先单击 A1 单元格以选中该单元格,然后单击菜单栏中的"格式/行高"菜单项,打开"行高"对话框,输入"行高"为 10,单击"确认"按钮,系统退出对话框返回"财务指标分析表"窗口。

② 设置 A2:C10 区域中单元格的行高为 7。首先选中 A2:C10 区域,然后打开"行高"对话框,输入"行高"为 7,单击"确认"按钮。

③ 设置 A 列的列宽为 35。首先单击表的列名 A 以选中 A 列,然后单击菜单栏中的"格式/列宽"菜单项,打开"列宽"对话框,输入"列宽"为 35,单击"确认"按钮。

④ 重复步骤③,设置 B 列的列宽为 40、C 列的列宽为 30。

(6) 设置单元风格。

① 设置标题单元格 A1 的字体字号。
- 选中 A1 单元格,单击菜单栏中的"格式/单元属性"菜单项,打开"单元格属性"对话框。
- 单击"字体图案"选项卡,设置"字体"为"黑体"、"字号"为 14。
- 单击"对齐"选项卡,设置"水平方向"和"垂直方向"的对齐方式为"居中"。
- 单击"确定"按钮,系统退出对话框,结果如图 13-10 所示。

② 重复步骤①,设置单元格 A2 的字体字号为"黑体""12",其"水平方向"和"垂直方向"的对齐方式为"居中";设置区域 A3:C3 的字体为"宋体"、"字型"为"粗体"、"字号"为 12;"水平方向"和"垂直方向"的对齐方式为"居中";设置区域 A4:C10 的字体字号为"宋体"、12;"水平方向"和"垂直方向"的对齐方式为"居中",结果如图 13-10 所示。

(7) 定义单元属性。设置单元格数值的显示方式。选中 C4:C10 区域，单击菜单栏中的"格式/单元属性"菜单项，打开"单元格属性"对话框，在其"单元类型"选项卡中，在其左侧的"单元类型"列表框中，选择"数值"选项，并勾选右侧的"百分号"，设置"小数位数"为 2，然后单击"确定"按钮，系统退出对话框。

(8) 保存报表格式。单击工具栏中的"保存"按钮，保存编辑结果。

	A	B	C
1	企业主要财务指标分析表		
2			
3	能力	指标	数值
4	偿债能力分析	流动比率	
5		速动比率	
6		资产负债率	
7	营运能力分析	应收账款周转率	
8		总资产周转率	
9	盈利能力分析	资产利润率	
10		销售净利率	

图 13-10　风格设置结果

(9) 关闭报表。单击菜单栏中的"文件/关闭"菜单项，关闭该报表。

提示：
- 因为系统不自动保存，故请注意随时"保存"报表的编辑结果，而不是完成之后才保存，以免因计算机故障等原因导致编辑成果丢失。
- 格式状态下输入内容的单元均默认为表样单元，未输入内容的单元均默认为数值单元(在数据状态下可输入数值)。若希望在数据状态下输入字符，则应将其定义为字符单元。
- 表样单元输入后对所有表页有效，而数值单元和字符单元输入后仅对本表页有效。

【财务部曾志伟定义关键字和单元计算公式】

(1) 打开"财务指标分析表.rep"。在 UFO 报表系统中，单击菜单栏中的"文件/打开"菜单项，打开已保存样式的"财务指标分析表.rep"文件，系统打开"财务指标分析表"窗口，默认处于"数据"状态，单击其左下角的"数据"按钮，使其处于"格式"状态。

(2) 设置关键字及其位置。

① 打开"设置关键字"对话框。首先选中 A2 组合单元(需要输入关键字的位置)，然后单击菜单栏中的"数据/关键字/设置"菜单项，系统打开"设置关键字"对话框。

② 设置关键字"单位名称"。在"设置关键字"对话框中，选中"单位名称"单选项，然后单击"确定"按钮，系统返回窗口，此时 A2 单元的内容已经改为"单位名称：××××"。

③ 重复步骤②，在 A2 单元中设置"年""月"关键字。

提示：
- 每个报表可以同时定义多个关键字。
- 如果要取消关键字，可单击"数据/关键字/设置"菜单项。

(3) 调整关键字的位置。单击菜单栏中的"数据/关键字/偏移"菜单项，在系统打开的"定义关键字偏移"对话框中，输入"单位名称"的偏移量为 10，"年"的偏移量为-60，"月"的偏移量为-20，然后单击对话框中的"确定"按钮，返回"财务指标分析表"窗口，结果如图 13-11 所示。

	A	B	C
1	企业主要财务指标分析表		
2	单位名称：xxxxxxxxxxxxxxxxxxxxxxxxxx年 xx 月		
3	能力	指标	数值
4	偿债能力分析	流动比率	
5		速动比率	
6		资产负债率	
7	营运能力分析	应收账款周转率	
8		总资产周转率	
9	盈利能力分析	资产利润率	
10		销售净利率	

图 13-11 设置关键字位置的结果

提示：

关键字偏移量单位为像素，负数表示向左移、正数表示向右移。

(4) 报表公式定义。

① 打开"定义公式"对话框。首先选中 C4 单元(即准备显示"流动比率"数值的位置)，然后单击菜单栏中的"数据/编辑公式/单元公式"菜单项，系统打开"定义公式"对话框。

② 定义 C4 的单元公式。在"定义公式"对话框中，直接输入公式："C:\ufjs\CbtesExam\ERP001\7 月份资产负债表.rep"->c18/"C:\ufjs\CbtesExam\ERP001\7 月份资产负债表.rep"->g19，结果如图 13-12 所示(请注意，所有符号必须为半角)。

图 13-12 "财务指标分析表"C4 的公式定义

③ 单击对话框中的"确认"按钮，系统返回窗口，此时 C4 单元显示为"公式单元"，结果如图 13-13 所示。

④ 重复步骤①～③，依据表 13-2，完成 C5～C10 各个单元格计算公式的录入，结果如图 13-13 所示。

提示：

● 单元公式中涉及的符号，均为英文半角字符。

● 单击 fx 按钮，或者双击某公式单元，或按"="键，都可以打开"定义公式"对话框。

(5) 保存报表格式。单击菜单栏中的"文件/保存"菜单项，保存编辑结果。

(6) 关闭报表。单击菜单栏中的"文件/关闭"菜单项，关闭该报表。

【财务部曾志伟进行报表数据计算】

(1) 打开"财务指标分析表.rep"。在 UFO 报表系统中，单击菜单栏中的"文件/打开"菜单项，打开已保存样式的"财务指标分析表.rep"文件，系统打开"财务指标分析表"窗口，默认处于"数据"状态。

(2) 设置提示选择账套。确认"数据/计算时提示选择账套"菜单项有"√"号，表示在进行报表的数据计算时,系统提示选择账套。若没有,则单击菜单栏中的"数据/计算时提示选择账套"菜单项以设置。

(3) 打开"录入关键字"对话框。单击窗口菜单栏中的"数据/关键字/录入"菜单项,系统打开"录入关键字"对话框,如图 13-3 所示。

(4) 录入关键字。在"录入关键字"对话框中,输入关键字"单位名称"为"北京伊莱特电器有限公司","年"为 2017,"月"为 7。

(5) 打开选择账套窗口。在"录入关键字"对话框中,单击"确认"按钮,系统弹出"是否重算第 1 页?"提示框,单击"是"按钮,系统弹出企业应用平台的"登录"界面。

(6) 选择账套。在"操作员"编辑栏输入"曾志伟",选择账套"[918]",然后单击"登录"按钮,系统会自动根据单元公式计算 7 月份的数据,结果如图 13-14 所示。

图 13-13 7 月份财务报表分析表格式

图 13-14 7 月份财务报表分析表数据

能力	指标	数值
偿债能力分析	流动比率	341%
	速动比率	214%
	资产负债率	26%
营运能力分析	应收账款周转率	210%
	总资产周转率	21%
盈利能力分析	资产利润率	4%
	销售净利率	14%

(7) 保存。单击工具栏中的"保存"按钮,保存该文件。

(8) 退出。单击菜单栏中的"文件/退出"菜单项,退出该窗口。

第14章

管理会计

管理会计，顾名思义，是"管理"与"会计"的有机结合，管理会计的产生与会计的发展以及管理科学的发展密不可分。管理会计作为现代企业会计信息系统中的一个子系统，其产生是会计学科不断发展的必然结果，也是社会生产力发展到一定阶段的必然产物。相对财务会计而言，管理会计是一门新兴学科，它的理论基础、内容框架等正处在不断完善的过程之中。

14.1 管理会计概念

14.1.1 管理会计的定义

管理会计是一门帮助企业做出战略决策的学科，具体包括预算制定、绩效管理、决策分析、财务控制等重要领域。IMA 的管理会计公告《管理会计定义》将管理会计定义为：管理会计是一种深度参与管理决策、制定计划与绩效管理系统、提供财务报告与控制方面的专业知识，以及帮助管理者制定并实施组织战略的职业。

管理会计师在企业内部工作，他们的工作涉及诸多领域：

- 设计评估企业流程。
- 监控、报告和预测企业经营成果。
- 执行和监控企业内部控制等。

管理会计师通过收集、分析和整合企业信息，来最终实现增加企业经济价值和股东财富目标。

与传统的财务会计师不同，管理会计师在企业价值链的起始阶段，进行着决策前的支持、计划和控制的工作。他们是最有价值的商业伙伴，其工作直接支持着企业战略目标的实现。随着高端装备制造业在中国的发展，目前对高质量内部控制和内部财务报告的要求越来越强烈，管理会计师的作用比以前任何时候都要重要。

企业需要做事情的员工人数要远远多于检查结果的员工人数，但对管理会计师的需求却远远大于对财务会计师的需求。在美国 500 万财务专业人士当中，90%以上的是在企业内部从事着管理会计工作。在中国，传统的财务会计人才已严重过剩，能够提高企业综合效率和绩效的管理会计人才极度缺乏。清华大学经济管理学院教授于增彪认为，管理会计对中国企业的国际化发展有着极其重要的作用，预计未来中国1200万财务从业人员至少需要一半是管理会计师。

14.1.2 我国管理会计基本架构

1. 初级管理会计

初级管理会计侧重于协助管理者做好经营管控支持，将财务思维与经营管理对接。本部分主要包括如下内容。

(1) 预算实务

该内容主要包含预算编制、预算执行、预算控制与分析。预算实务是工具之一，涵盖了预算基本知识、年度预算编制与执行、预算制度设计与实施、预算的执行与调整及其与战略联系的各方面知识点，其中重点是全面预算的作用和编制实务。

(2) 成本管理

该内容包含成本控制方法、成本责任、标准成本系统、作业成本分配等。成本管理是工具之一，涵盖了标准成本系统的应用基本知识、成本管理责任体系的建立、成本控制方法和价值工程的基本知识，介绍作业成本法的基本思路和应用思路，内容重点是产品与交付性成本的体系化管理方法。

2. 中级管理会计

中级管理会计侧重于协助经营管理者做好经营决策，并将管理、决策与绩效对接，最终达成业绩。本部分主要包括如下内容。

(1) 绩效管理

该内容包含励志原理、KPI、绩效循环、责任中心等内容。①KPI，从价值树分解到指标排序，指标与组织职责链接，最后阐述如何设定标准值。考虑到整体薪酬结构直接影响绩效考核，因此必须结合在一起讲解。②绩效循环过程，管理咨询是第一驱动力。③责任会计，是管理会计的基础逻辑和"灵魂"，包含组织模式、成本中心、利润中心、事业部制、转移定价等内容。关键知识点是：各种责任中心的划分原理、思想和方法，以及责任中心模型所代表的企业经营哲学，需要理解各种组织模式对资源的利用效果和激励效果。其中的难点是：责任中心模拟独立核算体系的建立、业务边界的划分、公共资源消耗的分担原则以及市场区隔与上下游的转移定价等。

(2) 经营分析

经营分析只包含两方面的内容：①管理报告，通常用于企业内部的经营分析会议，为经营决策提供数据。知识点包含管理报告的框架结构、大数据分析与报告、管理者驾驶舱与决策面板以及建模等。管理报告是给企业管理者提供数据信息(不仅是财务会计数据)，知识点涵盖管理报告的内容定义、运营分析要点、建模、数据采集、数据挖掘、管理沟通、数据呈现、管理者仪表板等。重点是提升用数据沟通的能力。②财务分析，包含本量利分析、价格决策、盈利能力、营运资金、风险分析、大数据/DT资产挖掘等。与现行教材的区别是：主要讲解日常运营决策分析，以及辅助管理者对项目投资、价格组合、创新的营销模式进行决策；侧重分析产品、客户、渠道、资源、平台、运营效率、盈利能力等，同时涉及大数据决策、建模及挖掘、覆盖部分风险分析等内容。

3. 高级、特级管理会计

高级、特级管理会计侧重于协助管理者做好战略规划和选择、资源配置，做好长期重大决策并控制企业风险，以实现企业长期价值。本部分主要包括如下内容。

(1) 战略资源规划和控制
- 战略规划与财务战略，侧重于：对宏观环境和商业逻辑的理解，对战略管理方法的掌握，对战略、核心竞争力、定位等战略要点与财务相关性的理解，掌握财务配套战略如何辅助和配称战略、战略取舍的财务支持、复杂模式下的财务管控体系、战略落地与资源配置的协同、绩效评价与战略实施的协同。重点讲授企业战略的制定与执行。
- 战略成本管理，包含资源规划、TOC 理论、价值链、经营杠杆、成本结构与性态。这部分内容将侧重布局和决策以及影响深远的资源配置行为。

(2) 投融资决策与风险管理
- 投融资决策，包含长期投资、可行性分析、产业投资方法等。从企业资源整合角度出发，讲授对大型项目或复杂过程进行决策，需深刻理解常见的各种管理模型和金融模型。
- 风险管理，包含风险识别、风险管理原则及风险控制方法等。

14.2 管理会计概况

14.2.1 CMA 概况

美国管理会计师协会(IMA)是一家全球领先的国际管理会计师组织，一直致力于企业内部的财会专业人士提高企业的整体绩效。IMA 成立于 1919 年，总部设立在美国新泽西州，拥有遍布全球的 265 个分会，有超过 85 000 名的会员。

在国际上，作为 COSO 委员会的初创成员及国际会计师联合会(IFAC)和国际综合报告理事会(IIRC)的主要成员，IMA 在管理会计、企业内部规划与控制、风险管理等领域均参与全球最前沿实践。此外，IMA 还在美国财务会计准则委员会(FASB)和美国证券交易委员会(SEC)等组织中起着非常重要的作用。

CMA 资格证书是 IMA 旗下的权威财会认证，全球 140 个国家认可，被誉为全球财务行业的黄金标准。CMA 与美国 CPA、CFA 并称为财会领域的三大黄金证书。IMA 推出的 CSCA(国际注册战略与竞争分析师)认证则进一步扩展了 CMA 持证人在战略规划和分析上的能力，涵盖了战略分析、创造竞争优势、战略实施与绩效评估三个方面的知识，帮助 CMA 持证人进入公司最高决策层，帮助 CFO 团队整合运用财务、战略、运营、信息、领导力等方面的知识技能，从而有效应对全球化时代的挑战。

2014 年 6 月，我国财政部代表团访问 IMA 总部，就管理会计在经济转型升级和优化企业绩效中的重要作用、管理会计在全球及中国的发展情况、管理会计人才的培养、CMA 认证在中国的推进等问题与 IMA 的负责人进行了深入的交流。同年 10 月，财政部下发《关于全面推进管理会计体系建设的指导意见》(以下简称《指导意见》),明确提出了"争取3~5年内,在全国培养出一批管理会计人才,力争通过5~10年的努力,中国特色的管理体系基本建成"的总目标,建立了以理论体系、指引体系、人才队伍建设、信息化建设为主体,同时推动管理服务市场发展的"4+1"的有机发展模式,其中要求"推动加强管理会计国际交流合作"。该《指导意见》的发布,开启了我国会计改革与发展的新篇章,2014年也被誉为"中国管理会计元年"。2016年,财政部发布了《管理会计基本指引》,涵盖了目标、原则、要素等的基本框架。2017年财政部正式公布《管理会计应用指引》,从而进一步提升单位管理会计工作水平,增强价值创造力,实现单位可持续发展。

表14-1所示为CMA考试大纲的考试内容。

表14-1 CMA考试大纲的考试内容

第一部分:财务计划、业绩及控制(A、B、C级)	第二部分:财务决策(A、B、C级)
财务报告(15%)	财务报表分析(25%)
计划、预算和预测(含战略规划内容)(30%)	公司理财(20%)
绩效管理(20%)	决策分析(20%)
成本管理(20%)	风险管理(10%)
内部控制(15%)	投资决策(15%)
	职业道德(10%)

14.2.2 MAT概况

中国总会计师协会(以下称"中总协")根据财政部《会计行业中长期人才发展规划(2010—2020)》(财会〔2010〕19号)及《财政部关于全面推进管理会计体系建设的指导意见》(财会〔2014〕27号)等文件要求,积极发挥中总协在推动管理会计应用推广方面的作用,自2015年11月试点开展"管理会计师专业能力培训"工作,为来自企业、行政事业单位的财务管理人员提供了系统规范的管理会计专业能力培训,帮助企业、行政事业单位财务管理人员了解和掌握管理会计最新理论和工具使用的方法,为促进企业转型升级,加强行政事业单位内部管理,提升财务管理人员的履职能力做出有力贡献。

为进一步推动管理会计人才培养工作,满足行业发展需求,促进经济社会发展,在管理会计师专业能力培训项目试点工作成功开展的基础上,根据不同行业、不同层级的企业、行政事业单位财务管理人员以及各高等院校财经类相关专业在校生的不同需求,经"中总协"研究决定,开展"管理会计师(初级)专业能力培训项目"(以下称"初级项目")试点工作,进而为《会计改革与发展"十三五"规划纲要》明确提出的"到2020年培养3万名精于理财、善于管理和决策的管理会计人才"的总体目标贡献力量。

MAT考试内容有以下4项:
- 管理会计概论
- 管理会计职业道德
- 预算实务
- 成本管理

14.3 管理会计题型

14.3.1 CMA 考试题型

1. 选择题

【问题 1】采用直接法编制现金流量表,则应按照下面哪种顺序列示现金活动?( )
 A. 筹资活动、投资活动、经营活动 B. 投资活动、筹资活动、经营活动
 C. 经营活动、筹资活动、投资活动 D. 经营活动、投资活动、筹资活动
 答案:D
 解析:现金流量表按照经营活动、投资活动、筹资活动的顺序列示。

【问题 2】巴克莱有限公司会计年度期初设备账面价值为 160 000 美元,累计折旧为 64 000 美元。在当年,原价为 30 000 美元、账面价值为 1000 美元的设备出售价格为 7000 美元,设备账面价值期末余额为 220 000 美元,期末累计折旧余额为 80 000 美元。该会计年度所购买的设备总额为( )美元。
 A. 44 000   B. 60 000   C. 97 000   D. 106 000
 答案:D
 解析:期初设备账面成本=160 000+64 000=224 000 美元
 期末设备账面成本=220 000+80 000=300 000 美元
 设备购买=期末账面成本-期初账面成本+设备出售
     =300 000-224 000+30 000
     =106 000 美元

【问题 3】战略规划与运营规划相比,以下哪项说法是最正确的?( )
 A. 确定长期关键变量,包括外部影响 B. 运营规划产生预算数据
 C. 战略规划可在各管理层执行   D. 战略规划用于绩效评估报告的准备公司
 答案:B
 解析:战略规划揭示了长期和短期计划,为预算提供基础。运营计划给每个具体详细收入和费用预算业务制定具体目标。

【问题 4】下列哪项因素最正确地描述了战术利润计划?( )
 A. 详细、短期、广泛职责、定量   B. 广泛、长期、各级人员职责、定量
 C. 详细、短期、各级人员职责、定量 D. 广泛、长期、广泛职责、定量
 答案:C
 解析:战术利润计划或者预算应该具有详细、短期、向各级员工分配职责以及量化的特征。

【问题 5】和参与方式预算编制方法相比,自上而下的预算编制方法具有其独特的优势。下列哪项不属于它的优势?( )
 A. 增加各部分之间目标的一致性   B. 减少预算编制时间
 C. 可能降低被提出目标的接受程度   D. 促使战略计划得以实现
 答案:C

解析：自上而下的预算是指高层管理者设定所有预算，从战略目标到每个部门的每个具体项目，并期待基层管理者和员工能够接受这些预算并达成目标。C 选项可能降低被提出目标的接受程度是其缺点，而不是优点。

【问题 6】平衡记分卡创新与学习度量指标的两个示例为( )。
A. 员工晋升率和环境事故数目
B. 员工培训小时数和产品不良率
C. 建议员工人数以及每名员工每天完成的成品数目
D. 员工流动率以及内部流程改进次数

答案：D

解析：员工流动率与内部流程的改进次数均属于平衡计分卡中创新与学习的范畴。

【问题 7】丰台区丙公司是一家生产铸造企业。公司采用标准成本制度，且按工时分配制造费用。如果公司最近报告了有利的直接人工效率差异，则( )。
A. 变动制造费用耗用差异肯定是有利差异
B. 变动制造费用效率差异肯定是有利差异
C. 固定制造费用生产量差异肯定是不利差异
D. 直接人工工资率差异肯定是不利差异

答案：B

解析：有利的直接人工效率差异说明实际工时小于预算工时。公司按照直接人工分配变动制造费用，实际工时小于预算工时将会带来有利的变动制造费用效率差异。

【问题 8】王三是甲旅馆的经理，该旅馆是一家遍布 A 国的快捷连锁酒店。请问下面哪项是该旅馆的半变动的经营成本？( )
A. 门卫的工资　　　　　　　　　B. 水电费
C. 向顾客确认订房时所花费的邮资　D. 在当地报纸上进行宣传的广告费用

答案：B

解析：A 选项门卫的工资每月固定，是固定成本。B 选项水电费既包含必要正常照明和清洁使用的固定部分，也包含客房由于住房数量变化而变化的部分，是半变动成本。C 选项邮资费是随旅客订单变化而变化的变动成本。D 选项广告费是固定成本。

【问题 9】作业成本法需要选择大量的分配基数，请问下列哪项不可能是分配基数？( )
A. 生产产品耗用材料的数量
B. 这家公司很可能发现市场上缺乏软件来辅助记录
C. 通常公司可能会对发生成本的原因更有洞察力
D. 和比较传统的会计方法相比，公司可能会使用更少的成本

答案：A

解析：生产产品耗用的材料数量是产品成本，不是成本动因，不能作为分配成本的基数。

【问题 10】下列哪种方法会为公司分发员工工资提供最好的内部控制？( )
A. 将工资交给每个部门的监督人员，再由其直接分发给其部门的员工
B. 直接存到每个员工的个人银行卡里
C. 直接由人力资源部门的代表向员工分发工资

D. 直接由工资经理向每个员工分发工资

答案：B

解析：4 个选项能提供最好的内部控制的是，将员工工资直接存到每个员工的个人银行账户中。

【问题 11】以下哪项是完整性控制的例子？（　　）

A. 设施利用率报告

B. 通过会计课程来培训员工哪笔交易应被记录

C. 必须完成考勤表后，员工才可以接收他们的薪水

D. 将表单预先编号，以方便运输清单和表单对账

答案：D

解析：完整性控制是为了交易记录完整而采取的措施。控制能力较差，可以提供空白表格、空白支票，但不能没有编号，防止未经授权的人员转移财产。

2. 分析题

【情景 1】

甲公司是一家制造企业。该企业月平均销售额为 120 万元，其中，30%为现金销售，其余为赊销。甲公司的赊销政策为 2/10 净 15。几乎所有赊销客户选择在 10 天内付款，以获取折扣。甲公司在发生坏账时，采用的是坏账直接注销法。由于最近经济总体形势不好，甲公司的客户付款经常出现延迟，很多客户拖延到下个月才付款，这种情况占了总销售额的 7%，而且，甲公司预计总销售额的 3% 将最终无法收回。公司决定下一年度起用销售额百分比法计提坏账，并考虑应收账款进行保利。

问题：

① 采用计提坏账准备法计提坏账，下一年度 1 月将对资产、营业利润、经营活动现金流产生什么影响？

② 请计算下一年度 1 月预计收回的现金为多少？

③ 企业应收账款的信息和政策从财务报告的哪个部分可以获得？

答案：

① 坏账准备降低应收账款可收回净值，故会降低 1 月的资产值。计提坏账产生费用，会增加总费用，故会降低营业利润。坏账费用是非付现费用，对企业经营现金流不产生影响。

② $120 \times 0.3 + 120 \times 0.98 \times (0.7-0.07) + 120 \times (0.07-0.03) = 114.888$ 万元。

③ 企业应收账款的信息和政策从财务报表附注中的应收账款会计政策部分可以获得。

【情景 2】

甲公司的生产部门分别生产 4 种产品，而这 4 种产品的最初若干步制造流程非常相似。为了提高效率，甲公司决定设立 E 部门用于集中进行 4 个部门产品初步生产。E 部门购置了一台实际产能为 40 000 件的设备用于生产。各部门实际生产量：A 部门 5000 件，B 部门 7500 件，C 部门 4000 件，D 部门 6000 件。已知 E 部门的固定成本为 150 000 元，变动成本为每单位 6 元。A~D 部门经理对于分担 E 部门的变动成本无疑义，但是因设备实际产能高于 4 个部门的产能，所以不愿意分担固定成本。

问题：

① 如果以单位产量占比分配固定成本，C 部门分配的单位成本应为多少？
② 如果以 E 部门的实际产能进行分配，D 部门分配的单位成本应为多少？
③ 以单位产量占比分配成本，如果 B 部门的含量减少 2500 件，那么 C 部门的单位成本如何变动？
④ 面对部门经理不愿以设备实际产能进行分配，如果你是管理者，该采取何种措施？
⑤ 列出其他 3 种绩效考核的方式。

答案：

① 4 个部门生产总量=5000+7500+4000+6000=22 500 件

  C 部门分摊到的单位固定成本=150 000÷22 500=6.67 元/件

  总单位成本=6+6.67 =12.67 元/件

② D 部门分摊到的单位固定成本=150 000÷40 000=3.75 元/件

  总单位成本=6+3.75 =9.75 元/件

③ 总产量=22 500−(7500−5000) =20 000 件

  C 部门分摊到的单位固定成本=150 000÷20 000=7.50 元/件

  总单位成本=6+7.5 =13.50 元/件，所以增长了 0.83 元/件(13.50−12.67)

④ 闲置产能可以不分摊到各运营中心，而是归集到一起集中运用。当实际生产能力和总预算生产能力存在巨大差异时，一些公司把差异中的一部分归入计划闲置生产能力，这样做可能不利于业绩评价。

⑤ 财务方面包括利润中心边际贡献、可控边际贡献、存货周转率等。创新方面包括新产品开发数量、员工生产力等。制造流程的改进方面包括持续无故障时间、设备故障率、设备维修费降低率、质量、次品率的降低等。

【情景 3】

甲公司是一家陶艺公司。2014 年，该公司研究出一种新型的陶瓷摆件，生产一个产品时使用了 50 人工工时。根据经验，公司的产品生产符合学习曲线的规律，学习率为 90%。然而，在编制下一年度的生产预算时，财务经理张三却没有考虑学习曲线效应，因为他觉得一旦考虑这种效应，会造成差异。公司预算人工成本为 100 元/小时。

问题：

① 使用累计平均时间模型计算生产 4 个产品的时间。
② 从价格差异和数量差异两个角度分析，如果没有考虑学习曲线效应会有什么影响？
③ 如果学习率变为 80%，分析对差异的影响。
④ 说明学习曲线的一个缺点。
⑤ 定义预算松弛，说明这种现象的确定。

答案：

① 生产 4 个产品的总时间=50×90%^2×4=162 小时。

② 对价格差异没有影响，因为学习曲线只影响效率，即小时数；数量差异会得到改善，因为如果编制生产预算时没有考虑学习曲线效应，标准就会偏低，达到或超越标准就更容易。

③ 如果学习率降低，差异是有利的。

④ 只适用于劳动密集型产品，以及重复的工作，不能分析学习之外的因素。

⑤ 预算松弛是指最终确定的预算水平与最先预算水平之间的差异，使预算编制过程中普遍存在，并对整个预算管理制度的有效性产生直接影响的问题。财务经理张三却没有考虑学习曲线效应，公司预算人工成本为100元/小时，给人工成本的预算留下了很大的弹性空间，造成预算松弛。

14.3.2 MAT 考试题型

1. 单选题

【问题1】影响融资决策的相关因素是(　　)。
A. 经济环境与政策风险　　　　B. 企业生产管理流程的优化
C. 企业人力资源的配置　　　　D. 企业地理位置的选择
答案：A
解析：影响融资决策的因素有：①经济环境与政策风险；②财务弹性；③行业竞争；④信息等级评估机构的态度。

【问题2】推动积极正面的价值观是属于(　　)。
A. 诚信从业　　B. 客观公正　　C. 保密　　D. 廉洁自律
答案：D
解析：廉洁自律包含：不行贿；不利用职务之便谋取私利或受贿；不支持他人行贿、受贿或谋取私利，并推动单位的监控体系进行防范；推动积极正面的价值观。

【问题3】产量计划必须由(　　)来做。
A. 财务部　　B. 企管部　　C. 生产部　　D. 销售部
答案：C
解析：产量计划必须由生产部来做。

【问题4】在选择成本计算方法时，应遵循(　　)。
A. 成本效益原则　　　　　　B. 历史成本原则
C. 分期核算原则　　　　　　D. 权责发生制原则
答案：A
解析：略。

【问题5】平行结转分步法下，产品成本结转流程的特点是(　　)。
A. 最后步骤成本明细账上反映了产成品成本
B. 每一步骤成本明细账上都反映了产成品的成本
C. 半成品的实物转入下一步骤加工，相应成本不结转
D. 可以了解每一步骤半成品的成本
答案：C
解析：在平行结转分步法下，一个步骤只计算在本步骤所发生的生产成本，一般不计算一个步骤完工半成品的成本。

【问题6】(　　)不是业务部门在预算工作中的主要工作。
A. 根据战略和公司的长远规划，制定预算年度本部门的工作计划

B. 寻找和讨论本职能领域的 KPI

C. 初审、汇总和平衡预算草案

D. 思考本职能领域的目标达成方案

答案：C

解析：业务部门在预算工作中的主要工作包括：根据战略和公司的长远规划，制定预算年度本部门的工作计划；寻找和讨论本职能领域的 KPI；思考本职能领域的目标达成方案。

【问题 7】功能标杆管理的优点是(　　)。

A. 简单且易操作　　　　　　　　　　B. 取得成功的把握大

C. 双方具有非竞争性容易取得对方的配合　　D. 容易产生封闭思维

答案：C

解析：功能标杆管理的理论基础是任何行业均存在一些相同或相似的功能或流程。跨行业选择标杆伙伴，双方没有直接的利害冲突，更加容易取得对方的配合；另外可以跳出行业的条框约束，视野开阔，随时掌握最新经营方式，成为强中之强。但是投入较大，信息相关度较差，最佳实践需要较为复杂的调整转换过程，实施较为困难。

【问题 8】经营杠杆系数=息税前利润变化的百分比÷营业收入的变化百分比，该公式表示(　　)。

A. 企业价值链　　　　　　　　　　B. 经营杠杆系数越大经营风险也越大

C. 经营杠杆系数越大经营风险也越小　　D. 经营杠杆系数越大财务风险也越小

答案：B

解析：在固定成本不变的情况下，销售额越大，经营杠杆系数越小，经营风险也越小；反之，销售额越小，经营杠杆系数越大，经营风险越大。

【问题 9】企业投资行为一般受(　　)驱动。

A. 企业所属行业　　　B. 企业规模　　　C. 企业战略　　　D. 企业盈利能力

答案：C

解析：企业的投资行为一般受战略驱动，而且因为投资行为对企业未来的影响深远以及耗费的资源巨大，必须与企业的战略布局相匹配。

【问题 10】下列因素中导致盈亏平衡点销售量上升的是(　　)。

A. 销售量上升　　　　　　　　　　B. 产品单价下降

C. 固定成本下降　　　　　　　　　D. 产品单位变动成本下降

答案：B

解析：盈亏平衡点销售量=盈亏平衡点销售额÷产品单价。

2. 多选题

【问题 1】下列说法正确的是(　　)。

A. 分步法下的先进先出法可以提供当月成本水平

B. 分步法下的加权平均法得到的产品成本水平是平均成本

C. 分步法下的先进先出法优点有利于成本分析和成本控制

D. 分步法下的先进先出法其本月产品的约当产量包括期初在产品在上月的生产量

答案：ABC

解析：先进先出法的优点：可以提供当月成本水平；有利于成本分析和成本控制；此外，分步法下的加权平均法得到的产品成本水平是平均成本。

【问题2】作业成本管理的分配观，这一过程提供了资源、作业及成本对象的有关信息，可用于( )。

A. 成本战略及战术分析 B. 定价决策
C. 多种产品生产的决策 D. 优化价值链

答案：ABC

解析：成本分配观提供了资源、作业及成本对象的有关信息，可用于成本战略及战术分析，支持定价及多种产品生产的决策。

【问题3】基础与应用研究通常由( )来承担。

A. 国家级的科学院 B. 大学
C. 大型企业内设的基础研究院/研究团队 D. 企业产品工程部门

答案：ABC

解析：基础与应用研究通常由国家级的科学院、大学和大型企业内设的基础研究院/研究团队来承担。

【问题4】分离以后不再加工的联产品，其联合成本的分配适合采用( )。

A. 系数分配法 B. 实物量分配法
C. 可实现净值分配法 D. 销售价值分配法

答案：ABD

解析：分离以后不再加工的联产品，其联合成本的分配方法常用的有实物量分配法、系数分配法和销售价值分配法。

【问题5】作业成本管理的意义包括( )。

A. 能够很好地适应高新经济技术环境对成本管理的客观要求
B. 有利于加强成本控制
C. 有利于提高商品的市场竞争能力
D. 有利于健全责任分析制度

答案：ABC

解析：作业基础成本管理的意义包括：能够很好地适应高新经济技术环境对成本管理的客观要求；有利于加强成本控制；有利于提高商品的市场竞争能力。

【问题6】从成本控制的有效性角度来说，最可行的标准成本是( )。

A. 现实标准成本 B. 理想标准成本
C. 正常标准成本 D. 历史标准成本

答案：AC

解析：从成本控制的有效角度来说，现实标准成本和正常标准成本是最可行的标准成本。

【问题7】下列产品中，可以采用分类法计算成本的有( )。

A. 等级产品 B. 主、副产品
C. 联产品 D. 不同规格的针织品

答案：ABCD

解析：分类成本法，也称分类法，它是以产品的类别作为成本计算对象来归集生产费用，先计算各类产品的总成本，然后再将其在同类产品中进行分配，计算出各种产品成本的一种方法。

【问题 8】标准成本制度是( )。

A. 一种成本计算方法　　　　　　　　　B. 成本决策的依据
C. 成本预测方法　　　　　　　　　　　D. 一种成本控制制度

答案：AD

解析：标准成本制度是以标准成本为基础，将实际发生的成本与标准成本进行比较，核算和分析成本差异的一种成本计算方法，也是一种成本控制制度。

【问题 9】作业基础成本法与传统成本法相比( )。

A. 有较多的间接成本库　　　　　　　　B. 按成本动因分配生产费用
C. 间接生产费用的分配基础常为非财务变量　　D. 提供较精确的成本信息

答案：ABCD

解析：作业基础成本法存在较多的同质间接成本库；间接生产费用分配基础极可能为成本动因；间接生产费用分配基础常为非财务变量，如产品的部件数量、测试时间等；同时，作业基础成本法兼顾了与非产出量相关的费用分配；较精确的成本信息，成本决策相关性较强。

【问题 10】美国教授 Peter B.B.Turney 认为，作业成本管理是由相互关联的过程组成的，即( )。

A. 成本分配观　　　　　　　　　　　　B. 成本控制观
C. 过程观　　　　　　　　　　　　　　D. 成本分析观

答案：AC

解析：美国教授 Peter B.B.Turney 认为，作业基础成本管理是一个"二维"的观念，是由两个相互关联的过程组成的：①作业成本的计算(分配)过程，即成本分配观；②作业的控制过程，即过程观。

14.4　利用 UFO 报表模板制作预算表

管理会计师支持企业战略实施的工具，预算管理是管理会计最常用的基本工具。全面理解与掌握预算管理的理论和方法，进而应用全面预算工具帮助企业实现目标、提升业绩并落实战略是现代企业应具备的能力。

14.4.1　业务概述与分析

假设条件：①客户所欠货款，8 月份将会收回，根据合同规定，8 月份各种产品单价不变，销售订单增加 50%。②收款方式，合同规定的收款方式为各月的货款应在当月收到 80%，其余 20%在下月收回；不考虑期初应收账款及坏账准备(注意，数量四舍五入取整)。

7月31日，根据假设条件编制企业2017年8月份的企业销售预算表(文件名为"销售预算表.rep")，格式如表14-3所示(只考虑以下五种产品)。

表14-3 销售预算表格式

销售预算表(8月)

存货编码	存货名称	预计销售数量	含税售价	预计销售金额	预计销售收入	月末应收账款	现金收入合计
00001	海信电视机		9360.00				
00002	格力空调		5850.00				
00003	松下电视机		10 530.00				
00004	松下空调		7020.00				
00005	松下洗衣机		4680.00				
合计		……	……				

本笔业务是月末对企业财务指标分析表进行编制，首先需要进行格式编制，然后定义单元计算公式，最后做报告数据计算。

在UFO报表系统中，通过自定义方式做表14-3的格式编辑时，需要分为以下7步：新建报表、定义组合单元、画表格线、输入报表项目、定义报表行高和列宽、设置单元风格和定义单元属性。

14.4.2 操作指导

请确认系统日期和业务日期为2017年7月31日。

本业务的操作步骤

任务说明：财务部曾志伟进行企业销售预算表的格式编制、定义单元计算公式，以及报表数据计算。

【财务部曾志伟进行企业销售预算表的格式编制】

(1) 新建报表。

① 打开"UFO报表"窗口。在"财务会计"子系统中，双击"UFO报表"菜单项，系统打开"UFO报表"窗口，单击菜单栏中的"文件/新建"菜单项，系统新建一个报表，默认报表名为report1。

② 保存为"销售预算表"报表。在"UFO报表"窗口，单击菜单栏中的"文件/另存为"菜单项，系统打开"另存为"对话框；在对话框中，选择要"保存在"的文件夹，并输入报表的"文件名"为"销售预算表"，选择"文件类型"为*.rep，然后单击"另存为"按钮，保存该报表格式，此时report1窗口的标题变为"销售预算表"，且其左下角为"格式"，表明当前状态是"格式"状态。

③ 定义行列数。选中G列，单击菜单栏中的"编辑/插入"菜单项，插入1列；单击菜单栏中的"格式/表尺寸"菜单项，打开"表尺寸"对话框，输入"行数"为5、"列数"为28，然后单击"确认"按钮，退出对话框返回"销售预算表"窗口，结果如图14-1所示。

(2) 定义组合单元。

① 打开"组合单元"对话框。首先，选中 A1:H3 区域(从 A1 拖动鼠标到 H3 单元)，然后单击菜单栏中的"格式/组合单元"菜单项，系统打开"组合单元"对话框。

② 组合 A1:H3 单元(即合并单元格)。在"组合单元"对话框中，单击"整体组合"或"按行组合"按钮，系统退出对话框返回窗口，此时可见 A1:H3 区域合并为一个单元格。

(3) 画表格线。首先，选中 A1:H10 区域，然后单击菜单栏中的"格式/区域画线"菜单项，系统打开"区域画线"窗口，默认"画线类型"为"网线"，单击"确认"按钮，系统返回窗口并完成画线，结果如图 14-1 所示。

(4) 输入报表项目。依据表 14-3，在图 14-1 所示表的对应单元格或组合单元格中，输入报表项目文字内容，结果如图 14-2 所示。

图 14-1 新建报表

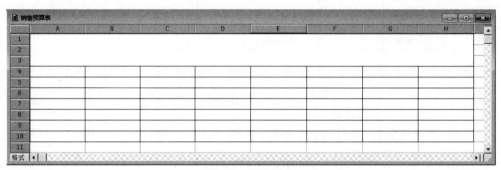

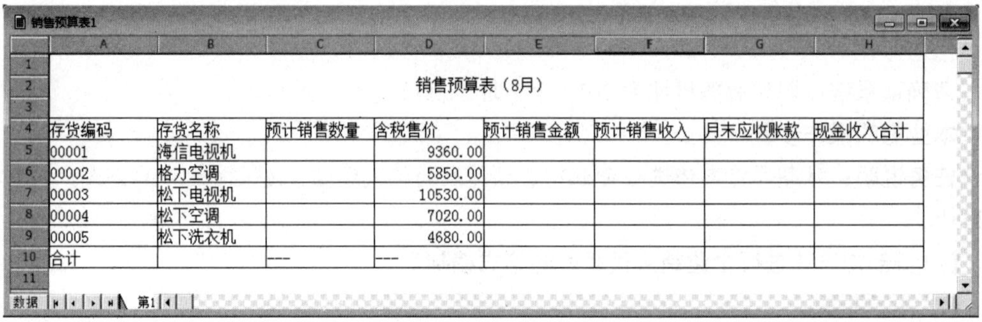

图 14-2 报表项目示意图

(5) 定义报表行高和列宽。

① 设置 A1:H10 区域中单元格的行高为 10。首先选中 A1:H10 区域，然后打开"行高"对话框，输入"行高"为 10，单击"确认"按钮。

② 设置 A 列的列宽为 28。首先单击表的列名 A 以选中 A 列，然后单击菜单栏中的"格式/列宽"菜单项，打开"列宽"对话框，输入"列宽"为 28，单击"确认"按钮。

③ 重复步骤②，设置 B~H 列的列宽为 28。

(6) 设置单元风格。

① 设置标题单元格 A1 的字体字号。

- 选中 A1 单元格，单击菜单栏中的"格式/单元属性"菜单项，打开"单元格属性"对话框。
- 单击"字体图案"选项卡，设置"字体"为"宋体"，"字型"为"加粗"，"字号"为 16。
- 单击"对齐"选项卡，设置"水平方向"和"垂直方向"的对齐方式为"居中"。

● 单击"确定"按钮，系统退出对话框，结果如图 14-3 所示。

② 重复步骤①，设置单元格 A4:H4 的字体、字型、字号为宋体、加粗、12，其"水平方向"和"垂直方向"的对齐方式为"居中"；设置区域 C5:H10 的"字体"为"宋体"、"字型"为"粗体"、"字号"为 12；"水平方向"的对齐方式为"居右"，"垂直方向"的对齐方式为"居中"；设置区域 A10 的字体、字型、字号为宋体、粗体、12；"水平方向"和"垂直方向"的对齐方式为"居中"，结果如图 14-3 所示。

	A	B	C	D	E	F	G	H
1								
2			销售预算表（8月）					
3								
4	存货编码	存货名称	预计销售数量	含税售价	预计销售金额	预计销售收入	月末应收账款	现金收入合计
5	00001	海信电视机		9360.00				
6	00002	格力空调		5850.00				
7	00003	松下电视机		10530.00				
8	00004	松下空调		7020.00				
9	00005	松下洗衣机		4680.00				
10	合计		---					
11								

图 14-3　风格设置结果

(7) 定义单元属性。

① 设置 C5:C9 区域数值的显示方式。选中 C5:C9 区域，单击菜单栏中的"格式/单元属性"菜单项，打开"单元格属性"对话框，在其"单元类型"选项卡中，在其左侧的"单元类型"列表框中，选择"数值"选项，设置"小数位数"为 0，然后单击"确定"按钮，系统退出对话框。

② 设置 D5:H10 区域数值的显示方式。选中 D5:H10 区域，单击菜单栏中的"格式/单元属性"菜单项，打开"单元格属性"对话框，在其"单元类型"选项卡左侧的"单元类型"列表框中，选择"数值"选项，设置"小数位数"为 2，然后单击"确定"按钮，系统退出对话框。

(8) 保存报表格式。单击工具栏中的"保存"按钮，保存编辑结果。

(9) 关闭报表。单击菜单栏中的"文件/关闭"菜单项，关闭该报表。

提示：

● 因为系统不自动保存，故请注意随时"保存"报表的编辑结果，而不是完成之后才保存，以免因计算机故障等原因导致编辑成果丢失。
● 格式状态下输入内容的单元均默认为表样单元，未输入内容的单元均默认为数值单元(在数据状态下可输入数值)。若希望在数据状态下输入字符，则应将其定义为字符单元。
● 表样单元输入后对所有表页有效，而数值单元和字符单元输入后仅对本表页有效。

【财务部曾志伟定义单元计算公式】

(1) 打开"销售预算表.rep"。在 UFO 报表系统中，单击菜单栏中的"文件/打开"菜单项，打开已保存样式的"销售预算表.rep"文件，系统打开"销售预算表.rep"窗口，默认处于"数据"状态，单击其左下角的"数据"按钮，使其处于"格式"状态。

(2) 报表公式定义。

① 打开"定义公式"对话框。首先选中 C5 单元(即准备显示"海信电视机-预计销售数量"数值的位置),然后单击菜单栏中的"数据/编辑公式/单元公式"菜单项,系统打开"定义公式"对话框。

② 定义 C5 的单元公式。在"定义公式"对话框中,单击函数向导,系统打开"函数向导"对话框,选择用友销售函数下的"销售数量(SXS)"函数,单击"下一步"按钮,进入"业务函数"窗口,依次输入期间、销售类型、币种、账套号、会计年度、方式字和编码。结果如图 14-4 所示(请注意,所有符号必须为半角)。

③ 单击对话框中的"确认"按钮,系统返回窗口,此时 C5 单元显示为"公式单元",结果如图 14-10 所示。

图 14-4 "销售预算表" C5 的公式定义

④ 重复步骤①~③,完成 C5~C9 各个单元格计算公式的录入,结果如图 14-10 所示。

⑤ 定义 E5、F5、G5、H5 的单元公式。在 E5 单元格的"定义公式"对话框中,输入 C5*D5,结果如图 14-5 所示;在 F5 单元格的"定义公式"对话框中,输入 E5/1.17,结果如图 14-6 所示;在 G5 单元格的"定义公式"对话框中,输入 E5*0.2,结果如图 14-7 所示;在 H5 单元格的"定义公式"对话框中,输入 E5*0.8,结果如图 14-8 所示。

图 14-5 "销售预算表" E5 的公式定义

图 14-6 "销售预算表" F5 的公式定义

图 14-7 "销售预算表" G5 的公式定义

图 14-8 "销售预算表" H5 的公式定义

⑥ 单击对话框中的"确认"按钮,系统返回窗口,此时 E5、F5、G5、H5 单元显示为"公式单元",结果如图 14-10 所示。

⑦ 重复步骤⑤和⑥,完成 E5~E9、F5~F9、G5~G9、H5~H9 各个单元格计算公式的录入,结果如图 14-10 所示。

⑧ 定义 E10 的单元公式。在"定义公式"对话框中,单击函数向导,系统打开"函数向导"对话框,选择统计函数下的"PTOTAL"函数,单击"下一步"按钮,进入"固定区统计函数"对话框,在固定区区域输入"E5:E9",结果如图 14-9 所示。

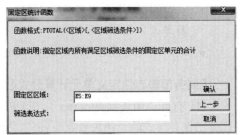

图 14-9 "销售预算表" E10 的公式定义

⑨ 单击对话框中的"确认"按钮,系统返回

“定义公式”窗口，单击“确定”按钮，此时 E10 单元显示为“公式单元”，结果如图 14-10 所示。

⑩ 重复步骤⑧和⑨，完成 F10:H10 各个单元格计算公式的录入，结果如图 14-10 所示。

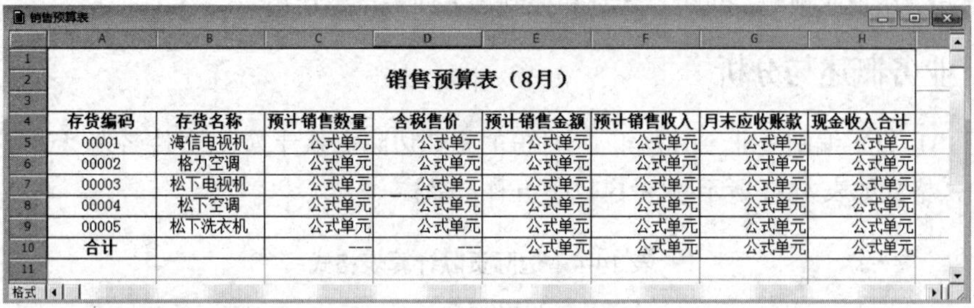

销售预算表（8月）

存货编码	存货名称	预计销售数量	含税售价	预计销售金额	预计销售收入	月末应收账款	现金收入合计
00001	海信电视机	公式单元	公式单元	公式单元	公式单元	公式单元	公式单元
00002	格力空调	公式单元	公式单元	公式单元	公式单元	公式单元	公式单元
00003	松下电视机	公式单元	公式单元	公式单元	公式单元	公式单元	公式单元
00004	松下空调	公式单元	公式单元	公式单元	公式单元	公式单元	公式单元
00005	松下洗衣机	公式单元	公式单元	公式单元	公式单元	公式单元	公式单元
合计		---	---	公式单元	公式单元	公式单元	公式单元

图 14-10　8 月份销售预算表格式

提示：

- 单元公式中涉及的符号，均为英文半角字符。
- 单击 fx 按钮，或者双击某公式单元，或按“=”键，都可以打开“定义公式”对话框。

(3) 保存报表格式。单击菜单栏中的“文件/保存”菜单项，保存编辑结果。

(4) 关闭报表。单击菜单栏中的“文件/关闭”菜单项，关闭该报表。

【财务部曾志伟进行报表数据计算】

(1) 打开“销售预算表.rep”。在 UFO 报表系统中，单击菜单栏中的“文件/打开”菜单项，打开已保存样式的“销售预算表.rep”文件，系统打开“销售预算表”窗口，默认处于“数据”状态。

(2) 单击工具栏中“数据”下的“表页重算”，系统会自动根据单元公式计算 8 月份的数据，结果如图 14-11 所示。

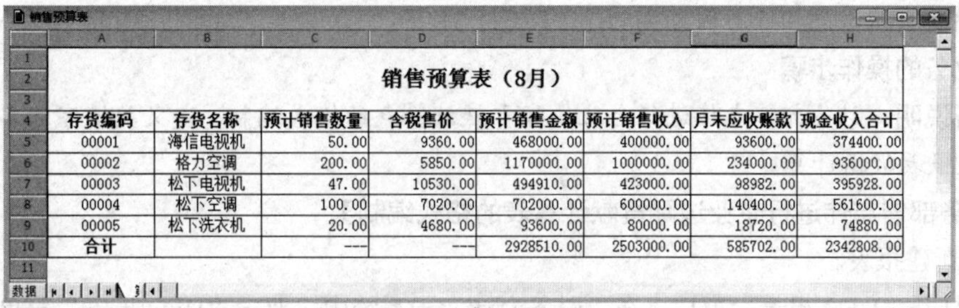

销售预算表（8月）

存货编码	存货名称	预计销售数量	含税售价	预计销售金额	预计销售收入	月末应收账款	现金收入合计
00001	海信电视机	50.00	9360.00	468000.00	400000.00	93600.00	374400.00
00002	格力空调	200.00	5850.00	1170000.00	1000000.00	234000.00	936000.00
00003	松下电视机	47.00	10530.00	494910.00	423000.00	98982.00	395928.00
00004	松下空调	100.00	7020.00	702000.00	600000.00	140400.00	561600.00
00005	松下洗衣机	20.00	4680.00	93600.00	80000.00	18720.00	74880.00
合计		---	---	2928510.00	2503000.00	585702.00	2342808.00

图 14-11　8 月份销售预算表数据

(3) 保存。单击工具栏中的“保存”按钮，保存该文件。

(4) 退出。单击菜单栏中的“文件/退出”菜单项，退出该窗口。

14.5　利用 UFO 报表模板制作本量利分析表

本量利分析是成本-产量-利润分析的简称，在管理会计实践中又称为损益平衡分析或保本分析。它是以变动成本法所揭示的成本、业务量和利润三者之间的内在联系为依据，应用一定的计算方法来确定保本业务量,进而分析相关因素变动对盈亏的影响,并以此为前提进行目标利润规划的一种管理会计分析方法。本量利分析的基本内容主要包括保本分析、盈利条件下的本量利分析、多品种结构下的本量利分析和本量利关系中的敏感性分析。本量利分析的基本原理和分析方法在企业预测、决策、计划和控制等方面被广泛运用。

14.5.1 业务概述与分析

7月31日,编制企业2017年7月份的企业边际贡献计算表(文件名为"边际贡献计算表.rep"),格式如表14-4所示(只考虑以下五种产品)。

表 14-4 边际贡献计算表格式

2017 年 7 月

主要商品	海信电视机	格力空调	松下电视机	松下空调	松下洗衣机	合计
销售收入						
变动成本						
边际贡献率						
加权平均边际贡献率						

本笔业务是月末对企业边际贡献计算表进行编制,首先需要进行格式编制,然后定义单元计算公式,最后做报告数据计算。

在 UFO 报表系统中,通过自定义方式做表 14-4 的格式编辑时,需要分为以下 7 步:即新建报表、定义组合单元、画表格线、输入报表项目、定义报表行高和列宽、设置单元风格和定义单元属性。

14.5.2 操作指导

请确认系统日期和业务日期为 2017 年 7 月 31 日。

本业务的操作步骤

任务说明:财务部曾志伟进行企业边际贡献计算表的格式编制、定义关键字和单元计算公式,以及报表数据计算。

【财务部曾志伟进行企业边际贡献计算表的格式编制】

(1) 新建报表。

① 打开"UFO 报表"窗口。在"财务会计"子系统中,双击"UFO 报表"菜单项,系统打开"UFO 报表"窗口,单击菜单栏中的"文件/新建"菜单项,系统新建一个报表,默认报表名为 report1。

② 保存为"边际贡献计算表"报表。在"UFO 报表"窗口,单击菜单栏中的"文件/另存为"菜单项,系统打开"另存为"对话框;在对话框中,选择要"保存在"的文件夹,并输入报表的"文件名"为"边际贡献计算表",选择"文件类型"为*.rep,然后单击"另存为"按钮,保存该报表格式,此时 report1 窗口的标题变为"边际贡献计算表",且其左下角为"格式",表明当前状态是"格式"状态。

③ 定义行列数。单击菜单栏中的"格式/表尺寸"菜单项,打开"表尺寸"对话框,输入

"行数"为10、"列数"为28,然后单击"确认"按钮,退出对话框返回"销售预算表"窗口,结果如图14-12所示。

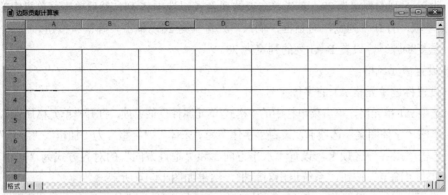

图14-12 新建报表

(2) 定义组合单元。

① 打开"组合单元"对话框。首先,选中A1:G1区域(从A1拖动鼠标到G1单元),然后单击菜单栏中的"格式/组合单元"菜单项,系统打开"组合单元"对话框。

② 组合A1:G1单元(即合并单元格)。在"组合单元"对话框中,单击"整体组合"或"按行组合"按钮,系统退出对话框返回窗口,此时可见A1:G1区域合并为一个单元格。

③ 打开"组合单元"对话框。首先,选中B7:F7区域(从B7拖动鼠标到F7单元),然后单击菜单栏中的"格式/组合单元"菜单项,系统打开"组合单元"对话框。

④ 组合B7:F7单元(即合并单元格)。在"组合单元"对话框中,单击"整体组合"或"按行组合"按钮,系统退出对话框返回窗口,此时可见B7:F7区域合并为一个单元格。

(3) 画表格线。首先,选中A1:G7区域,然后单击菜单栏中的"格式/区域画线"菜单项,系统打开"区域画线"窗口,默认"画线类型"为"网线",单击"确认"按钮,系统返回窗口并完成画线,结果如图14-12所示。

(4) 输入报表项目。依据表14-4,在图14-12所示表的对应单元格或组合单元格中,输入报表项目文字内容,结果如图14-13所示。

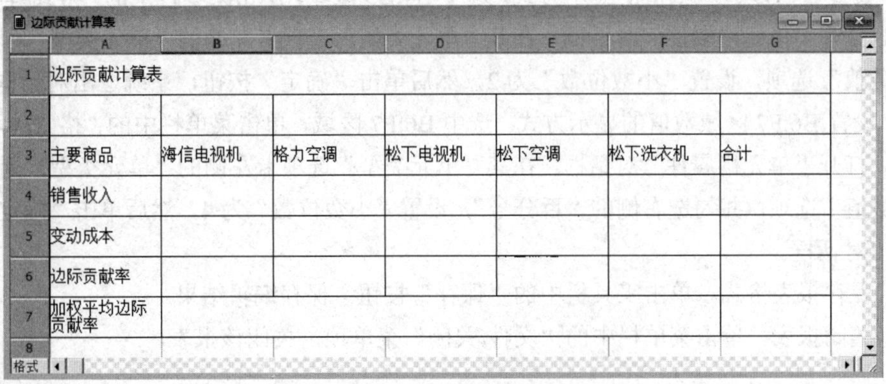

图14-13 报表项目示意图

(5) 定义报表行高和列宽。

① 设置A1:G7区域中单元格的行高为10。首先选中A1:G7区域，然后打开"行高"对话框，输入"行高"为10，单击"确认"按钮。

② 设置A列的列宽为28。首先单击表的列名A以选中A列，然后单击菜单栏中的"格式/列宽"菜单项，打开"列宽"对话框，输入"列宽"为28，单击"确认"按钮。

③ 重复步骤②，设置B~G列的列宽为28。

(6) 设置单元风格。

① 设置标题单元格A1的字体字号。

- 选中A1单元格，单击菜单栏中的"格式/单元属性"菜单项，打开"单元格属性"对话框。
- 单击"字体图案"选项卡，设置"字体"为"宋体"，"字型"为"加粗"，"字号"为16。
- 单击"对齐"选项卡，设置"水平方向"和"垂直方向"的对齐方式为"居中"。
- 单击"确定"按钮，系统退出对话框，结果如图14-14所示。

② 重复步骤①，设置单元格A3:G3的字体、字型、字号为宋体、加粗、12，其"水平方向"和"垂直方向"的对齐方式为"居中"；设置区域B4:G7的字体为"宋体"、"字号"为12；"水平方向"的对齐方式为"居右"，"垂直方向"的对齐方式为"居中"；设置区域A4:A7的字体、字号为宋体、12；"水平方向"和"垂直方向"的对齐方式为"居中"，结果如图14-14所示。

图14-14 风格设置结果

(7) 定义单元属性。

① 设置B4:G5区域数值的显示方式。选中B4:G5区域，单击菜单栏中的"格式/单元属性"菜单项，打开"单元格属性"对话框，在其"单元类型"选项卡左侧的"单元类型"列表框中，选择"数值"选项，设置"小数位数"为2，然后单击"确定"按钮，系统退出对话框。

② 设置B6:F7区域数值的显示方式。选中B6:F7区域，单击菜单栏中的"格式/单元属性"菜单项，打开"单元格属性"对话框，在其"单元类型"选项卡左侧的"单元类型"列表框中，选择"数值"选项，并勾选右侧的"百分号"，设置"小数位数"为4，然后单击"确定"按钮，系统退出对话框。

(8) 保存报表格式。单击工具栏中的"保存"按钮，保存编辑结果。

(9) 关闭报表。单击菜单栏中的"文件/关闭"菜单项，关闭该报表。

提示：

- 因为系统不自动保存，故请注意随时"保存"报表的编辑结果，而不是完成之后才保存，以免因计算机故障等原因导致编辑成果丢失。

- 格式状态下输入内容的单元均默认为表样单元,未输入内容的单元均默认为数值单元(在数据状态下可输入数值)。若希望在数据状态下输入字符,则应将其定义为字符单元。
- 表样单元输入后对所有表页有效,而数值单元和字符单元输入后仅对本表页有效。

【财务部曾志伟定义关键字和单元计算公式】

(1) 打开"边际贡献计算表.rep"。在 UFO 报表系统中,单击菜单栏中的"文件/打开"菜单项,打开已保存样式的"边际贡献计算表.rep"文件,系统打开"边际贡献计算表.rep"窗口,默认处于"数据"状态,单击其左下角的"数据"按钮,使其处于"格式"状态。

(2) 设置关键字及其位置。

① 打开"设置关键字"对话框。首先选中 E2 组合单元(需要输入关键字的位置),然后单击菜单栏中的"数据/关键字/设置"菜单项,系统打开"设置关键字"对话框。

② 设置关键字"年"。在"设置关键字"对话框中,选中"年"单选项,然后单击"确定"按钮,系统返回窗口,此时 E2 单元的内容已经改为"××××年"。

③ 重复步骤②,在 F2 单元中设置"月"关键字,结果如图 14-15 所示。

提示:
- 每个报表可以同时定义多个关键字。
- 如果要取消关键字,可单击"数据/关键字/设置"菜单项。

图 14-15 设置关键字位置的结果

提示:
关键字偏移量单位为像素,负数表示向左移、正数表示向右移。

(3) 报表公式定义。

① 打开"定义公式"对话框。首先选中 B4 单元(即准备显示"海信电视机-预计销售数量"数值的位置),然后单击菜单栏中的"数据/编辑公式/单元公式"菜单项,系统打开"定义公式"对话框。

② 定义 B4、B5 的单元公式。在 B4 单元格的"定义公式"对话框中,单击函数向导,系统打开"函数向导"对话框,选择用友销售函数下的"销售收入(XSSR)"函数,单击"下一步"按钮,进入业务函数对话框,依次输入期间、销售类型、币种、账套号、会计年度、方式字和编码,结果如图 14-16 所示。在 B5 单元格的"定义公式"对话框中,单击函数向导,系统打开"函数向导"对话框,选择用友销售函数下的"销售收入(XSCB)"函数,单击"下一步"按钮,

进入"业务函数"对话框,依次输入期间、销售类型、币种、账套号、会计年度、方式字和编码,结果如图14-17所示(请注意,所有符号必须为半角)。

③ 单击对话框中的"确认"按钮,系统返回窗口,此时B4、B5单元显示为"公式单元",结果如图14-21所示。

图14-16 "边际贡献计算表"B4的公式定义　　图14-17 "边际贡献计算表"B5的公式定义

④ 重复步骤①～③,完成C4:F4、C5:F5各个单元格计算公式的录入,结果如图14-21所示。

⑤ 定义G4、B6的单元公式。在G4单元格的"定义公式"对话框中,单击函数向导,系统打开"函数向导"对话框,选择统计函数下的"PTOTAL"函数,单击"下一步"按钮,进入"固定区统计函数"对话框,在固定区区域输入"B4:F4",结果如图14-18所示。在B6单元格的"定义公式"对话框中,输入(B4-B5)/B4,结果如图14-19所示。

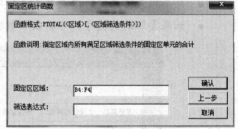

图14-18 "边际贡献计算表"G4的公式定义

⑥ 单击对话框中的"确认"按钮,系统返回定义公式窗口,单击"确定"按钮,此时G4、B6单元显示为"公式单元",结果如图14-21所示。

⑦ 重复步骤⑤和⑥,完成G5、C6:F6各个单元格计算公式的录入,结果如图14-21所示。

⑧ 定义B7的单元公式。在"定义公式"对话框中,输入(G4-G5)/G4,结果如图14-20所示。

图14-19 "边际贡献计算表"B6的公式定义　　图14-20 "边际贡献计算表"B7的公式定义

⑨ 单击对话框中的"确认"按钮,系统返回定义公式窗口,单击"确定"按钮,此时B7单元显示为"公式单元",结果如图14-21所示。

提示:
- 单元公式中涉及的符号,均为英文半角字符。
- 单击fx按钮,或者双击某公式单元,或按"="键,都可以打开"定义公式"对话框。

边际贡献计算表						
				xxxx 年	xx 月	
主要商品	海信电视机	格力空调	松下电视机	松下空调	松下洗衣机	合计
销售收入	公式单元	公式单元	公式单元	公式单元	公式单元	公式单元
变动成本	公式单元	公式单元	公式单元	公式单元	公式单元	公式单元
边际贡献率	公式单元	公式单元	公式单元	公式单元	公式单元	
加权平均边际贡献率					公式单元	

图 14-21　边际贡献计算表格式

(4) 保存报表格式。单击菜单栏中的“文件/保存”菜单项，保存编辑结果。

(5) 关闭报表。单击菜单栏中的“文件/关闭”菜单项，关闭该报表。

【财务部曾志伟进行报表数据计算】

(1) 打开“边际贡献计算表.rep”。在 UFO 报表系统中，单击菜单栏中的“文件/打开”菜单项，打开已保存样式的“边际贡献计算表.rep”文件，系统打开“边际贡献计算表”窗口，默认处于“数据”状态。

(2) 打开“录入关键字”对话框。单击窗口菜单栏中的“数据/关键字/录入”菜单项，系统打开“录入关键字”对话框。

(3) 录入关键字。在“录入关键字”对话框中，输入关键字“年”为 2017，“月”为 7。

(4) 单击工具栏中“数据”下的“表页重算”，系统会自动根据单元公式计算边际贡献计算表，结果如图 14-22 所示。

边际贡献计算表						
				2017 年	7 月	
主要商品	海信电视机	格力空调	松下电视机	松下空调	松下洗衣机	合计
销售收入	400000.00	996581.20	423000.00	600000.00	96000.00	2515581.20
变动成本	292500.00	650000.00	318134.54	364286.00	61777.80	1686698.34
边际贡献率	26.88%	34.78%	24.79%	39.29%	35.65%	
加权平均边际贡献率					32.95%	

图 14-22　边际贡献计算表数据

(5) 保存。单击工具栏中的“保存”按钮，保存该文件。

(6) 退出。单击菜单栏中的“文件/退出”菜单项，退出该窗口。

14.6　利用 UFO 报表模板进行决策分析

决策是指人们为了实现一定的目标，运用科学的理论和方法，通过一定的计算、分析和判断，从两个或两个以上的备选方案中选出最优方案的过程。管理的重点在经营，经营的关键在决策。决策的正确与否关系到一个企业的生存、兴衰与发展,因而决策成为企业整个经营管理工作的核心。

14.6.1 业务概述与分析

已知条件:①北京伊莱特电器有限公司现计划采购一批货物,总价 100 万元,现金折扣条件为 4/10,2/30,n/90。②若在 90 日内支付,则必须取得利率为 6%的借款(一年按 360 天算)。

7 月 31 日,根据假设条件编制企业付款条件决策表(文件名为"付款条件决策表.rep"),格式如表 14-5 所示。

表 14-5 付款条件决策表格式

方案	付款日	折扣率	付款额	折扣额	放弃折扣的信用成本率	银行借款利息	享受折扣的净收益
A	第 10 天						
B	第 30 天						
C	第 90 天		100	0	0	0	0
最佳方案选择							

本笔业务是月末对企业边际贡献计算表进行编制,首先需要进行格式编制,然后定义单元计算公式,最后做报告数据计算。

在 UFO 报表系统中,通过自定义方式做表 14-5 的格式编辑时,需要分为以下 7 步:即新建报表、定义组合单元、画表格线、输入报表项目、定义报表行高和列宽、设置单元风格和定义单元属性。

14.6.2 操作指导

请确认系统日期和业务日期为 2017 年 7 月 31 日。

本业务的操作步骤

任务说明:财务部曾志伟进行企业付款条件决策表的格式编制、定义单元计算公式,以及报表数据计算。

【财务部曾志伟进行企业付款条件决策表的格式编制】

(1) 新建报表。

① 打开"UFO 报表"窗口。在"财务会计"子系统中,双击"UFO 报表"菜单项,系统打开"UFO 报表"窗口,单击菜单栏中的"文件/新建"菜单项,系统新建一个报表,默认报表名为 report1。

② 保存为"付款条件决策表"报表。在"UFO 报表"窗口,单击菜单栏中的"文件/另存为"菜单项,系统打开"另存为"对话框;在对话框中,选择要"保存在"的文件夹,并输入报表的"文件名"为"付款条件决策表",选择"文件类型"为*.rep,然后单击"另存为"按钮,保存该报表格式,此时 report1 窗口的标题变为"付款条件决策表",且其左下角为"格式",表明当前状态是"格式"状态。

③ 定义行列数。选中 G 列,单击菜单栏中的"编辑/插入"菜单项,插入 1 列;单击菜单

栏中的“格式/表尺寸”菜单项，打开“表尺寸”对话框，输入“行数”为10、“列数”为25，然后单击“确认”按钮，退出对话框返回“付款条件决策表”窗口，结果如图14-23所示。

(2) 定义组合单元。

① 打开“组合单元”对话框。首先，选中A1:H1区域(从A1拖动鼠标到H1单元)，然后单击菜单栏中的“格式/组合单元”菜单项，系统打开“组合单元”对话框。

② 组合A1:H1单元(即合并单元格)。在“组合单元”对话框中，单击“整体组合”或“按行组合”按钮，系统退出对话框返回窗口，此时可见A1:H1区域合并为一个单元格。

③ 打开“组合单元”对话框。首先，选中A6:B6区域(从A6拖动鼠标到B6单元)，然后单击菜单栏中的“格式/组合单元”菜单项，系统打开“组合单元”对话框。

④ 组合A6:B6单元(即合并单元格)。在“组合单元”对话框中，单击“整体组合”或“按行组合”按钮，系统退出对话框返回窗口，此时可见A6:B6区域合并为一个单元格。

⑤ 打开“组合单元”对话框。首先，选中C6:H6区域(从C6拖动鼠标到H6单元)，然后单击菜单栏中的“格式/组合单元”菜单项，系统打开“组合单元”对话框。

⑥ 组合C6:H6单元(即合并单元格)。在“组合单元”对话框中，单击“整体组合”或“按行组合”按钮，系统退出对话框返回窗口，此时可见C6:H6区域合并为一个单元格。

(3) 画表格线。首先，选中A1:H6区域，然后单击菜单栏中的“格式/区域画线”菜单项，系统打开“区域画线”窗口，默认“画线类型”为“网线”，单击“确认”按钮，系统返回窗口并完成画线，结果如图14-23所示。

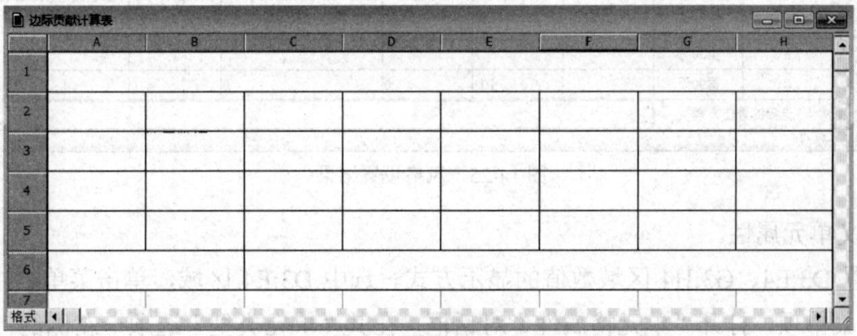

图14-23　画表格线结果示意图

(4) 输入报表项目。依据表14-5，在图14-23所示表的对应单元格或组合单元格中，输入报表项目文字内容，结果如图14-24所示。

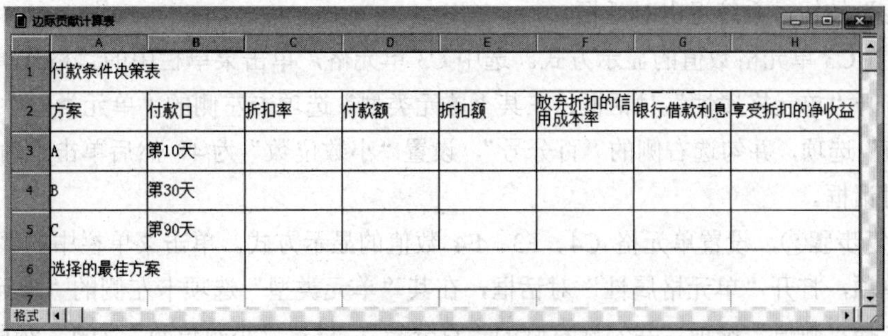

	A	B	C	D	E	F	G	H
1	付款条件决策表							
2	方案	付款日	折扣率	付款额	折扣额	放弃折扣的信用成本率	银行借款利息	享受折扣的净收益
3	A	第10天						
4	B	第30天						
5	C	第90天						
6	选择的最佳方案							

图14-24　报表项目示意图

(5) 定义报表行高和列宽。

① 设置 A1:H6 区域中单元格的行高为 10。首先选中 A1:H6 区域，然后打开"行高"对话框，输入"行高"为 10，单击"确认"按钮。

② 设置 A 列的列宽为 25。首先单击表的列名 A 以选中 A 列，然后单击菜单栏中的"格式/列宽"菜单项，打开"列宽"对话框，输入"列宽"为 25，单击"确认"按钮。

③ 重复步骤②，设置 B～H 列的列宽为 25。

(6) 设置单元风格。

① 设置标题单元格 A1 的字体字号。

- 选中 A1 单元格，单击菜单栏中的"格式/单元属性"菜单项，打开"单元格属性"对话框。
- 单击"字体图案"选项卡，设置"字体"为"宋体"，字型为"加粗"，"字号"为 16。
- 单击"对齐"选项卡，设置"水平方向"和"垂直方向"的对齐方式为"居中"。
- 单击"确定"按钮，系统退出对话框，结果如图 14-25 所示。

② 重复步骤①，设置单元格 A2:H2 的字体、字号为宋体、12，其"水平方向"和"垂直方向"的对齐方式为"居中"；设置区域 A3:B6 的字体为"宋体"、字号为 12；"水平方向"和"垂直方向"的对齐方式为"居中"；设置区域 C3:H6 的字体、字号为宋体、12；"水平方向"的对齐方式为"居右"、"垂直方向"的对齐方式为"居中"，结果如图 14-25 所示。

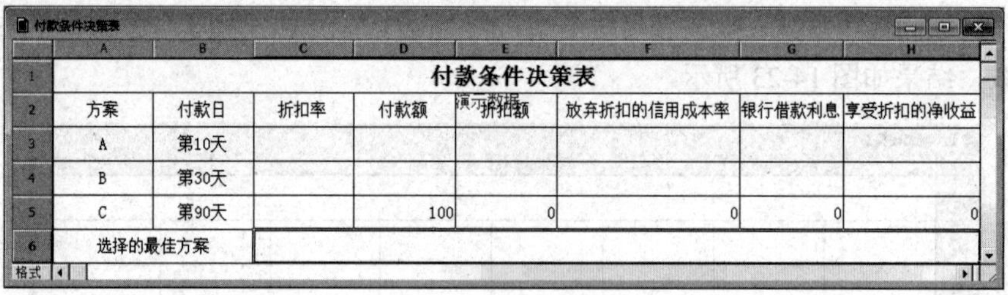

图 14-25　风格设置结果

(7) 定义单元属性。

① 设置 D3:E4、G3:H4 区域数值的显示方式。选中 D3:E4 区域，单击菜单栏中的"格式/单元属性"菜单项，打开"单元格属性"对话框，在其"单元类型"选项卡左侧的"单元类型"列表框中，选择"数值"选项，设置"小数位数"为 2，然后单击"确定"按钮；选中 G3:H4 区域，单击菜单栏中的"格式/单元属性"菜单项，打开"单元格属性"对话框，在其"单元类型"选项卡左侧的"单元类型"列表框中，选择"数值"选项，设置"小数位数"为 2，然后单击"确定"按钮，系统退出对话框。

② 设置 C3 单元格数值的显示方式。选中 C3 单元格，单击菜单栏中的"格式/单元属性"菜单项，打开"单元格属性"对话框，在其"单元类型"选项卡左侧的"单元类型"列表框中，选择"数值"选项，并勾选右侧的"百分号"，设置"小数位数"为 4，然后单击"确定"按钮，系统退出对话框。

③ 重复步骤②，设置单元格 C4、F3、F4 数值的显示方式。单击菜单栏中的"格式/单元属性"菜单项，打开"单元格属性"对话框，在其"单元类型"选项卡左侧的"单元类型"列表框中，选择"数值"选项，并勾选右侧的"百分号"，设置"小数位数"为 4，然后单击"确定"按钮，系统退出对话框。

(8) 保存报表格式。单击工具栏中的"保存"按钮，保存编辑结果。

(9) 关闭报表。单击菜单栏中的"文件/关闭"菜单项,关闭该报表。

提示:
- 因为系统不自动保存,故请注意随时"保存"报表的编辑结果,而不是完成之后才保存,以免因计算机故障等原因导致编辑成果丢失。
- 格式状态下输入内容的单元均默认为表样单元,未输入内容的单元均默认为数值单元(在数据状态下可输入数值)。若希望在数据状态下输入字符,则应将其定义为字符单元。
- 表样单元输入后对所有表页有效,而数值单元和字符单元输入后仅对本表页有效。

【财务部曾志伟定义单元计算公式】

(1) 打开"付款条件决策表.rep"。在 UFO 报表系统中,单击菜单栏中的"文件/打开"菜单项,打开已保存样式的"付款条件决策表.rep"文件,系统打开"付款条件决策表.rep"窗口,默认处于"数据"状态,单击其左下角的"数据"按钮,使其处于"格式"状态。

(2) 报表公式定义。

① 打开"定义公式"对话框。首先选中 C3 单元(即 A 方案-折扣率将显示的数值),然后单击菜单栏中的"数据/编辑公式/单元公式"菜单项,系统打开"定义公式"对话框。

② 定义 C3、C4 的单元公式。在 C3 单元格的"定义公式"对话框中,输入 0.04,结果如图 14-26 所示。单击对话框中的"确认"按钮,系统返回窗口,此时 C3 单元显示为"公式单元",结果如图 14-39 所示。在 C4 单元格的"定义公式"对话框中,输入 0.02,结果如图 14-27 所示。单击对话框中的"确认"按钮,系统返回窗口,此时 C4 单元显示为"公式单元",结果如图 14-39 所示。

③ 定义 D3、D4 的单元公式。在 D3 单元格的"定义公式"对话框中,输入 100*(1－C3),结果如图 14-28 所示。单击对话框中的"确认"按钮,系统返回窗口,此时 D3 单元显示为"公式单元",结果如图 14-39 所示。在 D4 单元格的"定义公式"对话框中,输入 100*(1－C4),结果如图 14-29 所示。单击对话框中的"确认"按钮,系统返回窗口,此时 D4 单元显示为"公式单元",结果如图 14-39 所示。

图 14-26　"付款条件决策表" C3 的公式定义

图 14-27　"付款条件决策表" C4 的公式定义

图 14-28　"付款条件决策表" D3 的公式定义

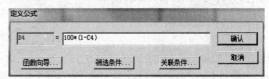

图 14-29　"付款条件决策表" D4 的公式定义

④ 定义 E3、E4 的单元公式。在 E3 单元格的"定义公式"对话框中,输入 100*C3,结果如图 14-30 所示。单击对话框中的"确认"按钮,系统返回窗口,此时 E3 单元显示为"公式单元",结果如图 14-39 所示。在 E4 单元格的"定义公式"对话框中,输入 100*C4,结果如图 14-31 所示。单击对话框中的"确认"按钮,系统返回窗口,此时 E4 单元显示为"公式单元",

结果如图 14-39 所示。

图 14-30 "付款条件决策表"E3 的公式定义

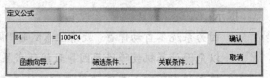
图 14-31 "付款条件决策表"E4 的公式定义

⑤ 定义 F3、F4 的单元公式。在 F3 单元格的"定义公式"对话框中，输入(C3/(1－C3))*(360/(90－10))，结果如图 14-32 所示。单击对话框中的"确认"按钮，系统返回窗口，此时 F3 单元显示为"公式单元"，结果如图 14-39 所示。在 F4 单元格的"定义公式"对话框中，输入(C4/(1－C4))*(360/(90－30))，结果如图 14-33 所示。单击对话框中的"确认"按钮，系统返回窗口，此时 F4 单元显示为"公式单元"，结果如图 14-39 所示。

图 14-32 "付款条件决策表"F3 的公式定义

图 14-33 "付款条件决策表"F4 的公式定义

⑥ 定义 G3、G4 的单元公式。在 G3 单元格的"定义公式"对话框中，输入 D3*0.06/360*80，结果如图 14-34 所示。单击对话框中的"确认"按钮，系统返回窗口，此时 G3 单元显示为"公式单元"，结果如图 14-39 所示。在 G4 单元格的"定义公式"对话框中，输入 D4*0.06/360*60，结果如图 14-35 所示。单击对话框中的"确认"按钮，系统返回窗口，此时 G4 单元显示为"公式单元"，结果如图 14-39 所示。

⑦ 定义 H3、H4 的单元公式。在 H3 单元格的"定义公式"对话框中，输入 E3－G3，结果如图 14-36 所示。单击对话框中的"确认"按钮，系统返回窗口，此时 H3 单元显示为"公式单元"，结果如图 14-39 所示。在 H4 单元格的"定义公式"对话框中，输入 E4－G4，结果如图 14-37 所示。单击对话框中的"确认"按钮，系统返回窗口，此时 H4 单元显示为"公式单元"，结果如图 14-39 所示。

⑧ 定义 C6 的单元公式。比较 A、B、C 方案，得出结论，A 方案享受折扣的净收益最大，因此选择 A 方案；在 C6 单元格直接输入 A，此时 C6 单元显示为 A，结果如图 14-38 所示。

图 14-34 "付款条件决策表"G3 的公式定义

图 14-35 "付款条件决策表"G4 的公式定义

图 14-36 "付款条件决策表"H3 的公式定义

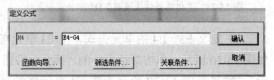
图 14-37 "付款条件决策表"H4 的公式定义

方案	付款日	折扣率	付款额	折扣额	放弃折扣的信用成本率	银行借款利息	享受折扣的净收益
A	第10天	公式单元	公式单元	公式单元	公式单元	公式单元	公式单元
B	第30天	公式单元	公式单元	公式单元	公式单元	公式单元	公式单元
C	第90天			100	0	0	0
选择的最佳方案							A

图 14-38 "付款条件决策表" C6 的公式定义

方案	付款日	折扣率	付款额	折扣额	放弃折扣的信用成本率	银行借款利息	享受折扣的净收益
A	第10天	公式单元	公式单元	公式单元	公式单元	公式单元	公式单元
B	第30天	公式单元	公式单元	公式单元	公式单元	公式单元	公式单元
C	第90天			100	0	0	0
选择的最佳方案							

图 14-39 付款条件决策表格式

提示：
- 单元公式中涉及的符号，均为英文半角字符。
- 单击 fx 按钮，或者双击某公式单元，或按"="键，都可以打开"定义公式"对话框。

(3) 保存报表格式。单击菜单栏中的"文件/保存"菜单项，保存编辑结果。

(4) 关闭报表。单击菜单栏中的"文件/关闭"菜单项，关闭该报表。

【财务部曾志伟进行报表数据计算】

(1) 打开"付款条件决策表.rep"。在 UFO 报表系统中，单击菜单栏中的"文件/打开"菜单项，打开已保存样式的"付款条件决策表.rep"文件，系统打开"付款条件决策表"窗口，默认处于"数据"状态。

(2) 单击工具栏中"数据"下的"表页重算"，系统会自动根据单元公式计算付款条件决策表，结果如图 14-40 所示。

方案	付款日	折扣率	付款额	折扣额	放弃折扣的信用成本率	银行借款利息	享受折扣的净收益
A	第10天	4.00%	96.00	4.00	19%	1.28	2.72
B	第30天	2.00%	98.00	2.00	12%	0.98	1.02
C	第90天			100	0	0	0
选择的最佳方案							A

图 14-40 边际贡献计算表数据

(3) 保存。单击工具栏中的"保存"按钮，保存该文件。

(4) 退出。单击菜单栏中的"文件/退出"菜单项，退出该窗口。

参考文献

(1) 李吉梅，刘大斌，等. 企业会计信息化应用——基于用友 ERP 产品微课教程[M]. 北京：清华大学出版社，2017.

(2) 李吉梅，李康，等. 企业供应链高级应用——基于用友 ERP 产品微课教程[M]. 北京：清华大学出版社，2017.

(3) 李吉梅，杜美杰，等. 企业财务业务综合应用——基于用友 ERP 产品微课教程[M]. 北京：清华大学出版社，2016.

(4) 张莉莉，李吉梅，等. 企业财务业务一体化实训教程(用友 ERP-U8.72 版)[M]. 北京：清华大学出版社，2013.

(5) 王成. 财务与供应链综合实践教程(用友 ERP-U8 V10.1)[M]. 北京：机械工业出版社，2014.

(6) 牛永芹，刘大斌，等. ERP 供应链管理系统实训教程(用友-U8 V10.1 版)[M]. 北京：高等教育出版社，2015.

(7) 陈国平，张燕，等. 会计综合模拟实验(手工账务处理)[M]. 北京：立信会计出版社，2014.

(8) 王新玲. 财务业务一体化实战演练(用友 ERP-U8.72 版)[M]. 北京：清华大学出版社，2013.

(9) 龚中华，何平，等. 用友 ERP-U8 完全使用详解[M]. 北京：人民邮电出版社，2013.

(10) 龚中华，何平，等. 用友 ERP-U8(V8.72)模拟实战——财务、供应链和生产制造[M]. 北京：人民邮电出版社，2012.

(11) 何平，龚中华，等. 用友培训教程——财务核算/供应链管理/物料需求计划(第 2 版)[M]. 北京：人民邮电出版社，2010.

(12) 李爱红. 用友 ERP-U8.72 财务业务一体化实训教程[M]. 郑州：郑州大学出版社，2013.